응용영어음운론

Applied English Phonology

Third Edition

Mehmet Yavaş 저
윤태진 역

WILEY Blackwell
신아사

"이제 제3판까지 출판된 이 'Applied English Ponology (응용영어음운론)'은 영어 소리 체계에 대한 권위적이고, 실용적인 관점을 원하는 사람은 누구나 찾아봐야 하는 출처가 되었다. 독자들은 이 책이 이해가능한 기술과 설명, 그리고 신중히 선별된 예와 연습문제로 가득차 있음을 발견할 것이다. 교과서로든 참고서로든 최고의 선택이다."

무레이 문로, 사이몬 프레이저 대학교

Murray J. Munro, Simon Fraser University

"Applied English Ponology (응용영어음운론) 제3판은 TESOL 혹은 응용 언어학에서 응용 음성학 코스를 수강하는 학생들에게 아주 훌륭한 교과서이다. 알기 쉬운 언어와 쉬운 설명은 학부 및 대학원생들이 아주 쉽게 음성학의 여러 측면에 접근가능하게 만들었으며, 이와 동시에 이 책은 커뮤니케이션학 혹은 커뮤니케이션 장애와 같은 인접 분야의 강사와 학생들에게도 훌륭한 소스로 역할을 할 것이다."

퍼렌스 분타, 휴스턴 대학교

Ferenc Bunta, University of Houston

이전판에 대한 찬사

"메메트 야바쉬가 쓴 Applied English Ponology (응용영어음운론)은 진정한 보석이다. 이 책은 진정 학생들이 배울 수 있도록 만들어졌다. 책은 소리 파일, 알기 쉽게 쓰여진 요약, 연습 문제, 광범위한 용어해설, 그리고 권장 참고 문헌 등 모든 것을 가지고 있다. 가장 최근의 이론적 관점이 제시되어 있을 뿐만 아니라, 쉽게 이해가 되도록 쓰여졌다. 이와 같이 잘 포장된 교재를 마주치게 되다니 참으로 신선한 기분이다."

주디스 기어럿 (인디애나 대학교)

가장 최근의 연구와 참고문헌을 포함해서 완전히 개정된, Applied English Ponology (응용영어음운론) 제3판은 상세하고, 접근가능한 영어 소리 체계 개론서이다. 이전판에서 자랑하던 응용영어음운론의 기본 개념에 대한 심도있는 토론을 유지함과 동시에 파형분석, 이중언어 음운론, 부호전환, 차용음운론, 대립음운 구조, 그리고 유표성에 대해 새롭게 다루고 있다. 연습 문제, 용어 설명, 그리고 추천 도서 또한 모두 완전히 개정되었다. 교수와 학습을 돕기 위해, 전사 연습을 위한 소리 파일 같은 다양한 온라인 자료들을 www.wiley.com/go/yavas/appliedenglishphonology3e를 통해 이용할 수 있도록 하였다. Applied English Ponology (응용영어음운론) 제3판은 이론 및 응용 언어학을 공부하는 학생들에게 음성학과 음운론 분야의 기초를 단단하게 다져 줄 개론서로서의 역할을 계속 유지해 나갈 것이다.

메메트 야바쉬(Mehmet Yavaş)는 미국 플로리다 국제 대학교 언어학과 교수이다. 그는 응용음운론에 관한 많은 논문들을 출판해 오고 있다. 그의 다른 저서는 *Unusual Productions in Phonology: Universals and Language-Specific Considerations (2015), Phonology: Development and Disorders* (1998), *First and Second Language Phonology* (1994), *Phonological Disorders in Children* (1991), 그리고 브라질 포르투갈어를 위한 음운 평가 절차인 *Avaliação fonológica da criança* (1990)을 포함하고 있다.

목차

동반 웹사이트

자매 웹사이트 http://www.wiley.com/go/yavas/ appliedenglishphonology3e를 방문해서 이 책과 관련된 부수적인 내용을 참고하기 바랍니다.

책에 실린 소리 파일

용어 목록

책의 연습문제에 대한 해답 (교강사만 이용할 수 있음)

제 3판 머리말

이 책의 전판을 읽었던 독자들로부터 받은 코멘트는 개정 작업 중인 저자가 어떤 방향으로 책을 개정을 해야 할지 결정하는데 도움을 주는 가장 귀중한 자원입니다. 그래서 제2판에서와 마찬가지로 여러 사람들로부터 받은 개선에 대한 제안들에 신중하게 귀를 기울이려고 노력했습니다. 원고를 신중하게 읽어 주신 분들에게 심심한 감사의 인사를 올립니다.

제3판은 각 장마다 새롭게 새로운 자료들을 가져오고 내용을 손질을 하였습니다. 각 장마다 내용을 확장하고 변화와 갱신을 꾀하였으며, 참고문헌과 추천도서뿐만 아니라 연습문제도 개선하였습니다. 특히 제5장과 제8장에 훨씬 많은 개정과 첨가를 하였습니다. 파형분석(Waveform analysis)에 대한 완전히 새로운 절이 제5장에 더해졌습니다. 이 수정은 근본적으로 학생들의 요구에 대한 저의 응답입니다. 지난 3, 4년 동안 저는 수업에서 파형 분석을 비공식적으로 소개했었는데, 학생들의 반응은 상당히 좋았습니다. 학생들은 파형분석이 현장실습이나 임상/교실 환경에서 스펙트로그램 분석과 더불어 사용될 수 있는 보완적인 도구라고 이해하였는데, 이는 매우 고무적이었다. 제3판에서 가장 많이 개정된 부분은 제8장입니다. 이 장에서 L1 대립 음운 구조(L1 contrastive phonological analysis)와 유표성(markedness)에 대한 논의를 개정 및 확대하였습니다. 이중언어 음운론(bilingual phonology)에 관한 완전히 새로운 절 또한 더하였는데, 논의 중에 부호 전환(code-switching)과 차용어 음운론(loanword phonology)도 포함하고 있습니다.

Wiley-Blackwell의 출판팀과 함께 일하게 된 것은 온전한 기쁨입니다. 언어 습득 편집장인 대니엘 데스코튜와 또 다시 일하게 된 것은 즐거움이었습니다. 또한 언어학 프로젝트 편집장인 줄리아 컬크가 이 프로젝트 동안 저에게 준 도움과 지지에 대해 감사를 드립니다. 저자가 재직하는 학교에서 모범생인 켈리 밀라드로부터 받은 도움 때문에, 일과 가족 사이에 균형을 유지할 수 있는 행운을 가질 수 있었습니다. 그녀의 꼼꼼한 도움과 시간에 대한 엄수는 이 판이 시기 적절하게 완성될 수 있도록 하는데 결정적인 기여를 하였습니다. 다지막으로 이제껏 가르쳐 왔던, 그리고 그와 동시에 함께 배울 수 있었던 많은 학생들에게 감사를 전합니다.

강의자들을 위한 노트

이 책에서 제공되는 자료들은 부분적으로 혹은 책 전체가 여러 상황에 맞게 효과적으로 사용되어 왔습니다. 특정 부류의 학생 그리고/혹은 특정 시간 제약을 가지고 강의를 해야 하는 강사는 이 책에 있는 자료를 모두 포함할지 혹은 일부를 제외할지에 대한 결정을 종종 해야 할 것입니다. 이와 관련하여 세 장에 대해 코멘트를 하도록 하겠습니다. 첫째, 제8장 "제2언어 음운론에서의 구조적 요소들"은 언어 교육 분야에만 관련된 주제처럼 보일 것입니다. 하지만, 의사소통 장애 분야의 실무자들이 "이중 언어 음운론"과 "사투리 고치기(accent reduction)"와 관련된 문제와 관련하여 점점 더 많이 관심을 가지는 것은 제8장이 이 분야와 매우 관련되어 있음을 반증하고 있습니다. 둘째, 스펙트로그램 분석과 파형 분석에 관한 장(제5장)을 포함하는 것은 이와 같은 종류의 책에서는 다소 흔치 않은 것이며, 시간적으로 제약이 되어 있다면 다루지 않고 건너 뛸 수도 있습니다. 하지만 저자의 경험에 비추어 보면, 이것을 포함하는 것이 학생들을 매우 고무시키곤 했습니다. 학생들은 이 내용이 그들이 영어 음운 체계를 새로운 차원으로 이해하는데 도움을 준 매우 귀중한 경험이었다고 말하는 것을 여러 번에 걸쳐 들었습니다. 마지막으로 제9장 "철자와 발음"은 사실 약간 걱정이 됩니다. 이 내용이 철자와 음운 형태 사이의 일치 및 불일치를 이해하는데 큰 도움이 되니, 저자인 저는 물론 이 장을 포함하는 것이 유용하다고 생각합니다. 이 책의 마지막에 있지만, 이 장은 제2장을 읽고 바로 그다음에 다룰 수도 있는데, 이는 음소론(phonemics)의 토론과 관련되기 때문입니다.

마지막으로 음성 전사와 관련된 말을 몇 마디 하려고 합니다. 음성전사를 위한 단락을 영어의 역사와 변종에 관한 주제로 삼아, 이와 관련된 단락을 각 장의 연습문제 마지막에 실었습니다. 물론 이것으로는 충분하지 않고, 전사가 익숙하다고 학생들이 느끼기 위해서는 더 많이 전사할 기회를 가져야 한다는 것을 알고 있습니다. 하지만 책의 페이지 수가 연습문제로 지나치게 늘어나는 것을 원치는 않습니다. 책에 실린 자료는 음성 전사 워크북을 함께 사용하면 더 효과적으로 사용될 수 있고, 실제 저자는 그렇게 학생들에게 전사훈련을 시켜 왔습니다.

책에서 논의하고 있는 여러 문제들의 이해를 높이기 위해 소리 파일을 준비했습니다. 19개의 음성 파일들은 영어 자음과 모음, 강세 억양, 그리고 약화형에서 축약과 관련된 점들을 강조하고 있습니다. 이 파일들은 또한 각 장의 끝에 실린 앞서 말한 영어의 역사와 변종에 관한 긴 단락도 포함하고 있습니다. 이는 학생들이 스스로 한 음성 전사를 재차 검토할 수 있도록, 그리고 매우 유용하지만 때로는 압도적인 연습에 좀더 자신감을 가질 수 있도록 하고자하는 의도를 가지고 만들었습니다. 이 파일들의 전체 목록은 부록에 실어 놓았습니다.

약어

AAVE	미국 흑인 영어(African American Vernacular English)
AmE	미국영어(American English)
AuE	호주영어(Australian English)
BE	영국영어(British English)
CnE	캐나다영어(Canadian English)
IrE	아일랜드영어(Irish English)
NZE	뉴질랜드영어(New Zealand English)
RP	영국표준영어(Received Pronunciation (British English))
ScE	스코틀랜드 영어(Scottish English)
WeE	웰시 영어(Welsh English)

제 1 장
음성학

1.1 서론

이 책에서 우리가 달성하고자 하는 목표는 영어의 소리 유형(sound patterns of English)을 공부하는 것이다. 음운유형(phonological patterns)은 우선 그 재료인 음성학(phonetics) 없이는 이해를 할 수 없다. 신뢰할 만한 음운 기술(phonological descriptions)을 하기 위해서는, 정확하게 기술된 음성 자료를 가질 필요가 있다. 따라서 다양한 그룹의 화자들에게서 구두 언어의 유형을 다루는 학생과 전문가들(언어학자, 언어 치료사, 언어 교사) 은 음성학에 대한 기본적인 이해가 필요하다.

*음성학*은 인간의 소리를 연구하는 것으로 기술될 수 있는데, 세 가지 관점에서 접근할 수 있다. *조음음성학(**articulatory phonetics**)*은 소리 생성(speech production)의 생리학적 기제(physiological mechanisms)를 다룬다. *음향음성학(**acoustic phonetics**)*은 메시지에 담긴 소리파형의 물리적 특성들을 연구한다. *청각음성학(**auditory phonetics**)*은 청자에 의한 음성의 지각(perception)에 관심을 가진다. 이 책에서 다룰 내용은 세 분야 중 첫 두 분야로 제한되어 있다. 청각음성학을 배제하는 것은 뇌와 소리인식이 어떻게 작용하는 지에 대한 정보가 거의 없다는 사실과 더불어, 이 책의 주된 독자층이 주된 관심을 가질 만한 내용이 아니라는 생각에서 기인하였다.

이 장에서는, 우선 소리 생성에 대한 기본적인 개념들을 살펴볼 것이다. 음향적 특성은 스펙트로그램 분석과 파형 분석에만 제한하여 제5장에서 다룰 것이다.

1.2 음성전사

우리는 일상생활에서 끊임없이 읽고 쓰는 일을 하기 때문에, 단어의 소리를 듣고 그 소리에 대한 판단을 할 때 철자법(orthography)의 영향을 받는 경향이 있다. 어찌 되었건 유치원부터 지금까지 글로 쓰여진 언어(written language)가 우리 삶의 중요한 부분을 차지해 오고 있다. 따라서 한 단어에 들어 있는 철자들의 개수를 알면 그 단어의 소리를 정확히 알 수 있다고 착각하는 것은 매우 흔히 볼 수 있는 일이다. 물론 철자의 개수와 소리의 개수가 일치하는 단어들이 많이 있기는 하다. 예를 들면, pan, form, print, spirit[1] 같은 단어들은 글자의 수와 소리의 수가 각각 3, 4, 5, 6개로 일치한다는 것을 알 수 있다. 여기서 글자(letter)를 문자소(grapheme)라고도 부른다. 하지만 문자소(grapheme)의 수와 소리의 수가 일치하지 않는 단어들도 많이 있다. 예를 들어 though와 choose 모두 문자소(grapheme)는 6개인데, 소리는 3개 밖에 되지 않는다. Awesome은 문자소가 7개인데 소리는 4개뿐이고, knowledge는 9개의 문자소를 가지고 있는데, 5개의 소리만을 가지고 있다. 이렇게 문자소의 수와 소리의 수가 일치하지 않는 영어의 단어들을 모아보면 수천 개의 단어들도 쉽사리 모을 수 있다. 이렇게 일치하지 않는 원인은 "소리없는 문자들(silent letters)" 다시 말해, 철자 두세 개를 조합해야 겨우 하나의 소리를 나타내는 것과 같은 경우가 있기 때문이다. 하지만, 이러한 문자소와 소리의 개수가 일치하지 않는 것이 말을 통해 하는 언어인 구어(spoken language)를 표현하기에는 철자가 부적합하다는 것과 관련한 유일한 문제점은 아니다. 철자의 개수와 소리의 개수가 일치하더라도 문제는 여전히 상존한다. 우리는 스펠링(spelling)과 소리사이에 존재하는 불일치를 다음과 같이 나열할 수 있다.

같은 소리들이 다른 글자로 표시된다. *each, bleed, either, achieve, scene, busy*와 같은 단어에서 밑줄이 그어진 모음의 소리는 모두 같은데, 이 소리들이 서로 다른 글자로 표시되어 있다. 물론 모음에만 국한된 게 아니라, 자음에서도 같은 현상을

1 밑줄친 단어 혹은 ( )에 표시된 단어들은 철자를 나타냄.

찾아볼 수 있다. 예를 들어, *shop, ocean, machine, sure, conscience, mission, nation*에서 밑줄 친 자음들은 같은 소리들이다.

같은 글자들이 다른 소리를 표시한다. *gate, any, father, above, tall*과 같은 단어에서 글자 a는 서로 다른 소리를 나타낸다. 같은 현상은 자음을 나타내는 글자(consonant letter)에서도 예를 찾아 볼 수 있다. 철자 s는 *sugar, vision, sale, resume*과 같은 단어에서 서로 다른 소리를 나타낸다.

소리 하나를 나타내기 위해 여러 글자를 결합해야한다. thin, rough, attempt, pharmacy와 같은 단어에서 밑줄 그어진 글자들은 한 소리 만을 표시한다.

한 글자가 여러 소리를 표시한다. 이 예는 *exit*의 x, *union*의 u, 그리고 *human*의 h에서 찾아 볼 수 있다.

위에서 열거한 이유 중 하나 혹은 그 이상이 철자법과 소리 사이의 불일치(discrepancies)를 가져 오는 이유이며, 이는 결과적으로 rite, right, write, wright와 같은 많은 동음이의어들(homophones)을 만들어 내기도 한다. 영어의 알파벳이 겨우 26개의 글자를 가지고 40개가 넘는 소리들을 표시하려고 하는 장치라는 것을 고려한다면, 글자와 소리사이에 일관된 관계가 없는 것은 어쩌면 당연한 것인지도 모르겠다. 글자가 스펠링에는 어떨지 몰라도 발음에 대해서는 신뢰할만한 도구로 사용될 수 없기 때문에, 음성학과 음운론을 배우는데 있어서 첫 번째 규칙은 발화에서 *스펠링을 무시하고 단지 소리에만 신경을 써야한다(to ignore spelling* and *focus only on the sounds* of utterances)는 것이다.

규칙적인 철자법에 의해 만들진 애매고호한 경우(ambiguities)를 피하기 위해, 그리고 소리를 명백하게(unambiguously) 표시할 수 있는 시스템을 만들기 위해, 언어사용을 다루는 전문가들은 음성 알파벳(phonetic alphabet)을 사용한다. 이 음성 알파벳은 음성 기호(phonetic symbol)와 그 기호가 나타내는 소리 사이에 일대일의 일관성 있는 관계(consistent one-to-one relationship)를 가져야 한다는 원리를 토대로 만들어진 알파벳이다. 지금까지 많은 음성 알파벳이 고안되어 왔다. 그 중 가장 널리 사용되는 음성 알파벳은 국제 음성 알파벳(International Phonetic Alphabet; IPA)으로 알려진 것인데, 이 알파벳은 1888년도에 개발되었고, 그 이후로 계속 개정되어 쓰이는 중이다. 미국 학자들이 쓴 책에서는 몇 가지 기호들이 수정된 것을 발견할 수도 있다. 이 책에서는 기본적으로 IPA의 사용법을 따를 것이다. 다른 책에서 자주 발견되는 음성 기호를 몇 가지 알려주기는 하겠지만 말이다. 우리는 미국 영어에 관련된 음성 기호들을 제시한 후 (표 1.1 참조), 영어에서는 없지만 나중에 독자들이 마주치게 될지도 모르는 비영어권 언어에서 발견되는 소리에 대한 음성 기호들을 덧붙여 설명할 것이다. 방언상의 변이들(dialectal variations)은 제3장과 제4장에서 자세히 살펴볼 것이기 때문에, 여기서는 다루지 않겠다.

표 1.1 핵심어(key words)와 함께 제시된 영어의 자음과 모음 기호

음성 기호	단어내의 위치		
	어두	어중	어말
자음			
p	*p*ack	su*p*er	ma*p*
b	*b*ed	ru*bb*er	ro*b*
t	*t*ea	a*tt*ack	grea*t*
d	*d*ate	a*d*ore	goo*d*
k	*c*atch	pi*ck*ing	loo*k*
g	*g*ate	do*gg*y	ba*g*
f	*f*at	co*ff*ee	loa*f*
v	*v*ery	mo*v*ing	do*v*e
θ	*th*in	ru*th*less	dea*th*
ð	*th*ey	mo*th*er	brea*th*e
s	*s*ad	si*s*ter	bu*s*
z	*z*oom	rai*s*in	bu*zz*
(š)	*sh*ine	ma*ch*ine	ca*sh*
(ž)	-----	vi*s*ion	massage
h	*h*ead	be*h*ind	-------
tʃ (c)	*ch*air	tea*ch*er	whi*ch*

dʒ (j)	*j*ump	lar*g*er	hu*g*e
m	*m*ail	re*m*ind	roo*m*
n	*n*est	te*n*or	bea*n*
ŋ	----	a*n*ger	ki*ng*
j (y)	*y*ard	be*y*ond	so*y*
w	*w*ay	re*w*ind	lo*w*
ɹ (r, ɹ)	*r*ain	bo*r*ing	fou*r*
l	*l*ight	bu*ll*et	mai*l*
단모음과 이중모음			
i (ij, iy)	*ea*se	f*ee*t	b*ee*
ɪ	*i*t	s*i*t	------
e (ej, ei, ey)	*ei*ght	b*a*ke	s*ay*
ɛ	*e*dge	r*e*d	------
æ	*a*nger	n*a*p	------
ʌ	*o*ven	l*o*ve	------
ə	*a*bove	oft*e*n	Tamp*a*
ɑ	*a*rch	f*a*ther	sp*a*
ɔ	*a*ll	h*a*ll	s*aw*
o (ow, oʊ)	*o*at	g*oa*t	b*ow*
ʊ	------	b*oo*k	------
u (uw)	*oo*ze	l*oo*se	tw*o*
aɪ (aj, ay)	*i*ce	s*i*de	b*uy*
ɔɪ (ɔj, ɔy, oɪ, oj, oy)	*oi*l	v*oi*ce	b*oy*
aʊ (au, aw)	*ou*t	s*ou*nd	h*ow*

표 1.1에서 몇 가지 점들을 명확히 하기 위해서, 지적할 것들이 있다. 첫째, 특정 소리에 대해 빈칸으로 남겨진 것들은 그 소리를 담고 있는 어휘항목이 영어에는 없다는 것을 나타낸다. 둘째, 표에서 [ʍ] ([hw] 혹은 [w̥]) 기호를 포함하고 있지는 않다. 이 기호는 다른 책에서 순연구개 활음(labio-velar glide)에 대응하는 무성 마찰음(voiceless fricative)을 나타내는 기호로 사용되는 경우를 찾아볼 수도 있을 것

이다. 이 기호는 witch와 which 혹은 Wales와 whales 같은 단어의 짝들을 구분하기 위해 사용된다. 어떤 화자들은 이 짝에서 두 번째 나오는 which나 whales와 같은 단어에서 무성 활음(voiceless glide)를 사용하여 이 두 단어를 구분하기도 한다; 다른 화자들은 이와 같은 단어들을 동의이의어(homophonously)처럼 발음한다. 여기서 우리는 후자의 패턴을 따른다. 마지막으로, 한편으로는 모음의 끝에 나오는 /j/와 /i/, /e/, /aɪ/, /ɔɪ/에서의 끝나는 부분, 그리고 다른 한편으로는 모음의 끝에 나오는 /w/와 /o/, /u/, /aʊ/의 끝나는 부분에는 상당히 겹치는 특징들이 있다. 표 1.1에서 괄호 속에 대안으로 표시해 놓은 기호들(alternative symbols)은 이러한 관계를 다소 명확하게 한다. 이 점에 관해서는 후에 제4장에서 다시 다루도록 하겠다.

1.3 영어 소리의 기술 및 조음

1.3.1 성도

소리들이 어떻게 만들어지는가를 살펴보기 위해서는 우선 발성 기관(vocal organs)을 살펴볼 필요가 있다. 소리를 만들어 내기 위해 사용하는 공기는 허파에서 나와, 성대가 위치한 후두(larynx)를 통과한 후, 특정 형태를 취한 성도에서 특정 소리가 되어 나온다. 성도의 하부 표면에 있는 조음자들(articulators)을 하부 조음자(lower articulators)라고 하는데, 이 하부 조음자에는 아랫 입술(lower lip), 아랫니(lower teeth), 그리고 혀(tongue)가 있다. 소리를 만드는데 있어서, 일반적으로 이 하부 조음자들은 성도의 상부 표면에 있는 조음자들, 즉, 상부 조음자들(upper articulators)을 향해 움직인다고 한다. 상부 조음자들(upper articulators)은 윗 입술(upper lip), 윗니(upper teeth), 입의 상부 표면(upper surface of the mouth), 그리고 인두강의 벽(pharyngeal wall)을 포함한다. 그림 1.1에 성도가 그려져 있다.

1. 입술 (Lips)
2. 이 (Teeth)
3. 치경 (Alveolar ridge)
4. 경구개 (Hard palate)
5. 연구개 (Soft palate or velum)
6. 구개수 (Uvula)
7. 설첨 (Tip of the tongue)
8. 혀의 전반부 (Front of the tongue)
9. 혀의 후반부 (Back of the tongue)
10. 혀의 뿌리 (Root of the tongue)
11. 후두개 (Epiglottis)
12. 인두 (Pharynx)
13. 후두 (Larynx)
14. 식도 (Esophagus)
15. 기도 (Trachea)

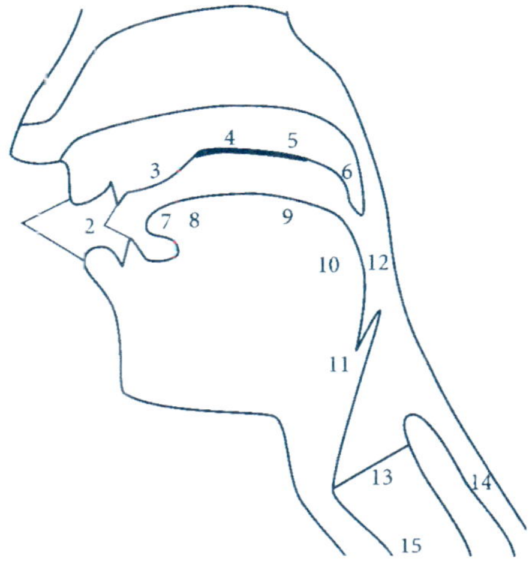

〈그림 1.1〉 성도(vocal tract).

가장 바깥부터 시작해서, 두 입술과 치아가 있다. 상부 표면에서 윗니 뒤에, 튀어나온 부분이 있는데 이를 치경(alveolar ridge)이라고 한다. 이 치경(alveoar ridge) 뒤에는 뼈로 된 큰 부분이 나오는데, 이를 경구개(hard palate)이라고 한다. 경구개 뒤에는 근육이 이완된 부분(flaccid area)이 있는데, 이 부분은 "연구개(soft palate 혹은 velum)"라고 부른다. 이 부분은 뼈의 지지를 받지 않는다. 연구개는 움직일 수 있는 조직인데, 이 조직은 구개인두 통로(velopharyngeal passage)를 열고 닫는다. 여기서 구개인두 통로는 인두(pharynx)를 비강(nasal cavity)과 연결하는 통로이다. 마지막으로, 뒤에서 연구개(velum)가 좁아져서 "구개수(uvula)"라고 불리는 길고 가는 뾰족한 구조로 좁아진다.

입의 하단부에서는, 아랫입과 아랫니 뒤에 혀가 위치해 있다. 혀의 "끝(tip)"은 "설첨(apex)"이라고도 하는데, 이 설첨이 가장 앞에 위치해 있는 부분이다. 설첨 바로 뒤에 "설단(blade 혹은 lamina)"이라는 작은 부분이 있다. 소위 혀의 "전반부 (설전; front)"는 설첨/설단 그리고 혀의 중간부(설중; center) 사이에 있다. 혀를 (위에서 아래로 보듯) 수평으로 봤을 때의 표면에서 가장 뒤에 있는 부분을 혀의 "후반부" 혹은 "설배(dorsum)"라고 부른다. 혀의 끝에 혀의 '뿌리(설근; root)'가 있는데, 이것은 인두강의 벽(pharyngeal wall) 맞은 편에 수직으로 위치한 표면을 일컫는다. 마지막으로 "후두개(epiglottis)"가 있는데, 이는 후두로부터 뒤를 향해 그리고 위로 향해 붙어 있는 나뭇잎 모양의 연골(leaf-shaped cartilage)이다.

1.3.2 유성성

후두는 기도(trachea) 위에 얹혀 있는데, 인대(ligaments)에 의해 함께 결합되어 있는 연골들로 구성되어 있다. 후두는 성대(vocal cords)를 수용하고 있는데, 이것은 아담의 애플 (Adam's apple) 바로 뒤에 수평으로 놓여있다(그림 1.2 참조). 성대 사이의 공간(space)은 "성문(glottis)"이라고 알려져 있으며, "유성(voiced)"과 "무성(voiceless)"으로 알려진 소리들을 위해 형상(configuration)을 다르게 취한다. 성대가 떨어져 열려있을 때, 공기는 자유롭게 성문을 통과해 흐른다. 이러한 성문 형상으로 만들어진 소리들은 "무성(voiceless)"이라 불린다(그림 1.3 참조).

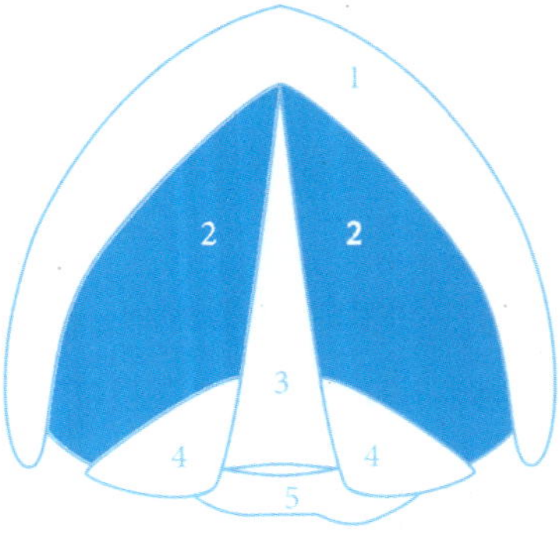

1. 갑상연골(Thyroid cartilage)
2. 성대(Vocal cords)
3. 성문(Glottis)
4. 피열연골(Arytenoid cartilages)
5. 윤상연골(Cricoid cartilage)

〈그림 1.2〉 (아래로 본) 후두 도형

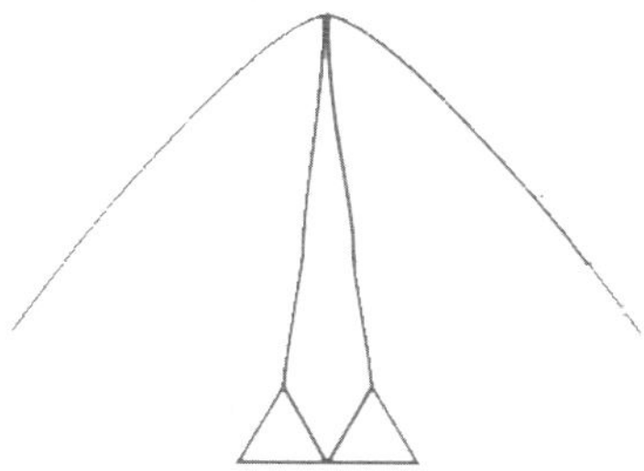

〈그림 1.3〉 무성음을 위한 형상

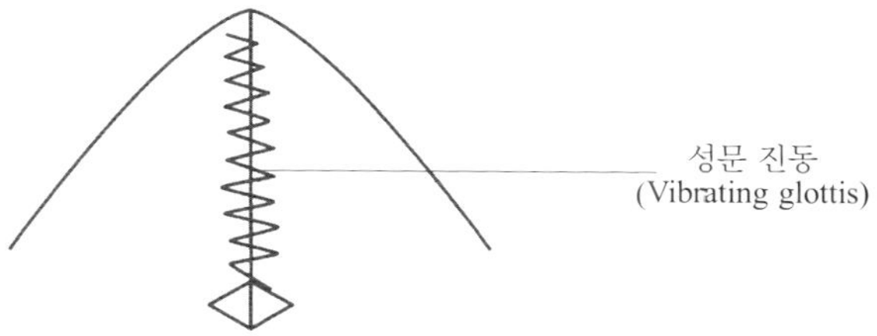

〈그림 1.4〉 유성음을 위한 형상

반면, 성대들이 서로 모아져 성문을 통해 통과하며 진동을 일으켜 나오는 소리들은 "유성(voiced)"이다(그림 1.4 참조). 여기서 중요하게 짚고 넘어가야 하는 것은 성대 진동이 근육 운동(muscular action)이 아니라는 것이다. 성대가 서로 맞붙게 될 때, 성문을 통과해 지나가는 공기는 베르누이 원리(Bernoulli principle)[2]로 알려진 흡입효과(suction effect)를 만들어 낸다. 이 흡입 효과는 성대를 다시 모으게 한다. 성대가 붙자마자, 흡입효과는 없어지고 성대가 다시 움직여 떨어지게 된다. 그들이 떨어지자 마자, 흡입이 다시 시작된다. 이런 식으로 순환은 반복된다.

특정 유성음과 무성음의 차이를 쉽사리 느낄 수도 있다. sip과 zip 그리고 cheap과 jeep의 첫 소리를 발음하는 동안, 두 번째 손가락인 지장(index finger)을 아담의 애플

2 Bernoulli는 영어로는 [bɛɹ̣núli], 프랑스어로는 [bɛɹ̣núji]로 발음한다 – 역자주.

에 살포시 얹혀 놓거나 지장을 두 귀 안에 넣어 본다면, 여러분은 /z/와 /dʒ/의 유성 때문에 만들어진 웅하는 소리(buzz)를 느끼게 될 것이다. 이 효과는 무성음에 해당하는 /s/와 /tʃ/를 만들 때는 나타나지 않는다.

1.3.3 조음 위치

자음의 조음 위치는 혀의 위치나 입술의 모양을 사용하여 자음을 조음하는 과정에서 공기흐름에 장애를 두는 곳이 성도 내에서 어디에 위치해 있는지에 대해 기술한 것이다. 아래에 영어의 자음과 관련된 조음 위치들을 나열해 놓았다.

양순음 (Bilabial): 양순음을 조음할 때 두 입술을 한데 모은다. 단어 pay, bay, may에서 첫 자음들이 영어의 양순음 /p, b, m/을 예로 보여준다.

순치음 (Labio-dental): 영어의 순치음 /f, v/(예, feel, veal)는 아래 입술과 윗니를 협착(constriction)시킨다. 양순음(bilabials)과 순치음(labiodentals)을 함께 묶어서 "순음(labial)"이라고 부른다.

치간음(Interdental): 영어의 /θ/와 /ð/소리(예, thin, that)는 위쪽 앞니과 아랫쪽 앞니 사이에 설첨이나 설단(tip or blade of the tongue)을 위치시켜 만든다. 어떤 화자들은 설첨이나 설단이 윗니만 겨우 가까스로 건드리는 경우도 있다. (따라서, 대신 "치음(dental)"이라는 용어를 사용하는 책들도 있다.)

치경음(Alveolar): 능동 조음자인 설첨이나 설단이 치경(alveolar ridge)에 맞대어 나는 소리이다. tip, dip, sip, zip, nip, lip 단어들의 첫 자음이 각각 영어의 치경음인 /t, d, s, z, n, l/의 예이다.

치경구개음(Palato-alveolar)[3]**:** 영어의 치경구개음인 /ʃ, ʒ, tʃ, dʒ/의 발음에서 (예, fish, garage, rich, ridge라는 각각의 단어에서 마지막 자음), 설단(blade of the tongue)이 치경(alveolar ridge)의 뒷쪽을 향해 움진인다(치경의 뒷부분을 후치경(post-alveolar)라고 하고 /ʃ, ʒ/의 경우에는 후치경에 근접(approximate)하며, /tʃ, dʒ/의 경우에는 후치경에 닿는다).

3 치경구개음(palate-alveolar)은 후치경음(post-alveolar)이라고도 함 – 역자주.

권설음(Retroflex): 권설음(Retroflex sounds)은 치경 뒤쪽 즉 후치경을 향해 혀끝을 살짝 감아올려 나는 소리이다. 미국영어에서 유일한 권설음은 r-소리 (/ɹ/)이다. 비록 권설음과 치경구개음은 모두 치경 뒤에서 조음되는 소리이지만, 이 두 소리가 동일한 것은 아니다. 권설음은 혀의 끝(tip of the tongue)으로 만들어지는 소리이기 때문에 "apical(설첨음)"이라고 불리고, 치경구개음은 설단으로 만들어지기 때문에 "laminal(설단음)"이라고 불리기도 한다. 여기서 한 가지 짚고 넘어갈 점은 영어 화자들 모두가 r-소리를 만들 때 권설음으로 만드는 것은 아니라는 것이다; 많은 화자들이 설첨을 내린 채 설단을 올려 혀를 하나의 덩어리같이 만드는 소위 "bunched" r-소리를 가지고 있다.

구개음(Palatal): yes라고 할 때 나오는 첫소리 /j/는 영어에서 유일한 구개음이다. 이 구개음은 혀의 전반부(front of the tongue)가 경구개(hard palate)에 맞대어 조음될 때 나는 소리이다.

연구개음(Velar): 영어 연구개음 /k, g, ŋ/의 조음은 각각 back, bag, sing의 마지막 소리가 그 예이다. 이 소리들을 조음할 때, 혀의 뒷 부분(back of the tongue)이 연구개(velum, soft palate)에 맞대어 나는 소리이다.

성문음(Glottal): 성문(glottis)에서 만들어지는 소리이다. /h/ (예, home)와 성문폐쇄음(glottal stop) /ʔ/이 여기에 속한다.

순연구개음(Labio-velar): /w/ (예, we)는 유일하게 두 조음 위치를 가진 자음이다. 이 소리를 만들 때, 두 입술은 오그라져 둥글게 되어서 "순음(labial)"이라 칭해진다. 이와 동시에 혀의 후반부가 연구개쪽으로 올라가기 때문에, "연구개음(velar)"이라고도 칭한다. 결과적으로 우리는 <표 1.2>와 같은 표에서 /w/ 기호를 양순음 위치와 연구개음 위치에 동시에 놓고, 이 소리를 "순연구개음(labio-velar)"이라고 부르기로 할 것이다.

1.3.4 조음 방식

소리의 조음 방식은 성도에서 자음을 조음할 때 공기의 흐름에 가하는 장애(obstruction)의 정도와 종류를 말한다. 예를 들어 단어 tip과 sip의 첫 소리를 비교하면, 우리는 공기의 흐름(airflow)이 동일한 위치(치경)에서 장애를 받고, 두 소리 /t/와 /s/ 모두 성대의 형상도 무성(voiceless)으로 똑같다. 이 두 소리의 차이점은 기류의 장애 유형(type of obstruction)에 있다. /t/에서 개방(release) 전에 공기를 완전히 멈추는 반면, /s/를 조음할 때는 좁은 간극(narrowing)을 만들어 (공기의 흐름을 멈추는 것이 아니라) 단순히 그 흐름에 장애를 준다.

폐쇄음(Stop): 폐쇄 자음은 조음자들의 완벽한 폐쇄와 그에 따른 공기 흐름의 완전한 차단과 관련이 있다. 영어에서 찾을 수 있는 폐쇄음들은 /p, b, t, d, k, g/이다.

마찰음(Fricative): 마찰음은 두 조음자 사이에 생기는 좁은 틈을 통해 공기가 빠져 나가, 귀에 들릴 만큼 큰 마찰을 일으키며 만들어지는 소리이다. /f, v, θ, ð, s, z, ʃ, ʒ, h/가 영어의 마찰음이다. 마찰음들이 공통으로 가지고 있는 특징은 부분적인 기류가 마찰소음을 낸다는 것이다. 어떤 책에서는 난기류(turbulent airstream)를 형성하는 소리만이 마찰음이라는 기준을 엄격하게 지키는데, 이러한 차원으로 마찰음을 정의하면 /h/가 마찰음으로 취급되지 않을 수도 있다. 마찰음의 한 하위 부류(치경과 구개-치경)는 다른 마찰음들보다 음의 강도가 더 강하고 고주파역대(high-frequencies)에 보다 많은 양의 음향에너지를 가지고 있는데, 이 하위 부류를 "치찰음(sibilants)"이라고 부른다.

파찰음(Affricate): 폐쇄음에서는 폐쇄의 개방(release of the closure)이 빠르고 갑작스럽게 일어난다. 하지만 폐쇄개방이 점진적으로 일어나는 소리에서는 소음(friction)이 만들어진다. 이러한 소리들은 파찰음(affricates)이라고 불린다. 다시 말해서, 파찰음은 (완벽한 폐쇄를 가진) 폐쇄음처럼 시작해서 마찰음(fricative)처럼 끝난다. 영어의 두 파찰음 /tʃ, dʒ/는 치경구개의 조음 위치에서 만들어진다. 이 소리들을 위해 사용되는 기호들은 폐쇄음 /t/, /d/와 마찰음 /ʃ/, /ʒ/가 각각 합쳐져서 만들어졌다는 것을 쉽게 알 수 있을 것이다. 여기서 기억해야 할 중요한 점은 이 파찰음들이 분리될 수 없는 하나의 단위라는 것이다. 예를 들어 /sk/, /pl/과 같은 자음군(consonant clusters)들은 두 개의 서로 분리될 수 있는 음운론적 단위(phonological units)로 구성되어 있는 반면, 파찰음은 항상 하나의 단위로 행동한다. 예를 들어, key chain [ki tʃen]이 [tʃi ken]으로 발음되는 발화실수(speech errors)에서, 두 번째 단어의 첫소리인 파찰음 [tʃ]가 첫 번째 단어의 첫소리 [k]와 위치가 바뀐다. 반면에 자음군(consonant clusters)은 파찰음과 필적되는 상황에서 소리들이 분리된다. scotch tape [skʌtʃ tep]과 같은 경우 [kʌtʃ step]와 같게 되지 [tʌtʃ skep]과 같이 되지는 않다는 예를 통해 알 수 있다(이에 대해서는 3.3 절을 참고바람). 파찰음 /tʃ/와 /dʒ/는 이 소리에 각각 /ʃ/와 /ʒ/의 치찰 마찰음(sibilant fricatives)을 포함하고 있기 때문에, 이들도 치찰음(sibilants)에 속한다. 폐쇄음, 마찰음, 그리고 파찰음은 성도에서 후두를 통해 나온 공기의 흐름에 상당한 정도의 장애를 끼치며 만들어지는 소리이기 때문에, 통칭해서 "장애음(obstruents)"이라고 알려져 있다.

근접음(Approximant): 근접음은 성도내에서 조음자들의 간극(stricture or opening)이 마찰음을 만들 때보다 더 크게 벌어져 마찰없이 나는 자음(consonants)을 말한다. 마찰음인지 근접음인지 파악하기 위해서는 조음(articulation), 공기역학(aerodynamics), 그리고 음향/지각적인 요소(acoustic/auditory factors)들을 모두 고려할 필요가 있다. Catford (1997)에 의하면, 마찰음의 경우 최대 수축된 상태의 횡단면적이 일반적으로 3에서 $20mm^2$의 범위를 가지며, 근접음의 경우 $20mm^2$보다 더 넓다고 한다. (lay, ray, yes, 및 week의 첫 자음들인) /l, ɹ, j, w/ 소리들은 영어의 근접음(approximants)이다. 마찰음과 근접음은 모두 조음 상 공기가 계속 흐르기 때문에, "지속음(continuants)"이라고도 불린다. 영어의 두 근접음 /l, ɹ/은 "유음(licuids)"인데, 유음은 모음 같은 자음(vowel-like consonants)인데, 모음보다는 수축이 더 크게 된 상태에서 유성에너지(voicing energy)가 성도를 통과해 나는 소리이다. 유음 /l/은 "설측" 유음("lateral" liquid)으로 불린다. 이 설측유음은 혀의 양쪽 옆으로 공기가 통과해 나갈 수 있는 틈을 유지한 채, 혀의 끝이 치경과 닿아 폐쇄(closure)를 만들며 내는 소리이다. 비설측 근접음 /ɹ/은 앞서 권설(retroflex) 조음 위치와 관련하여 기술한 바 있으며, "rhotic"(r-소리)이라고도 알려져 있는데, 여기서 다시 설명하지는 않도록 하겠다. 남은 두 근접음 /j/와 /w/는 "활음(glides)"으로 알려져 있다(어떤 책에서는 "반모음(semi-vowels)"이라고 불리기도 한다). 이 소리들은 모음 같은(vowel-like) 소리인데, 자음과 같은 기능을 한다. 다시 말해서, 조음에 있어서 /j/는 모음 /i/와 같고, /w/는 모음 /u/와 같은 반면, 기능에 있어서는 자음과 같은 역할을 한다. 따라서 이 소리들은 음절의 핵에 위치하지 않고, 기댈 수 있는 모음을 항상 필요로 하는 소리이다.

비음(Nasal): 만약 우리가 <u>beat</u>와 <u>meat</u>의 첫 소리 /b/와 /m/을 비교하면, 우리는 이 소리들이 동일한 조음 위치(즉, 양순음)를 공유하고 유무성 자질(즉, 유성음)을 공유한다는 사실을 알 수 있다. 이 두 소리의 차이점은 구개인두통로의 개폐유무(velopharyngeal opening)와 입 밖으로 나가는 공기의 통로(channels)에 있다. /m/을 조음할 때, 연구개는 내려가며, 구개인두통로는 열려져 있다. 따라서, 폐쇄가 개방되자마자 공기는 구강(oral cavity)을 통해서 뿐만 아니라 비강(nasal cavity)을 통해 밖으로 나간다. 반면 /b/를 조음할 때 연구개는 올라가고 구개인두통로는 닫혀 있다. 결과적으로 공기의 유일한 배출통로(outlet)는 구강(oral cavity)이다. 예를 들어 /m, n, ŋ/과 같은 소리들이 앞서 말한 하강한 연구개와 열린 구개인두통로의 형상으로 만들어지는데, 이런 소리들을 비음(nasals)이라고 부른다; 다른 소리들은 구강음(oral sounds)이라 일컫는다.

근접음들(유음 및 활음) 그리고 비음은 이 소리들이 조음자와 조음 위치 사이에 공기의 흐름을 상대적으로 덜 방해해서 만들어지는 소리이기 때문에, 통칭해서 "**공명음(sonorants)**"이라고 알려진 자음의 무리를 형성한다.

표 1.2는 영어 자음들의 조음 위치와 조음 방식을 보여준다. 표에서 칸 하나에 자음이 두 개 있는 경우, 무성자음은 왼쪽에, 그리고 유성자음은 오른쪽에 위치해 있다. 조음 위치는 표 1.2 아래의 표와 같이 능동 조음자와 수동 조음자를 사용하여 요약할 수도 있다.

〈표 1.2〉 영어의 자음들

	양순음	순치음	치간음	치경음	권설음	치경구개음	구개음	연구개음	성문음
폐쇄음	**p b**			**t d**				**k g**	
마찰음		**f v**	**θ ð**	**s z**		**ʃ ʒ**			**h**
파찰음						**tʃ dʒ**			
비음	**m**			**n**				**ŋ**	
유음				**l**	**ɹ**				
활음	**w**						**j**	**w**	

주의 : 사변(slashes) / / 사이의 기호들은 음소적인(phonemic) 기호이다; 대괄호(square brackets) [ ] 사이의 기호들은 음성적인(phonetic) 기호이다.

조음 위치	능동 조음자	수동 조음자
양순	아래와 윗입술	없음
치	아랫입술	위의 앞니
순치	설첨	위의 앞니
치경	설첨 혹은 설단	치경
치경구개	설단	치경의 뒷부분(후치경)
설전	설첨	구개 앞
구개	설전	구개
연구개	설배	연구개
성문	성대	없음

1.3.5 성대진동 개시시간

앞서 말한 대로, 폐쇄음의 조음은 두 조음자(articulators)에 의해 형성된 폐쇄(closure)와 이 조음자들의 갑자스러운 개방(release)으로 구성되어 있다. 이 절에서는 폐쇄음의 조음과 성대 진동의 타이밍(timing)을 살펴보고자 한다. 이 성대의 진동은 유성음(voiced), 무성음(voiceless), 기식음(aspirated), 그리고 비기식음(unaspirated)을 구별하는 것과 관련이 있다. 이 다양한 종류의 폐쇄음간의 구별은 폐쇄음이 폐쇄를 개방하는 시간과 성대 진동이 시작되는 시간 사이의 시간차(time difference)에 의해 설명될 수 있고, 이 타이밍 관계는 "성대진동 개시시간(voice onset time)"(이후 VOT라 칭함)이라고 알려져 있다. 그림 1.5는 서로 다른 폐쇄음의 발음을 VOT 연속체(continuum)에서 나타내고 있다.

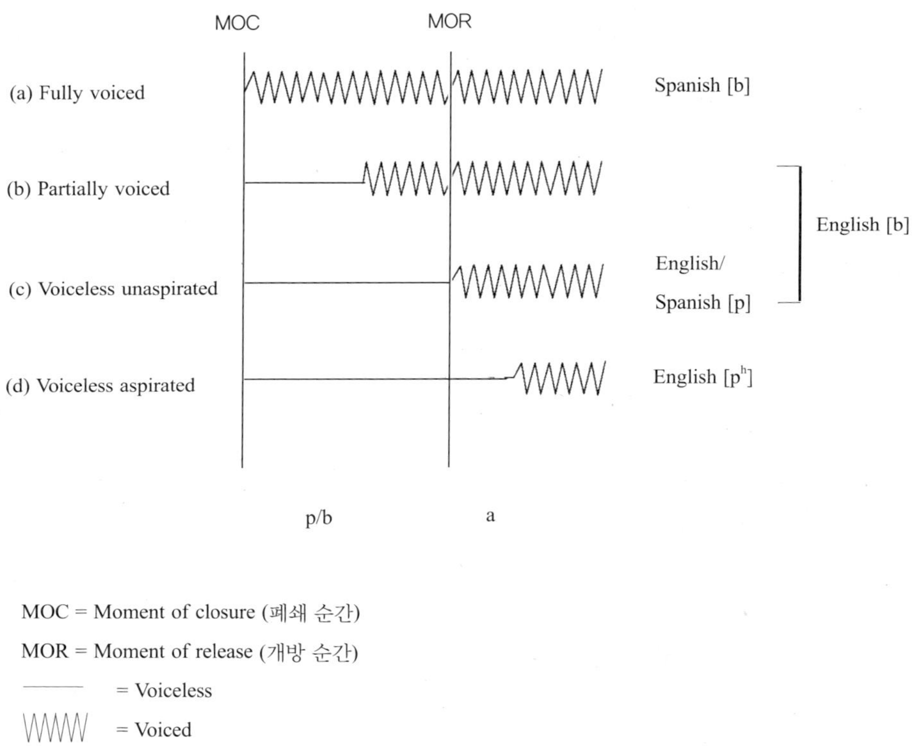

〈그림 1.5〉 VOT 연속체(continuum)

만약 (a)와 (b)에 표시된 선의 경우처럼 유성(즉 성대진동)이 개방되기 전(즉 폐쇄 구간 동안)에 시작된다면, 그 상황은 '유성 선행(voice lead)'을 가지고 있다고 말하며, 음의 VOT 값(negative VOT value)을 밀리센컨드(ms)로 가진다. (VOT 측정 방법들에 대해 제5장 참조.) 선 (a)는 완전 유성 폐쇄음(fully voiced stop)을 나타낸다; 폐쇄구간이 끝날 때까지 성대 진동을 가지고 있고, 이는 개방 후에도 계속된다. 로맨스 언어들의 /b, d, g/ 소리들은 완전 유성 폐쇄음의 전형적인 예들이라고 말한다. 이 폐쇄음들의 선행 VOT 값(lead values)들은 -125에서 -75 ms사이의 값을 가진다(예, 프랑스어, 이탈리아어, 스페인어, 포르투갈어).

모든 유성 폐쇄음들이 이와 같은 방식으로 만들어지는 것은 아니다. 영어와 다른 게르만어들을 포함한 일부 언어들은 /b, d, g/를 발음할 때, 이 소리들은 일정한 정도의 유성 상실(loss of voicing)(부분적으로 무성음화(partial devoicing)되거나 혹은 전혀 유성이 없음(no voicing at all))을 겪는다. 그림 1.5의 선 (b)가 이 형상을 나타낸다; 유성이 폐쇄 단계가 진행 중인 단계에서 시작해서 따라나오는 모음까지 지속된다. (이와 좌우 대칭되는 거울상(mirror image)은 어말 위치의 유성 폐쇄음(final voiced stops)에서 볼 수 있다; 이는 제3장에서 보다 자세하게 논의할 것이다.)

반면 유성이 폐쇄음 폐쇄의 개방 후에 시작하면, 이 소리는 '유성 지체(voice lag)' 라 불리며, 밀리세컨드(ms) 단위로 측정되는 양의 VOT 값(positive VOT values)을 가진다. 범언어적으로, 지체되는 양(amount of lag)이 상당할 수도 있다. 30 ms 보다 더 긴 지체는 폐쇄음에서 "기식되었다(aspirate)" (혹은 "길게 지체되었다(long lag)") 고 하고, 30ms보다 짧은 지체 혹은 개방과 동시에 일어나는 유성(voicing)은 "기식되지 않았다(unaspirated)"고 한다. 선 (c)와 (d)는 이 두 가지의 가능성을 나타낸다. 두 경우 어느 것에도 폐쇄음의 폐쇄 기간 동안 성대 진동이 없다(따라서 "무성음(voicelesss)"임). 이 둘 사이의 차이점은 개방 순간에 비추어 봤을 때 어느 지점에서 유성이 시작되는가 하는 점이다. 선 (c)에서는 성대 진동이 폐쇄음 개방과 동시에 즉 0에서 25 ms 정도만 지체된 후 일어난다; 이러한 소리들은 '무성 무기식 폐쇄음(voiceless unaspirated stop)'에 해당한다. 로만스 언어들의 무성 폐쇄음을 이에 대한 예라고 할 수 있다. 영어의 어두에 있는 /b, d, g/는 일부 화자에게는 폐쇄동안 약간의 유성이 있을 수 있지만 (즉 부분적으로 유성음이지만), 다른 많은 사람들에게는 유성을 가지고 있지 않아 무성 무기식 폐쇄음과 실제 구별할 수 없을 정도이다(ba의 [b]와 spa의 [p] 참조).

선 (d)에서, 시간상의 지체(lag)가 30 ms의 기준점보다도 훨씬 길고(+60 ms에서 +100 ms 사이의 값을 가짐), 그 결과로 나타나는 소리가 "무성 기식 폐쇄음(voiceless aspirated stop)"이다. 기식(aspiration)을 표시하기 위해 사용하는 첨가기호(diacritic)는 폐쇄음의 오른쪽 끝에 작게 올려 첨가한 [^{h}]이다(예, [p^h]). 영어의 어두에 나오는 [p^h, t^h, k^h] 소리들은 이러한 방식으로 만들어지며, 우리는 모음이 유성으로 떨리는 소리(buzz)를 듣기 전에 기식의 결과로 만들어지는 짧은 파열(burst)을 듣게 된다. 기식의 정도는 서로 다른 언어마다 다르게 나타난다. 예를 들어, 영어의 무성 폐쇄음은 약하게 기식되어 있지만, 북경 중국어, 타이, 그리고 스코틀랜드 갤릭어(Scottish Gaelic)같은 다른 언어들은 강하게 기식되어 발음된다. 여러 언어에 걸쳐, 조음 위치가 앞에서 뒤로 이동할수록 지체 값은 증가되는 경향이 있다. 따라서 [p]에 대한 평균 VOT 값이 [t]에 대해서 보다 더 짧고, [t]는 다시 [k]보다 더 짧다. 그러한 분절음 내적인 영향에 더하여 VOT는 발화 속도(tempo of speech), 단어 내의 음절 수(number of syllables), 문장 길이(sentence length)와 같은 다른 요소들에 의해서도 영향을 받을 수 있다. 예상할 수 있듯이, 더 빠른 발화, 음절수가 더 많은 단어, 그리고 긴 문장들은 VOT 값을 감소시키는 효과를 가진다.

어떤 언어(예, 인도의 힌디어, 파키스탄과 인도의 신디어)에서는 우리가 지금껏 논의한 폐쇄음의 세 가지 부류(즉, 유성, 무성 무기식, 무성 기식)보다 더 많은 가능성을 가지고 있다. 이 언어들에는 부가적으로 "유성 기식 폐쇄음(voiced aspirated stops)"이 더 있다. 이러한 폐쇄음들은 폐쇄음의 폐쇄 구간을 개방하고 나서, 다음에 뒤따라 나오는 정상적인 유성이 시작하기 전에 breathy voice (혹은 murmur)[4]라는 구간을 가진다. 따라서 힌디어에서 다음의 4가지 유성성 구분을 할 수 있게 된다:

[tal] "beat"; [t^hal] "plate"; [dal] "lentil"; [d^hal] "knife"

4 Breathy voice를 기식성, aspirated sound를 기식음이라고 번역되어 혼동될 여지가 있다. – 역자주.

1.3.6 단모음과 이중모음[5]

자음에 대해 살펴보았을 때, 자음을 만들 때 생기는 공기 흐름에 끼치는 장애(obstruction)에는 다양한 정도가 있다고 하였다. 일반적으로 말해서 모음을 만들 때의 성도가 자음을 만들 때의 성도보다 더 열려있다고 말한다. 하지만 이러한 진술은 임시방편적이었는데, 이는 활음과 모음의 구분을 논의할 때, 구별에 필요한 고려는 다분히 음운론적이었던 것이지 음성학적인 것은 아니었다는 것에서 알 수 있다.

모음의 특징을 기술할 때, 자음을 기술할 때 사용하던 조음 위치라던지 조음 방식과 같은 용어를 사용하지 않는다. 그 이유는 모음에서는 조음자들끼리 접촉하는 위치가 있는 것이 아니기 때문이다. 대신, 모음들은 혀와 입술들의 위치(position of the tongue and the lips)에 의해 기술된다. 모음은 특별한 경우를 제외하고는 일반적으로 유성음이기 때문에, 유성(voiced)/무성(voiceless)의 구분을 하는 것 역시 적절하지 않아 논의하지 않을 것이다.

beat, bit, bait, bet, bat의 단어에 있는 모음들을 주어진 순서대로 살펴보면, 입이 점점 더 크게 벌려지고 혓몸(body of the tongue)이 점점 아래로 내려간다는 것을 알 수 있다. boot, book, boat, bought에 있는 모음들을 조음할 때도 비슷한 경우를 관찰할 수 있다. 이때도 역시 입이 점진적으로 벌어지고, 혀가 점진적으로 낮아진다. 이렇게 나열된 목록들의 차이는 모음을 만들 때 혀의 어디 부분이 사용되는가에 달려있다. 첫 번째 목록에 있는 단어에서는 혀의 앞부분 (=전설, front of the tongue)이 관여하고, 두 번째 목록의 단어들에서는 혀의 뒷부분(=후설, back of the tongue)이 관여한다. 즉, 전자는 혀가 앞으로 당겨져서 모음이 만들어지고, 후자는 혀가 뒤로 밀려서 모음이 만들어진다. 모음의 위치들을 모음도(vowel chart)에 표시할 때 사용하는 전통적인 방식은 전설모음(front vowels)을 왼쪽에, 후설모음(back vowels)을 오른쪽에, 그리고 중설모음(central vowels)을 가운데 표시하는 것이다. 높이 차원(height dimensions)은 "고(high)모음", "중(mid)모음", 그리고

5 Vowels는 이 책에서 통칭한 모음을 지칭하기도 하고, 단모음(monophthongs)을 지칭하기도 한다. – 역자주.

"저(low)모음"이 있다. 여기서, 고모음은 "폐쇄(close)모음", 그리고 저모음은 "개방(open)모음"이라고도 한다. 그리고 영어에서 "중모음(mid vowels)"은 종종 "중-고(high-mid)모음"과 "중-저(low-mid)모음"으로 더 분할되기도 한다. 그림 1.6은 영어의 모음을 보여 준다.

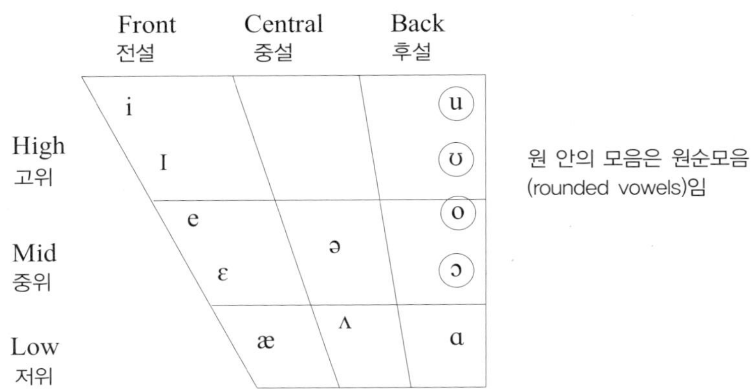

〈그림 1.6〉 영어 모음

모음 기술의 또 다른 차원(dimension)은 혀의 위치(lip position)를 지칭하는 것이다. 후설모음(back vowels) 다섯 개 중 /ɔ, o, ʊ, u/ 네 개의 모음은 위의 표에서 원(circle)으로 표시되어 있는데, 이 모음들은 동그랗게 오므라진 입술(rounded lips)로 만들어지기 때문이고, 따라서 "원순모음(round vowel 혹은 rounded vowel)"이라고 불린다; 다른 모든 모음들은 비원순(unrounded)이다.

마지막으로 높이, 전설/후설 그리고 원순성과 같은 특징에 덧붙여, 긴장/이완(tense/lax)이라는 특성이 모음의 기술에 사용된다. 이 특징은 다소 논쟁의 여지가 있는 이슈여서, 이 부분에 대해서는 제4장에서 자세하게 다룰 예정이다. 다만 이 책에서는 분포에 관한 기준(distributional criteria)을 따를 것이고, /ɪ, ɛ, æ, ʌ, ʊ/를 "이완 (lax)" 모음으로 묶고, 다른 모음들은 "긴장(tense)" 모음이라고 할 것이다.

이상에서 살펴 본 모음들은 하나의 그리고 변하지 않는 특징을 가지는 것으로 간주되고 있으며, 그러한 이유로 "단모음(monophthong)"이라고 부른다(이 또한

/i/와 /u/, 그리고 특히 /e/와 /o/에 대해서는 논란의 여지가 있음; 보다 상세한 논의는 제4장을 참고하기 바람). 반면에 bite, brown, boy와 같은 단어들에 있는 모음적 요소들(vocalic elements)은 한 모음에서 다른 모음으로 움직이는 조음상의 복잡성을 가지고 있다. 구체적으로 말해 각각 /aɪ/, /aʊ/ 그리고 /ɔɪ/로 표시되는 이 복잡한 모음들은 "이중모음(diphthong)"이라고 불린다. 방언상의 변이(dialectal variation)를 포함해 단모음과 이중모음의 보다 상세한 기술은 제4장에 기술되어 있다.

1.4 추가적인 소리들

이 장에서 우리의 주된 관심사는 영어의 자음과 모음이었다. 하지만, 언어 병리(speech pathology), 테솔(TESOL; teachers of English to speakers of other languages), 그리고 응영언어학을 공부하는 학생들은 종종 다른 언어를 구사하는 화자들의 음성을 다루게 되는데, 이는 외국어 학습 환경에서일 수도 있고, 이중언어 (혹은 다중언어) 환경에서일 수도 있다. 말할 필요도 없겠지만 그런 환경에서 일을 하려면 영어에는 존재하지 않는 여러 소리들에 익숙해 질 필요가 있다. 따라서 이러한 소리들에 대해 필요한 만큼의 정보를 제공하고자 다음의 내용들을 준비하였다.

1.4.1 성문의 상태

영어의 소리를 기술하기 위해 앞서 언급한 두 형상인 유성(voiced)과 무성(voiceless) 외에, 어떤 언어들은 두 개의 부가적인 성문 상태가 관여된 소리들을 사용한다. 이 소리들은 후두화음(**creaky voice**) ("후두화된(laryngealized)음" 혹은 "vocal fry"라고도 함)과 기식성음 (**murmur**) ("breathy voice"라고도 함)이다.

후두화음(Creaky voice)을 만들 때 성문의 뒤에 위치해 있는 두 개의 피열 연골

(arytenoid cartilages)이 모아져 닫히고, 성문의 반대쪽 즉 앞쪽에서는 성대가 진동한다. 그 결과는 낮은 피치를 가진 소리가 만들어진다. 많은 채딕 언어들(Chadic language; 예, 하우사어(Hausa), 부라어(Bura), 서아프리카의 마지어(Margi))은 일반적인 유성음과 대립하여 이러한 후두음화된 소리를 사용하여 단어의 의미에 변화를 가져온다.

기식성음(murmurs 혹은 breathy voiced sounds)은 성대가 앞쪽에서는 진동을 하는 동안 뒷쪽은 벌려진 채로 발음되는 음이다. 성대가 열린 틈은 무성음에서 보다는 더 좁고, 높은 체적 속도(volume-velocity)를 가진 기류(airflow)가 이 틈을 통과하며 성대가 진동한다. 높은 비율의 공기 흐름이 오랫동안 유지될 수 없기 때문에 이 기류는 곧 가라앉는다. 기식성음은 개별 소리 기호 아래에 두 점[..]을 찍어서 전사할 수 있다(예, [d̤]). 아프리카의 나이지리아-콩고 언어들(예, 줄루어(Zulu), 쇼나어(Shona))과 인도에서 사용되는 여러 언어들(예, 힌디어(Hindi), 신디어(Sindhi), 마라티어(Marathi), 벵골어(Bengali), 구자라티어(Gujarati)) 등이 기식성 폐쇄음(murmured stops)을 가지고 있다. 또한 (멕시코에서 사용되는 오토-맹궤이어(Oto-Mangean))인 마자텍어(Mazatec)의 후두음화된 모음(laryngelized vowels), 기식성 유성 모음(breathy voiced vowels), 그리고 평범한 모음이 서로 대립을 이루고 있다(다시 말해, 한 소리를 다른 소리로 대체하면 의미의 차이를 가져온다).

1.4.2 조음 위치와 조음 방식

폐쇄음(Stops)

영어의 양순, 치경, 연구개 폐쇄음은 세계의 언어에서 매우 평범하게 나타난다. 폐쇄음에서 추가적인 조음 위치로 주목할 만한 것이 세 가지 있다. 유무성의 *구개 폐쇄음*(*palatal* stops)은 각각 [c, ɟ]로 전사되는데, 헝가리어, 체코어, 터키어, 바스크어, 그리고 아일랜드어에서 찾아볼 수 있다. *권설 폐쇄음*(*Retroflex* stops) [ṭ, ḍ] (또는 [ʈ, ɖ])은 힌디어에서 흔하다. *구개수 폐쇄음*(*Uvular* stops; 혀의 뒷부분과 구개수가 맞대어 조음됨)과 관련해서는 (에스키모어(Eskimo)와 퀘추아어(Quechua)에서 발견되는) 무성의 [q]와 (페르시아어에서 발견되는) 유성의 [ɢ]를 인용할 수 있다. *치폐쇄음*(*dental* stops) [t̪, d̪]에 대해서도 언급을 해야 하는데, 이 소리들은 로망스 언어들(예, 스페인어, 포르투갈어, 이탈리아어 등)에서 발견된다.

마찰음(fricatives)

영어의 마찰음 목록은 꽤 풍부하다(9개의 마찰음). 하지만 가능한 마찰음들은 세계의 여러 언어에서 더 찾아 볼 수 있다. 무성 *양순* 마찰음(voiceless ***bilabial*** fricative) [ɸ]는 그리스어와 하우사어에서 흔히 볼 수 있으며, 유성 *양순* 마찰음(voiced ***bilabial*** fricative) [β]는 스페인어에서 찾을 수 있다. 서아프리카의 에웨어(Ewe)는 두 양순 마찰음을 모두 가지고 있다. *권설* 마찰음(*Retroflex* fricatives)의 무성음은 [ṣ] (혹은 [ʂ])로 전사될 수 있고, 유성음은 [ẓ] (혹은 [ʐ])로 전사될 수 있는데, 이 두 권설 마찰음은 북경 중국어, 및 타밀어(Tamil)와 말라얄람어(Malayalam) 같은 인도의 여러 드라비다어(Dravidian languages)에서 찾아볼 수 있다. *구개* 마찰음(***Palatal*** fricatives) 또한 여러 언어에서 발견된다. 무성 구개 마찰음 [ç]은 아일랜드어, 벵골어, 독일어, 노르웨이어, 그리고 그리스어에서 찾을 수 있고, 유성 구개 마찰음 [ʝ]은 스웨덴어, 그린란드어, 그리고 마지어에서 찾을 수 있다. *연구개* 마찰음(***velar*** fricatives)은 인도-유럽어에서 찾아볼 수 있다. 웰시어, 아일랜드어, 불가리아어, 체코어, 독일어, 신디어, 그리고 슬로베니아어를 무성 연구개 마찰음 [x]를 가진 언어로, 그리스어, 스페인어, 아랍어, 페르시아어, 독일어, 그리고 아일랜드어를 유성 연구개 마찰음 [ɣ]를 가진 언어로 말할 수 있다. 무성 *구개수* 마찰음(voiceless uvular fricative) [χ]은 네덜란드어와 셈족어(예, 아랍어, 히브리어), 그리고 여러 북미 인디언어(예, 틀링깃어(Tlingit))에 흔히 나타나는 반면, 유성 구개수 마찰음 [ʁ]은 포르투갈어과 프랑스어에서 자주 나타난다. 마지막으로, 인두 마찰음의 무성음 [ħ]와 유성음 [ʕ] 둘 다 셈족에 속하는 언어(Semitic languages)에서 일반적으로 발견된다.

파찰음(Affricates)

영어의 두 구개-치경 파찰음은 세계의 언어에서 가장 흔한 파찰음이다. 이 외에,

치경 파찰음(***alveolar*** affricates) 또한 상대적으로 자주 쓰인다. 무성 치경 파찰음 [tˢ]는 가장 흔한 것 중 하나인데, 중국어, 크로아티아어, 일본어, 슬로베니아어, 그리고 체코어에서 발견되며, 유성 치경 파찰음 [dᶻ]는 불가리아어에서 찾아볼 수 있다. 또한 언급할 가치가 있는 것은 무성 *양순* 마찰음 (voiceless bilabial affricate) [pᶠ]인데, 이는 독일어에서 찾아볼 수 있다.

비음(Nasals)

파찰음과 같이, 영어의 비음은 세계의 언어들 중 가장 흔한 비음들이다. 하지만 그 다음으로 가장 흔한 비음 [ɲ]에 대해 언급할 필요가 있는데, 이 비음은 *구개음(**palatal**)*이다. 이 소리는 프랑스어, 스페인어, 포르투갈어, 베트남어, 헝가리어, 카탈란어, 아일랜드어, 순다어(Sundanese)와 같은 여러 언어에 있다. 언급할 만한 가치가 있는 다른 비음들은 일본어와 여러 북미인디언어에서 발견되는 *구개수 (**uvular**)* [ɴ]와 말라얄람어에서 발견되는 *권설(retroflex)* 비음[n̥] (or [ɳ])이다.

유음 (Liquids)

이 그룹에서는 "l-소리들"과 "r-소리들"로 알려진 소리들을 살펴보았는데, 이 소리들에는 다양한 변종들이 있다. 유성 치경 근접음 [l]은 영어에서도 발견되는데 언어에서 가장 흔한 설측음(laterals) 중의 하나이다. *구개(Palatal)* 유음 [ʎ]은 이탈리아어와 포르투갈어와 같은 언어에서 발견되는데, 흔히 발견되는 또 다른 설측 근접음이다. 설측음은 근접음이고 유성일 가능성이 많다; 하지만 이러한 특징 중 어느 것도 필연적인 것은 아니다. 마찰 설측음(fricative laterals)은 무성인 경우가 더 흔하다(예, 웰시어의 무성 치경 마찰음(voiceless, alveolar fricative) [ɬ]).

r-소리들은 일반적으로는 모두 유성음이고, 설측음보다 더 다양한 변종들이 있다. 이 변종들은 일반적으로 "지속적인(continuant)" r-소리와 "중단된(interrupted)" r-소리로 구분된다. 영어의 r-소리(미국영어의 권설 근접음(retroflex approximant) [ɻ]과 영국영어의 치경 근접음(alveolar approximant) [ɹ])은 지속음(continuant)의 예이다.

더 일반적으로 (단타음(taps), 설탄음(flaps), 전동음(trills)을 포함해) "중단된 (interrupted)" 유형에 속하는 r-소리들이 더 많다. 단타음과 설탄음은 모두 두 조음자가 순간적인 접촉을 한다. caro [karo] "expensive"에서처럼 스페인어의 [ɾ] (혹은 미국영어의 writer에서처럼 모음 사이의 /t/)은 혀의 끝이 입천장의 조음자를 향해 가볍게 튀기듯이 움직여 만들어진다. 단타음은 종종 설탄음과 같은 것으로 취급되는데, 이는 정확한 구분은 아니다. 첫째 단타음(taps)은 대부분 치음/치경음인데, 설탄음(flaps)은 권설음(retroflex)이다. 또한 이 두 소리는 이동의 방향에 있어서도 차이가 있다; 단타음에서는 위아래로 이동하는데 반해, 설탄음에서는 뒤에서 앞으로 이동한다.

전동음(trills)은 한 유연한 조음자가 다른 조음자를 향해 반복적으로 두드림(tapping)으로써 만들어진다. 치(dental)/치경(alveolar) 전동음 [r](예, 스페인어 perro [pero] "dog")은 세계 언어에서 가장 흔한 전동음 중 하나이다. 구개수 전동음 [ʀ] 또한 주목할 만한데, 이는 독일어와 프랑스어의 일부 방언들(예, [ʀuʒ] "red")에서 찾아 볼 수 있다. 프랑스의 다른 지역어(예, 파리어(Parisian))에서는 이 소리가 구개수 마찰음 혹은 근접음(예, [ʁuʒ] "red")이다. 때로 전동음은 마찰(friction)을 동반한다. 체코어의 r-소리 [r̝]은 유성 치경 마찰 전동음(voiced alveolar fricative trill)의 좋은 예이다(예, Dvorak [dvor̝ak]).

활음(glides)

영어에서 발견되는 소리 /j/와 /w/는 세계의 언어에 있는 가장 흔한 활음이다. 주목할 만한 가치를 가지고 활음의 범주에 속할 수 있는 것은 순-구개 근접음(labio-palatal approximant) [ɥ]인데, 이는 프랑스어에서 발견된다(예, [mɥɛt] "mute"). 표 1.3은 갱신된 자음 차트를 보여준다.

영어에서 찾아 볼 수 없는 소리를 다룰 때 지금까지 살펴본 부수적인 기호들이 유용하지만, 장애음성을 가진 사람들(disordered population)의 음성자료를 다룰 때는 앞서 본 기호들만으로는 충분하지 않을 수 있다. 여기서 우리는 비전형적인 발음을 정확하게 반영하기 위해 새로운 기호 그리고/혹은 첨가부호(diacritics)를 부수적으로 개선할 필요가 있다. 비전형적인 발음은 자연언어에서는 거의 혹은 전혀 찾아볼 수 없는 것일 수도 있다. 그러한 조음 중 다음과 같은 것을 예로 들 수 있을 것이다: ***치-순음(dento-labials)***은 순치음과 반대되는 소리로서 윗입술과 아래의 앞니 사이에서 조음된다. 이 소리들에는 폐쇄음 [p͆, b͆], 비음 [m͆], 그리고 마찰음 [f͆ ,v͆]이 포함될 수 있다. *순-치경(labio-alveolars)*은 목표음인 순음과 순치음을 만들 때 아랫니를 윗니로 지나치게 꽉무는 화자들에게서 흔히 볼 수 있으며, 아랫입술과 치경사이에서 조음된다(예, [p͇, b͇, m͇, f͇, v͇]). 임상 자료에서 혀의 중간으로 그리고 동시에 설측으로 기류로 만들어지는 마찰음(예, [l͜s, l͜z])을 찾아볼 수도 있고, 마찰이 비강(nasal cavity) 안에서 만들어지는 마찰음(즉 코로 빠져나오는 마찰음) [m͋, n͋, ŋ͋]을 찾아볼 수도 있다. 또한 흔히 인용되는 것은 순-치 폐쇄음(labio-dental stops) [p̪, b̪]와 (구개인두 콧소리(velopharyngeal snort)라고 더 일반적으로 알려져 있는) 구개인두(velo-pharyngeal) 마찰음 [fŋ]이다.

위에서 인용한 소리들은 장애 음성(disordered speech)에서 발견될 수 있는 모든 비전형적인 조음들을 하나도 빠짐없이 열거한 것은 아니다. 발성 활동(phonatory activities)과 연결 발화 모드에서 관행적으로 이용되는 전사를 포함한, 보다 자세한 설명과 완전한 첨가부호(diacritics)는 Ball and Lowry (2001)를 참고하기 바란다.

〈표 1.3〉 (영어와 다른 언어에서 관찰되는) 자음

	Bilabial	Labio–dental	Dental/interdental	Alveolar	Retroflex	Palato–alveolar	Palatal	Velar	Uvular	Pharyngeal	Glottal
Stop	**p b**		t̪ d̪	**t d**	ṭ(ʈ) ḍ(ɖ)		c ɟ	**k g**	q G		ʔ
Fricative	**Φ** β	**f** v	**θ ð**	**s z**	ṣ(ʂ) ẓ(ʐ)	**ʃ** ʒ	ç j	x ɣ	χ ʁ	ħ ʕ	**h**
Affricate	p^f			t^s d^z		**tʃ dʒ**					
Nasal	**m**			**n**	ṇ(ɳ)		ɲ	**ŋ**	N		
Liquid				**l** r ɾ ɹ	ɹ̣(ɻ)		ʎ		R		
Glide	**w** ɥ						**j** ɥ	**w**			

노트: 영어에서 나타나는 자음은 굵게 표시되어 있음.

1.4.3 제 2차 조음들

일부 자음을 발음할 때는 제1차 조음에 협착(constriction)의 정도가 덜한 제2차 조음이 첨가되는 것을 관찰할 수도 있다. 원래의 소리에 첨가되는 변별적인 소리는 제2차 조음(secondary articulation)을 만들어 낸다. 네 가지 유형의 제2차 조음이 흔히 발견되는데, 이들은 순음화(labialization), 구개음화(palatalization), 연구개음화(velarization), 인두음화(pharyngealization)이다.

- *순음화(**Labialization**)*: 이 용어는 원순(lip rounding)이 더해져서, boot에서 보여지는 유형의 원순음화된 모음의 성질을 가져오는 것을 일컫는다. 원순화된 자음의 예는 quick의 첫 소리에서 찾아볼 수 있다. 순음화를 표시하는 첨가부호는 윗첨자로 된 [ʷ]인데, 이는 순음화가 종종 혀의 뒷부분이 올라가는 것을 동반하기 때문이다(예, [kʷɪk]). 일부 아프리카 언어에서는 순음화된 자음은 비순음화된 자음과 대립을 이룬다.
- *구개음화(**Palatalization**):* 이것은 설단(blade of the tongue)이 입천장에 닿지는 않고 경구개쪽으로 상승하여 만들어지는 조음이다. 이는 제1차 조음에 [j]가 더해지는 것으로 간주될 수 있고, 구개음화된 자음의 첨가부호는 윗첨자 [ʲ]이다. 러시아어와 다른 스라브어들이 정상적인 자음과 대립을 이루는 구개음화된 자음을 가지고 있다. (예, [brat] "brother" vs. [bratʲ] "to take").

- *연구개음화(**Velarization**):* 이 용어는 혀의 뒤부분이 연구개를 건드리지는 않고 그 쪽으로 향해 올라가는 것으로 일컫는데, 원순(lip rounding)없이 모음 [u]를 만드는 모양과 비슷하다. 연구개음화를 표시하는 첨가부호는 [~]이다. 스코틀랜드 갤릭어는 비연구음과 연구개 자음이 대립을 이룬다(예, [balə] "town" vs. [bałə] "ball/wall").

- *인두음화(**Pharyngealizaiton**):* 이는 혀의 뒷부분이 내려가고 혀의 뿌리가 인두 벽(pharynx wall)을 향해 수축되어, 그 결과 인두강이 좁아지는 것(즉 [ɑ] 음질이 더해지는 것)을 일컫는다. 연구개음화(velarization)에 쓰이는 첨가기호가 인두음화(pharyngealization)에서도 같이 쓰인다. 이는 이 두 자음 유형으로 대립을 형성하는 언어가 없기 때문이다.

네 가지 유형의 제2차 조음 중 순음화만이 원순(lip rcunding)과 관련이 있는데, 이러한 이유로 혀의 움직임(movements of the tongue)과 관련되는 다른 세 가지 제2차 조음과 결합될 수 있는 유일한 제2차조음이다.

1.4.4 비폐기류 기제에 의해 만들어지는 자음들

이제까지 기술해 온 소리들은 모두 허파로부터 나오는 공기를 사용하여 만들어기 때문에, "폐" 소리 ("pulmonic" sounds)라고 부른다. 많은 언어에서 소리들은 전적으로 (입 밖으로 향하는 기류인) 외향성 폐기류(pulmonic egressive airstream)로 만들어지지만, 다른 여러 언어들은 특히 폐쇄음을 위해 하나 혹은 둘의 다른 기류 기제를 외향폐기류에 더하여 사용하고 있다. 이러한 기제들은 "성문(glottalic)" 기류 와 "연구개(velaric)" 기류들이다. 성문 기류는 닫힌 성문 위에 있는 공기인 인두 공기(pharynx air)를 이용하여, 때때로 "성문화된(glottalized)" 자음 혹은 "후두화된(laryngealized)" 자음이라고도 불리는 "분출음(ejectives)"와 "내파음(implosives)"을 만든다. 그리고 연구개 기류는 입 안에 갇힌 공기를 이용해 "흡착음(clicks)"을 만든다.

분출음(Ejectives)

분출음을 만들기 위해서는 닫힌 후두(closed larynx)가 상승되어야 한다. 닫힌 후두의 상승은 입 안의 폐쇄(양순, 치경, 연구개) 및 연구개의 상승을 동반해서 일어난다. 후두를 올리는 것은 성문과 성도 내의 자음 폐쇄 구간 사이에 갇혀진 공기를 쥐어 짜서 이 공간에서의 기압을 올라가게 하는 효과가 있다. 자음 폐쇄를 개방하자 마자, 갇혀 있던 공기는 밖으로 뿜어져 나가는데, 이런 방식으로 만들어지는 폐쇄음을 "분출음(ejectives)"이라 부른다. 성대 진동이 없기 때문에 분출음은 전형적으로 무성음(voiceless)이다. 이 소리들은 적절한 자음 기호에 생략기호(apostrophe)를 붙여서 기호화되는데 (예, [p', t', k']), 많은 북미인디언어들(예, 네즈 퍼어스어(Nez Perce), 클래머스어(Klamath), 누우트카어(Nootka), 다코타어(Dakota) 등), 시

르카시아어들(예, 카바르디아어, 조지아어), 그리고 아프리카어들(예, 줄루어, 하우사어)에서 흔히 발견된다

내파음(Implosives)

내파음을 만드는 기제는 분출음을 만드는 기제와 정반대이다. 공기를 쥐어 짜고 압력을 높이는 대신, 후두는 아래로 내려가 압력을 낮춰 공기를 입 안으로 빨아들인다. 일반적으로 성문은 후두가 아래로 하강하는 동안 꽉 닫힌 채로 유지될 수 없으며, 성대는 진동을 한다. 성도 내에 닫혀 있던 곳이 개방이 되면, 공기는 안으로 빨려 들어온다. 따라서 "내파음"은 내향성 성문 기류(glottalic ingressive airstream)에 의해 만들어지는 폐쇄음이다. 내파음은 많은 아프리카 언어들(예, 줄루어, 하우사어)에서 발견되며, 주된 폐쇄음 기호의 오른쪽 위로 훅(hook)을 붙인 기호를 사용하여 표시한다. ([ɓ, ɗ, ʄ, ɠ, ʛ]).

흡착음(혹은 혀차는 소리; Clicks)

"흡착음"을 만들기 위해 필요한 폐쇄 공간(chamber)은 순전히 입 안에서 만들어진다. 후방 폐쇄(back closure)는 혀의 뒷 부분을 연구개(velum)로 올려 붙임으로 형성하고, 전방 폐쇄(front closure)는 구강의 보다 앞 부분(예, 치경)에서 형성한다. 이 두 곳을 폐쇄한 채, 혓몸을 내려 공기를 희박하게 만들고, 전설 폐쇄를 열면 공기는 입 속으로 빨려 들어가게 된다. 그 결과로 나는 소리가 흡착음(clicking sound)이다; "쯧쯧(tsk-tsk)"은 영어에서 불만을 표시할 때 내는 소리인데, 흡착음에 유사한 소리라고 할 수 있다. 기류가 입 안으로 향하기 때문에 흡착음은 내향성 연구개 기류(velaric ingressive airstream) 기제로 만들어지는 소리라고 알려져 있다. 음성 언어로 사용되는 흡착음은 남부 아프리카에서만 발견된다. 흡착음을 기호화하면 다음과 같다: [ʘ] 양순(bilabial), [ǀ] 치(dental), [!] 후치경(post-alveolar), 그리고 [ǁ] 치경 설측(alveolar lateral).

폐기류 및 비폐기류 기제로 만들어지는 폐쇄음은 표 1.4에 주어져 있다.

표 1.4 폐기류(pulmonic) 기제 및 비폐기류(non-pulmonic) 기제로 만들어지는 폐쇄음

	Bilabial	Dental	Alveolar	Palato-alveolar	Velar
Ejectives	p'		t'		k'
Implosives	ɓ		ɗ		ɠ
Clicks	ʘ	ǀ	ǁ	!	

1.4.5 모음

미국 영어는 모음 격자(vowel grid)에서 많은 위치를 차지할 정도로 다소 풍부한 모음 목록(vowel inventory)을 가지고 있다; 하지만 가능한 많은 모음들을 다른 언어에서 여전히 찾아 볼 수 있다. UPSID (UCLA 음운분절 목록 데이타베이스 ; UCLA Phonological Segment Inventory Database)(Maddieson 1984)는 다양한 언어 유형을 대표하는 300개가 넘는 언어들을 조사하였으며, 37개의 변별적인 모음 부호를 가진 격자를 보여주고 있다. 보다 세부적인 것을 여기서 다루지는 않을 것이다. 대신 영어에서는 나타나지 않지만 여러 친숙한 언어에서 공통으로 나타나는 몇 가지 모음들을 우선 살펴보고 나서 , "기본 모음(cardinal vowels)"에 대한 간단한 기술을 할 것이다. 이 기본 모음은 다른 언어의 모음을 이야기 할 때 기준점(reference points)으로 흔히 사용되는 모음들이다.

비록 전설모음이 비원순인 것은 흔한 것이지만, 여러 친숙한 언어에서 전설 원순 모음을 찾아볼 수도 있다. 이 모음에는 고위 전설 원순 /y/ (/ü/) (/i/가 원순이 된 경우), 중고위 (폐-중위(close-mid)) 전설 원순 /ø/ (/ö/)(/e/가 원순이 된 경우), 저중위(개-중위(open-mid)) 전설 원순 /œ/ (/ɛ/가 원순이 된 경우)가 있다. 이 세 모음은 모두 프랑스어와 여러 게르만어들(독일어, 스웨덴어, 덴마크어, 노르웨이어)의 일부이다. 헝가리어에는 /y/ 와 /ø/가 있고, 광둥어(Cantonese)와 터키어에는 /y/와 /œ/가 있다. 영어에는 없는 또 다른 주목할 만한 모음은 비원순 고위 후설 모음 /ɯ/ (/u/가 비원순된 경우)인데, 이 모음은 한국어, 터키어, 아메리카 인디언어들(Amerindian languages)에서 찾아볼 수 있다.

1.5 기본 모음들

비록 우리가 서로 다른 언어의 모음 기술에 대해서 유사한 전통적 명칭(예, 고위, 전설, 원순 등)을 사용하지만, 모음들이 동일하게 기술되었다고 두 언어에서 동일하게 발음된다고 생각해서는 안된다. 예를 들어, 프랑스어와 갈리시아어(Galician) 둘 다 전설 비원순 고모음인(high front unrounded vowels) /i/를 가지고 있지만, 두 언어에서 이 모음의 음질이 동일하지는 않다. 이와 유사하게, 서로 다른 언어에서 동일하게 전사된 모음들이 음질에 있어서 동일하지 않을 수도 있다. 예를 들어, 광둥어, 프랑스어, 그리고 네덜란드어의 /œ/를 보면, 그들이 모두 다르다는 점을 깨닫게 된다: 이 중 광둥어는 혀의 위치가 가장 높고, 프랑스어는 중간이고, 네덜란드어는 가장 낮다. 서로 다른 언어에 속하는 모음들을 기술할 때 당면하게 될 이와 같은 어려움을 피하기 위해서, 음성학자들은 일반적으로 "기본 모음(Cardinal Vowels)"이라고 알려진 자의적으로 뽑힌 모음 체계를 기준으로 해서 특정 언어에서 나타나는 언어의 모음 특징을 기술한다. 제1차 및 제2차 기본 모음들(primary and secondary cardinal vowels)은 그림 1.7에 제시되어 있다.

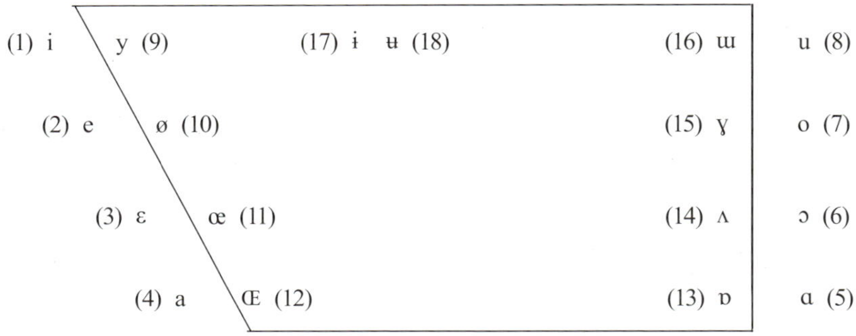

〈그림 1.7〉 기본모음(Cardinal vowels)

(1-4) 그리고 (9-12)의 전설 모음들과 (5-8) 및 (13-16)의 후설모음들은 서로 동일한 간격(equidistant)을 가지고 있다. 그래서 이들은 어느 특정 언어의 모음을 반드시 표상하는 것은 아니다; 오히려 이들은 특정 언어의 모음들을 기술할 때 활용할 수 있는 자의적인 참조점 (arbitrary reference points)이다. 모음 공간(vowel space)의 왼쪽 꼭대기는 가장 높고 가장 전설에서 발음될 수 있는 모음 (1)이 나타날 수 있는 공간이다. 바닥의 오른쪽 끝은 (5)로 표시되어 있는, 또 다른 극단적인 모음, 즉, 가장 아래에서 그리고 가장 뒤에서 만들어 질 수 있는 모음을 위한 자리이다. 다른 두 개의 가장자리에는 가장 낮고 가장 전설에서 나타나는 모음 (4), 그리고 가장 높고 가장 뒤에서 나타나는 모음 (8)을 위한 자리이다. 제2 기본 모음들은 (위의 그림에서 격자표시의 안쪽에 있는 모음들인데) 제1 기본 모음과 하나를 제외한 모든 면에서는 동일한데, 원순성만 서로 반대의 값을 가진 모음들이다. 그래서 (9)는 고위 전설 원순이고, (2)는 저위 전설 원순, (13)은 저위 후설 원순, 그리고 (16)은 고위 후설 비원순 모음들이다.

이 장을 끝내기 전, 우리는 이 시스템을 사용해서 어떻게 언어가 서로 다른 모음들을 기술할 수 있는 지를 살펴보고자 한다. 위에 언급한 바와 같이, 비록 /œ/가 광둥어(Cantonese), 네덜란드어(Dutch), 그리고 프랑스어(French)의 모음목록에 있지만, 그들의 음성실현은 동일하지 않다; 이는 그림 1.8처럼 표시될 수 있다.

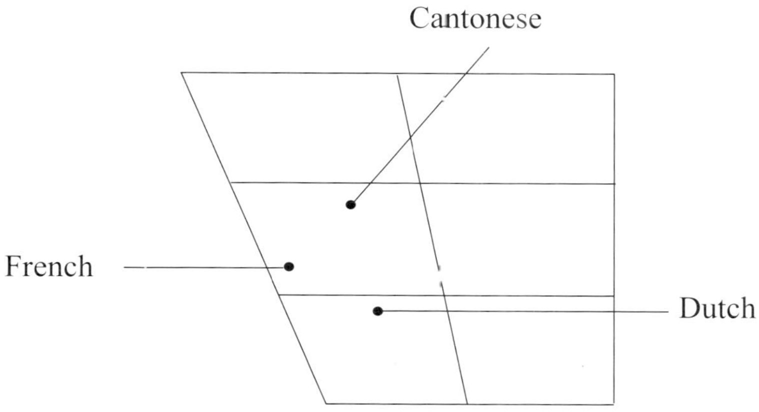

〈그림 1.8〉 /œ/의 광둥어, 네덜란드어, 프랑스어에서의 구현

따라서, 우리는 광둥어의 /œ/가 (10)보다 좀 더 낮고, 약간 더 중앙쪽에 위치해 있다고 말할 수 있다. 프랑스어와 네덜란드어에서는 다음과 같이 진술할 수 있다: 프랑스어에서의 /œ/는 (11)보다 약간 더 높은 반면, 네덜란드어에서는 (11)보다 좀 더 낮고, 좀 더 중앙에 위치해 있다.

1.6 음절과 초분절음

본 장에서 이제까지 우리는 개별 음성 혹은 분절음의 음성학적 특징에 대해 살펴보았다. 하지만, 분절음만 홀로 존재하는 것이 아니다. 예를 들면 분절음은 음절과 같은 보다 큰 단위의 일부이고, 음절은 다시 이보다 큰 발화 단위의 일부이다.

음절

음절은 음운단위 중의 하나인데, 모음 혹은 (이중 모음과 같이) 모음 같은 소리가 축이 되고 다른 분절음들이 주위에 둘러싸여 있는 구조로 되어 있다. 이렇게 축이 되는 분절음을 ***핵(nucleus)***이라고 한다. 핵은 모든 음절이 가지고 있는 요소이고, 다른 요소들은 핵과의 관계 속에서 정해진다. 핵 앞에 있는 자음(들)을 ***초성(onset)***이라고 부르고, 핵 뒤에 있는 자음(들)을 ***종성(coda)***이라고 부른다. 따라서, 다음에 나오는 세 단어에서 우리는 서로 다른 요소들을 가진 음절들을 볼 수 있다: a [e]에서는 단지 핵만 있고, 초성과 종성은 없다. at [æt]에서는 음절이 핵과 종성으로 이루어져 있고, 초성은 없다. cat [kæt]에서는 세 요소들이 모두 있다. 우리는 여러 다양한 가능성에 대해서 더 자세히 다루지는 않겠다. 영어 음절의 자세한 구조들은 제6장에서 다룰 것이다.

핵과 종성을 합친 단위, 즉 초성 뒤에 나타나는 단위는 ***라임(rhyme or rime)***이라고 알려져 있다. 따라서 이를 종합하면 음절은 다음과 같은 계층적 구조를 이룬다:

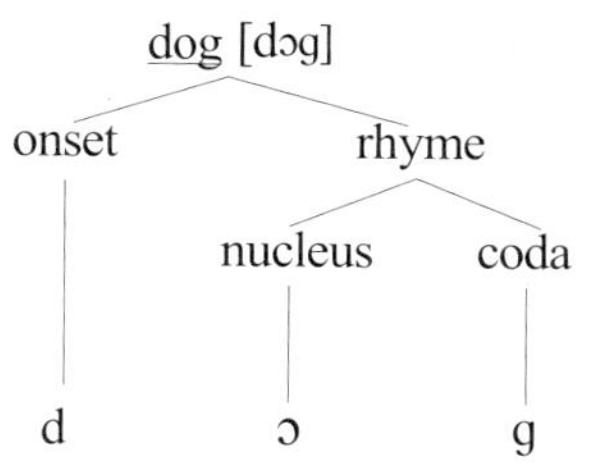

라임의 구조에 따라, 음절들은 *닫힌 음절*(혹은 *폐음절*; ***closed syllable***)과 *열린 음절*(혹은 *개음절*; ***open syllable***)로 분류할 수 있다. 닫힌 음절은 종성이 있는 음절을 말하며, 열린 음절은 종성이 없는 음절을 말한다. 따라서, beacon [bi.kən][6]이라는 단어는 처음에는 열린 음절이 있고 두 번째는 닫힌 음절이 있는 단어이다.

초분절음

발화 문맥에서 피치(pitch), 강세(stress), 그리고 음장(length)과 같은 자질들은 전달하고자 하는 메시지에 기여하는 요소이다. 그러한 자질들은 분절음보다 큰 단위에서 동시에 사용되는데, 이를 "초분절음(suprasegmentals)"이라고 부른다.

피치

소리의 피치는 성대 진동의 주파수를 일컫는다. 피치는 성대의 긴장도(tension)와 성대를 통과해 나가는 공기의 양(amount of air)에 의해 영향을 받는다. 발화에서, 서로 다른 부분들이 서로 다른 피치로 만들어진다. 상승(rises)과 하강(falls)의 유형 (즉 피치 변이(pitch variation))은 문장 같은 소리의 단위에 걸쳐 나타나는데, 이를 억양(intonation)이라고 부른다. 문장의 의미는 억양 유형에 따라 달라진 수도 있다. 예를 들어, her uncle is coming next week이라는 연쇄를 발화할 때, 하강 피치(falling pitch)로 발화하면, 이 발화문은 진술(statement)을 하는 것이라고 해석할 것이다. 반면, 만약 동일한 발화가 상승(rise) 피치로 발화되면, 이는 질문(question)을 하는 것이라고 이해를 할 것이다.

많은 언어에서, 피치 변화(pitch variation)는 단어의미의 차이를 나타낼 수 있다.

6 발음기호 사이 '.' 표시는 음절 경계를 나타냄 (역자 주)

그러한 언어들은 Sino-Tibetan언어들(예, 북경 중국어(Mandarin), 광둥어(Cantonese)), Niger-Congo어들(예, 줄루어(Zulu), 요루바어, 이그보어(Igbo)), 그리고 많은 북미 인디안 원주민(Amerindian) 언어들(예, 아파치어, 나바호어, 키오와어)을 예로 들 수 있는데, 이 언어들을 성조언어(tone languages)라고 일컫는다. 성조가 어떻게 어휘 변화(lexical change)에 영향을 미치는지 실증해 보이기 위해서, 우리는 북경 중국어(Mandanrin Chinese)에서 단골처럼 나오는 [ma]의 예를 살펴보도록 하겠다.

[ma]	고위 수평 성조(high level tone)로 발화되었다면,	/˥/	"어머니(mother)"
	고위 상승 성조(high rising tone)로 발화되었다면,	/˧˥/	"삼(hemp)"
	저위 하강후 상승 성조(low falling rising tone)로 발화되었다면,	/˨˩˦/	"말(horse)"
	고위 하강 성조(high falling tone)로 발화되었다면,	/˥˩/	"꾸짖다(scold)"

영어, 스페인어, 프랑스어 등 비성조 언어들(non-tonal languages)에서는 성조를 통한 이러한 어휘 변화들을 달성할 수 없다. 모든 성조 언어에서 어휘 차이는 공통적으로 나타나는 것이다. 이에 더하여 어떤 언어들은 형태론적 또는 통사적인 목적을 위해 성조 변화(tone shifts)를 활용하는 경우도 있다. (예, 나이지리아에서 사용되는 비니어(Bini)는 시제 변화(tense shift)를 위해, 짐바브웨에서 사용되는 쇼나어에서는 주절과 관계절을 분리시키기 위해서, 그리고 나이지리아어에서 사용되는 또 다른 언어인 이그보(Igbo)어에서는 소유(possession)를 나타내기 위해 사용된다.)

강세

강세는 음절의 탁립 혹은 두드러짐(prominence)으로 정의될 수 있다. 강세 음절(stressed syllable)이 비강세 음절에 대해 보다 두드러지는 것은 여러 요인에 기인한다. 이 요인들 중에는 (a) 음의 세기(loudness), (b) 길이(duration), (c) 피치(pitch)를 포함한다. 강세음절이 비강세 음절보다 음의 강도가 더 높다. 강제 음절이 비강세 음절보다 더 길다. 강세 음절이 비강세 음절보다 더 높은 피치로 만들어진다. 언어

마다, 그리고 심지어 한 언어의 방언에 따라서도 이 중 어떤 자질들이 강세 음절을 비강세음절과 분리하는데 결정적으로 사용되는지는 다를 수 있다. 영어에서는 피치(pitch)가 높은 것이 이 점에서 가장 영향력이 있는 지각 단서(perceptual cue)라고 알려져 왔다(Fry 1955, 1979).

음절 길이와 세기(loudness)에서의 변이는 리듬에서의 차이를 만들어낸다. 영어의 리듬은 (대부분의 다른 게르만 언어의 리듬과 마찬가지로) 강세-박자를 가진(stress-timed)다고 말한다. 이 말이 의미하는 것은 강세를 가진 음절(stressed syllables)이 대략 동등한 시간상의 간격을 가지고 (즉, 동시간격으로(isochronous)) 나타난다는 것이다. 그 반대 유형은 음절 박자(syllable-timing) 언어라고 알려져 있는데, 이는 강세가 아니라 음절의 반복에 의한 리듬상의 비트(rhythmic beat)를 일컫는다. 스페인어, 그리스어, 프랑스어, 힌디어, 이탈리아어, 그리고 터키어가 그러한 음절박자 리듬의 좋은 예들이다. 두 유형의 언어 사이의 주요 차이점 중 하나는 강세 음절과 비강세 음절의 길이 차이, 모음 축약 현상의 존재 여부에 있다. 영어와 스페인어를 비교해서 그 차이를 살펴보도록 하자. 만약 영어 단어 probability와 이 단어의 동종어(cognate)에 해당하는 스페인어의 probabilidad를 생각해 보면 리듬의 차이를 다소 명확히 알 수 있다. 비록 두 단어들이 의미와 음절의 수는 같지만, 유사점은 여기까지만이다. (음절박자 언어인) 스페인어에서는, [proβaβiliðáð]처럼 강세가 마지막 음절에 있다. 비록 나머지 음절들이 강세를 받지 않지만 이 음절들은 모두 완전 모음을 가지고 있고, 5개 음절 모두 길이가 거의 동일하다. 반면에, (강세박자 언어인) 영어에서는 [pɹ̥àbəlíləri]로 발음되는 단어가 다소 다른 그림을 드러낸다. 세 번째 음절이 주강세(main stress)를 받고 (즉, 가장 탁립되어 있고), 첫 음절이 제2강세(secondary stress)를 받는다(즉, 두 번째로 탁립되어 있다). 첫 번째, 세 번째, 그리고 마지막 음절은 완전 모음(full vowel)을 가지고 있는 반면, 두 번째와 네 번째 음절은 축약된 모음(reduced vowels)을 가지고 있다. 따라서, 두 개의 강세음절 외에 마지막 음절은 완전 모음을 가지고 있기 때문에, 두 번째와 네 번째 음절에 비해 보다 긴 음절 길이를 가지고 있다. 리듬에서의 이러한 차이점들 때문에, 영어는 "말이 질주하는 듯한(galloping)" 리듬 혹은 "모르스 부호(morse-code)" 리듬을 가지고 있다고 하고, 스페인어는 "스타카토(staccato)" 리듬 혹은 "기관총

(machine gun)" 리듬을 가지고 있다고 말한다.

여러 학자들(Dauer 1983; Giegerich 1992)은 "강세-박자"와 "음절-박자"라는 이분법적인 분리에 반대하고, 한 언어가 리듬 연속성(continuum)의 어딘가에 놓여 있다는 제안을 한다. 예를 들어, 프랑스어는 빈번히 "음절-박자" 언어에 속한다고 인용되고 있지만, 이 언어는 또한 문장의 리듬을 깨버리는 강한 음절(strong stress)을 가지고 있다. 이는 일반적으로 "강세" 음절 박자에 대해 사용되는 특징이다.

자주 언급되는 세 번째 리듬 유형은 모라 박자(mora timing) 리듬인데, 이 유형은 일본어와 타밀어와 같은 언어를 설명할 수 있다. 여기서 동시간격성(isochrony)은 모라 단위에서 유지되는데, 모라는 초성과 핵 또는 종성을 포함하는 음절 하위의 구성성분이다(Nespor, Shukla, and Mehler, 2011).

강세와 관련해 언어사이에서 논란의 여지가 없는 분류는 '고정된(fixed)' (예측가능한) 강세 언어 대 '가변(variable)' 강세 언어와 관련이 있다. 영어에서는 다른 게르만언어에서와 마찬가지로, 강세 위치가 변화할 수 있다. 예를 들어, import가 명사일때는 강세를 첫 번째 음절에 가져 [ímpɔ˞ɹt]라고 발음하는 반면, 동사인 경우에는 두 번째 음절에 가져 [ɪmpɔ́˞ɹt]라고 발음한다.

하지만 여러 언어에서 강세는 주어진 단어의 위치에 고정되어 있다. 그러한 경우에, 첫째 음절(예, 체코어, 스로박어(Slovak), 헝가리어, 핀란드어), 마지막 음절(예, 프랑스어, 파시어) , 또는 마지막 바로 앞 음절(next-to-last syllable)(예, 폴란드어, 웰쉬어, 스와힐리어, 퀘추아어, 이탈리아어)이 선호된다.

음장

모음이나 자음에서 길이가 차이나도록 하는 것도 언어에서 어휘 간의 차이가 나도록 하는데 사용된다. 스웨덴어(Swedish), 에스토니아어(Estonian), 핀란드어(Finnish), 아랍어(Arabic), 일본어(Japanese), 덴마크어(Danish)가 모음의 길이가 대립적으로 이용되는 언어에 속한다. 예를 들어, 덴마크어에서 [vilə]는 "야생의(wild)"라는 뜻이며, [vi:lə]는 "휴식(rest)"이라는 뜻이다. 영어는 모음의 길이에 전적으로 기반한 의미 차이를 가져오지는 않는다. beat와 bit 그리고 pool과 pull 같은 예들은 길이뿐만 아니라 모음의 높이와 긴장/이완 차이에 의해서도 구분된다.

자음의 길이에 있어서, 이탈리아어와 터키어에서는, 서로 다른 자음의 길이가 어휘의 구분을 가져온다. 예를 들어, 이탈리아어 nonno [nɔnno]는 "할아버지(grandfather)"를 가리키며, nono [nɔno]는 "아홉 번째(ninth)"를 의미한다. 터키어에서는 eli [ɛli]가 "그의/그녀의 손(his/her hand)"을 의미하며, elli [ɛlli]는 "오십(fifty)"을 뜻한다. 영어에서는 단어나 형태소 경계에 좀 더 긴 자음을 가질 수 있다. 예를 들면, black cat에서 [k], half ful에서 [f], ten names에서 [n]은 하나의 긴 공기 흐름의 장애(obstruction)를 가지고 조음된다.

요약

이 장에서; 우리는 음성학의 기본 요소들을 살펴보았다. 이 기본 요소들은 소리의 체계를 이해하는데 필요한 것들이다. 우리는 조음 음성학의 기초 지식을 쌓았다. 이 기초 지식에는 유무성, 조음 위치와 조음 방식, 성대진동 개시시간(voice onset time), 그리고 모음의 조음과 관련된 차원(dimensions)으로서 모음의 높이, 모음의 전후성(backness), 그리고 입술의 위치 등을 포함한다. 우리는 또한 영어에서는 일어나지 않지만 언어에서 잘 나타나는 소리를 개관했다. 마지막으로 음절(syllable)과 강세(stress), 성조(tone), 억양(intonation), 그리고 음장(length)과 같은 초분절 자질 등에 대한 간단한 언급도 하였다.

연습문제

1. 다음의 전사(transcription)를 살펴보세요. 만약 동의한다면, 아무것도 하지 말고; 만약 전사가 잘못된 곳이 있다면, 고치기 바랍니다.

injured [ɪnjeɹ̣d]	gelatin [gɛlətɪn]
measure [mɛshuɹ̣]	inches [intʃəs]
caution [kɔʃən]	topical [topɪkəl]
telephone [teləphon]	syllable [sələbəl]

2. 다음의 각 단어에 소리의 분절음(segments)이 몇 개씩 있는가요?

homophone	equestrian
broach	writer
thatched	middle
knack	photographer
lesson	imagination

3. 각 단어 쌍에 있는 첫 자음에서 조음 위치가 같은지(S) 혹은 다른지(D)를 기술하세요. 어느 경우든지, 조음 위치을 기술하기 바랍니다.

예, now – pneumonia	S; 치경
sun – sugar	D; 치경 대 구개-치경

(a) goose – gerrymander
(b) simple – shackle
(c) curious – cereal
(d) phonetic – fictional
(e) manners – wicker
(f) normal – location
(g) wander – yesterday
(h) those – Thursday
(i) scissors – zipper
(j) temperate – chestnut
(k) chromosome – chief
(l) baker – delegate

(m) happened – usual
(n) neuron – market
(o) painting – broccoli

4. 각 단어 쌍에 있는 마지막 자음에서 조음 방식이 같은지(S) 혹은 다른지(D)를 기술하세요. 어느 경우든지, 조음 방식을 기술하기 바랍니다.

예, bomb – ten	S; 비음
rough – zip	D; 마찰음 대 폐쇄음

(a) album – broken
(b) ideal – keepsake
(c) prologue – confine
(d) aqueous – sociable
(e) variable – watch
(f) waste – adage
(g) barometer – finish
(h) inch – gauge
(i) fiord – equip
(j) barb – relief
(k) alive – fiftieth
(l) laughing – hydraulic
(m) opulence – paramedic
(n) outrage – swivel
(o) dominion – eminent

5. 밑줄 친 부분의 모음이 다음 단어들에서 같은지 다른지 기술하세요. 어떤 경우든, 모음의 음성 기호와 음성 자질을 기술하기 바랍니다.

예, keel – city	같음: /i/ 고위, 전설, 긴장
mess – mass	다름: /ɛ/ 중위, 전설 – /æ/ 저위, 전설

(a) primary – nutrition
(b) heal – electricity
(c) beau – aperture
(d) anywhere – phantasm

(e) exposure – coaster
(f) explicable – explicate
(g) wave – irrigate
(h) measure – finger
(i) butter – tough
(j) cholesterol – bottom
(k) nymph – jump
(l) abate – caught
(m) hydrogen – hydrolysis
(n) pawn – harsh

6. 다음 기술에 해당하는 단어에 원을 그리세요:

(a) 마찰음으로 시작함
foreign, theater, tidings, hospital, cassette, shroud
(b) 치찰음으로 끝남
wishes, twelfth, clutch, indicates, admonish, furtive
(c) 근접음을 가짐
winter, university, captive, ripe, little, mute
(d) 후설 모음을 포함함
putter, boost, roast, fraud, matter, hospital
(e) 유성 장애음으로 시작함
government, pottery, taxonomy, jury, phonograph, sister
(f) 이완 모음을 포함함
auction, redeem, ledger, cram, boat, loom
(g) 치경으로 끝남
went, atom, rigor, column, multiple, garnish

7. 다음의 영어 소리에 대한 음성 기호를 적으세요.

(a) voiceless stops ______________________
(b) voiced fricatives ______________________
(c) approximants ______________________
(d) alveolar obstruents ______________________
(e) nasals ______________________
(f) voiced obstruents ______________________

다음은 영어에서 발견되지 않는 소리인데, 이 소리들에 대한 음성기호를 적으시오.

(g) 치경 파찰음(alveolar affricates) ________________

(h) 무성 연구개 및 구개수 마찰음(voiceless velar and uvular fricatives) ________________

(i) 양순 및 구개 마찰음(bilabial and palatal fricatives) ________________

(j) 비설측성 유음(non-lateral liquids) ________________

(k) 구개 및 구개수 폐쇄음(palatal and uvular stops) ________________

8. 다음의 단어 짝에서 밑줄 친 부분의 소리들은 음성 자질 일부를 공유하고 다른 자질들에서는 다르다. 각 소리에 대한 음성 기호를 적고, 공유 자질(들)과 차이나는 자질(들)을 기술하세요.

예, [p] "park" – "phone" [f] 공유: 무성, 장애음
차이:
[p] 양순음, 폐쇄음
[f] 순치음, 마찰음

(a) telephone – television
(b) atop – wiser
(c) bitter – easy
(d) mister – enemy
(e) shipment – justice
(f) wait – root
(g) lime – window
(h) alone – elevate
(i) feather – fought
(j) limp – soccer

9. 다음의 그룹은 음성 자질을 공유하는 소리들과 이 그룹에는 속하지 않는 소리 하나가 더해져서 구성되어 있습니다. 이 그룹에 속하지 않는 소리에 원으로 표시하고, 나머지 소리들이 공유하는 자질을 써보도록 하세요.

예, /l, d, s, t, k, z/ /k/는 연구개이고, 나머지는 치경임

(a) /f, ʃ, tʃ, z, θ, ʒ, ð/ ______________________

(b) /t, z, n, m, d, l, s/ ______________________

(c) /ɪ, ɛ, ʊ, u, æ, ʌ/ ______________________

(d) /n, g, v, s, z, ɹ̣, m/ ______________________

(e) /m, w, ŋ, p, b/ ______________________

(f) /i, ɪ, æ, ɑ, e, ɛ/ ______________________

10. 각 단어의 마지막 소리(final sounds)에 알맞은 레이블로 빈 칸을 채우세요.

	sipped	latex	triumph	bridge	rought	fought	dogs	Palm
위쪽 조음자								
아래쪽 조음자								
유무성								
조음 방식								

11. 동일 단어의 첫 소리(initial sounds)에 대해 알맞은 레이블을 채우세요.

	sipped	latex	triumph	bridge	rought	fought	dogs	Palm
위쪽 조음자								
아래쪽 조음자								
유무성								
조음 방식								

12. 다음 단어의 첫 모음에 대해 빈 칸을 채우세오.

	park	ocean	make	hamper	fought	hypocrite	Chew
혀의 높이							
전설/후설							
입술 위치							
긴장성/이완성							

13. 올바른 답에 원를 그려 보세요.

(a) Tensing the vocal cords makes them vibrate faster/slower, so that the pitch increases/decreases.

(b) In the production of stops/fricatives/glides/affricates, the air is blocked from going out through the nose and the mouth.

(c) In the production of stops/liquids/fricatives/nasals, the constriction of the vocal tract is such that a noisy airstream is formed.

(d) In the production of palato-alveolar sounds, the tip/front/ blade/back of the tongue goes to the forward part of the hard palate/soft palate/uvula.

(e) In the production of labio-dental/bilabial/labio-velar/velar sounds, the two lips approach one another, and the back of the tongue is raised toward the soft palate.

14. 다음 문장을 전사하고, 이 문장이 가진 공명 자음, 장애음, 그리고 유성 자음의 수를 기술하세요.

Don't talk unless you can improve silence.

(Jorge Luis Borges)

15. P. Trudgill and J. Hannah, *International English*, 4th edn. (London: Edward Arnold, 2002).에서 발췌한 ("영어의 확산"에 관한) 다음 단락을 전사(transcribe)하세요.

The English language developed out of Germanic dialects that were brought to Britain, during the

....

course of the 5th and 6th centuries, by Jutes (from modern Jutland, Denmark), Angles (from

....

modern Schleswig, Denmark/Germany), and Frisians (from modern Friesland, Netherlands/Germany).

....

By medieval times, this Germanic language had replaced the original Celtic language of Britain

....

innearly all of England as well as in southern and eastern Scotland. Until the 1600s, however,

....

English remained a language spoken by a relatively small number of people and was confined geographically to the island of Great Britain. Indeed, even much of Britain remained non-English -speaking. The original Celtic language of Britain survived in the form of Welsh in nearly all of Wales and as Cornish in much of Cornwall. The Highlands and islands of western and northern Scotland spoke Gaelic, another Celtic language which had been brought across from Ireland in premedieval times. And the populations of the Northern Isles – Orkney and Shetland – still spoke the Scandinavian language, Norn, which they had inherited from their Viking ancestors.

제 2 장

음운론

2.1 소리의 기능과 음운론

여러 언어들에서 발견되는 소리들의 목록들(sound inventories)을 살펴보면, 많은 소리들이 상당히 많은 언어에서 공유되고 있다는 것을 알 수 있다. 심지어는 두 언어가 정확하게 똑같은 소리를 가질 수도 있다. 하지만, 두 언어가 동일한 소리들을 가지고 있다고 해서, 그 소리들이 두 언어에서 똑같은 기능까지도 수행한다는 것을 의미하지는 않는다. 즉 조음이 동일한 소리를 두 언어가 공유하고 있더라도, 그 소리들이 각 언어에서 담당하는 음운론(즉 그 언어에서의 소리들의 패턴)은 다를 수도 있다. 예를 들어, 만약 우리가 name, snail, panther, invite라는 단어를 영어 모국어 화자들에게 보여주고, 이 단어들 속에 공통으로 나타나는 자음(consonant)이 있는지 물어본다면, 모국어 화자들은 n이라는 영어철자로 표기된 자음이 공통으로 나타난다고 말할 것이다. 하지만 음성학적으로 말했을 때, 이 n이라고 표시된 철자의 발음은 실제로는 서로 다르게 발음된다. name [nem]에서 n은 유성 치경 비음(voiced alveolar nasal)이다. snail [sn̥el]에서 n은 조음 위치는 동일하지만 부분적으로 무성음화(partially devoiced)된 비음이다. panther [pæn̪θəɹ̩]에서는 조음 위치가 [θ]의 영향을 받아 치경(alveolar)이 아니라 치음(dental)에서 발음된다. invite [ɪɱvaɪt]에서는 조음 위치가 [v]의 영향을 받아 순치음(labio-dental)에서 발음된다[7]. 여기서 우리의 흥미를 끌면서도 중요한 점은 비록 n으로 표시된 소리들이 실제 발음상으로는 다르더라도, 모국어 화자들은 그 차이점에 별 신경을 쓰지 않는다는 점이다. 그 이유는 이러한 차이점들이 영어에서는 기능적으로 아무런 영향이 없기 때문이다.

반면에 만약 위의 첫 번째 단어와 세 번째 단어(즉, name과 panther)를 인도의 남서쪽 지방에서 주로 사용되는 드라비다어족(Dravidian languages)에 속하는 말라얄람어(Malayalam)를 모국어로 사용하는 화자(speaker)에게 들려주면, 말라얄람(Malayalam) 화자들은 영어 모국어 화자들과는 다른 반응을 보일 것이다. 말라얄람어에서는 [n]대신에 [n̪]으로 발음하는 경우, 단어의 의미가 완전히 달라질 수 있기 때문에, 치비음(dental nasals)와 치경비음(alveolar nasals)의 음성상의 차이점들을 간과할 수 없다. 말라얄람 화자들은 두 소리의 음성적 차이를 즉시 구분할 것이기 때문이다.

이번에는 두 소리 사이의 음성적 차이점에 대해 다른 언어화자들은 둔감하지만 영어 모국어 화자들은 민감하게 반응하는 예를 찾아보도록 하자. 스페인어를 사용하는 사람들에게 drama ("drama", 드라마), dolor ("pain", 고통), comida ("food", 음식), lado ("side", 측면)와 같은 단어들을 들려주고, 이 단어들에 공통으로 들어있는 소리가 있는지 물어본다면, 스페인 화자들은 누구라도 철자 d로 표시된 소리가 모든 단어에서 공통으로 들어있는 소리라고 말할 것이다. 철자 d로 표시되어 있는 처음 두 단어는 폐쇄음(stop) [d̪]로 발음되는 반면, 동일한 문자소로 표시된 마지막 두 단어는 마찰음(fricative) [ð]이다. 영어에서 치 비음(dental nasal)과 치경 비음(alveolar nasal) 사이의 음성 차이를 구분하지 못하듯이, 스페인 화자들은 치 폐쇄음과 치간 마찰음 사이의 음성적인 차이를 지각하지 못한다. 이 두 소리가 스페인어의 음운 구조에서 중요한 기능을 수행하지 않기 때문이다. 이 두 소리를 영어 모국어 화자들에게 들려주면, 영어 모국어 화자들은 [d̪]와 [ð]가 서로 다른 소리라는

7 [ɱ]은 [f]나 [v]와 같은 조음 위치에서 조음되는 비음, 즉 순치 비음(labio-dental nasal sound)이다 – 역자주.

것을 즉시 지각할 것이다. 그 이유는 스페인어와 달리, 영어에서는 이 두 소리들이 특정 단어에 사용될 때 의미의 차이를 가져오는 중요한 기능을 하기 때문이다. 두 단어 day [de]와 they [ðe]에서 그 예를 찾아 볼 수 있다.

두 소리의 음성 차이가 지각되지 않는 언어를 모국어로 사용하는 화자들에게 이러한 차이점을 지적할 때, 그 언어의 화자들은 보통 다음과 같은 이유를 댈 것입니다. 즉, 자신들이 두 소리를 간과하면, 그 두 소리는 음성적으로 아주 사소한 차이만 있을 뿐이기 때문이라고, 그리고 자신들이 구분해서 지각할 수 있는 두 소리들은 어느 사람이라도 알 수 있을 정도로 음성적 차이'가 아주 많이 나기 때문이라고 말할 것이다. 영어 모국어 화자의 경우를 예를 들어 말해보면, 이 사람들은 비음 [n, n̪, n̥, ɱ] 간의 차이들은 매우 사소한 것이어서, 영어 모국어 화자가 다 구별해서 지각하지는 못하는 반면, [d]와 [ð]의 경우는 그 차이가 아주 커서 쉽게 구분할 수 있다라고 말할 것이다.

이러한 설명을 진지하게 받아들여서는 안된다. 그 이유는 상황을 달리하여 말라얄람 화자에게 [n]과 [n̪]의 차이점을 묻고, 스페인 화자들에게 [d̪]와 [ð]의 차이점을 묻는다면 알 수 있을 것이다. 말라얄람 화자들과 스페인 화자들에게서 듣는 대답은 영어 화자에게서 들은 대답과는 정반대의 대답이 될 것이기 때문이다. 말라얄람 화자들은 치경음 [n]과 치음 [n̪]이 아주 확연히 차이를 나타내는 전혀 다른 소리라고 말할 것이고, 스페인 화자들은 [d̪]와 [ð]가 음성적으로 차이가 거의 없는 아주 유사한 소리들이라고 말할 것이다. 지금까지 제시한 예들은 주어진 언어를 사용하는 사람들이 주어진 두 음성을 구분할 수 있는 지 없는지는 그 두 소리의 차이점이 그 언어에서 대립적(contrastive)인지 아닌지에 달려 있다는 것을 보여준다. 여기서 대립적(contrastive)이란 말은 소리가 단어의 의미에 변화를 가져올 수 있는 기능을 가지고 있다는 의미이다.

어떤 주어진 음성의 차이점이 의미가 있는지 아닌지는 (즉, 그 음성들이 쉽게 지각될 수 있는지 없는지, 모국어 화자들의 주의를 끌거나 끌지 않던지 등은), 언어 내에서의 이 차이점이 가지는 기능적 혹은 대립적 지위(functional or contrastive status)와 관련이 있다. 그리고 이 기능적 혹은 대립적 지위는 주어진 소리 체계 내에서 그 소리들이 나타나는 분포(distribution)와 관련이 있다.

2.2 상보적 분포 대 대립적 분포

2.2.1 중복된 분포와 대립

언어에서 소리들은 둘 중 하나의 분포(distribution)에 속하게 된다. 두 소리들이 동일한 환경에서 나타날 수 있다면, 이 두 소리들은 중복된 분포(overlapping distribution)에 있다고 한다. 예를 들어, 영어에서 [l]과 [ɹ]은 동일한 환경에서 일어날 수 있기 때문에, 중복된 분포에 있다. 이는 다음의 단어의 짝들에 예시되어 있다.

(a) lake ('호수') [lek] --- rake ('갈퀴') [ɹek]
(b) mole ('사마귀') [mol] --- more ('더') [moɹ̩]
(c) elect ('선출하다') [ɪlɛkt] --- erect ('세우다') [ɪɹ̩ɛkt]

위의 예들은 [l]과 [ɹ]이 동일한 환경에서 나타날 수 있다는 사실을 보여준다. ((a)에서는 동일한 소리가 따라나오는 어두 위치에서; (b)에서는 동일한 소리가 어말 위치에서, 그리고 (c)에서는 동일한 소리가 선행하고 후생하는 어중 위치에서 나타난다.) 여기서 한 가지 주의할 점은 분포와 관련되어 환경이라는 말을 사용할 때는 그 환경이 단어 위치(word position) 혹은 음절 위치(syllable position), (선행하거나 후행해서 나타나는) 이웃하는 소리(neighboring sounds), 또는 초분절소(suprasegmentals)들과의 관계 속에서 정의될 수 있다는 것이다.

중복된 분포에서 두 소리들이 나타날 때, 이 소리들은 예측할 수 없는 분포(non-predictable distribution)에서 나타난다는 말로도 표현한다. 중복된 분포를 증명하기 위해서 많은 위치에서 중복되는지 아닌지를 보여줄 필요는 없다. 한 환경에서 두 소리가 분포되어 나타난다는 것만으로도 그 소리들이 중복된 위치에 나타난다는 것을 증명하기에는 충분하다. 예를 들어, 영어에서 [n]과 [ŋ]은 오직 음절 말 위치(syllable-final position)에서만 중복된 분포를 보인다(예, <u>kin</u> [kɪn] '친족' - <u>king</u> [kɪŋ] '왕'). 그 이유는 [ŋ]가 단지 음절말 위치에서만 나타날 수 있기 때문이다.

두 소리들이 중복된 분포에서 발견되고, 단어에서 한 소리를 다른 소리로 바꾸었을 때 그 단어의 의미에도 변화를 가져올 때, 이 두 소리는 대립***(contrast)*** 속에 있다. 그리고 대립 속에 있는 이 두 소리들은 각각 음소(phoneme)로서의 기능을 한다. 예를 들면, [lek]와 [ɹek]에서 [l]과 [ɹ], 그리고 [kɪn]과 [kɪŋ]에서 [n]과 [ŋ]은 각각 대립 속에 있으며, 이 소리들은 음소들(phonemes)이 된다.

중복된 환경과 대립을 보여주기 위해 사용된 단어의 쌍들은 *최소대립쌍* ***(minimal pairs)***이라고 알려져 있다. 간단하게 정의를 하자면, 최소대립쌍(minimal pairs)은 오직 한 소리만 제외하고는 동일한 순서로 동일한 소리들이 나열된 그리고 의미가 다른 단어의 쌍(pairs of words)이다. 예를 들면, jail [dʒel] '감옥' - Yale [jel] '예일'은 단어의 첫머리에 위치한 /dʒ/와 /j/에서 대립을 보여주고 있다. budge [bʌdʒ] '조금 움직이다' - buzz [bʌz] '윙하는 소리를 계속해서 내다'는 단어의 끝에서 /d /와 /z/ 두 소리 사이에 대립이 있다. 한편 witch [wɪtʃ] '마녀' - wish [wɪʃ] '희망하다'는 /tʃ/와 /ʃ/에서 보이는 것처럼 단어의 끝에 역시 대립이 있다. 여기서 우리가 주목할 점은 최소대립쌍은 jail - Yale의 예에서 보듯이 철자가 다르더라도 소리 하나를 제외하고 형태가 똑같은 단어쌍에 적용된다는 것이다. 다음에는 철자에서는 차이가 있지만 최소대립쌍을 보이는 예들이 제시되어 있다.

	대립 (Contrast)
bite [baɪt] - light [laɪt]	어두에서 /b/ and /l/
bowl [bol] - soul [sol]	어두에서 /b/와 /s/
debt [dɛt]- dead [dɛd]	어미에서 /t/와 /d/
father [fɑðəɹ]- fodder [fɑdəɹ]	어중에서 /ð/와 /d/
broth [bɹɔθ]- brought [bɹɔt]	어미에서 /θ/와 /t/
body [bɑdi] - buddy [bʌdi]	어중에서 /ɑ/와 /ʌ/
scene [sin] - bean [bin]	어두에서 /s/와 /b/

최소대립쌍을 찾는 작업은 대립을 이룰 수 있을 것으로 '의심되는(suspicious)' 소리의 쌍이나 무리들이 실제로 대립을 이루고 있어서, 쌍을 이루거나 혹은 무리를 이루는 각각의 소리들이 개별적으로 음소를 구성한다는 결론을 짓는데 결정적

인 역할을 한다. 하지만, 이것이 언제나 가능한 작업은 아니다. 어떤 언어는 우연히 우리가 필요로 하는 단어를 가지고 있지 않는 경우가 있다. 만약 우리가 두 개 혹은 그 이상의 단어들이 대립 속에 있는지 아닌지를 증명하기 위해 필요한 최소 대립쌍을 발견하지 못한다면, "유사 최소 대립쌍(near-minimal pair)"을 찾아볼 수 있다. 이 "유사 최소 대립쌍"은 몇 가지 불필요한 차이점을 제외했더라면 최소대립쌍이 될 수 있었을 만한 단어 쌍을 일컫는다. 이 정의는 다소 애매모호하지만, 이 정의가 의미하는 바는 언어 환경에서 변화를 초래할 것 같지 않은 요소들은 다르더라도, 잠정적으로라도 영향을 끼칠 수 있는 요소들은 일정하게 유지를 한 상태에서, 그 요소들이 최소대립쌍인지 아닌지를 살펴보라는 의미이다. 여기서 언어 환경에서 잠정적으로라도 영향을 끼칠 수 있는 문맥적인 요소는 일반적으로 직접적으로 선행하는 환경이거나 직접적으로 후행하는 환경이다. 직접적으로 선행 혹은 후행하는 환경들이 문맥적으로 변화를 가져올 수 있는 일차적인 근원이 된다. 예를 들어, 영어에서는 [ʃ]와 [ʒ] 사이의 대립을 보여줄 수 있는 최소대립쌍(minimal pair)은 없다. 하지만 vision [vɪʒən]과 mission [mɪʃən] 혹은 illusion [əluʒən]과 solution [səluʃən]같은 단어쌍들을 이용하여 [ʃ]와 [ʒ]가 대립을 이루는 별개의 음소(phoneme)라는 것을 보여줄 수 있다. 여기서 [vɪʒən]과 [mɪʃən], 그리고 [əluʒən]과 [səluʃən]은 그 차이점이 각각 [ʃ]와 [ʒ]에서만 나타나는 것이 아니라, 어두의 [v]와 [m], ø(영기호(null symbol))와 [s]에도 있다. 하지만, 어두에 나오는 이러한 소리들이 [ʃ]와 [ʒ]에 영향을 끼쳤을 거라고는 생각되지 않는다. 그런데 잠정적으로 영향을 미칠 수 있는 바로 앞에 나오거나 바로 뒤에 나오는 소리들은 동일하다. 이와 같은 단어 쌍들이 "유사 최소 대립쌍 (near-minimal pair)"의 예들이다. 이와 비슷하게 [θ]와 [ð]의 대립을 보여주는 lethargy [lɛθəɹ̣dʒi] ('무기력')와 leather [lɛðəɹ̣]의 단어쌍과 [ʒ]와 [ð]의 대립을 보여주는 lesion [liʒən]('손상, 병변')과 heathen[hiðən] ('기독교로 개종하지 않은 미개인')의 단어쌍들이 유사 최소 대립쌍의 다른 예들이다. 따라서 우리는 이 소리들이 동일한 환경 혹은 유사한 환경에서 나타나는가라는 질문에 대해서 그렇다고 대답할 수 있고, 그렇기 때문에 이 소리들은 서로 대립(contrast)를 이루며 영어에서 각자가 서로 다른 음소(phonemes)에 속한다고 결론을 내릴 수 있다.

2.2.2 상보적 분포

두 번째 유형의 분포는 *상보적 분포(complementary distribution)*이다. 이 분포는 중복된 분포(overlapping distribution)와는 정반대의 그림을 보여준다. 상보적 분포에서는 둘 또는 그 이상의 소리들이 동일환경에서는 절대 같이 발견되지 않는다. 간단히 말해 만약 /X/라는 소리가 /Y/가 나타날 수 있는 음성 환경(phonetic environments)에는 결코 나타나지 않는다면, 이 두 소리는 상보적 분포(complementary distribution)에 있다고 한다. 이렇게 상보적 분포라고 하는 개념을 살펴 보았으니, 앞서 이 장의 첫머리에서 제시한 예들을 다시 살펴보도록 하자. 한국어 화자들도 마찬가지지만, 영어 화자들은 치(dental) 비음 [n̪]과 치경(alveolar) 비음 [n]을 구별할 수 없다. 영어에서 이 두 비음들의 분포는 결코 동일한 환경에서는 나지 않는 분포를 가지고 있으므로, *상호 배타적(mutually exclusive)*인 분포이다. 치 비음(dental nasal)은 단지 /θ/ 혹은 /ð/앞에서만 나타난다. 예를 들면, tenth [tɛn̪θ], in the game [ɪn̪ ðə gem] 과 같은 단어나 구에서 치음이 나타나는 사실을 확인할 수 있다. 이 예들에서는 치음만 나타날 수 있으며, 치경비음(alveolar nasal)은 나타날 수 없다. /X/라는 소리는 단지 특정한 환경에서만 나타나며, /Y/라는 소리는 완전히 다른 환경에서 나타날 때, 이 두 소리의 차이가 대립적으로 쓰이는 것이 불가능한데, 그 이유는 대립(contrast)은 중복된 환경(overlapping environments)에서나 나타날 수 있는 기능이기 때문이다. 두 소리들이 상보적 분포(complementary distribution)에 처한 경우에는, 이 두 소리들이 음소, 그것도 동일한 한 음소(one and the same phoneme)에 속하는 두 개의 이음들(allophones)이라고 말한다. 여기서 상기할 점은 영어에서는 동일 음소의 이음 기능을 하는 비음들 (즉, [n̪]과 [n])이 말라얄람어(Malayalam)와 같은 언어에서는 동일한 환경에서 나타나 중복된 분포를 보여줘 대립적인 기능을 한다는 것이다. 즉, 말라얄람어와 같은 언어에서는 이 두 비음들이 각각 개별적인 음소(separate phonemes)에 속한다는 점이다.

이음 관계에 있는 두 소리의 상보적 분포의 예는 스페인어에서는 [d̪]와 [ð]의 관계를 통해 알 수 있다. 이 두 소리들은 스페인어에서는 같은 환경에서 나타나지 않는다. [ð]는 모음 사이에서나 비음(nasal) 다음에서 나타난다. [d̪]는 그 외의 환경에서 나타난다. 이는 두 소리가 나타나는 환경이 상호 배타적(mutually exclusive)인 상보적 분포(complementary distribution)라는 것을 보여주는 좋은 예이다. 결과적으로 스페인어에서는 [d̪] 와 [ð]가 동일한 음소에 속하는 두 개의 이음(다시 말해, 위치에 따른 변이형(positional variants))이라고 할 수 있다.

이제껏 들어 본 중에 상보적 분포에 대한 최고이자 확실히 학생들이 가장 좋아하는 비유는 수퍼맨과 클라크 켄트(Clark Kent)사이의 관계에서 찾아볼 수 있다(누가 이 비유를 생각해 냈는지를 알 길이 없어, 그 공을 돌릴 수는 없지만 말이다). 비록 두 등장 인물이 동일한 인물이긴 하지만, 그들의 등장은 상호 배타적이다(그들은 동일한 환경에서는 결코 나타나지 않는다). 위험한 순간에는 언제나 수퍼맨을 보게 되지만, 클라크 켄트는 신문사 사무실에서 직면하게 되는 인물이다. 따라서 이 두 등장인물들은 상보적 분포를 보여주는 훌륭한 사례라고 할 수 있다.

동일 음소의 이음들이 상보적 분포에서 나타난다고 말하는 것 자체는 사실이지만, 이 진술은 단지 일방향적인(unidirectional) 진술일 뿐이다. 다시 말해 진술을 꺼꾸로 해서, "두 소리가 상보적 분포 속에 있다면, 그 소리들이 동일 음소의 이음이다"라고 말할 수는 없다. 그 이유는 약간은 "결함있는(defective)" 분포를 보여주고 있는 특정한 소리들에서 찾을 수 있다. 이를 잘 보여주는 예는 영어의 [h]와 [ŋ]의 분포이다. [ŋ]는 음절말 (즉, 종성(coda))에서만 나타나며, 음절초(즉, 초성(onset))에서는 결코 나타나지 않는다. 정반대로, [h]는 음절의 초성(onset)에서만 나타나면, 종성(coda)에서는 결코 나타나지 않는다. 이 두 소리가 나타나는 문맥(contexts)은 상호배타적(mutually exclusive)이며, 따라서 이 두 소리의 분포(distribution)는 의심할 여지 없이 "상보적(complementary)" 분포이다. 이렇듯 [h]와 [ŋ]가 상보적 분포를 보여주고 있음에도, 어느 누구도 이 두 소리들이 동일 음소의 두 이음이라고 말하지는 않는다. 그 이유는 이음관계(allophonic relationship)를 설정할 때 또 하나의 조건이 **"음성적 유사성(phonetic similarity)"**인데, 이 '음성적 유사성' 조건을 [h]와 [ŋ]가 충족시키지 못하기 때문이다. 한 음소의 이음들은 항상 많은 음성 자질들을 공유하기 때문에 음성상 서로 유사하다. 그런데, [h]와 [ŋ]를 보면, 이들은 음성적으로 유사한 점을 찾아 보기가 힘들다. [h]는 무성 성문 마찰음(voiceless glottal fricative)이고, [ŋ]는 유성 연구개 비음(voiced velar nasal)이다. 다시 말해, 이 두 소리는 조음 위치(place of articulation)도 다르고, 조음 방식(manner of articulation)도 다르고, 유무성 자질 (voicing feature) 조차도 공유하지 않는다. 따라서, 우리는 다음과 같은 일반화를 말할 수 있을 것 같다: 둘 또는 그 이상의 소리들은 (i) 상보적인 분포에 있고, (ii) 음성적으로 유사하다면, 동일 음소의 위치상의 변이형인 이음들이라고 할 수 있다. (Two or more sounds are allophones (positional variants) of the same phoneme, if (a) they are in complemetary distribution, and (b) they are phonetically similar.)

두 소리가 별개의 음소들인지 동일 음소의 이음들인지를 알아보기 위해 환경(environment)을 살펴 볼 때, 주의를 기울여야 할 중요한 점은 두 소리를 구분짓는 음성 자질(phonetic feature)을 잘 생각해 봐야한다는 점이다. 그 이유는 특정한 환경이 변이형이 생기도록 촉진시킬 수도 있기 때문이다. 예를 들면, [b]와 [p] 두 소리 중에서, [b]는 항상 두 모음사이(intervocalic)에서만 나타나며, 이 환경에서 [p]는 결코 나타나지 않는다고 가정해 보자. 그러면 [b]와 [p]는 동일한 음소의 이음들이라고 결론지을 수 있다. 상보적 분포와 두 소리 사이의 음성적 근접성이라는 요건을 충족시키는 것 이외에도, 유성음이 두 모음 사이라는 환경(intervocalic environment), 즉 유성음에 둘러싸여 있는 환경에서 나타나는 것이 유성을 촉진시키는 탁월한 방법이다. 다시 말해, 문맥(context)이 이러한 음성학적인 변화에 대한 이해를 할 수 있도록 해준다.

음성상의 유사성(phonetic similarity)을 판단하는데 마법적으로 사용될 수 있는 공식은 없다. 다음에는 둘 또는 그 이상의 소리들이 동일 음소의 이음들이라고 증명하는데 사용될 수 있는 가이드 라인을 몇 가지 제시하고자 한다.

장애음들(obstruents)

- 조음 위치와 조음 방식이 동일한 유-무성 소리쌍들 (예, [p-b], [s-z], [tʃ-dʒ])
- 조음방식과 유무성 자질이 동일하고, 조은 위치도 다소 가까운 소리쌍들 (예, [s-ʃ], [f-θ])
- 유무성 자질과 조음 위치가 동일하고, 조음 방식이 다른 경우 (e.g., [t-tʃ], [k-x], [p-Φ])

공명 자음들 (Sonorant consonants)

- 모든 비음들 (nasals) (특히 조음 위치가 가까운 비음들)
- 모든 유음들 (liquids) (설측음들내(within laterals), 비설측음들내 (within non-laterals), 그리고 설측음들과 비설측음들내)
- 활음 [j]와 고모음 [i], 그리고 활음 [w]와 고모음 [i]와 [u] 사이. 활음들은 동일한 혹은 유사한 조음 위치를 가진 마찰음과도 관계지어 질 수 있다.

위에서 살펴본 예들에 공통으로 나타나는 주제는 소리들을 한데 묶는 음성자질(phonetic features)의 수가 소리들을 분할하는 음성자질의 수보다는 많다는 것이다. 예를 들면, [s]는 무성 치경 마찰음(voiceless alveolar fricative)이고 [ʃ]는 무성 경구개 마찰음 (voiceless palato-alveolar fricative)이다. 다시 말하면, 이 두 소리는 모두 무성(voiceless)이고 마찰음(fricative)이다. 한 가지 차이점은 이 두 소리의 조음 위치가 서로 다르다는 것이다.

대립적 분포와 상보적 분포라는 개념을 살펴보았으니, 어떤 언어 화자들에 의해서는 지각될 수 있지만, 다른 언어 화자들에게는 간과되는 음성적 차이에 대한 문제를 다시 살펴보도록 하자. 앞서 예를 들었듯이, 영어화자들은 치 비음(dental nasal) [n̪]과 치경 비음(alveolar nasal) [n]의 차이를 간과하지만, 말라얄람어(Malayalam) 화자들은 즉각 그 차이를 지각한다. 영어화자에게 있어서 [d]와 [ð]의 차이는 쉽게 지각이 되는 반면, 스페인어를 쓰는 사람에게는 그 차이점이 간과되기 싫다. 똑같이 차이가 나는 소리의 쌍에 있어서 서로 다른 반응을 보이는 것은 이 소리들이 언어마다 기능이 다르기 때문이다. 영어에서는 [n-n̪]이 상보적 분포에 나타나 한 음소의 이음들이지만, 말라얄람어에서는 이 둘이 대립적인 분포(즉, 중복된 분포)에서 나타나는 개별적인 음소들이다. 영어에서 [d-ð] 는 대립적으로 사용되지만, 스페인어에서는 이음으로 사용된다. 이와 같이, 대립성(contrastiveness)이 언어 사용자들의 소리 지각에 중요한 역할을 하는 것은 의심할 여지가 없는 것 같다. 어떤 언어에서 두 소리가 동일 음소의 이음이면, 그 언어의 화자들은 이 두 소리가 똑같은 소리라고 느낀다.

지금까지 한 이야기를 요약해보자. 음성적으로 유사한 둘 이상의 소리는 언어마다 기능이 다를 수 있다. 음소 또는 이음으로서의 지위는 순전히 주어진 소리체계에서 그 소리들의 분포에 의해 결정된다. 만약 소리들이 중복된 분포에서 나타나면, 그래서 한 소리를 다른 소리로 대체했을 때 단어에 의미를 가져온다면, 이 소리들은 대립적으로 쓰인 것이며, 이들은 각각 서로 다른 음소로서의 기능을 하는 것이다. 여기서 중복된 분포에서 나타나는 것은 최소대립쌍이나 유사 최소 대립쌍을 찾아 봄으로써 알 수 있다. 예를 들어, day [de]와 they [ðe]의 최소 대립쌍은 [d]와 [ð]가 각각 음소라는 것을 밝혀준다 두 소리가 대립 속에 있을 때, 즉, 두 소리의 차이점이 ***음소적(phonemic)***일 때, 이 언어를 사용하는 화자들은 이 음소상의 차이점에 상당한 정도의 민감성을 가지게 된다.

반면, 둘 이상의 음성적으로 유사한 소리들이 상보적인 분포에서 나타나면, 즉, 상호배타적인 분포에서 나타나면, 이 두 소리들은 동일 음소의 이음들이라고 말한다. 두 소리의 차이는 음소적(phonemic)인 것이 아니라, ***이음적(allophonic)***인 것이다. 예를 들어, [n], [n̥], [n̪], [ɱ]은 각각 name, snail, panther, invite와 같은 단어들에서 관찰된다. 이와 같은 경우, 이 음성상의 차이에 대한 화자들의 민감성은 아예 없거나 있다고 하더라도 굉장히 낮다고 할 수 있다. 그 이유는 이 차이점들이 단어에서 의미의 차이를 가져올 수 있을 정도로 활용되는 경우가 없기 때문이다. (예를 들어, 앞서 언급한 말라얄람어의 [n]과 [n̪]사이의 차이를 참고 바람.)

이러한 점을 아주 작은 데모를 통해 실연하기 전에, 유사한 소리들의 음소 상태(phonemic status)를 결정하기 위해 사용하는 전략을 요약하는 것이 유용할 것이다. (그림 2.1 참조).

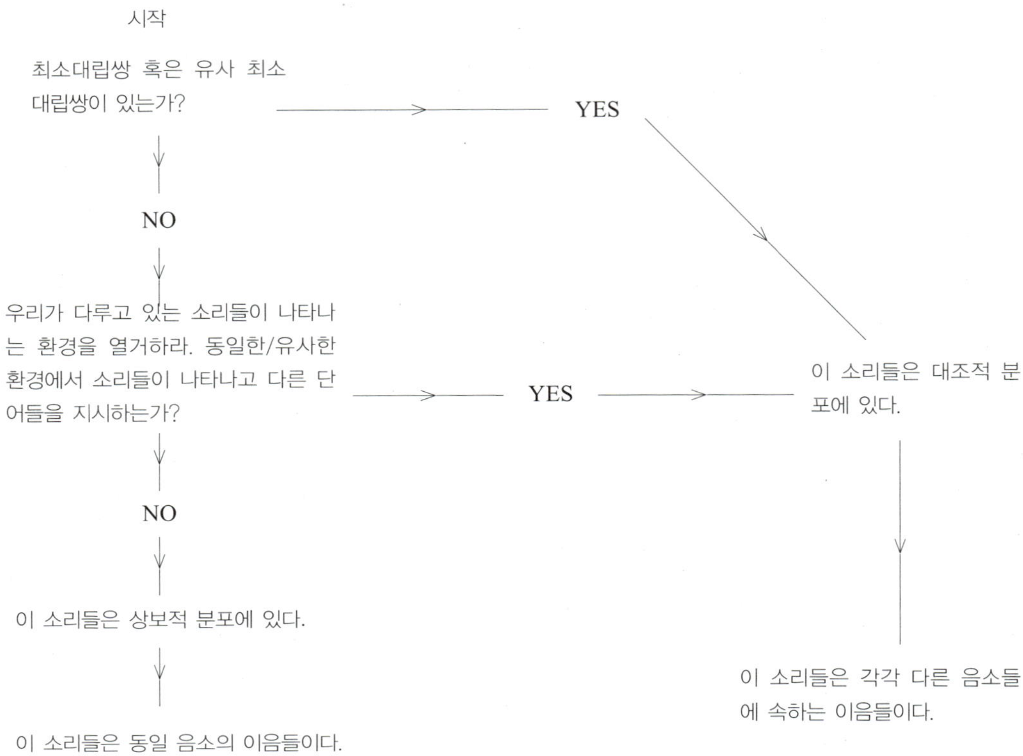

그림 **2.1** 둘 이상의 음성적으로 유사한 소리들의 분포를 발견하는 흐름도

2.3 음소 분석: 미니 데모

여기서는 지금까지 살펴본 개념들을 사용하여, 음소 분석(phonemic analysis)을 어떻게 하는지 살펴보도록 하자. 둘 또는 그 이상의 소리들이 음성적으로 유사하다면, 우리는 이 소리들이 사용되는 해당 언어에서, 이 소리들이 음소로서 기능을 하는지 이음으로서 기능을 하는지 음소분석(phonemic analysis)을 통해 알아볼 수

있다. 둘 또는 그 이상의 소리는 대립적으로 사용되어 개별적인 음소로 기능을 하거나, 아니면 상보적인 분포에서 나타나 한 음소에 속하는 이음들의 기능을 할 것이다. 음소 분석을 하기 위한 첫 번째 단계는 "의심스러운(suspicious)" 둘 혹은 그 이상의 소리들을 감지해 골라 내는 것이다. 한국어와 영어에서 [s], [z], 그리고 [ʃ]가 어떻게 기능하는 지를 예를 들어 살펴보도록 하자. 이 [s, z, ʃ] 세 소리는 영어화자들이나 한국어화자들이 대화를 나눌 때 들리는 소리들이고, 음성적으로도 아주 유사한 소리들이다. 다시 말해, (i) [s, z, ʃ]는 모두 조음 방식이라는 자질을 공유한다. 즉, 이들은 모두 치찰 마찰음(sibilant fricatives)이다. (ii) [s]와 [z]는 조음 위치가 치경음(alveolar)으로 똑같고, 유무성(voicing) 자질에서만 차이가 난다. (iii) [s]와 [ʃ]는 유무성(voicing) 자질이 무성음(voiceless)으로서 같고, 단지 조음 위치(place of articulation)에서만 차이가 난다. 이 소리들이 분포상으로 어떤 특징을 가지고 있는지를 파악하기 위해서는 우선 최소 대립쌍을 찾아 보아야 한다. 영어에서는 이 소리가 중복된 분포에서 나타난다는 것을 다음의 세 최소대립쌍들을 통해서 쉽게 알아낼 수 있다: sip [sɪp] - ship [ʃɪp] - zip [zɪp]. 다시 말하면, 이 소리들은 단어내에서 첫자리에서 나타나며, 똑같이 [ɪ] 모음 앞에서 나타나며, 단어의 뜻이 모두 다르다. 이와 같은 사실을 근거로 우리는 영어에서는 이 세 소리가 대립적으로 사용되며, 세 개의 개별 음소에 속한다는 결론을 내릴 수 있다.

이제, 한국어에서는 이 세 소리들이 어떤 기능을 하는 지 살펴보도록 하자. 다음에 제시된 예들, 비록 한정된 범위를 가진 예들이지만, 한국어에서 찾아낸 대표적 유형들이다.

(1) [us] 'upper' (웃)
(2) [sek] 'color' (색)
(3) [kasəl] 'hypothesis' (가설)
(4) [saram] 'person' (사람)
(5) [sosəl] 'novel' (소설)
(6) [sul] 'wine' (술)
(7) [ʃi] 'poem' (시)
(8) [maʃinnin] 'delicious' (맛있는)
(9) [ʃigan] 'time' (시간)
(10) *[ʃilsu] 'mistake' (실수)
(11) *[ʃipsam] 'thirteen' (십삼)
(12) [ʃike] 'clock' (시계)
(13) [paŋzək] 'cushion' (방석)
(14) [inza] 'greetings' (인사)

(*로 표시된 단어는 [s]와 [ʃ]가 모두 있는 단어들이다)

한국어에서 [s, z, ʃ]들의 분포상의 특징을 알아보기 위해, 우리는 영어와 마찬가지로 먼저 최소대립쌍을 찾는 것부터 시작한다. 위에서 제시된 자료를 살펴보면, 영어와 달리 최소대립쌍이 없다는 것을 알 수 있다. 최소대립쌍을 찾아 보아도 없으면, 그 다음 단계로는 유사 최소 대립쌍(near-minimal pairs)를 찾는다. 즉, 의심이 되는 소리들에 바로 인접해 있는 소리들이 동일한 단어의 짝들이 있는지를 찾아보는 것이다. 하지만, 제시된 자료를 살펴보면, 유사 최소 대립쌍도 없는 것처럼 보인다. 이런 경우 우리가 궁금해 하는 소리들이 일어나는 환경을 나열하고, 이 소리들이 유사한 환경에서 나타나는지, 상호 배타적인 환경에서 나타나는 지를 살펴본다. 이를 위해서 빈 종이에 우리가 궁금해 하는 소리를 각각 ____로 표시하고, ____의 왼쪽에 나오는 소리들과 _____의 오른쪽에 나오는 소리를 배열한다. 예를 들면, [saram]이라는 단어는 "#____a"로 표시해서 [s]가 나타날 수 있는 환경을 표시할 수 있다. 여기서 #(sharp)라는 기호는 단어 경계를 나타낸다. "#______a"는 [s]가 단어의 첫 위치에 그리고 [a] 앞에 나타난다는 것을 나타낸다. 만약 둘 이상의 소리들의 분포를 살펴봐야 할 경우, 우선 두 개의 쌍으로 시작하는 것이 일반적이다. 우리는 먼저 [s-ʃ]부터 시작할 수 있다. 다음은 위에 제시된 자료들을 환경에 따라 정리한 것이다. 괄호 안의 번호는 위의 자료에 제시된 번호이다.

[s]		[ʃ]	
u ____ #	(1)	# ___ i	(7, 9, 10, 11, 12)
# ____ e	(2)	a ___ i	(8)
a ____ ə	(3)		
# ____ a	(4)		
# ____ o	(5)		
o ____ ə	(5)		
# ____ u	(6)		
l ____ u	(10)		
p ____ a	(11)		

위에서 [s-ʃ] 두 소리의 분포를 관찰해 보면, 우리는 두 소리 모두 선행하는 환경이 단어의 첫소리로 중복되어 나온다는 사실을 알 수 있다. 두 소리 바로 다음에 나오는 소리를 보았을 때, 모음이 두 소리 바로 다음에 나올 수 있다는 점을 알 수 있다. 조금만 더 주의를 기울이면 나타나는 모음이 동일하지는 않다는 점도 파악할 수 있다. 즉, [ʃ] 는 항상 [i] 앞에서만 나타나는 반면, [s]는 다른 모음들 앞에서는 나타나는데, [i] 모음 앞에서는 나타나지 않는다. 뒤따라 나오는 모음의 차이가 중요한지를 (즉, 문맥적으로 변화를 만들어 내는지를) 결정하기 전에, 우리는 이 두 소리의 차이와 관련하여 앞에서 말했던 것을 기억해야 한다. [s]와 [ʃ]의 경우 조음 위치에서만 이 두 소리가 차이가 난다(각각 치경과 치경구개의 조음 위치라는 점에서 말이다). 모음 [i]는 치경음의 조음에 변화를 일으켜 치경구개로 되게 하는 소리로 알려져 있다. 따라서, 한국어 자료에서 일어난 소리의 변화는 음성적 동기를 가진 문맥상의 변화를 보여주는 좋은 예라고 할 수 있다. [i]앞에서 [ʃ]만 발견할 수 있고, 동일한 환경에서 [s]는 결코 발견할 수 없다는 점은 음성적으로 유사한 소리의 쌍들이 상보적인 분포 속에서 나타나는 상호 배타성(mutual exclusivity)의 조건을 만족시킨다. 따라서, 이는 동일 음소의 이음들(allophones of the same phoneme)이라고 할 수 있다.

다음에 할 작업은 [s]와 [z]를 비교하는 것인데, 이 두 소리는 유무성(각각 무성과 유성임)을 제외하고는 모든 자질들(치경음, 마찰음)을 공유한다. [s]에 대한 환경을 이미 열거했기 때문에, [z]가 나타나는 환경만 살펴보면 된다.

ŋ ___	(13)
n ___ a	(14)

이 열거된 분포들은 목표음 다음에 나오는 환경은 관련이 없다는 것을 보여준다. 그 이유는 목표음 다음에 나오는 소리들은 공유될 수 있기 때문이다. ([s]는 (3)과 (5)에서처럼 [ə] 앞에 나타날 수 있다; [s]는 (4)와 (11)에서와 같이 [a] 모음이 따라 나올 수도 있다.) 하지만, 선행하는 환경들을 조사해 보면 [z]는 항상 비음 다음에 나오지만, [s]는 결코 그 환경에서는 나올 수 없다는 사실을 발견하게 된다. 따

라서 두 음성학적으로 유사한 소리들이 보이는 상보적 분포는 이 두 소리들이 동일 음소의 이음들이라는 결론에 이르게 한다. 우리는 [s]와 [ʃ]사이의 관계에 대해서도 동일한 이야기를 했는데, 이는 결국 이 세 소리 모두가 동일한 음소의 이음들이라는 것을 말한다.

이쯤에서 우리는 다른 일을 해야 되는데, 이는 음소(phoneme)을 대표하는 기본 이음(basic allophone)을 선택하는 것과 관련이 있다. 이를 결정하기 위해 세 소리의 분포를 다시 살펴 보면, [s]가 가장 다양한 환경에서(즉 나타나는 것이 가장 덜 제약되게) 나타나는 소리라는 것을 깨닫게 된다. [ʃ]는 [i] 앞에서만 나타나고, [z]는 단지 비음 뒤에서만 나타나기 때문에, [s]가 명백한 선택이 되며, 따라서, 음소로서 대표성을 지닌다.

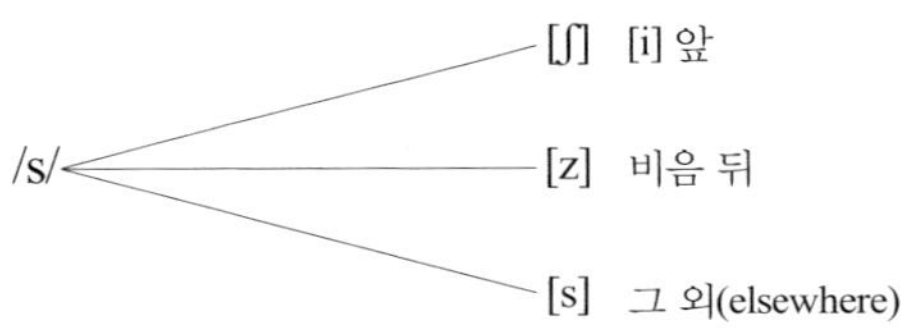

위에서 본 바와 같이, 음소는 대각선(diagonal bars) /　/을 사용하여 표시하고, 이음들은 각괄호(brackets) [　]를 사용하여 표시한다. 이음들이 나타나는 환경을 제시할 때, 더 제약된 이음(들)을 먼저 쓴다. 음소의 기본 이음(즉 가장 덜 제약된 이음)에 대해 "그 외 (elsewhere)" 환경에서 나타나는 소리라고 한다.

만약 우리가 한국어와 영어에서 위의 세 소리를 비교하면, 매우 다른 그림을 볼 수 있다. 비록 이 소리들이 한국어에서는 상보적인 분포를 보이고 동일한 한 음소의 이음들인 반면, 영어에서는 이 소리들이 대립을 이루며 세 개의 개별적인 음소에 속한다. 다음과 같은 방식으로 이 차이점들을 도식화할 수 있다.

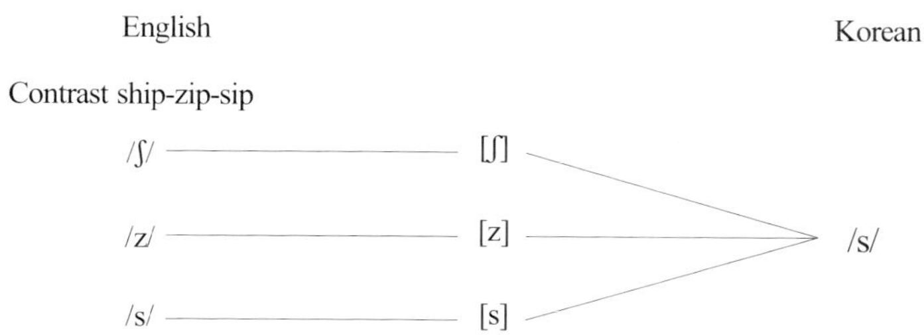

음성적 유사성(**phonetic similarity**): [s]와 [z]는 조음 위치와 조음 방식을 공유하며, 유무성에서 차이를 보인다; [s]와 [ʃ]는 유무성과 조음 방식을 공유하며, 조음 위치에서 차이를 보인다.
이음 과정(**allophonic process**): /i/앞에서 [ʃ]로 변하며, 비음 뒤에서 [z]로 변한다.

위의 도식에서 (그리고 다음에 나오는 도식에서도 마찬가지지만), 두 언어에서 공유하는 음성적으로 유사한 소리들을 중간에 각괄호 [ ] 사이에 표시하도록 배치하였다. 음소적 대립(phonemic contrast)을 보이는 언어는 대각선 사이 안에 두 개의 (혹은 그이상의) 음소들이 놓여지게 했다. 음소 기호들에 대해서는, 대립을 보여주기 위해 최소 대립쌍을 제시하였다. 반대면에는 그 언어의 단일 음소들이 제시되었다. 도식의 아래에 보다 명시적인 설명을 해 놨는데, 이는 분석 중인 소리들의 음성적 유사성에 관한 것과 상보적인 분포에 있는 문맥적 변이(즉 이음)를 가져오는 음운 과정에 관한 것이다. 문맥적인 변이를 가져오는 과정들은 거의 언제나 동화 과정(assimilation processes)이다. 간단히 정의하자면, 동화(assimilation)는 두 소리가 인접해서 발음될 때, 한 소리가 다른 소리에 미치는 영향을 일컫는다. 예를 들어, 앞서 언급한 한국어의 [s, z, ʃ]의 세 소리를 살펴보도록 하자. 우리는 /s/가 음성학적으로 /i/앞에서 [ʃ]로 실현되는 것을 보았다. 여기서 보여지는 변화는 무성 치경 마찰음이 무성 치경구개 마찰음으로 되는 것이다. 우리가 [i]의 조음과 관련된 성도 내의 영역을 생각해 보면, 우리는 그것이 치경구개가 조음되는 지역과 같다는 것을 깨달을 수 있다. 다시 말해, [i]가 [ʃ]에 대해 조건적 환경(conditional environment)으로서 미치는 영향은 음성학적으로 말해 매우 그럴 듯한 이유가 있는 것이다. 그리고 사실상 여러 언어에서 이는 흔치 않은 것이 아니다. 이 경우에는 조건을 제공하는 음(conditioning sound)인 [i]가 조건을 받는 음(conditioned sound)

다음에 나타나므로, 이 과정은 역행동화(regressive assimilation)의 예라고 일컬어진다. (후행하는 소리가 선행하는 소리에 영향을 미친다; 어떤 책에서는 선행동화(anticipatory assimilation)라고 불리기도 함). 만약 영향이 선행하는 소리에서 후행하는 소리로 온다면, 이는 순행동화(progressive assimilation)라고 불린다. 한국어 /s/의 또 다른 이음은 [z]이다. 이 소리가 나타나는 문맥은 항상 비음 뒤였다. 다시 말해, 비음의 유성(voicing)이 무성 치경 마찰음에서 유성 치경 마찰음으로의 변화를 가져오는 원인(culprit)인 것처럼 보인다. 조건을 제공하는 음(conditioning sound)인 비음이 조건을 받는 음인 치경 마찰음 앞에 있기 때문에, 이는 순행동화(progressive assimilation; 어떤 책에서는 지연 동화(perseverative assimilation)라고 불리기도 함)의 한 사례이다.

문맥적인 동화 현상은 자음에만 한정되어 있는 것은 아니다. 예를 들어, 토터낙어(Totonac; 멕시코에서 사용되는 북미 인디언어 중 하나)는 상보적 분포를 보이는 유성 모음과 무성 모음을 모두 가지고 있다. 우리는 무성 모음을 어말에서, 그리고 다른 모음들은 그 외의 환경에서 발견할 수 있다. 모음의 어말 무성음화는 동화 현상이라고 간주할 수 있는데, 이는 어말 위치에 있는 모음이 다음에 오는 것 (즉, 성대 진동이 없는 '묵음(silence)')에 영향을 받기 때문이다.

모음(vocalic segments)과 관련된 상보적 분포의 또 다른 예는 영어에서 찾을 수 있다. 특정 방언에서, 이중 모음 /aɪ/는 두 개의 음성적 실현 [aɪ] 와 [ʌɪ]를 가지는데, 이는 다음의 예에서 알 수 있다.

nine [naɪn]	rice [ɹ̣ʌɪs]	rise [ɹ̣aɪz]	tight [tʌɪt]
tire [taɪɹ̣]	life [lʌɪf]	side [saɪd]	pipe [pʌɪp]
buy [baɪ]	Mike [mʌɪk]		

우리가 여기서 보는 것은 [ʌɪ]가 /s, t, f, p, k/ 앞에서 발견되고, [aɪ]는 그 외의 위치에서 발견된다는 점이다. 따라서, 이 체계적인 변화(systematic change)의 특징은 "이중 모음은 무성음이 따라 나올 때는 [ʌɪ]이고; 그렇지 않은 경우에는 [aɪ]이다"라

는 것이다.

조건을 가하는 환경이 언제나 선행하는 환경이나 후행하는 환경 둘 중 하나에 제약되어 있는 것도 아니다; 때로 그 효과는 두 환경 모두에서 올 수도 있다. 예를 들어, 크리어(Cree; 캐나다에서 사용되는 북미 인디언어 중 하나)에 [p]와 [b]가 상보적 분포를 보이고 있다. 우리는 [b]를 모음들 사이에서 [p]를 그 외의 환경에서 찾아 볼 수 있다. 이는 명백히 동화를 조건짓는 환경이 선행 및 후행 환경 모두에서 온다는 것을 말해주는 것이다; 유성 이음 [b]는 두 모음들 사이에서 발견되는데, 이는 모두 유성음이다.

이제 우리가 앞에서 언급한 두 사례를 검토해 보도록 하자. 이 두 사례는 치비음(dental nasal)과 치경 비음(alveolar nasal)에 대해서는 말라얄암어와 영어, 그리고 치/치경 폐쇄음과 마찰음에 대해서는 스페인어-영어이다.

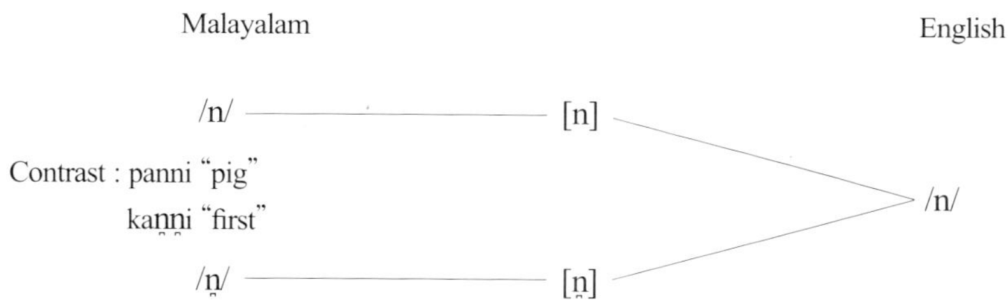

음성적 유사성: 유성과 조음 방식 공유; 조음 위치에서 차이
이음 과정: 비음이 /θ, ð/(치간)앞에서 치음이 됨. 역행 동화(Regressive assimilation).

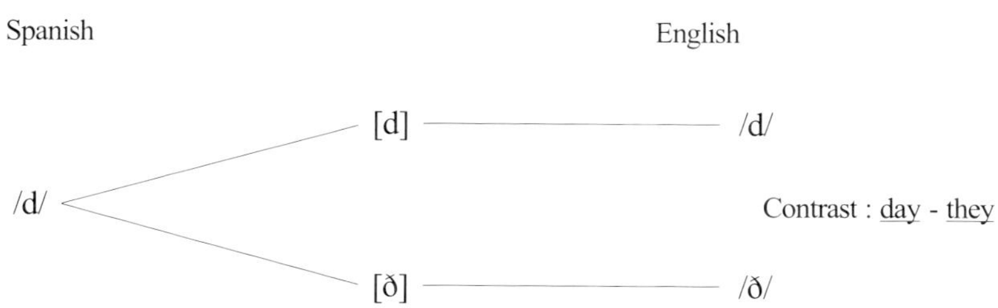

음성적 유사성: 조음 위치와 유성성 공유; 조음 방식 차이.
이음 과정: 폐쇄음이 두 모음 사이에서 마찰음(좀 더 열리 조음)이 됨. 선행 및 후행 환경 모두가 관련됨.

위의 사례들은 동일한 음성 실현이 음운론적으로 언어 마다 다르게 해석될 수 있음을 보여준다. 반드시 위에서 열거된 소리쌍과 환경에서만 제한되어 있는 것은 아니고, 다른 많은 언어에서도 쉽게 찾아 볼 수 있는 예들이 많이 있다. 다음은 다른 언어에서 찾아 볼 수 있는 예들이다.

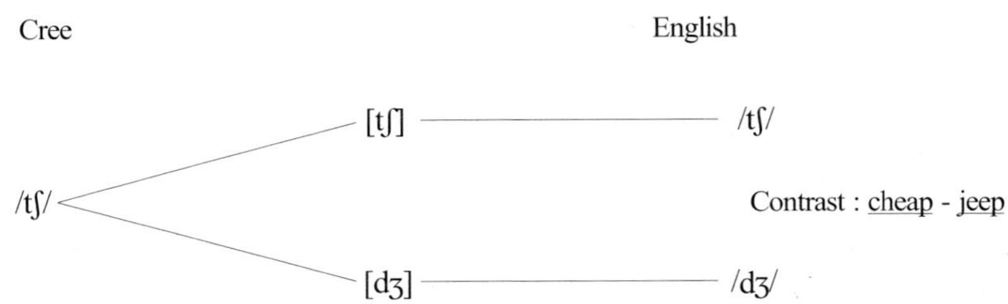

음성적 유사성: 조음 위치 및 조음 방식 공유; 유무성에서 차이
이음 과정: 두 모음 사이에서 유성음화됨. 선후행 환경 모두 관련이 있음.

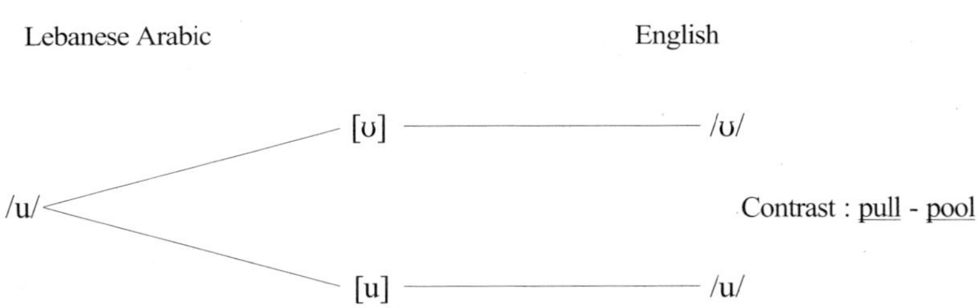

음성적 유사성: 둘 다 고위, 후설, 원순; 긴장/인완에서 차이
이음과정: 어말 위치에서의 하강(lowering)(이완화(laxing))

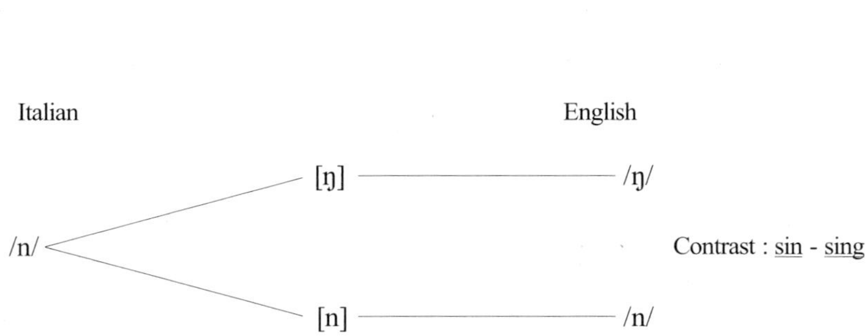

음성적 유사성: 조음 방식 및 유무성 공유; 조음 위치 차이.
이음 과정: 비음이 연구개 앞에서 연구개로 바뀜. 역행 동화(Regressive assimilation).

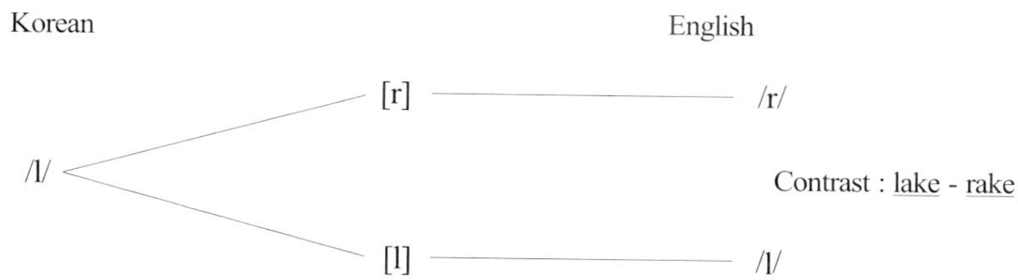

음성적 유사성: 설측음은 제외하고, 모든 자질들이 공유됨.
이음 과정: 유음이 모음간에서 비설측음이 된다. 선행 및 후행하는 환경 모두가 관련이 있다.

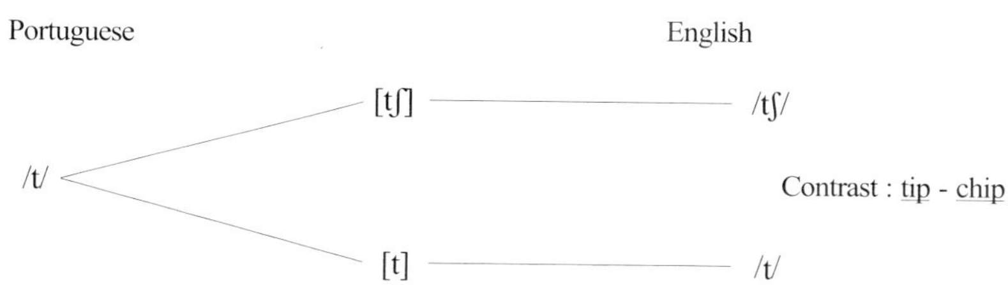

음성적 유사성: 두 무성 장애음 모두; [tʃ] 구개–치경 파찰음, [t] 치경 폐쇄음.
이음 과정: 치경 폐쇄음이 /i/ 앞에서 구개–치경 파찰음이 됨. (포르투갈에서 구개–치경 폐쇄음이 없기 때문에, 파찰음이 가장 근접한 소리임. 구개–치경 위치는 /i/를 위한 모음 영역에 근접해 있음. 역행 동화.

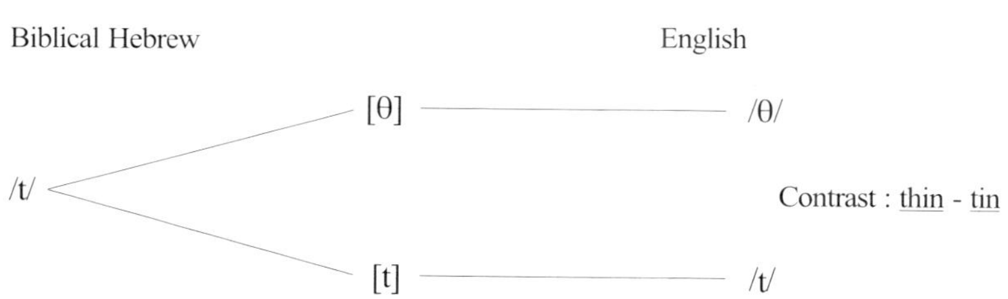

음성적 유사성: 치/치경. 무성, 장애음; 조음 방식에서 차이.
이음 과정: 폐쇄음이 모음 사이에 마찰음(더 열린 조음) 이 된다. 선행 및 후행하는 환경이 모두 관련됨.

Sindhi　　　　　　　　　　　　　　　　　English

/p^h/ —— [p^h] → /p/

Contrast : [p̪ənu] leaf - [p^hənu] snake hood

/p̪/ —— [p̪] → /p/

음성적 유사성: 기식을 제외하고 모든 자질이 공유됨.
이음 과정: 강세 음절을 시작하는 무성 폐쇄음은 기식하라.

다음의 예들은 영어에서 정확한 기준이 예는 예를 찾아볼 수 없지만, 특정한 음성적으로 중요한 이음 과정을 보여주는 관계를 가진 다른 예들이다.

Russian

/k/ → [k^w] before /o, u/
/k/ → [k] elsewhere

음성적 유사성: 무성 연구개 폐쇄음 모두; 순음화(labialization)에서 차이
이음 과정: (원순 모음)/o, u/ 앞에서 연구개 폐쇄음을 순음화함(labialize) (원순성을 더함). 후행동화.

Russian

/x/ → [x^w] before back round vowels
/x/ → [x^j] before front vowels
/x/ → [x] elsewhere

음성적 유사성: 모든 무성 연구개 폐쇄음; 순음화 혹은 구개음화에서 차이남.
이음 과정: 원순 모음 앞에서 소리를 순음화시키고 (즉 원순(lip rounding)을 더하고) 그 소리를 모음 앞에서 구개음화함 (즉, [i] 같은 음질을 더하는 것과 같이 좀 더 앞 쪽에서 조음함). 역행동화(Regressive assimilation).

Czech

/ř/
- [ř̥] word-finally, next to a voiceless stop
- [ř] elsewhere

음성적 유사성: 둘 다 치경 r-소리임; 유무성에서 차이가 남.
이음 과정: 무성 폐쇄음 혹은 (역시 무성 환경인) 어말에서 r-소리를 무성음화함. 역행동화

Spanish

/b/
- [β] intervocalically
- [b] elsewhere

음성적 유사성: 유성성과 조음 위치를 공유함; 조음 방식에서 차이가 남(폐쇄음/마찰음).
이음 과정: 폐쇄음이 두 모음사이에서 마찰음(좀 더 열린 조음)이 됨. 선행 및 후행 환경 둘 다 관련됨.

German

/x/
- [ç] after front vowels
- [x] elsewhere

음성적 유사성: 둘 다 무성 마찰음; 조음 위치에 차이남 (연구개/구개).
이음 과정: 전설 모음 뒤 나타나는 마찰음을 좀 더 앞쪽에서 조음하도록 이동시킴; 순행 동화 (Progressive assimilation).

지금까지의 논의를 요약하면 다음과 같다:

(a) 음소 (음운) 분석의 목적은 한 언어에서 둘 혹은 그 이상의 소리들이 가지는 관계를 결정하는 것이다.
(b) 두 언어는 동일한 소리들을 공유할 수도 있지만, 이 소리들의 기능을 달리 조절할 수도 있다. 다시 말해, 음성적 동일성(phonetic identity)이 음소적 동일성(phonemic identity)을 반드시 가져오는 것은 아니다.
(c) 한 언어에서 동일 음소의 이음들은 음성학적으로 유사해야 하며, 상보적 분포에 있어야 한다.
(d) 서로 다르게 실현된 음소들은 중복된 분포에 있고 대립을 보인다. 다시 말해, 음소인 경우 다른 소리로 대체되면 단어의 의미가 바뀌게 된다.
(e) 규칙은 종종 소리(혹은 한 그룹의 소리들)의 자질들 상당수를 바꾸기 보다는 하나 혹은 두 개의 자질만을 바꿀 뿐이다.
(f) 어떤 규칙이 적용하는 소리들과 어떤 규칙을 형성하는 환경에서 나타나는 소리들은 특정 음성 자질 혹은 자질들을 일반적으로 공유한다. 한 자질 집합 혹은 자질들의 집합에서 동일한 값을 가지고 있는 소리들의 무리를 "자연 부류(natural classes)"라고 부른다.

중화(neutralization)

때로 두 개별 음소에 속하는 소리들이 특정 환경에서 대립관계를 상실하는 경우가 있다. 예를 들어, 영어의 두 치경 폐쇄음은 단어의 첫 위치와 끝 위치에서 대립 관계에 있다. 이는 <u>tip</u> 대 <u>dip</u> 그리고 <u>bet</u> 대 <u>bed</u>와 같은 단어의 쌍들에서 예시되어 있다. 하지만 무강세 음절에서 모음 사이에 이 소리들이 위치해 있다면, /t/와 /d/ 사이의 대립은 사라지고, 이 두 소리들은 writer – rider [raɪɾɚ]에서 보여지듯이, "설탄음(flap)"이라고 불리는 소리 하나로 동일하게 실현된다. (이는 다음 장에서 더 자세히 다루어 질 것이다.) 이러한 현상을 "중화(neutralization)"라고 부르는데, 이는 단순히 여러 환경에서 분명히 살아있었던 대립이 특정 환경에서는 없어진다는 것을 의미한다. 또 다른 예를 들면 무성 폐쇄음과 유성 폐쇄음, 즉 /p, t, k/ 와 /b, d, g/ 사이의 대립을 살펴볼 수 있다. /p/와 /b/는 <u>pin</u> 대 <u>bin</u>에서, /k/와 /g/는 <u>could</u> 대 <u>good</u> 사이에서 대립하는 반면, 이 대립은 어두 위치에서 /s/ 다음의 환경에서는 중화가 된다. 일반적으로 <u>spit</u>과 <u>skin</u>의 전사가 각각 [spɪt]과 [skɪn]으로 된 걸로 알고 있지만, 이들은 [sb...]와 [sg...]로 전사해도 전혀 다른 전사라고 할 수 없다.

마지막으로 모음을 든 예가 준비되어 있다. 두 전설 모음 /ɪ/와 /ɛ/는 bit [bɪt] 대 bet [bɛt], 혹은 pit [pɪt] 대 pet [pɛt]에서와 같이 대립적으로 쓰인다는 것을 쉽게 알 수 있다. 하지만 이 두 모음 뒤에 나오는 자음이 비음인 경우에는, 많은 미국 영어 화자들에게서 이 대립은 [ɪ]로 중화된다. 즉, 이들 미국 영어 화자들에게 pin 과 pen 은 모두 [pɪn]으로 중화되는 것이다.

2.4 자유 변이

대체로 위의 (a)-(f)에 제시된 일반성은 잘 지켜지고 있지만, 영어에서 (c)와 (d)의 두 경우는 어겨질 때가 있다. 첫 번째 경우는 동일한 환경에서 한 음소의 이음들이 나타나는 경우를 들 수 있다. 이는 (c)가 위반된 경우인데, 그 이유는 이음들은 상보적 분포를 보여야 한다는 원리를 따르지 않기 때문이다. 예를 들어, 미국 영어에서 단어의 끝에 나오는 폐쇄음들은 bake [bek˺][8]나 dip [dɪp˺]과 같이 일반적으로 개방되지 않으며 기식되지도 않는다(보다 자세한 설명은 제3장 참조바람). 하지만, 어떤 화자들은 이 단어말 폐쇄음들을 개방하여 발음하는 경우도 있다. 비록 어말 폐쇄음이 개방되어 발음되거나 개방되지 않은 채 발음되는 상황이 발생하기는 하지만, 이러한 교체형들이 의미 변화를 가져오지는 않는다. 다시 말해서, 여러 화자들이 발음하는 현상을 조사해 보면 중복된 분포에서 개방된 이음과 비개방 이음이 나타나는 현상을 찾아볼 수 있다. 하지만, 단어의 의미가 변화하지는 않기 때문에, 우리는 이를 자유변이(**free variation**)라고 부른다.

자유변이의 두 번째 유형은 동일 음소의 이음들과 관련된 것이 아니라, 서로 다른 음소들의 음성 실현과 관련된 것이다. 예를 들면, 영어에서 [i] 와 [ɛ]는 서로

8. 여기서, [˺]는 폐쇄음이 개방되지 않은 채(unreleased) 발음된다는 표시를 하는 IPA 전사기호이다 – 역자주.

다른 음소로서, 각각 /i/와 /ɛ/라는 음소에 속한다. 이는 최소대립쌍인 영어단어들 bead [bid] - bed [bɛd], Pete [pit] - pet [pɛt]을 보면 알 수 있다. 이 단어쌍에서 모음을 서로 바꾸면, 의미의 변화가 생기므로 이들이 대립 (contrastiveness)의 기능을 가진다는 것은 의심의 여지가 없다. 하지만, 특정 어휘 항목들(vocabulary items)에서 대립적으로 쓰이는 이 두 모음들이 중복된 분포에서 나타나며, 의미의 변화를 가져오지 않는 경우가 있다. 예를 들면, economics라는 어휘항목은 [ɛkənamɪks] 혹은 [ikənamɪks]로 발음되면, [ɛ]와 [i]가 중복된 위치에 나타나지만, 의미에 차이가 있는 것은 아니다. 이와 유사한 경우는 [aɪ]와 [i]사이에서도 찾아볼 수 있다. [aɪ]와 [i]도 일반적으로 말해 대립적인 기능을 가지는 개별 음소들이다. cite [saɪt]와 seat [sit]는 단어가 개별적인 의미를 가지고 있고, 따라서 모음들이 대립적인 기능을 한다는 것을 보여준다. 하지만, either의 발음이 [iðəɹ̩] 혹은 [aɪðəɹ̩]로 발음된다거나 neither의 발음이 [niðəɹ̩] 혹은 [naɪðəɹ̩]로 발음되는 예는 이 두 모음이 중복된 환경에서 나타나지만 의미의 변화를 가져오지 않는 자유 변이(free variation)의 관계에 있다는 것을 보여준다. 요약하자면, 비록 자주 관찰되는 것은 아니지만, 자유변이가 (1) 동일 음소의 이음들 간에 나타날 수도 있고, (2) 서로 다른 음소들이 음성 실현을 할 때 나타날 수 있다는 것을 보았다. 예들 들어, back의 k가 [k] 혹은 [k˺]로 실현되는 전자의 경우를 이음적 자유변이(**allophonic free variation**)로, either에서 첫모음이 [i] 또는 [aɪ]로 발음되는 후자의 경우를 음소적 자유변이(**phonemic free variation**)이라 부른다.

2.5 형태음운론

지금까지 이음 변이(allophonic variations)를 살펴보았다. 이음변이는 동일한 음소에 속하는 소리들이 문맥에 따라 바뀌는 변이를 말하고, 이는 한 형태소(single morpheme) 내에서 일어나는 현상이다. 여러 언어에서 한 형태소 안에서 일어나는 이음 변이에 중요한 역할을 하는 음운 현상들이 형태소 경계(morpheme boundaries)를 가로질러서도 활동을 한다. 형태소들이 결합하여 두 개 혹은 여러 형태소로 이루어진 단어들을 형성할 때, 동화현상이 적용될 수 있다. 이러한 경우 한 형태소가 문맥적으로 결정되는 교체형(alternations), 즉 서로 다른 음성 형태들을 가지는 것을 볼 수 있게 된다.

형태소 내부에서 일어나는 음운과정이 형태소 경계를 가로질러 일어날 수도 있다는 점을 보기 위해, 앞서 (2.3절에서) 살펴보았던 이탈리아어(Italian)에서 관찰되는 비음동화규칙(nasal assimilation process)을 살펴보도록 하자.

[dʒɛnte]	"people" (사람들)	[aŋke]	"also" (또한)
[tinta]	"dye" (염색)	[staŋko]	"tired" (지친)
[tenda]	"tent" (텐트)	[bjaŋka]	"white" (흰)
[nero]	"black" (검은)	[fɹŋgo]	"mushroom" (버섯)
[dansa]	"dance" (춤, 댄스)		

왼쪽 칼럼에서 보이듯이 [n]은 [t, d, s, e] 앞에서 나타나며, 오른쪽 칼럼에서 보듯이 [ŋ]는 [k, g] 앞에서 나타난다. 이 [n]과 [ŋ]는 상보적 분포 내에 있다는 것을 보여 주는 것이다. 연구개 이음 [ŋ]는 단지 연구개 폐쇄음(velar stops) 앞에서만 나타나며, 치경 이음 [n]은 연구개 폐쇄음을 제외한 다른 곳에서 (elsewhere) 나타난다. 이와 같이 음성적으로 동기화된 (즉 비음이 후속 분절음의 조음 위치에 동화하는) 문맥상의 변이는 형태소 내부에서 나타나며, 따라서 [n]과 [ŋ]가 이음적 변이형이 됨을 보여준다.

거의 동일하게 음성적으로 동기화된 비음 동화가 영어를 비롯한 여러 언어에서 형태소 경계를 건너 적용된다. 다음의 예를 보도록 하자:

impersonal	[ɪmpə̣ɹsənəl]	independent	[ɪndəpɛndənt]	incomplete	[ɪŋkəmplit]
improbable	[ɪmpɹ̣ɑbəbəl]	intolerant	[ɪntɑləɹ̣ənt]	inconclusive	[ɪŋkənklusɪv]
impossible	[ɪmpɑsəbəl]	inadvisable	[ɪnædvaɪzəbəl]	incapable	[ɪŋkepəbəl]

이 예들은 모두 형용사인데 철자로 im- 혹은 in-으로 표시된 부정 접두사(negative prefix)가 앞에 붙어있다. 철자로는 두 가지로 표시되어 있지만, 음성으로는[ɪm], [ɪn], [ɪŋ]의 3가지의 형태로 구현된다. 이 부정 접두사(negative prefix)는 비 자음(nasal consonant)에서만 차이가 나다. 즉, 양순음(bilabial sound)으로 시작하는 형용사 앞에서는 양순 비음인 [m]으로, 연구개음(velar sound)으로 시작하는 형용사 앞에서는 연구개 비음인 [ŋ]로, 그리고 그 외의 환경에서는 치경음인 [n]으로 나타난다. 위에서 이탈리아어를 가지고 예를 든 형태소 내부에서 일어나는 비음의 위치 동화와 같은 유형을 가지고 있기 때문에, 비음의 교체를 예측할 수 있는 것이다. 비록 소리 교체의 음성학적인 동기인 조음상의 용이함(articulatory ease)을 위해 위치 동화를 일으키는 것은 이탈리어어의 비음 위치동화나 영어의 비음 위치 동화나 다른 것이 없지만, 구조적인 면에서는 두 종류의 비음 위치동화가 차이가 난다. 영어의 [m], [n], [ŋ]는 동일 음소의 이음이 아니라, 각각 개별적인 음소들인 /m/, /n/, /ŋ/에 속한다. 이는 sum [sʌm], sun [sʌn], sung [sʌŋ]과 같은 단어를 통해 명확히 알 수 있다. 영어의 부정 접두사(in- 혹은 im-)를 통해 우리가 알 수 있는 것은 이 비음인 음소들의 교체가 동일 형태소 내에서 일어나고 있다는 것이다. 이러한 형태소 내의 음소교체는 전통적으로 형태음소 교체(**morphophonemic alternation**)라고 불린다. 그리고 동일 형태소가 서로 다르게 음성적으로 실현되었을 때, 이러한 형태소 교체형(morpheme alternants)을 이형태(**allomorphs**)라고 부른다.

앞선 사례에서는 동일한 단어 내에서 형태소 경계를 가로질러 나타나는 이형태 교체를 실증하였다. 하지만, 이러한 사례들은 한 단어의 형태소 경계인 상황에 제한된 것이 아니라 별개의 두 단어의 경계를 가로 질러서도 일어날 수 있다. 예를 들어, 만약 스페인어에서 "하나(one)"의 의미를 가지는 형태소의 음성학적인 실현을 살펴본다면 다음을 찾을 수 있다:

un peso [um p...] "one peso (일 페소)"
un taco [un t...] "one taco (한 개의 타코)"
un gato [uŋ g...] "one cat (한 마리의 고양이)"

스페인어에서 "하나(one)"라는 뜻을 갖는 형태소는 일관성있게 un이라는 철자로 쓰여져 있지만, 그 발음은 [um], [un], [uŋ]으로 다양하다. 여기서 다시 한 번 익숙한 그림을 보게 되는데, 이는 뒤따르는 장애음의 조음 위치에 비음이 동화하는 것과 관련된 것이다. 하지만, 이번에는 의미 단위 "one"의 이형태소들(동일 형태소의 음성학적으로 조건지어진 변이형들)이 두 단어를 가로질러 교체되는 것을 보여주고 있다.

또 다른 가능성은 단지 형태소 경계선을 가로 질러 일어나는 것으로 제한된 (즉 음소형태론적인 과정(morphophonemic processes)으로만 작용하는), 단일형태소 단어들에서 동일한 유형의 이음 과정(allophonic processes)은 없는 자질변화 동화 과정(feature-changing assimilatory processes)이다. 이에 대한 예시로 다음에 제시된 영어의 과거 시제 접사들을 살펴보도록 하자.

attempted	[ətɛmtəd]	walked	[wɔkt]	robbed	[ɹabd]
blended	[blɛndəd]	pushed	[pʊʃt]	seemed	[simd]
tested	[tɛstəd]	sipped	[sɪpt]	swayed	[swed]

위의 예들은 영어의 규칙적 과거시제 접사(regular past tense ending)가 세 가지의 예측가능한 소리로 실현된다는 것을 보여준다. [-əd]는 동사의 마지막 소리가 치경 폐쇄음 /t, d/로 끝날 때 나타난다. (여기서 /ə/ (schwa)는 두 치경 폐쇄음(alveolar stops)을 연속해서 발음하지 않기 위해 두 번째 치경 폐쇄음 앞에서 삽입된다.) 만약 동사의 끝 소리(verb-final sound)가 치경 폐쇄음이 아니면, 과거시제 접사의 형태는 [-t] 또는 [-d]가 되는데, 여기서 동사의 끝소리가 유성(voiced)이면 [-d]가, 무성(voiceless)이면 [-t]가 나타난다. 이는 **유구성동화(voicing assimilation)**를 보여주는 아주 좋은 예이다. 하지만 이러한 연쇄 제약이 아무 때나 일어나는 것은 아니다. 동사 ban [bæn]의 과거 시제는 당연히 [bænd]이며 [bænt]일 수는 없지만, 이 사실이 영어에서 어말의 자음군을 구성하는 각각의 분절음들이 서로 다른 유무성(예, [-nt] 연쇄)을 가질 수 없다는 것을 의미하지는 않는다. 영어에서 형태소 끝에 나오는 자음의 연쇄들은 서로 다른 유무성자질을 가지고 있을 수도 있다는 사실은 bent, tent 등과 같은 단어를 통해서 알 수 있다. 즉, 자음군(consonant clusters)은

유무성이 일치해야 한다는 제약(restriction)은 형태소 내부에서는 가해지지 않고, 형태소 경계를 갈로질러 있는 자음들에만 가해지는 제약이라는 것을 알 수 있다. (복수 형태소의 이형태소와 관련된 유사한 경우는 제3장을 참고 바람.)

이 절을 마무리하면서, 우리는 형태음소 교체가 주로 (음성학적으로 동기화된) 여러 자질변화 동화 과정(feature-changing assimilatory processes)을 통해서 보여준다는 사실을 살펴보았다. 물론 형태음소 교체가 동화과정에만 국한된 것은 아니라는 점을 언급할 필요가 있다. 여러 다른 음운 과정들, 예를 들면 분절음의 삽입(epenthesis or insertion), 생략(deletion), 음위도치(metathesis or transposition) 등이 형태음소적 음운교체의 다른 예들이라고 할 수 있다.

2.6 음운 분석의 실용적 사용

언어학자들은 소리의 규칙적인 본질을 발견하는데 관심을 가지고 있는데, 이는 심리언어학(언어와 인지 구조의 상호 관련성 및 언어 습득 연구), 역사언어학 (언어의 시간에 따른 변화 및 언어 간의 관련성 연구), 그리고 사회언어학(언어와 언어 변이의 사회적 구조 사이의 상호 관련성 연구)과 연관된 문제에 대한 대답을 구하기 위함이다.

음운론이 이러한 영역들과 관련있다는 점외에도, 음운 분석은 언어학이라는 학문적 영역을 벗어나 실세계에 응용할 수 있는 실용성이 큰 학문이다. 우선 한 언어의 알파벳 철자 체계와 음소 체계에는 밀접한 관련성이 있다. 따라서 음소론(phonemics) 연구는 글읽기 전문가(literacy experts)를 위해서, 그리고 문자가 없는 언어에 대해 철자법을 고안하는 사람들을 위해서 매우 유용하게 쓰일 수 있다. 이는 어떤 문자가 없는 언어에서 (표면적인 소리가 아니라) '음소'에 대해 철자를 할당하는 원리를 적용하면 될 것이다. 영어와 말라얄람과 관련해 우리가 앞서 논의했던 치음과 치경음 [n̪]과 [n]으로 돌아가 예를 들어 보면, 다음과 같이 그 차이점

을 진술할 수 있다: 이 두 비음의 철자법상의 표시는 영어에서는 (영어 모국어 화자들이 [n̪]과 [n] 사이의 이음적 차이를 자동으로 적용하기 때문에) 하나의 철자인 n으로 충분히 보여질 수 있는 반면, 말라얄람의 경우에는 이 두 소리들이 대립을 이루고 있기 때문에, 이 언어의 철자법 체계에서는 두 개의 개별적인 철자가 따로 있어야 한다. 스페인어와 영어와 관련하여 [d̪]와 [ð]의 두 소리를 고려해 보면, 다음과 같은 결론에 도달하게 된다: 스페인어는 문자소 d하나로 dedo[d̪eðo]에서와 같이 [d̪]와 [ð] 두 소리를 모두 다룰 수 있다. 이 두 소리들이 동일한 음소의 이음들이기 때문에, 스페인어 화자들은 자동적으로 두 모음 사이에 마찰 이음(fricative allophone)을 예측하여 집어 넣을 수 있다. 따라서 이음들이 예측가능하므로, 이음들에 대한 문자소가 추가적으로 필요하지는 않다. 반면 영어에서는 이 두 소리가 대립을 이루고 있어서, 서로 다른 음소에 속하기 때문에 이 두 소리에 대해 개별적인 문자로 표시할 필요가 있다는 것을 알 수 있다. 이는 they[ðe]와 day[de]의 쌍을 예로 들어 보면 알 수 있다.

제1장에서 여러분들은 음성학과 음운론의 학습에서 철자법(spelling)은 무시하고 단지 소리에만 집중하라고 강요받았다. 이에 대한 이유는 영어의 음소와 문자소의 대응에는 많은 불일치가 있기 때문이다. 두 개별 음소 /θ/와 /ð/를 나타내는 철자 th (예, ether [iθɚ] - either [iðɚ])는 이 점을 잘 보여주고 있다. 영어 철자가 이상적인 알파벳 문자 체계를 반영했더라면 (다시 말해, 한 문자소가 한 음소를 나타냈더라면), 이 두 음소들은 두 개의 개별적인 문자소에 의해 표시되었을 것이다. 영어의 음운론과 철자법에 대해서는 제9장에서 훨씬 더 깊은 논의를 할 예정이다.

앞서 얘기한 것을 다음과 같이 요약할 수 있다: 알파벳 문자 체계는 한 문자소로 한 음소를 표시하는 것을 목표로 하고 있다는 점에서 이상적으로는 음소 문자 체계이다. 하지만 한 언어의 역사에서 일어난 여러 가지 이유로 인해, 문자소와 음소 사이에 많은 불일치가 나타나게 되었고, 그 결과 한 언어의 철자법이 가지고 있는 현재의 상태는 이상적인 철자법과는 거리가 멀게 되었다. 언어들 간의 철자 체계의 (불)규칙성을 비교할 때, "언어 X의 문자 체계는 음성적이다"는 논평을 들을 때가 있다. 이러한 논평을 심각하게 받아들여서는 안된다. 왜냐하면 어떠한 알파벳 체계도 음성적으로 만들어지거나, 음성적인 것을 지향하도록 만들어진 것은 없기 때문이다. 우리가 원하는 효과적인 철자 체계는 단지 해당 언어에 나타나는 (기능상/음소적으로) 적절한 변별성을 표시할 수 있으면 되는 것이다. 그리고 이는 모든 예측가능한 이음 변이마다 개별적으로 문자소를 새롭게 만드는 것을 막는 것인데, 만약 그렇게 막지 않는다면 문자체계가 엄청나게 복잡하게 될 것이기 때문이다.

알파벳 문자 체계를 고안하여 적응할 수 있다는 점외에도, 음소론 연구는 (이 책의 주된 독자층을 구성하는) 외국어 교사와 언어 치료사들에게는 매우 귀중한 도구가 된다. 이 두 그룹에 종사하는 전문가들의 공통된 특징은 그들이 다루는 집단이 주변 영어(우리의 경우로 말하면 영어의 소리체계)와는 다른 유형들을 드러내기 때문에, 이러한 유형들을 교정해야 한다는 점이다. 외국어 학습자와 음운장애(phonological disorders)를 가지고 있는 개인들을 대상으로 관찰하는 조음은 주변 언어의 정상적인 조음과는 일치하지 않는 정도가 다양하긴 하지만, 이러한 차이가 산발적으로 발생하는 조음상의 차이가 아니라 체계적인 조음에서 기인하는 차이이다. 교정 시 음운 원리를 적용하는 것이 중요한 이유는 잘못된 발화들이라도 그 속에 체계가 있기 때문이다. 교정을 하는 경우, 교정되어야 할 조음이 본질적으로 규칙적이라는 지식은 정확한 진단을 내리는데 매우 유용하게 사용될 것이며, 이는 교정을 효과적으로 하기 위한 기반이 될 것이다.

많은 발화 실수의 경우, 외국어 학습자와 음운 장애를 가진 개인들이 특정 소리가 아예 없어서 나타나는 에러들을 발견하기 보다는 분포상의 문제와 관련된 에러들을 발견하는 경향이 더 많다. 예를 들어 외국어로서 영어를 배우는 한 일본인 학습자가 다음과 같이 발화를 한 경우를 살펴보도록 하자.

city [sɪtʃi], team [tʃim], totem [totɛm], tune [t^{s}un], tea [tʃi]

위의 경우를 살펴보면, 영어의 목표음 /t/가 다양하게 발화되어 나타난다는 관찰할 수 있다: totem에서는 올바르게 발화되었지만, city, team, tea에서는 [tʃ]로, tune에서는 [t^{s}]로 발화된다. 겉보기에 이러한 발화의 예들이 혼동스럽게 보일지는 모르지만, 조음될 발화들을 조금 더 자세히 살펴보면 [tʃ]와 [t^{s}]로 잘못 발화된 것들이 무작위로 된 것이 아니라 체계에 의해 만들어졌다는 것을 알 수 있다. 다시 말해 일본어의 음운규칙에 의해 영어의 목표음 /t/는 /i/가 따라 나오게 되면 [tʃ]로 실현되고, /u/가 따라나오면 [t^s]로 실현된다. 만약 목표음 /t/ 다음에 /i/와 /u/를 제외한 다른 소리들이 따라나오면, 학습자는 옳바르게 발화한다. 이러한 현상에 대한 설명은 학습자의 모국어 유형과 직접적인 연관을 가지고 되는데, 이는 다음에 예시되어 있다.

/t/ → [tʃ] before [i]
/t/ → [t^s] before [u]
/t/ → [t] elsewhere

학습자들이 하고 있는 작업은 영어 학습 문맥에 모국어의 규칙을 이전하고 있는 것이다. 이러한 현상은 모국어 간섭(native langauge interference)이라고 알려져 있는데, 대립음운론(contrastive phonology)이라고 알려진 분야에서 아주 중요하게 다루어지는 내용이다. 이는 제8장에서 보다 자세하게 다룰 것이다.

정확한 음운 윤곽이 학습자가 교정을 효과적으로 하는데 중요하다는 점은 임상 환경(clinical setting)에서도 인식되어 왔다. 언어 장애를 겪고 있는 화자들의 체계도 역시 주변의 정상 언어와는 달리 그 자체의 패턴과 분포를 가진 체계일 수도 있다. 언어 치료사는 언어 교사와 마찬가지로 치료를 위한 시도를 하기에 앞서서 장애를 가진 환자들의 체계에 대해서 상세히 알 필요가 있다. 다음의 예를 통해 3살난 아이가 목표 유성 폐쇄음인 /b, d, g/를 조음할 수 있는 음성학적인 능력은 가지고 있지만, 분포상의 문제를 가지고 있을 수 있다는 점을 살펴보도록 하자(Caramata and Gandour 1984):

bee [bi]	tea [di]	kite [gæ]
bath [bæ]	key [di]	tie [gæ]
bus [bʌ]	kick [di]	clown [gæn]

boot [bu]	two [du]	train [gæn]
book [bu]	cook [du]	cup [gʌ]
boat [bo]		duck [gʌ]
ball [bɑ]		goat [go]
pan [bæn]		car [gɑ]

우리는 이 아이가 양순 유성 폐쇄음과 치경 유성 폐쇄음 사이에 대립을 가지고 있다는 것을 볼 수 있는데, 이는 bee [bi] 대 tea [di]의 비교를 통해 알 수 있다. 반면에, 치경과 연구개 사이에서는 대립을 찾아 볼 수 없다. 이 조음을 통해 알 수 있는 사실은 이 환자는 치경음과 연구개음 사이에 상보적인 분포를 보이고 있다는 것이다; [d]는 고 모음(두 번째 행) 앞에서, 그리고 [g]는 고모음이 아닌 (저위 혹은 중위) 모음(세 번째 행) 앞에서 나타난다. 다시 말해, 처음에 얼뜻 봤을 때는 주변의 정상 언어와는 다르고, 혼잡스럽게 보이는 발화들이 체계적인 유형을 가지고 있으며, 이는 치료에서 이용될 수도 있는 상황임을 살펴 보았다.

위에서 기술한 것과 같은 사례들은 L2 (제2언어) 교실과 임상 사례에서 쉽사리 관찰할 수 있는 예들이며, 음소 분석에 대한 지식이 제2언어교사와 언어 치료사에게 반드시 필요한 도구라는 것을 분명히 하고 있다.

요약

이 장에서, 우리는 서로 다른 체계 내에서 소리들의 기능적인 가치들을 조사하였다. 둘 혹은 그 이상의 소리가 둘 또는 그 이상의 언어/체계에 의해서 공유될 수는 있다. 하지만, 이러한 소리들이 외관상으로는 음성학적인 동일성(phonetic identity)을 가지고 있을 지라도 음운론적인 동일성(phonological identity)을 가지고 있다고 단정할 수는 없다. 왜냐하면, 이 소리들은 서로 다른 체계에서 서로 다르게 이용될 수 있을 수도 있기 때문이다. 우리는 분석적 기술(음소 분석)을 이용하여 소리의 기능적인 가치를 발견하는 것을 알아보았다. 두 소리가 한 체계에서는 동일한 음소의 이음들(상보적 분포)이라 할 지라드, 다른 체계에서는 그 동일한 두 소리가 각각의 음소(대립적 분포)에 속할 수도 있다는 것이 흔히 관찰되었다. 음소 분석은 소리의 분포상의 기능을 다루는 것인데, 언어학자들만을 위한 도구는 아니다. 언어 치료에서 체계의 불일치를 다루는 전문가들(언어 교육자 혹은 언어 치료사)에게 매우 중요하고 유용한 도구로 사용될 수 있다.

연습문제

1. 옳은 답안에 원을 그리시오.

(a) 만약 두 언어가 동일한 소리를 가지고 있다면, 그들은 (때때로/항상/종종/결코) 서로 다른 음운체계를 가지고 있다/있지 않다.
(b) 만약 두 소리의 음성적 차이가 단어를 구별하는 토대로서 역할을 한다면, 그 차이는 (대립적이다/음소적이다/예측할 수 없다/이음소적이다/예측할 수 있다).
(c) 한 음소의 이음들이 나타나는 것은 (언제나/때때로/종종/결코) 예측할 수 없다.
(d) 한 음소의 이음들은 (때때로/종종/언제나/결코) 음성적으로 유사하다/유사하지 않다.
(e) 음성적으로 유사한 두 소리가 상보적 분포에 있다면, 이들은 (때때로/종종/언제나/결코) 동일 음소의 이음이다/이 아니다.
(f) 두 소리가 자유 변이 관계에 있다면, 그들은 (언제나/항상/결코) 동일 음소의 이음이다/이 아니다.
(g) 한 언어의 화자들은 이음보다는 음소를 의식적으로 (더/덜/동등하게) 인식한다.
(h) 최소대립쌍을 이루는 두 소리는 (때때로/언제나/결코) 변별적 음소에 속한다/속하지 않는다.
(i) 만약 두 소리가 음소적으로 변별적이 아니라면, 이 소리들의 분포는 (중복한다/중복하지 않는다).

2. 서로 다른 단어 위치에 주어진 단어들을 사용하여 최소 대립쌍을 두 개 만드시오.

어두	어중	어말
예, /t/ tea: pea, sea	charter: charmer, charger	seat: seed, seal
/p/ pack:	mapping:	ape:
/m/ mate:	slimming:	room:
/s/ seek:	leasing:	class:
/ʃ/ sheet:	mashed:	bash:
/l/ lash:	rolling:	coal:
/f/ feel:	refined:	staff:
/n/ knee:	sneak:	bone:
/d/ dash:	budding:	bed:
/g/ gain:	plugging:	wig:

/ɹ̣/ rain:	roaring:	four:
/z/ zip:	buzzing:	seize:

3. 다음의 자음 틀안에 서로 다른 모음(이중모음)을 써 넣어 대립되는 단어들을 세 개 만들어 보시오.

예, [b t]: beat, bait, bet

(a) [s l]:
(b) [pl]:
(c) [sp k]:
(d) [m θ]:
(e) [l n]:
(f) [k n]:
(g) [d m]:
(h) [t k]:
(i) [g ɹ̣ nd]:

4. 다음의 최소대립쌍에서 대립되는 소리를 파악하시오.

예, eke – ache /i/ – /e/

(a) ceased – cyst / / – / /
(b) sinned – send / / – / /
(c) gym – jam / / – / /
(d) phase – fuzz / / – / /
(e) laugh – life / / – / /
(f) rot – wrote / / – / /
(g) how – hi / / – / /
(h) limp – lymph / / – / /
(i) white – right / / – / /
(j) miff – myth / / – / /
(k) rough – rush / / – / /
(l) phi – high / / – / /
(m) thigh – shy / / – / /
(n) wit – witch / / – / /

5. 다음의 형태음소적으로(morphophonemically) 관련된 쌍에서 교체하는 소리들을 파악하시오:

(a) profane/profanity

(b) serene/serenity

(c) pedagogue/pedagogy

(d) receive/receptive

(e) mine/mineral

(f) verbose/verbosity

(g) consume/consumption

(h) public/publicity

(i) sign/signature

6. 다음을 짝 지으시오 (a = 최소대립쌍(minimal pair), b = 유사최소대립쌍(near-minimal pair), c = a도 b도 아님.)

___ bathe – beige

___ seal – eels

___ ether – either

___ sill – zeal

___ neither – seizure

7. T는 음운 장애를 가진 4살 3개월된 (4;3) 아이인데, 이 T의 음성에서 [s]와 [ʃ]의 분포를 살펴보고, 이 소리들의 분포가 다음 중 어느 것인지 결정하시오:

(a) 상보적(complementary)

(b) 대립적(contrastive)

근거를 기술하시오.

sail [ʃel]	pushy [pʊʃi]	seek [ʃik]
save [ʃev]	Sam [ʃæm]	gas [gæs]
grass [gɹ̥æs]	fasten [fæsən]	crash [kɹ̥æs]
ship [ʃɪp]	Irish [aɪɹ̥ɪs]	fashion [fæʃən]

8. 음운 장애를 겪고 있는 B(4;1)의 다음 자료를 조사해 보시오. /ɹ/ 목표음은 세 가지의 다른 실현([ɹ], [w], or "0"(즉, 삭제됨))을 보여준다. 어떤 종류의 분포를 이 실현들이 드러내는가? 이유를 기술하시오.

rich [ɹɪtʃ]	raise [ɹez]	red [ɹɛd]
more [mo]	door [do]	deer [di]
wrong [ɹɔŋ]	correct [kɔwɛk]	mirror [mɪwə]
rain [ɹen]	room [ɹum]	parrot [pæwət]
roller [ɹolə]	parade [pəwed]	Henry [hɛnɹi]

9. (a) 케냐와 탄자니아에서 통용되는 닐로트어(Nilotic)족인 마아시어에서 다음의 자료를 살펴보고, [t], [d], 그리고 [ð]의 음소 지위(phonemic status) (즉, 이들이 음소 하나, 음소 둘, 혹은 음소 셋을 가지고 있는지)를 결정하시오. 증거를 기술하시오.

[ɓaða] "dangerous"	[ɛndorop] "bribe him"
[tasat] "disabled"	[tisila] "sift it"
[taruɓini] "binoculars"	[ɔltuli] "buttock"
[iltoi] "barrel"	[ɗalut] "mischievous"
[endaraða] "fight each other"	[indai] "'you' plural"
[endulelei] "apple"	[eŋgiruðoðo] "fright"
[emɓiðir] "female wart hog"	[enɗaraða] "thunder"

(b) 세 소리는 영어에서도 발견된다는 점에 주목하시오. 이 두 언어에서 그들의 분포는 동일한가 아니면 다른가 설명하시오.

(c) (마사이를 배우는 영어 화자 – 영어를 배우는 마사이 화자처럼) 서로 다른 언어를 학습할 때, 논의 중인 이 세 소리와 관련하여 누가 더 어려움을 겪을 것이라고 생각하는가? 왜 그렇게 생각하는가?

10. (a) 힌디에서 온 다음의 자료를 살펴보고 [t], [tʰ], 그리고 [d]의 음소 지위(즉, 이들이 음소 하나, 음소 둘, 혹은 음소 셋을 가지고 있는지)를 결정하시오. 그리고 대답에 대한 증거를 기술하시오.

[tantrik] "tantra"	[than] "a bolt of cloth"
[dan] "donate"	[bath] "words"
[tal] "beat"	[thal] "plate"
[pathak] "one who studies"	[bad] "later"
[dal] "lentil"	[phatak] "a gate"

(b) 세 소리가 영어에서도 발견된다는 점에 주목하시오. 그들의 분포는 두 언어에서 동일한가 아니면 다른가 설명하시오.

(c) (힌디어를 배우는 영어 화자 – 영어를 배우는 힌디어 화자처럼) 각자의 언어를 학습할 때, 논의 중인 세 소리와 관련하여 누가 더 큰 어려움을 겪을 것이라고 생각하는가? 왜 그렇게 생각하는가?

11. 독일어에서 온 다음의 자료를 조사하고, [ç]와 [x]의 음소 지위(즉, 이들이 동일 음소의 이음인지 개별 음소에 속하는지)를 결정하시오.

[abmaxə] "to remove"
[axt] "eight"
[blɛ:çən] "small blister"
[ɛlç] "elk"
[fruxt] "fruit"
[knoplaʊx] "garlic"
[ho:x] "high"
[lox] "hole"

[ɛçtə] "to ban"
[ɛ:nliç] "like, resembling"
[drɔliç] "amusing"
[fraxt] "carriage"
[glaɪç] "equal"
[mɛçtiç] "powerful"
[laxən] "to laugh"
[fɛçtən] "to fence"

12. 페르시아어(파시어)에서 온 다음 자료를 조사하고, [r], [r̥], 그리고 [ɾ]의 음소 지위(즉, 이들이 음소 하나, 음소 둘, 혹은 음소 셋을 가지고 있는지)를 결정하라. 여러분이 한 답에 대한 증거를 기술하라.

[aɾam] "calm"
[ræhim] "giver"
[ziɾe] "cumin"
[musafir̥] "traveler"
[nærm] "soft"
[moder̥] "mother"

[aɾezu] "wish"
[ʃir̥] "lion"
[zærd] "yellow"
[kæbir̥] "grand"
[ræht] "laundry"
[sefer̥]"trip"

[kæɾim] "giving"
[pænir̥] "cheese"
[farsi] "Persian"
[bæɾe] "sheep"
[ræʃid] "strong"
[pæɾiveʃ] "angel looking"

13. 다음을 전사하고, (a)에서 사용된 무성 자음과 전설 모음, 그리고 저위 모음의 수와 (b)에서 사용된 근접음과 후설 모음, 그리고 유음의 수를 기술하라.

(a) As I grow older, I pay less attention to what men say. I just watch what they do.

(Andrew Carnegie)

(b) War does not determine who is right – only who is left.

(Bertrand Russell)

14. P. Trudgill and J. Hannah, *International English*, 4th edn. (London: Edward Arnold, 2002)에서 발췌한 ("영어의 확산"에 관한, 앞 장에서 계속됨) 다음 단락을 전사(transcribe)하라.

It was not until the 17th century that the English language began the geographical and

....

demographic expansion which has led to the situation in which it finds itself today,

....

with more non-native speakers than any other language in the world, and more native

....

speakers than any other language except Chinese. This expansion began in the late

....

1600s, with the arrival of English-speakers in the Americas – North America (the

....

modern United States and Canada), Bermuda, the Bahamas, and the Caribbean – and

....

the importation of English from Scotland, into the northern areas of Ireland. Subsequently,

....

during the 1700s, English also began to penetrate into southern Ireland, and

....

it was during this time, too, that Cornish finally disappeared from Cornwall, and Norn

....

from Orkney and Shetland. During the 1800s, English began making serious inroads

into Wales, so that today only twenty percent of the population of that country are native

Welsh speakers; and in the Highlands and islands of Scotland, English also began to

replace Gaelic, which today has around 70,000 native speakers.

제3장
영어의 자음

3.1 폐쇄음

영어의 자음과 이음들(allophones)에 대한 설명을 자음 중 변이형이 가장 많은 폐쇄음을 가지고 먼저 해보도록 한다. 제1장에서 보았듯이, 폐쇄음의 조음은 다음의 세 가지 단계로 분석될 수 있다: 닫히는 단계(closing stage), 닫혀진 단계(closed stage), 개방 단계(release stage).

영어에는 6개의 폐쇄음 음소가 있는데, 이는 /p, b, t, d, k, g/이다. 이 음소들의 차이점들은 여러 관점에서 살펴 볼 수 있다. 첫째, 조음 위치와 관련해서는 다음의 세 가지로 구분된다: 양순음 /p, b/, 치경음 /t, d/, 구개음 /k, g/. 양순 폐쇄음 /p, b/는 윗입술과 아랫입술를 사용하여 폐쇄를 형성하고, 폐쇄된 공간에서 필요한 압력을 쌓은 후, 폐쇄를 갑자기 개방함으로써 만들어진다. 이는 pay [pe] 혹은 bay [be]에서 예를 찾아 볼 수 있다. 치경 폐쇄음 /t/와 /d/는 혀의 끝 즉 설첨을 이용하여 치경(alveolar ridge)에 폐쇄를 형성한다. 이는 tip [tɪp]과 dip [dɪp] 같은 단어에서 예를 찾아볼 수 있다. 마지막으로, 연구개음 /k/와 /g/에 대해서는 혀의 뒷부분(back of the tongue)을 올려서 연구개(soft palate, velum)와 접촉하게 한다. 이에 대한 예는 cap [kæp]과 gap [gæp]을 들 수 있다.

폐쇄음의 조음 위치에 대한 설명은 꽤 쉽게 할 수 있지만, 이 폐쇄음의 유무성

(voicing)과 관련한 특징들은 설명하기 쉽지 않다. /p, t, k/와 /b, d, g/에 대해 각각 '무성음(voiceless)'과 '유성음(voiced)'이라고 레이블을 붙이는 것을 음운론과 관련된 여러 서적에서 일반적으로 찾아볼 수 있다. 이 정의가 비록 /p, t, k/에 대해서, 그리고 다른 여러 언어 (예를 들어, 스페인어, 프랑스어 등)에서의 /b, d, g/에 대해서는 참일지 모르지만, 영어의 /b, d, g/의 경우엔 단지 모음 사위의 위치에서만 참이 된다. 즉, aboard [əbɔɹd], adore [ədɔɹ], eager [igɚ]와 같은 단어에서 나타나는 /b, d, g/만 유성음이라고 할 수 있다는 말이다.

짧은 휴지(silent pause)가 선행하는 어두와 휴지가 후행하는 어미 위치에서 /b, d, g/는 유성이 아니며, 유성성이 있다고 치더라도 단지 일부분만 유성성을 띄고 있다고 할 수 있다.

(a) bay	(b) cab	(c) bib
day	sad	did
gay	sag	gig

(a)에 있는 단어들은 부분적으로 유성음화된 /b, d, g/를 어두 위치에 가지고 있다. (이 어두의 소리들은 성대 활동이 아주 약간 있긴 하니, 유성음이라고 할 수는 있다.) (b)의 단어들은 부분적으로 유성음화된 어말 폐쇄음들을 가지고 있다. (c)에서 각각의 단어들이 /b, d, g/를 어두와 어미에 모두 가지고 있으며, 이들 또한 완전히 유성음화되지는 않는다. 영어의 /b, d, g/들이 모음사이에서는 완전히 유성음으로 실현되기 때문에, 여러 음성학자들은 /p, t, k/를 /b, d, g/와 구별하기 위해서 ***경음(fortis)***과 ***연음(lenis)***이라는 관점에서 구분하는 것을 선호한다. 따라서, 경음 폐쇄음(fortis stop) /p, t, k/는 대립되는 연음 폐쇄음(lenis stop) /b, d, g/보다 더 많은 근육에너지(힘), 보다 높은 구강내 압력(intra-oral pressure), 보다 강한 호흡 작용력(breath effort)으로 발음된다. 널리 쓰이는 용법에 따라 편의상 "유성음"(voiced)과 "무성음"(voiceless)이라는 레이블을 계속 사용하겠지만, 이 책을 읽는 독자들은 어두와 어미의 위치에서는 연음 및 경음의 구분이 더 정확한 구분이라는 것을 기억해 둘 필요가 있다.

어두와 어말의 무성음화(devoicing) 토론을 끝내기 전, 약간의 설명이 필요하다. 첫째, 이들 위치에서 무성음화(devoicing)가 완전히 일어나지는 않으며, 따라서 이러한 위치에서 나타나는 유성 폐쇄음들은 대응하는 무성 폐쇄음들과 분간할 수 없을 정도로 무성음화가 되지는 않는다는 것이다. 따라서 부분적으로 무성음화된 [b̥, d̥, g̊]가 각각 [p, t, k]와 동일할 정도로 혼동되지는 않는다. 둘째, 유성은 거의 언제나 정도 차이가 있다: 어말 무성음화(final devoicing)는 어두 무성음화(initial devoicing)보다 그 정도가 크다. 따라서, 위의 (c)에 제시된 단어 [b̥ɪb̥], [d̥ɪd̥], [g̊ɪg̊]에서 일반적으로 어말의 폐쇄음들은 어두의 폐쇄음들보다 더 많은 무성음화가 일어난다. 마지막으로, 만약 바로 뒤에 유성음이 따라오지 않는다면 어말 무음성화가 일어나지만, 만약 바로 뒤에 유성음이 따라 나오면 무성음화가 나타나지 않는다는 점을 염두에 둘 필요가 있다. 예를 들어, dog의 말음은 일반적으로 무성음화되지만, dog meal (개밥)에서의 dog에서는 이 현상을 찾아볼 수 없다. 왜냐하면, 후자의 경우, /g/바로 뒤에 유성음인 /m/이 따라 나오기 때문이다(비고: dog-food).

폐쇄음 앞에 /s/가 있을 때, /p, t, k/와 /b, d, g/ 사이의 구분은 유무성(voicing)에 있는 것이 아니라, 경음/약음의 차이에 있다. 예를 들어, 구개음 /k/와 /g/가 다음의 짝에서 유무성과 관련해서는 아무런 차이도 없다: discussed – disgust, misspell - Miss Bell, disperse – disburse. 차이는 각각 경음과 연음의 조음에 있다.

폐쇄음의 종류에 따라 (즉 /p, t, k/냐 /b, d, g/냐에 따라) 선행하는 모음의 길이에 영향이 미친다. 유성(연음) 폐쇄음 앞에서의 모음이 구성(경음) 폐쇄음 앞에서의 모음의 길이보다 길다. 이 차이점은 음절이 장모음 혹은 이중모음을 포함하고 있을 때 훨씬 더 현저한 것처럼 보인다. 다음의 단어 쌍들은 모음의 길이에 대한 차이를 예시하고 있다: lobe – slope, vibe –wipe (/b/ - /p/), wide – white, ride - right (/d/ - /t/), league - seek, league- leak (/g/ - /k/). 이 쌍들 중 첫 번째 단어들은 유성 폐쇄음이 뒤따라 나오기 때문에 길이가 더 긴 모음을 가지고 있다. 선행하는 분절음의 길이에 영향을 미치는 것은 모음에만 한정된 것이 아니다. 이러한 영향은 비음과 설측음에도 미친다. 다음에 있는 쌍들을 살펴보자: killed – kilt, send – sent, amber –ampere. 이 단어 쌍들 중 첫 번째 나오는 단어들의 공명음의 길이가 더 길다는 것을 우리는 알 수 있다.

영어에서 /p, t, k/를 /b, d, g/와 구별하는 또 다른 자질은 *기식(aspiration)*이라는 자질이다. 폐쇄음 중 무성음들은 강세음절의 초에서 기식을 가지고 발음된다(pay [pʰe], take [tʰek], cab [kʰæb]). 이 특징이 단어초의 위치에만 국한되는 것은 아니라는 사실은 apart [əpʰaɹ̣t], attak [ətʰæk], occur [əkʰɝ]와 같은 단어들을 통해서 확인할 수 있다. 이 단어들에서 기식화된 폐쇄음(aspirated stops)은 단어초가 아니라, 강세음절의 첫 위치에서 나타난다. 이는 미국영어에서 가장 일반적인 유형이다. 게다가 무성 폐쇄음은 다음의 위치에서 약한 기식(weak aspiration)을 가지고 발음될 수도 있다:

(a) 비강세 음절에서: polite [pəláɪt], vacuum [vǽkjum];
(b) 음절성 자음(syllabic consonant) 앞에서: pickle [pɪkl̩];
(c) 어말 위치에서 개방될 때: sit [sɪt], sick [sɪk].

음절 말(특히 단어말)의 단일종성 (single coda) 폐쇄음은 개방하는 단계에서 종종 조음이 될 때 개방되는 소리가 들리지 않는 경우도 있다. 다음의 예들은 비개방 폐쇄음을 올바르게 표시하는데 필요한 첨가기호(diacritic)를 사용한 예이다: mop [mɔp˺], sit [sɪt˺], mob [mab˺], sad [sæd˺], bag [bæg˺]. 거의 모든 화자들은 종성의 /t/가 모음 바로 뒤에 따라 나오지 않는 경우 이 폐쇄음을 개방한다(예, fast).

조음점이 다른(two non-homorganic[9]) 두 폐쇄음들을 일렬로 가진 단어가 있을 때 첫 폐쇄음에는 귀에 들릴만한 개방을 가지고 있지 않는다; 일련의 폐쇄음에서 두 번째 폐쇄음의 폐쇄(closure)는 첫 번째 폐쇄음의 개방 전에 만들어진다.

sipped [sɪp˺t] /p+t/ cheap date [tʃip˺det] /p+d/ sobbed [sɑb˺d] /b + d/

두 개의 동일 조음점을 가진(homorganic; sharing the same place of articulation) 폐쇄음을 일렬로 가지고 있을 때, 첫 번째 자음에 개별적으로 개방이 있는 것은 아니

9 non-homorganic은 동일한 조음점이 아닌('not from the same place of articulation')이라는 의미이다 – 역자주

다; 오히려 두 폐쇄음이 하나의 길게 늘어진 폐쇄(closure)를 가지게 되는 것이다. 이는 두 폐쇄음의 유성 자질이 서로 다른 경우뿐만 아니라, 유성자질이 일치되는 경우에도 그렇다. 전자의 경우는 top block, white dog, black girl과 같은 경우에 해당되고, 후자의 경우는 big girl, black cat, sad dog, stop please와 같은 경우에 해당된다.

동화 현상(assimilation situation)이 나타나기도 하는데, 이는 비치경 폐쇄음(non-alveolar stop) 앞에 치경 폐쇄음(alveolar stop)이 나올 때 그렇다. 예를 들면, night cap [naɪt kæp]   [naɪk:æp], white paper [waɪt pepɚ]   [waɪp:epɚ], red badge [ɹ̣ɛd bædʒ]   [ɹ̣ɛb:ædʒ], weed killer [wid kɪlɚ]   [wigkɪlɚ]. 이 예들에서 보듯이 치경 폐쇄음 /t, d/는 각각 순음 [p, b] 혹은 연구개음 [k, g]이 되는데, 그 이유는 원래의 유무성 자질은 유지한 채 뒤따라 나오는 순음과 연구개음의 영향을 받기 때문이다.

폐쇄음 폐쇄는 유지되고 비강으로는 개방되는 경우가 있는데, 그 경우는 폐쇄음 다음에 동일 조음을 가진 비음이 따라나오는 경우이다. "비음 파열(nasal plosion)"이라고 알려진 이 과정은 공기가 비강을 통해 개방되는 경우이다. 이는 다음과 같은 환경에서 나타난다:

(a) 비음이 음절성을 가진 경우: button [bʌtn̩] /t + n/, sudden /sʌdn̩] /d + n/, taken [tekŋ] /k + ŋ/.

(b) 비음이 단어의 뒷따라 나오는 음절의 첫 위치에 있는 경우: submarine [sʌbməɹ̣in] /b + m/, madnes [mædnəs] /d+n/

(c) 비음이 다음 단어의 첫 위치에 있는 경우: hard nails [hɑɹ̣dnelz] /d+n/, sad news [sæd nuz] /d + n/.

비음 파열에 필적할 만한 개방이 측면에서 일어나기도 하는데, 이 경우는 폐쇄음 다음에 동일 조음점을 가진 설측음(homorganic lateral)이 나타나는 경우이다. 이 음운 과정은 "설측 파열(lateral plosion)"이라고 알려져 있으며, 다음과 같은 단어들에서 관찰될 수 있다: cattle [kætl̩] /t+l/, middle [mɪdl̩] /d+l/. 뿐만 아니라 연결된 단어에서도 발견된다. bud light [bʌdlaɪt] /d + l/, at last [ətlæst] /t+l/. 이 현상이 동일 조음성(homorganicity)을 필요로 한다는 것은 tickl [tɪkl̩]과 nipple [nɪpl̩]같은 예들에서 찾아볼 수 있는데, 이 단어들은 측면개방(lateral release)이 없다.

지금까지 논의한 정보들을 모두 종합해보면, 무성 폐쇄음 /p, t, k/과 유성 폐쇄음 /b, d, g/의 구별은 다음의 매개변수(parameters)를 고려해야 한다: (단어의) 첫위치에서 경음(fortis) 대 연음(lenis) 그리고/ 또는 기식(aspirated) 대 비기식(unaspirated)이 고려되어야 한다. 중간 위치는 유성이 변별 요인(distinguishing factor)인 유일한 위치이다; 덧붙여 만약 선행하는 소리의 길이 (/b, d, g/ 앞에서는 보다 긴 모음과 공명음들)와 강세 음절의 첫 위치에서 관찰되는 기식(aspiration)이 고려되어야 한다. 마지막 위치에서는 선행하는 소리의 길이가 가장 중요한 차원이다.

이렇게 제시된 일반적인 유형 외에 특정한 폐쇄음들은 그 나름의 특징을 가지고 있다. 치경 폐쇄음(alveolar stops)은 치간음 바로 앞에 나타날 때 치음(dental)으로 실현된다. 이는 다음의 예들을 통해 볼 수 있다:

<u>bad</u> [bæd] - <u>bad things</u> [bæd̪θɪŋz]; <u>great</u> [gɹet] - <u>great things</u> [gɹet̪θɪŋz].

많은 미국 영어 화자들에게서, <u>letter</u>, <u>atom</u>, <u>header</u>, <u>ladder</u>와 같은 단어들은 각각 [lɛɾɚ], [æɾəm], [hɛɾɚ], [læɾɚ]로 발음된다. 이 과정은 설탄음화(flapping)[10]라고 알려진 과정인데, 이는 치경 폐쇄음을 유성 설탄음/단타음(voiced flap/tap)으로 바꾼다. 이 과정에 대해 가장 도움이 되는 환경은 두 모음 사이(intervocalic)이고, 두 번째 음절에 강세가 없는 경우이다. 따라서 <u>attick</u> [ǽɾɪk]은 설탄음(flap)을 가지고 있고, <u>attack</u> [ətʰǽk]은 그렇지 않은데, 그 이유는 후자의 경우 치경 폐쇄음이 강세 음절의 초성에 위치해 있기 때문이다. 이 유형은 또한 형태론적으로 관련이 있지만, 강세에 있어서 서로 다른 단어의 짝에서도 발견된다. 따라서 아래의 왼쪽행에 있는 (비강세 음절) 목표음 /t/는 설탄음화 과정을 겪지만, 오른쪽행(강세 음절)에 있는 형태론적으로 관련이 있는 단어들에 나타나는 목표음 /t/는 그렇지 않다.

atom	[æɾəm]	atomic	[ətɑmɪk]
metal	[mɛɾəl]	metallic	[mətʰælɪk]
Italy	[ɪɾəli]	Italain	[ɪtæljən]

10 혹은 다른 책에서는 단타음화(tapping)라고 하는데, 이것이 보다 정확한 특징임

autumn	[ɔɾəm]	autumnal	[ətʌmnəl]
rhetoric	[ɹɛɾəɹɪk]	rhetorical	[ɹətɔɹəkəl]
notable	[noɾəbl̩]	notation	[noteʃən]
addict	[æçɪkt]	addictism	[adɪkʃən]
dramatic	[dɹəmæçɪk]	dramatize	[dɹɑmətaɪz]

이 원리는 또한 단어 경계를 가로질러서도 유효하다; 예를 들어, at all을 [əɾɔl] (/t/가 비강세 음절의 종성에 있기 때문에 탄설음화됨)로 발음하지만, a tall은 [ə tɔl](/t/가 강제 음절의 초성에 있기 때문에 탄설음화되지 않음)로 발음한다. 이와 유사하게, eat up에서 목표음 /t/는 [iɾʌp]에서처럼 탄설음화되지만, e-top [i tap]에서는 그렇지 않다. (위에서 언급한 경우들을 포함해서) 상당히 많은 탄설음화를 겪는 단어들의 경우, 첫 번째 모음이 강세를 받긴 하지만, 이것이 반드시 필요한 조건은 아니다. 예를 들어, nationality [næʃənǽləɾi], sorority [səɹɔ́ɹəɾi], calamity [kəlǽməɾi] 와 같은 단어에서 탄설음화는 두 비강세 모음간에서 나타난다. 따라서, 강세와 관련해서 유일한 조건은 목표가 되는 치경폐쇄음이 강세를 지닌 음절에서는 나타날 수 없다는 것이다. (이는 제2강세도 포함한다; 따라서, sanity, sabotage, latex 등과 같은 단어는 탄설음화가 없는데, 그 이유는 이 단어에서 목표음 /t/가 제 2강세를 가진 음절에 있기 때문이다. 참고로 제 2강세는 제7장에서 논의할 예정이다.) 탄설음화가 일어나는 명백한 환경은 위에서 말한 모음 간의 환경이지만, 이 환경 외에도 탄설음화가 일어날 수 있는 환경처럼 보이는 환경이 두 개 더 있다. 이 두 환경은 (a) 첫 모음이 r-색깔(r-coloring)을 띈 환경인데, porter [pɔɹɾɚ]와 border [bɔɹɾɚ]등을 예로 들 수 있다; 그리고 (b) 음절성 설측음(syllabic liquid)이 뒤따라 나오는 환경인데, little [lɪɾl̩], cattle [kæɾl̩], bitter [bɪɾɚ], butter [bʌɾɚ]에서 예를 찾아 볼 수 있다.

모음 간의 환경에서 적용되는 탄설음화에 몇 가지 어휘가 예외가 되는 것처럼 보인다. the tomato [ðə təmeɾo], to Topeka [tə təpikə], a tenacious fighter [ə təneʃəs ...]와 같은 단어들은 모음 사이에 나타난 목표음 /t/가 비강세 음절에 있음에도 불구하고 탄설음화되지 않고 있음을 보여준다. 반면에, 예를 들어 today, tonight, tomorrow, together 등과 같이 역사적으로 전치사 "to"에서 나온 단어들은 탄설음화를 겪는데, 이에 대한 예는 see you tomorrow [... ju ɾəmɑɹo̥], let's go together [... go ɾəgɛðɚ] 등을 들 수 있다.

탄설음화에 대한 논의를 끝내기 전에 치경 폐쇄음 사이에 있었던 변별이 중화(neutralization)되어 만들어지는 동음이의관계(homophony)에 대해 언급을 할 필요가 있다. 예를 들어 writer - rider [ɹaɪɾɚ], greater - grader [gɹeɾɚ], latter - ladder [læɾɚ], bitter - bidder [bɪɾɚ], litter - leader [liɾɚ]와 같은 단어의 쌍이 탄설음화로 인해 중화되는 예들이다. 비록 많은 미국 화자들이 각 쌍들을 동음이의어처럼 발음하지만, 두 단어를 구별하면서 발음하는 사람들도 있다. 하지만 구분을 하여 발음할 땐 치경 폐쇄음의 발음과 관련하여 차이나는 발음을 하는 것이 아니라, 선행하여 나오는 모음/이중모음과 관련하여 발음상의 차이를 만든다. 앞서 진술한 모음/이중모음은 무성폐쇄음보다는 유성폐쇄음 앞에서 더 길다라는 일반화에 따라, writer와 grater보다 rider와 grader에서 각각 /aɪ/와 /e/의 길이가 길 것이라고 예측할 수 있다. 이와 유사하게 모음 /æ/와 /ɪ/는 latter와 bitter에서보다는 ladder와 bidder에서 더 길거라고 예측할 수 있다. 위에서 기술한 현상은 권설 유음(retroflex linquid)에 제한 것은 아니고, 설측 유음 (lateral liquid)에서도 관찰된다. petal - pedal [pɛɾl̩], futile - feudal [fjuɾl̩], metal - medal [mɛɾl̩]과 같은 단어들의 쌍이 이 점을 잘 보여준다.

영어의 치경 폐쇄음은 /ɹ̥/이 뒤따라 나올 때 파찰음화(affrication)가 상당히 있다(예, train, drain). 이를 위해 사용되는 첨가 기호(diacritic)는 폐쇄음 아래에 [t̠]와 같이 _를 붙이는 것이다. 혀끝이 치경 뒤에 접촉하는데, 이 위치는 정확히 파찰음 /tʃ dʒ/가 조음되는 지점이다. (아이들이 종종 철자법 실수를 해서 train이라는 단어를 *chrain* 혹은 *chain*이라고 쓴다는 점에 주목바람.).

또한 주목할 만한 점은 /t, d/는 다음에 나타나는 단어가 구개 활음(palatal glide)으로 시작할 때, 치경구개 파찰음으로 바뀔 수도 있다는 점이다. did you... ([dɪd ju...] 혹은 [dɪdʒ ju...]) 그리고 ate your dinner [etʃ jɚ dɪnɚ])를 예로 들 수 있다.

미국 영어의 비공식적인 대화체에서 관찰되는 또 다른 특징은 planner - planter [plænɚ], canner - canter [kænɚ], winner - winter [wɪnɚ], tenor - tenter [tɛnɚ]와 같은 단어쌍들이 동음이의어처럼 발음된다는 점이다. 이 단어쌍들의 두 번째 단어에서 /t/가 상실되는 것은 다른 많은 단어에서도 찾아볼 수 있다. 예를 들면, rental, dental, renter, dented, twenty, gigantic, Toronto 등에서 말이다. 이 예들에서 상실된 /t/ 다음에 /n/이 있다는 것을 관찰할 수 있다. 하지만, 이러한 환경이 있다고 해서 t-생략이라는 과정이 반드시 일어난다고 장담할 수는 없는데, 다음과 같은 단어에서는 t가 그대로 발음되기 때문이다. 즉, contain, interred, entwined 등과 같은 단어들은 /t/ 다음에 /n/이 오지만 /t/가 생략되지는 않는다. 이 단어들과 앞선 단어들 사이의 차이점은 생략되는 /t/는 단지 비강세 음절에서만 나타난다는 점이다.

마지막으로 성문폐쇄음(glottal stop) 혹은 성문폐쇄화된(preglottalized) /t/와 이 소리가 나타나는 환경에 대해 언급할 필요가 있다. 성문 폐쇄음은 성대가 꽉 닫혔을 때 나는 소리이다. 대부분의 미국 영어와 영국 영어 화자에게서, 성문폐쇄음 혹은 성문폐쇄화된 /t/는 보통 다음과 같은 단어에서 /t/의 이음으로 발견된다. 즉, Batman [bæʔmæn], Hitler [hɪʔlɚ], atlas [æʔləs], Atlanta [əʔlæntə], he hit me [hihɪʔmi], eat well [iʔwɛl], hot water [hɑʔwɑɾɚ]와 같은 단어들에서 말이다. 성문 폐쇄음이 이 단어들에서 /t/를 대신할 수는 있지만, 이 성문폐쇄음이 atrocious [ətɹ̥oʃəs] (*[əʔɹ̥oʃəs]가 아님), attraction [ətɹ̥ækʃən] (*[əʔɹ̥ækʃən]이 아님)에서는 허용이되지 않는다. (여기서 별표(asterisk) * 는 “잘못된(wrong)” 혹은 “관찰되지 않은(unattested)”을 의미함.) 이에 대한 이유는 성문폐쇄음대치((glottal stop replacement)는 목표음 /t/가 음절말 위치([bæʔ.mæn], [əʔ.læn.tə])에 있어야 한다는 조건이 있기 때문이다. 대치(replacement)를 허용하지 않는 단어들은 목표음 /t/를 음절초 위치에 가지고 있다([ə.tɹ̥o.ʃəs], [ə.tɹ̥æk.ʃən]). /t/가 음절의 초성에 있다는 것은 /tɹ̥/이 영어의 허용가능한 초성이라는 사실에서 기인한다. 하지만 여기서 주의해야 할 점은 /tɹ̥/이 허용가능하다는 점은 합성어 court-room에서와 같이 단어 경계를 건너서는 인정이 되지 않는다는 점이다. 합성어 court-room에서 /tɹ̥/ 연쇄의 예상된 발음은 성문 대치(glottal replacement)를 가진 [kɔɹ̥ʔ rum]이다. 이는 음절화가 [kɔɹ̥.tɹ̥um]과 같이 되지는 않기 때문이다. 음절말에 위치한 /t/의 성문폐쇄음 대치는 음절성 비음앞에서도 또한 관찰된다. (예, beaten [biʔn̩], kitten [kɪʔn̩]). 논의 하에 있는 이 성문폐쇄음 대치과정은 짧은 모음 (short vowels) 뒤에서 가장 쉽게 지각될 수 있는 반면 (예, put, hit), 자음 뒤에서는 지각하기가 가장 어렵다. (예, belt, sent). 위에서 지적한 바와 같이, 완전한 어말 위치에서 어떤 화자들은 /t/를 성문폐쇄음으로 완전히 대치하는 것이 아니라, /t/앞에 성문폐쇄음을 삽입하기도 한다. 예를 들어 hit [hɪʔt]에서처럼 말이다. 이런 경우 **"성문폐쇄음화(preglottalization)"** 혹은 **"성문 강화(gottal reinforcement)"**라고 하기도 한다. 성문폐쇄음과 성문 강화된 [ʔt]의 유일한 차이점은 후자의 경우 혀끝이 치경과 접촉하는 반면, 전자는 그렇지 않다는 것이다. 이 성문 강화가 많은 화자들에게는 다른 조음 위치의 무성 폐쇄음에 적용되기도 한다는 것을 지적할 필요가 또한 있다. tap [tæʔp], sack [sæʔk]과 같은 단어들을 통해 이를 알 수 있다.

영어의 연구개 폐쇄음 /k, g/는 다음의 두 단어가 연이어 나오는 경우 첫자음들의 조음점이 서로 다르다는 것을 알 수 있다: car key [kaɹ̣ ki]. 두 번째 단어의 첫 폐쇄음은 거의 경구개에서 폐쇄음 폐쇄(stop closure)가 만들어지는 반면, 첫 번째 단어의 첫 폐쇄음은 두 번째 단어의 첫 폐쇄음보다 연구개 영역에서 훨씬 더 뒤에 위치한 지점에서 만들어진다. 이러한 차이점이 나는 이유는 이 연구개 폐쇄음 다음에 따라 나오는 모음의 후설/전설 위치와 관련이 있다. 연구개음은 전설 모음 앞에서가 후설 모음 앞에서보다 더 앞쪽에서 발음된다.

연구개 폐쇄음(velar stop)이 겪는 다른 동화 과정(assimilatory process)은 geese와 goose에서 입술 위치(lip position)가 서로 다른 것과 관련있다. 후자의 예에서는 입술이 폐쇄음 조음동안 둥글게 되는 반면, 전자의 경우는 그렇지 않다. 다시 말해, 두 단어의 발음에 차이가 생기는 문제의 원인(culprit)은 후속하는 모음이 가지는 원순/비원순의 속성에 있다. 연구개 폐쇄음 다음에 원순 모음이 따라 나올때는 원순(lip rounding)으로 발음된다. 방금 논의한 두 동화과정을 종합해보면, 연구개 폐쇄음이 keep cool과 같은 연쇄에서 발음이 다르게 되는 이유를 알 수 있다. 예측컨대, 첫 단어의 /k/는 뒤에 /i/가 따라 나오므로 원순이 아니고 좀 더 전설에서 발음되는 반면, 후자의 경우는 /u/가 따라 나와 후설에서 원순성을 띄고 발음될 것이다.

방언상의 변이

영어의 폐쇄 자음과 관련한 가장 두드러진 방언상의 변화는 치경(alveolar)을 중심으로 이루어지는 변화이다. 앞서 언급한 바와 같이, 설탄음화(flapping) 과정은 미국 영어에서 발견된다. (아일랜드 영어(IrE), 호주 영어(AuE), 뉴질랜드 영어(NZE)에서도 발견됨.) 따라서 영어의 다른 변종에서는 /t/와 /d/의 발음이 변하지 않는다. 이 과정과 관련하여 기식(aspiration)의 차이점을 지적할 수 있다. 미국영어에서 음절성 설측음(syllabic lateral)은 설탄음화(flapping)가 나타나는데 도움이 되는 환경을 제공하기 때문에, 예를 들어 bottle [baɾl̩], little [lɪɾl̩]과 같은 단어에서는 기식음화(aspiration)가 일어나지 않는다. 하지만, 설측음이 관찰되지 않는 방언에서는 /t/에 약간의 기식(aspiration)이 있기도 한다. 또한 주목할 만한 점은 스코틀랜드 영어(ScE)에서 무성 폐쇄음이 빈번하게 무기식(unaspirated)으로 실현된다는 점이다. 흑인영어(African American Vernacular English; AAVE)에서, 어말의 유성 폐쇄음은 종종 무성음화되거나(예, bad [bæd] - [bæt], pig [pɪg] - [pɪk]), 생략될 수도 있다(예, hat [hæt] - [hæ], bad [bæd] - [bæ]). 또한 /d/는 복수 형태소나 소유 형태소의 /z/가 뒤따라 나올 때 생략되기도 한다(예, kids [kɪdz] - [kɪz]).

3.2 마찰음

영어는 5개의 조음 위치를 차지하는 9개의 마찰음소를 가지고 있다. 이 9개의 마찰음소 중 8개는 조음 위치인 순치(labio-dental) /f, v/, 치간(inter-dental) /θ, ð/, 치경(alveolar) /s, z/, 그리고 치경구개(palato-alveolar) /ʃ, ʒ/에서 유/무성의 짝을 이루고 있다. 남은 하나인 /h/는 무성 성문 마찰음(voiceless glottal fricative)이다.

비록 "무성"/ "유성"이라는 범주가 폐쇄음에서와 마찬가지로 일반적으로 사용되어 마찰음들을 구별하지만, 유성(voicing)에 대해서는 좀 더 조심스럽게 살펴봐야 할 필요가 있다. 유성 마찰음에 의해 제시되는 그림은 폐쇄음에서 우리가 봤던 것을 연상시킨다; 유성 마찰음은 단지 모음 사이의 위치에서만 완전히 유성으로 발음되면, 어두 위치와 어말 위치에서는 브분적으로만 유성(partially voiced)으로 실현된다.

(a) sip [sɪp] (b) assume [əsum] (c) bus [bʌs]
zip [z̥ɪp] resume [ɹəzum] buzz [bʌz̥]

따라서, 유성 치경 마찰음을 가진 세 단어들에서, 오직 resume에서 어중의 /z/만이 완전 유성이다. 이 때문에 폐쇄음에서와 마찬가지로, 여러 음성학자들은 용어와 관련하여 "경음 대 연음(fortis vs. lenis)"을 무성 대 유성보다 더 선호한다. 경음 마찰음들은 연음 마찰음들보다 더 센 마찰 소음(louder frication noise)으로 조음된다.

마찰음과 폐쇄음 사이엔 또 다른 공통점이 있다. 선행하는 모음 혹은 공명 자음의 길이는 후속하는 마찰음에 달려있다. 따라서, 다음에 제시된 짝들 중 첫 번째 단어들은 다음에 경음(유성) 마찰음이 따라 나오기 때문에 두 번째 단어들보다 더 긴 모음/공명음을 가진다.

save [sev] - safe [sef]
fense [fɛnz] - fence [fɛns]
shelve [ʃɛlv] - shelf [ʃɛlf]

폐쇄음과 마찬가지로, 단어가 마찰음으로 끝나고 다음 단어가 동일한 마찰음으로 시작되면, 우리는 좁은 성도를 가진 마찰음을 하나로 더 길게 발음한다. 예를 들면, tennis socks [tɛnɪsːɑks]에서 처럼 하나의 긴 /s/를, 그리고 half full [hæfːʊl]에서 하나의 긴 /f/를 가진 것처럼 말이다.

마찰음의 일부(치경 /s, z/와 치경구개 /ʃ, ʒ/)는 "치찰음(sibilants)"으로 알려져 있는데, 특정 영어 음운현상에서 규칙성(regularities)을 설명할 때 매우 중요한 역할을 한다. 치찰음은 혀의 윗 부분에 종축방향으로 좁은 홈(narrow longitudinal groove)이 생기는데, 이를 이용해서 만들어지는 음이다; 음향적으로, 치찰음은 '쉬하는 소음같은 소리(hissing 혹은 hussing noise)'라고도 불리는데, 상대적으로 높은 강도의 소음(noise of relatively high intensity)으로 식별된다. 치찰음은 규칙적인 명사 복수형, 3인칭 소유격 표시, 그리고 단순 현재에서 3인칭 동사의 어미를 형성할 때 중요한 역할을 한다. 이 모든 경우에 영어에서 가능한 표시는 [s], [z], [əz]

세 가지가 있는데, 이는 다음에 제시되어 있다.

복수		소유		단순 현재	
cats	[kæts]	Jack's	[dʒæks]	s/he jumps	[... dʒʌmps]
dogs	[dɔgz]	John's	[dʒɑnz]	s/he runs	[... ɹʌnz]
buses	[bʌsəz]	George's	[dʒɔɹdʒəz]	s/he catches	[... kætʃəz]

위의 데이타는 모두 하나의 규칙으로 설명될 수 있다: 만약 단순 명사(왼쪽 열), 소유자(중간 열), 혹은 동사(오른쪽 열)의 마지막 소리가 치찰음이면, 그러면 어미 끝말은 [əz]이다(참고로, 파찰음 /tʃ/와 /dʒ/도 치찰음(sibilants)인데, 그들이 치찰 마찰음 /ʃ/와 /ʒ/을 각각 일부로 포함하고 있기 때문이다); 만약 마지막 소리가 치찰음이 아니면, 어말에 오는 접미사는 [s] 혹은 [z]이고, 이는 접미사 앞에 오는 분절음의 유성성에 의해서 결정된다. 이 유형은 연결 발화(connected speech)에서 "is"와 "has"가 축약될 때도 그대로 적용된다.

Pam's very angry [pæmz vɛɹi æŋgɹi]	Pam's been very angry [pæmz bɪn vɛɹi æŋgɹi]
What's your name? [wʌts jɔɹ nem]	It's been a long time [ɪts bɪn ə lɔŋ taɪm]
Ross is here [ɹɔs ɪz hiɹ]	Mitch has been there. [mɪtʃəz bɪn ðɛɹ]

우리는 이 모든 것을 다음의 수형도(tree diagram)에서 볼 수 있다.

Last sound before the ending

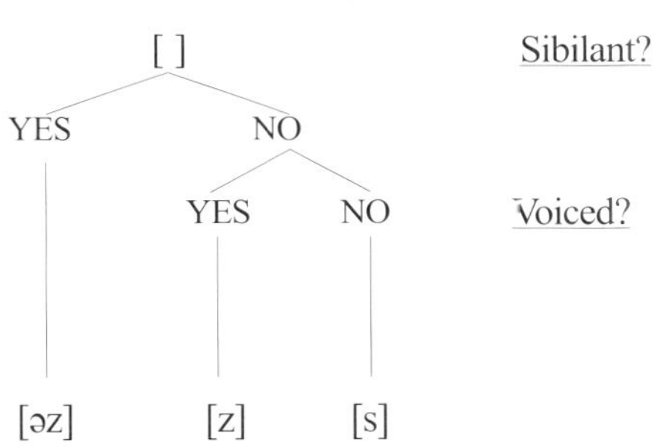

이러한 일반적인 특징들 외에도, 몇 가지 특정 마찰음에 대해 언급할 만한 가치가 있는 것들이 있다. 우선, 치경구개 마찰음 /ʃ, ʒ/는 다른 마찰음들과 다른데, 이는 상당한 원순 (lip rounding) 즉, 순음화(labialization)가 있다는 점이다. 또 다른 쌍인 치경 마찰음 /s, z/는 치경 폐쇄음과 유사한 양상을 보이는데, 이는 치경 마찰음도 치경 폐쇄음과 마찬가지로 구개 활음(palatal glide) /j/ 앞에서 구개음화(palatalization)가 일어나 각각 [ʃ, ʒ]로 바뀔 수 있다는 점이다. [aɪmɪʃju] (I miss you), [ðɪʃjiɹ̩] (this year), [aɪpliʒju] (I please you), [huʒjʊɹ̩ bɑs] (who's your boss?) 등과 같이 일반적으로 들리는 예들을 통해 이 점을 알 수 있다. 따라서, /t, d, s, z/의 행동을 하나로 묶어 영어의 치경 장애음(obstruents)은 구개 활음 /j/로 시작하는 단어 앞에 나타날 때 치경 구개음으로 바뀔 수 있다고 말할 수 있다. (영어에서는 치경구개 폐쇄음이 없기 때문에, /t, d/에 대응하는 대치는 (치경구개) 파찰음(affricates)이 된다.)

치간 마찰음 /θ, ð/은 치경 마찰음 /s, z/ 앞에서 음이 생략(elision)될 수도 있다(즉, 이 소리들이 발음되지 않고 빠질 수도 있다). 이에 대한 예로 clothes [kloz], months [mʌns]를 들 수 있다.

일부 특정 마찰음들은 분포상의 제약(distributional restrictions)을 받을 수도 있다. 첫째, 유성 치경구개 /ʒ/는 비록 중간위치에서는 분포적 제약을 받지 않지만 (예, vision [vɪʒən], measure [mɛʒɚ]), 어두(word-initial) 위치에서는 관찰되지 않는다. 소수의 차용어(loan words)를 발화할 때 소수의 화자에게서 이 소리가 관찰되기는 하는데, 이 소리의 정확한 음가와 관련하여 논란의 여지가 없는 것은 아니다. (예, genre [ʒɑnɹ̩ə]). 어말 위치에서 /ʒ/의 입지는 어두보다는 조금 더 잘 확립되어 있다. 비록 여러 가지의 형태들이 다음의 예에서와 같이 교체되는 것으로 관찰되기는 하지만 말이다: massage [məsɑʒ/məsɑdʒ], beige [beʒ/bedʒ], garage [gəɹ̩ɑʒ/gəɹ̩ɑdʒ] (영국영어: [gæɹ̩ɪdʒ]).

성문마찰음 /h/는 결함이 있는 분포(defective distribution)를 가지고 있다. 이 마찰음은 단지 음절 초에만 나타날 수 있으며, 음절말에는 결코 나타나지 않는다. 이 소리는 다른 무성 마찰음들과 다른데, 그 이유는 마찰 소음의 근원이 좁은 틈을 통해 억지로 나오는 공기가 아니기 때문이다. 반면 /h/의 근원은 성도의 깊은 곳인 성대에 있으며, 난류(turbulence)는 성도의 표면을 따라 이동하는 공기에 의해 생성된다. 더불어 언급할 가치가 있는 것은 이 /h/음의 유성 상태이다; home [hom], his [hɪz] 등에서 보듯이 어두에서는 무성음이지만, ahead, hehind, behave와 같은 모음 사이에서는 기식성을 가진 발성(breathy voice)으로 발음된다.

유성 치간 마찰음 /ð/의 분포 또한 논평을 할 필요가 있다. 이 소리가 어두 위치에 나타날 때는 모두 문법적 형태소(grammatical morpheme)라는 제한을 가진다. (인칭 대명사 they와 thou, 정관사 the, 지시 대명사 this, that 등, then, thus와 같은 몇몇 부사들을 포함해서) 유성 치간 마찰음으로 시작되는 단어들은 20개도 채 안 되지만, 중요한 점은 이 단어들은 매우 빈번하게 사용된다는 점이다.

마지막으로, 비강세의 첫 /ð/가 the, this, that과 같은 단어에서는 선행하는 치경 자음에 (완전동화(complete assimilation)로 혹은 완전동화는 아니더라도) 동화된다는 것을 언급할 필요가 있다. (예, what the heck [wɑt̪d̪əhɛk], run the course [ɹʌn:əkɔɹs], till they see [tɪl:esi], how's the dog? [haʊz:ədɔg], takes them [teks:əm]).

방언상의 변이

비록 순치 마찰음과 치경 마찰음은 방언에 따른 차이점을 그다지 많이 보이지 않지만, 치간 마찰음과 치경구개 마찰음은 방언 상의 변이가 눈에 띌 정도로 다소 명확하다. 뉴욕시에서는 모음 앞에서 치간마찰음이 치음으로 실현되는 것을 관찰할 수 있다(예, think [t̪ɪŋk], they [t̪e]). 이와 동일한 음운과정이 남부 아일랜드 영어(Southern Irish English)에서도 보고된 적이 있다. 미국 흑인 영어(African American Vernacular English)에서 치간 마찰음들은 동일한 환경에서 치경 폐쇄음으로 바뀌지만 (예, think [tɪŋk], they [de]), 모음 사이와 모음 뒤의 위치에서 순치 마찰음(labio-dental fricatives)으로 실현된다(예, nothing [nʌfɪŋ], with [wɪf], mother [mʌvɚ], smooth [smuv]). 또한 미국 흑인영어와 영국 일부 남부 방언에서 무성 마찰음 /θ/가 /ɹ/ 앞에서 순치음으로 바뀌는 것을 관찰할 수 있다(예, three [fɹi]). 마찬가지로 주목할 만한 점은 유성 마찰음 /v/와 /z/가 비음 앞에서 폐쇄음으로 되는 것이다(예, seven [sɛvən]→[sɛbm̩], isn't [ɪzn̩t]→[ɪdn̩t]).

미국영어(AE)와 영국영어(BE)는 치경 구개 마찰음(palato-alveolar fricatives)

과 관련하여 몇 가지 특정한 단어에서 상당한 차이점을 보여준다. Asia, Persia, version과 같은 단어에서 해당 마찰음의 발음은 미국영어에서는 /ʒ/로만 발음되지만, 영국영어에서 /ʒ/로 발음되기도 하고 /ʃ/로 발음되기도 한다. issue와 sensual의 경우 미국영어에서는 /ʃ/소리 하나 만으로 발음되는 반면; 영국영어에서는 이러한 단어들이 /ʃ/ 혹은 /sj/로 발음된다. 마찬가지로 seizure와 azure는 미국영어에서 /ʒ/로 발음되지만, 영국영어에서는 /ʒ/ 혹은 /zj/로 발음된다.

마지막으로, 위에서 치경 마찰음에 규칙적인 방언상의 차이가 있는 것같지는 않다고 기술하였지만, 저자는 개인적인 관찰을 통해 미국 영어 화자들이 꽤 많은 단어들을 치경 마찰음 /s, z/ 둘 중 하나로 발음한다는 것을 관찰하여 목록을 상당히 많이 수집했다(예, resource, Exxon, citizen, absorb, representing, greasy, absurd, desolate, disburse, Texas, Renaissance).

3.3 파찰음

영어의 두 파찰음 /tʃ, dʒ/는 경음/연음 (무성/유성) 구분과 관련하여 폐쇄음과 마찰음의 유형을 따른다. 따라서, /dʒ/는 단지 모음 간의 위치에서만 완전히 유성화되어 있고 (예, agent [edʒənt], ledger [lɛdʒɚ]); 어두 위치와 어말 위치에서는 부분적으로만 유성음화되어 있다(예, Jane [d̥ʒen], fudge [fʌd̥ʒ]).

또한 폐쇄음 및 마찰음과 마찬가지로 공명음(모음, 이중모음, 공명자음)은 유성(연음) 파찰음을 선행할 때가 무성(경성) 파찰음을 선행할 때 보다 더 길다. ridge [ɹɪdʒ]와 badge [bædʒ]에 있는 모음들은 rich [ɹɪtʃ]와 batch [bætʃ]에 있는 모음들보다 더 길다; binge[bɪndʒ], pinch [pɪntʃ], lunge[lʌndʒ]에 있는 비음(nasal consonant)도 비슷한 결과를 가져온다. 위의 두 일반화가 폐쇄음, 마찰음, 파찰음에 대해서 모두 유효하기 때문에, 규칙을 다시 형식화해서 모든 장애음(obstruent)에 대해 일반화시킬 수 있다. 따라서 다음과 같이 진술할 수 있다: (a) 연음 장애음(lenis obstruents)은 모음 사이에서 나타날 때만 유성음이다; 이 소리들은 음절초와 음절말의 위치에서는 만약 다른 유성음이 바로 따라 나오지 않는다면, 부분적 유성음화가 일어난다; (b) 공명음은 무성(경성) 장애음에 선행해서 나올 때보다 유성(연성) 장애음을 선행해서 나올 때 더 길다.

하지만 한편으로는 파찰음과 다른 한편으로는 폐쇄음 및 마찰음 사이에는 두드러진 차이점이 하나 있는데, 이는 이중 자음(geminate)의 길이와 관련된다. 폐쇄음과 마찰음에서는 인접한 동일 분절음이 두 개인의 경우 별도의 개방이 없이 하나의 길다란 조음만이 관찰되지만 (예, stop Peter [stɑpːitɚ], rough features [ɹʌfːitʃɚz]), 이와는 달리 파찰음은 별도의 개방이 있다. 따라서, much cheapter [mʌtʃ tʃipɚ]와 orange juice [ɔɹəndʒ dʒus]같은 연쇄들은 *[mʌtʃːipɚ]와 *[ɔɹəndʒːus] 처럼 발음될 수 없다. 유무성이 서로 다른 파찰음의 연쇄에도 똑같은 원리가 적용된다. (예, much jollier [mʌtʃ dʒɔliɚ], large chair [lɑɹdʒ tʃɛɹ]).

비록 파찰음들은 음성학적으로는 두 가지 소리인 /t + ʃ/ 와 /d + ʒ/로 구성되어 있지만, 음운론적으로 이 소리들은 하나의 분절음처럼 행동하지 자음군처럼 행동하지는 않는다. 이 주장을 뒷받침하는 여러 근거들이 있다. 첫째, 영어는 폐쇄음+마찰음 조합을 음절의 초성에서 허용하지는 않는다. 둘째, 앞서 1.3.4절에서 언급했듯이, 발화 실수(speech errors 혹은 Spoonerism[11])에서의 자료들을 살펴보면, 파찰음은 한 위치에서 다른 위치로 자리가 바뀔 때, 한 분절음에 의해 비워진 공백을 채운다. 이는 key chain [ki tʃen]이 [tʃi ken]으로, Ray Jackendoff [ɹe dʒækəndɔf]가 [dʒe ɹækəndɔf]로, last cigarette Tim had in June [... tɪm hæd ɪn dʒun]이 [...dʒɪm hæd ɪn tun]으로 되는 예들을 통해 알 수 있다(Fromkin 1973). 따라서, 만약 roughly cheaper [ɹʌfli tʃipɚ]가 두음전환 발화실수(Spoonersim)를 겪게 된다면 예상되는 형태는 [tʃʌfli ɹipɚ]일 것이지, 결코 *[tɹʌfli ʃipɚ]이지는 않은 것이다. 마지막으로, 파찰음으로 표상되는 소리들은 소리 연쇄로 인해 파찰음과 같이 되는 경우보다 두드러지게 짧다. 따라서 watch ear에서의 /tʃ/는 what sheer에서의 [t] + [ʃ]의 연쇄보다 더 짧다.

11 옥스퍼드 뉴 칼리지의 학장을 지냈던 William Archibald Spooner 교수가 두 단어의 초성을 서로 바꿔서 발음하는 말실수를 자주 했다는 데에서 유래; 두음전환 발화실수– 역자주.

방언상의 변이

미국영어의 방언에서 파찰음은 어떠한 변이도 나타내지 않는다. 하지만, 미국영어와 영국영어 사이에 몇 가지 두드러진 차이점들이 있는데, 이 중 하나는 특정 단어들과 관련이 있다. 미국영어에서, statue와 virtue같은 단어들은 항상 /tʃ/로 발음된다; 하지만, 이 단어들은 영국영어에서는 /tʃ/ 혹은 /tj/ 둘 중 하나로 발음되기도 한다. 유성 파찰음과 관련해서도 유사한 것들이 발견이 된다: individual과 education은 미국영어에서는 /dʒ/로 발음된다. 하지만, 영국영어에서는 /dʒ/로 발음되기도 하고, /dj/로 발음되기도 한다. 또한 영국영어에서 pinched, lunch, wrench와 같은 단어들에서 /n/다음에 /tʃ/대신 /ʃ/를 사용하는 경향이 있는 것도 주목해 볼 만하다.

3.4 비음

영어는 세 개의 비음이 있는데, 다음의 세 가지 조음 위치에서 발음된다: 양순 /m/, 치경 /n/, 연구개 /ŋ/. 이들 중 앞의 두 비음은 모든 단어 및 음절 위치에서 나타날 수 있다. 하지만, 마지막 비음은 단지 음절 말 위치에서만 나타날 수 있다는 점에서 결함이 있는 분포(defective distribution)를 가지고 있다.

폐쇄음과 마찬가지로, 비음은 동일한 비음이 따라 나오는 경우 하나의 긴 폐쇄 구간을 가지게 된다. 이는 ten names [tɛn:emz], some more [sʌm:ɔ̣ɹ]에서 알 수 있다.

치경 비음 /n/은 치간음 (/θ, ð/)이 따라나올 때는 좀 더 앞선 위치(즉 치음(dental) 위치)에서 조음된다. 예를 들면, tenth [tɛn̪θ], ban the film [bæn̪ðəfɪlm], when they [wɛn̪ðe]에서 처럼 말이다.

치경 비음 /n/은 순치음 (labio-dental sound) 앞에서는 순치음으로 동화된다. 예를 들면, emphasis [ɛɱfəsɪs], comfort [kʌɱfɚt], invite [ɪɱvaɪt], infant [ɪɱfənt]처럼 말이다. 이 동화는 같은 단어 내에서 인접해 있는 소리에만 제한되어 있는 것은 아

니고, 순치 마찰음(labio-dental fricative)이 다음 단어의 첫 위치에 있을 때도 일어난다. 예를 들면, come first [kʌɱ fɚst], on fire [aɱ faɪ̯ɹ], warm feet [wɔɹɱ fit]에서처럼 말이다.

비음이 동화에 영향을 받기 쉽다는 것(susceptibility)은 조음 위치에 완전히 동화되는 다음의 예들을 봄으로써 한번 더 증명될 수 있다: ten pairs [tɛmpɛɹz], one piece [wʌmpis], ten girls [tɛŋgɚlz], you can go [jukəŋgo].

위에서 언급한 역행동화(regressive assimilation)의 사례가 비음이 겪을 수 있는 모든 가능한 동화 유형을 열거한 것은 아니다. 치경 비음 /n/은 /ɹ/ 뒤에서 나타날 때, burn, barn의 경우에서처럼 반전음(retroflexed)이 될 수 있다(이는 순행동화(progressive assimilation)의 예임). 마지막으로 /m/과 /n/ 또한 순행 동화(progressive assimilation)에 영향을 받기 쉬운데, 이에 대한 예로는 snail [sn̥el], small [sm̥ɔl]에서처럼 무성 장애음 /s/ 뒤에서 부분적으로 무성음화(devoicing)되는 경우들을 일컫는다.

앞서 언급했듯이, 영어에서 비음은 유음(liquids)과 더불어 음절핵(syllabic)이 될 수 있는 분절음이다. sudden, button, open, taken, chasm과 같은 단어에서, 두 번째 음절은 순전히 자음인 비음(nasal consonants)으로만 표시될 수도 있다([sʌdn̩], [bʌtn̩], [opm̩], [tekŋ̍], [kæzm̩]). 위에 제시된 단어들은 이렇게 음절핵의 형태를 띄는 것이 가능하고, 또 실제 연속 발화(running speech)에서 두 번째 음절에 [ə]를 포함한 발음보다 더 선호되기는 하지만, 음절성 비음으로 발음되는 것이 허용되지 않는 단어들도 있다. 예를 들어, felon, carom 등의 단어는 각각 [fɛlən], [kæɹəm]으로만 발음되지, [fɛln̩], [kæɹm̩]으로 발음되는 것은 아니다. film이나 charm에서도 음절성 비음은 아예 가능하지 않다. 왜 그럴까? 핵심은 비음을 선행하는 분절음의 조음 방식과 관련이 있는 것처럼 보인다. 비음이 음절핵이 되기 위해서는 바로 앞에 장애음이 와야 한다. 비음을 선행하는 분절음이 film과 charm에서는 공명음이기 때문에, 이 경우의 비음은 음절핵이 될 수 없다. 또한 비음을 선행하는 자음이 또 다른 자음의 뒤에 나올 때에도, 그 비음은 음절핵이 되지 않는 경향이 있다는 점도 기술할 필요가 있다. 이와 같은 환경에서는 [ə]가 그 음절에 종종 삽입이 되며, 그 예는 piston을 [pɪstn̩]이 아니라 [pɪstən], Lincoln을 [lɪŋkn̩]이 아니라 [lɪŋkən]으로 발음하는 데에서 찾을 수 있다.

약간의 논란 거리가 있는 문제는 음절성 비음과 선행하는 자음의 동일 조음성(homorganicity)과 관련이 있다. 음절성 비음에 대한 예들 대다수는 동일조음점을 가진 분절음이 연이어 나오는 경우들이다. 예를 들면, bidden [bɪdn̩], golden [goldn̩], Latin [lætn̩], kitten [kɪtn̩] 등에서와 같이 말이다. 실제, 동일조음성(homorganicity)이 음절성 비음이 생기게 하는 동기가 될 수 있다는 점은 ribbon [ɹ̣ɪbən] vs. [ɹ̣ɪbm̩], open [opən] vs. [opm̩], bacon [bekən] vs. [bekŋ̩], broken [bɹ̣okən] vs. [bɹ̣okŋ̩]과 같은 예들을 통해서 찾을 수 있다. 이 예들에서 대화체(colloquial speech)에서는 음절성 비음이 선행하는 장애음의 조음 위치에 동화됨을 볼 수 있다. 비록 이 예들은 동일조음성에 대한 견해를 지지하는 예들이지만, [dm̩]을 가진 madam [mædm̩]과 modem [modm̩], [zm̩]을 포함하고 있는 chasm [kæzm̩]과 prism [pɹ̣ɪzm̩]같은 단어들도 있다는 것을 지적할 필요가 있다. 이 단어들이 제시하는 반례(counterexamples)에 주목할 필요가 있는데, 그 이유는 이 단어들이 음절성 비음이 선행하는 장애음과 동일조음도 아니고, 동화에 영향을 받아 *[mædn̩], *[modn̩], *[kæzn̩], *[pɹ̣ɪzn̩]과 같이 발음되는 것도 아니기 때문이다.

마지막으로, 연구개 비음에만 적용되는 점들을 몇 가지 언급할 필요가 있다. 위에서 언급한 바와 같이, /ŋ/는 영어의 종성위치에서만 나타날 수 있다. 하지만, 이 위치에서도 제약이 있는데, 연구개 비음을 선행해서 나오는 모음은 단지 [ɪ, ɛ, æ, ʌ, ʊ] (이완 모음)로만 한정되어 있다는 점이다. 언급할 만한 또 다른 점은 이 음소의 철자법과 관련이 있다. /ŋ/이 전형적으로는 ng라는 철자로 표시되지만, 이 두 소리-철자 관계가 일방향적이라는 점이다. 단어 중간에 철자 ng를 가진 단어만 이 철자에서 /ŋ/로 발음되며, 그 외의 경우는 이 철자가 /ŋg/로 발음될 수도 있다. 이 차이는 형태론이 한 요인으로 작용하는 것같다. 예를 들어, singer, hanger, wrongful에서의 ng는 /ŋ/를 나타내지만 ([sɪŋɚ], [hæŋɚ], [ɹɔŋfʊl]), finger, mango, anger의 ng는 /ŋg/를 나타낸다([fɪŋgɚ], [mæŋgo], [æŋgɚ]). 이 두 그룹의 단어들 간의 차이점은 전자는 두 형태소로 된 단어지만, 후자는 단일형태소로 된 단어(monomorphemic words)라는 점이다. 그런데 단일형태소로 된 단어들인 sing, hang 등은 ng가 /ŋ/를 나타낸다([sɪŋ], [hæŋ]). 이를 종합하면, 다음과 같이 일반화할 수 있다: 철자 ng는 형태소의 끝에 나오거나 다중형태소로 된 단어(polymorphemic word)

안에 나오는 경우는 /ŋ/를 나타낸다. 이 일반화에는 명백한 예외가 하나 있는데, 이는 비교급과 최상급을 나타내는 접사와 관련된 것이다. long, strong과 같은 형용사들은 /ŋ/으로 발음되지만 ([lɔŋ], [stɹɔŋ]), 비교급과 최상급은 다중형태소로 구성되었음에도 불구하고 /ŋg/로 발음된다([lɔŋgɚ], [stɹɔŋgɚ], 그리고[lɔŋgəst], [stɹɔŋgəst]).

방언상의 변이

미국흑인영어에서 어말의 비음이 생략되고 선행하는 모음이 비음화되는 방언상의 변이가 있다(예, den [dɛn] → [dɛ̃]). 영국 북부지방에서는 /ŋ/과 /ŋg/사이에서 방언상의 변이가 있다; 특히 모음 앞에서 고대 영어의 /ŋg/는 살아 남아, singer의 ng가 /ŋg/로 발음된다. 이와 유사한 경우가 미국의 남부 산악지역에서도 발견된다. 미국에서 가장 분명하게 보이는 변이는 강세가 없는 –ing이 /ŋ/ 대신에 /n/으로 대체되어 발음되는 경우이다(예, going, something 등등). 많은 화자들은 동명사 (예, "reading is fun")보다는 진행형(예, "he is reading")에서 더 자주 /n/으로 대체해 발음하는 것처럼 보인다.

3.5 근접음

유음과 활음은 근접음이라는 범주를 구성한다. 이 소리들은 성도에 거의 협착을 가하지 않아 마찰을 일으키지 않은 상태로 한 조음자가 다른 조음자에 접근해서 만들어지는 소리이다.

영어에서 근접음들은 폐쇄음들과 결합하여 두 분절음으로 구성되는 초성군(onset clusters)을 만든다. 예를 들면, play [ple], green [gɹin], twin [twɪn], beauty [bjuti]에서 처럼 말이다. 이 일반적 패턴 외에도, 근접음에 속하는 특정 소리들은 특정 조합 규칙(combinatorial characteristics)을 가지고 있다. 설측 유음 /l/은 /s/ (예, sleep [slip]) 및 /f/ (예, fly [flaɪ])와 조합될 수 있고, 비설측 유음 /ɹ/은 /f/ (예, free [fɹi]),

/θ/ (예, three [θɹ̣i]), 그리고 /ʃ/ (예, shrimp [ʃɹ̣ɪmp])와 조합될 수 있다. 순연구개 활음(labio-velar glide) /w/는 /s/ (예, sweet [swit]) 및 /θ/ (예, thwart [θwɔɹ̣t]) 다음에 나올 수 있다. 치경 활음 /j/의 경우 가능성이 더 많은데, 이 활음은 /m/ (예, music [mjuzɪk]), /f/ (예, few [fju]), /v/ (예, view [vju]), 그리고 /h/ (예, hue ([hju]) 다음에 나올 수 있다. 이러한 초성군에서 첫 멤버가 무성 장애음이면, 뒤따르는 근접음은 무성음화(devoiced)된다(예, [gɹ̣in]과 [pɹ̥e], [glu]와 [sl̥ip], [dwɪndl̩]과 [sw̥it] 비교).

치경 활음 /j/는 /i/ 혹은 /ɪ/ 앞에서는 귀로 들을 수 있을 정도로 마찰이 있는 상태에서 조음된다(예, year [jiɹ̣], yip [jɪp]). 하지만 다른 모음 앞에서는 그렇게 마찰이 심하지 않다(예, yes [jɛs], yacht [jɑt], yawn [jɔn]). /j/에 대해 언급할 또 다른 점은 이 소리가 어두군(initial clusters)에서는 /u/앞에서만 나타나야 하는 것으로 제약되어 있다는 것이다(예, music [mjuzɪk], pure [pjuɹ̣]).

순연구개 활음 /w/는 영어의 자음 중 특이한 자음인데, 그 이유는 이 자음에는 두 개의 조음점이 있기 때문이다. 순연구개 활음을 조음할 때 입술이 둥글게 되는(lip rounding; 따라서 순음(labial))것과 동시에, 혀의 뒷부분이 연구개 쪽으로 올라간다(따라서 연구개음(velar)).

유음 /l, ɹ̣/은 한 가지 중요한 점에서 활음들과 다른다: 영어에서 유음은 음절핵이 될 수 있다. 유음이 음절핵성을 가지는데 우호적인 환경이라는 것은 앞서 우리가 살펴 본 비음과 동일하지는 않더라도 꽤 유사하다. 비음은 음절핵이 되기 위해 선행하는 분절음이 장애음일 것을 필요로 하지만, 유음은 아무 자음이라도 선행하는 것을 허용한다. 예를 들어, channel [tʃænl̩], kennel [kɛnl̩]과 같은 단어에서 마지막 음절은 공명자음 뒤에 음절성 유음을 가지고 있다. 언급할 가치가 있는 또 다른 것은 음절성 유음과 선행하는 자음 사이에 동일조음성(homorganicity)에 대한 요구도 없다는 것이다. 비음은 선행하는 장애음과 동일조음되어야 한다는 요건이 아주 강한 반면, 음절성 유음은 서로 다른 조음점을 가진 자음 뒤에서도 나타날 수 있다는 자유를 가지고 있다. apple [æpl̩], removal [ɹəmuvl̩], pickle [pɪkl̩], eagel [igl̩]과 같은 단어에서 그 예를 찾아 볼 수 있듯이 말이다.

비음과 관련해 말한 것과 마찬가지로 유음에 대해서도 다음을 언급할 필요도 있겠다: 즉, 유음을 선행하는 자음 앞에 다른 자음이 올 때는 보통 [ə]를 유음과 선행하는 자음 사이에 삽입한다. 따라서 유음은 음절핵이 될 수 없게 된다. pistol은 *[pɪstl̩]이 아니고 [pɪstəl], tingle은 *[tɪŋgl]이 아니고 [tɪŋgəl], 그리고 candle은 [kændl̩]이 아니고 [kændəl]이라는 예들에서 이 점을 볼 수 있다. 마지막으로, 음절성의 [l̩] 다음에 무강세 모음이 나올때, 음절성은 상실되기도 하고 유지되기도 한다. 그 결과 travelling과 traveller는 두 음절 아니면 세 음절을 가지게 된다.

치경 설측 유음 /l/은 (혀의 뒷 부분이 올라가는) '연구개음화(velarization)'가 일어나며 발음되는데, 치간 마찰음이 뒤따라 나올때는 더 앞 쪽에서, 즉 치음(dental) 위치에서 조음된다(예, wealth [wɛl̪θ], kill them [kɪl̪ ðɛm]).

반전 근접음(retroflex approximant) /ɹ̣/은 미국영어에서 혀끝이 뒤로 말려져(curled back) 치경 쪽으로 올라가며 발음되는 소리이다. 하지만 미국영어에서 반전 근접음만이 /ɹ̣/을 조음하는 유일한 방법은 아니다. 어떤 화자들은 반전성(retroflexion)이 없이 '혀가 뭉쳐져서'(bunched) 조음되는 방식을 사용한다.[12] /ɹ̣/은 치경폐쇄음 다음에 초성무리(onset cluster)에서 마찰을 가지고 (즉 파찰되어(affricated)) 만들어진다(예, try, dry). 이 현상에 대해 "후퇴되었다"는 의미를 가진 첨가기호("retracted" diacritic)을 사용하는 것이 일반적이다(예, [tɹ̠aɪ]).

방언상의 변이

영국영어에서 /ɹ/은 권설(혀말이; retroflexion)이 없다; 즉 혀의 끝이 치경 폐쇄음과 유사하게 치경쪽으로 접근하긴 하지만 입천장에 접촉하지는 않는다. 그래서 영국 영어의 /ɹ/은 일반적으로 후치경 근접음(post-alveolar approximant)이라고 기술된다. 발음상의 차이 외에도, 이 소리의 분포는 굉장히 다양하다. 미국영어와 소위 "온전한 r을 가진"("rhotic" 혹은 "r-full") 방언이라고 알려진 아일랜드 영어, 스코틀랜드 영어, 캐나다 영어에서, /r/은 그다지 제약을 받지 않고 나타날 수 있다. 반면 (영국의 남서부 지역을 제외한) 영국영어와 소위 "r이 결여된"("non-rhotic" 혹은 "r-less") 방언으로 알려진 미국의 뉴 잉글랜드와 남부 지역, 오스트레일리아, 뉴질랜드, 웨일즈 지역의 영어에서는 /r/이 모음 앞에서만 나타날 수 있다. 따라서

12 혀가 뭉쳐져서(bunched) 발음되는 /ɹ/을 bunched-r이라고 한다. – 역자주

방언에 따라 car ([kɑ] / [kɑɹ̣]), farm ([fa:m]/[fɑɹ̣m])과 같은 차이를 관찰하게 된다. r로 끝나는 단어 다음에 모음으로 시작하는 단어가 나올 때, non-rhotic 방언에서 소위 "연결하는 r"("linking-r")을 관찰할 수 있다. (예, player of the game [pleəɹ̣ əv ...]). "r-이 결여된("r-less") non-rhotic 방언의 또 다른 현상은 "삽입의 r"("intrusive r")인데, 이는 /ɹ̣/이 /ə/로 끝나는 단어와 모음으로 시작하는 후속 단어 사이에 삽입되는현상을 말한다. (예, India and Pakistan [ɪndiəɹ ænd ...], the idea is [... aɪdiə˞ɪz]). 미국 흑인영어(AAVE) 에서 /ɹ̣/은 자음군에서 뿐만 아니라(예, professor [pɹ̣əfɛsə˞] → [pəfɛsə˞]) 모음사이에서도 생략될 수도 있다(예, during [dʊɹɪŋ] → [dʊɪŋ], Carol [kæɹ̣əl] → [kæʊ]).

유음에 속하는 또 다른 소리인 치경 설측 근접음 /l/ 또한 여러 방언에서 차이점을 상당히 많이 보여준다. 미국영어와 영국영어 모두 이 /l/을 "어두운 l"(dark l)과 "밝은 l"(clear l) ("light" 혹은 "bright"'라고 부르기도 함)로 구분짓는 것이 일반적이지만, 실상은 다소 차이가 있다. 영국 영어에서는 "밝은 l"을 조음할 때, 설첨이 치경과 접촉해서 조음한다(이는 혓의 뒷부분을 올리지 않은 상태에서 /i/ 모음을 발음하는 것과 닮은 꼴이다). 이 "밝은 l"은 모음 앞(즉, 음절 초성)의 위치에서 발견되다(예, like, law); 모음 뒤(즉, 음절 종성)의 위치(예, fall, belt)에서의 음성학적인 실현은 연구개화된 "어두운 l"인데, 이는 혀의 뒷부분을 연구개 쪽으로 올려 /u/라고 발음하는 것과 유사한 음질을 가진다. 하지만, 미국영어에서는 스코틀랜드영어와 아일랜드영어에서와 마찬가지로 "밝은 l"을 거의 찾아볼 수가 없다; 일반적으로 음성학적으로 실현되는 것은 "어두운 l"이 얼마나 어둡게 발음되는 가에 따라 다른 것이다. 따라서, 우리는 전설 모음 앞에서도 어느 정도 "어두운 l" 을 관찰할 수 있으며(예, left), 후설 모음 앞에서는 좀 더 연구개화되고 좀 더 어두운 종류의 l소리를 관찰할 수 있다(예, loose, low). 그리고 모음 다음 위치에서는 가장 어두운 l소리를 발견할 수 있다(예, bolt, full). 음절성 [l̩](Syllabic [l̩])은 미국영어에서는 언제나 "어두운 l"이다. 웰쉬 영어에서 /l/은 언제나 "밝은 l"이다. 미국흑인영어에서는 모음 뒤에 나타나는 /l/은 [u] 혹은 [ʊ]로 모음화(vocalize)될 수 있고 (예, bell [bɛl] or [bɛʊ]), /l/은 순자음(labial consonant) 앞에서 생략될 수도 있다(예, help [hɛlp] 혹은[hɛp], wolf [wʊlf] 혹은 [wʊf]).

music [mjuzɪk], museum [mjuziəm], pure [pjuɹ̩], cure [kjuɹ̩], cute [kjut]와 같은 단어들은 음절의 두음 위치에 미국영어와 영국영어 모두에서 두 소리가 연쇄로 나타나야 한다. 하지만, tune, nude, dune, news, lute과 같은 단어에서는 미국 영어와 영국 영어사이에 차이를 보인다. 영국 영어와 정도가 작긴 하지만 뉴 잉글랜드에서 이 단어들의 첫 자음 뒤에 /j/가 있음을 관찰할 수 있다([tjun], [njud], [djun], [njuz], [ljut]). 하지만 미국영어식 발음에서는 /j/가 없는 발음이다([tun], [nud], 등등). 동일한 차이점들을 assume, resume 같은 단어들에서 관찰할 수 있다(영국 영어에서는 [əsjum], [ɹəzjum], 그리고 미국 영어에서는 [əsum], [ɹəzum]). 이러한 예들은 /j/가 미국영어에서는 동일한 형태소 내에서는 치경음 다음에 나타나는 게 허용되지 않는다 것을 암시할 수도 있다. (형태소 경계를 가로질러서는 would you, bet you의 예에서 보듯이 이게 가능하다.) 하지만, 이 일반화는 수정되어야 하는데, 그 이유는 onion [ɑnjən], tenure [tɛnjɚ], annual [ænjuəl], value [vælju], failure [feljɚ], million [mɪljən]과 같은 단어들이 치경음 /n/ 혹은 /l/다음에 /j/를 영국영어에서 뿐만 아니라 미국영어에서 가지고 있을 수 있기 때문이다. 따라서, 미국영어의 치경음에 대한 올바른 제약은 다음과 같이 읽힐 것이다. "/j/는 치경 장애음을 따라 나올 수 없다; 이 소리는 비강세음절에서 치경 공명음을 따라 나올 수는 있다." 미국 흑인영어에서, /j/는 [CjV] 연쇄에서 생략될 수 있다(예, computer [kəmpjutɚ] 혹은 [kəmputɚ]).

미국 영어 화자들 일부는 스코틀랜드 영어, 아일랜드 영어, 뉴질랜드 영어 화자들과 마찬가지로 /w/는 wh를 철자로 가지고 있는 단어들에서 무성음으로 발음하는 버전 (음성학적으로는 [hw] 혹은 [ʍ]로 표시됨)을 가지고 있다. 따라서, 이러한 화자들은 Wales -whales [welz] - [hwelz], witch - which [wɪtʃ] - [hwɪtʃ]와 같은 짝들을 구분하여 발음한다.

음성 축약에 관한 노트

위에서 인용한 예들을 통해 독자들은 축약이 이러한 음운에 더 잘 순응하는 언어 환경에서 발생한다는 것을 쉽게 추론할 수 있었을 것이다. 그러한 환경 중의 하나는 강세 음절 대 비강세 음절인데, 예로 설탄음화(예, Italy [ɪɾəli] 대

[ɪtæliən])와 t-탈락(winter [wɪnɚ] 대 contains [kəntenz])을 들 수 있다. 음절 내의 위치 혹은 단어 내의 위치 또한 중요한 요인이 될 수 있다. 끝에 나오는 위치(end position)가 처음에 나오는 위치(initial position)보다 /t/가 성문폐쇄음(glottal stop)으로 되는 것과 같은 음운 현상(Atlantic [æʔ.læ.nək] 대 atrocious[ə.ɹo̞.ʃəs])이 일어나는데 더 우호적인 환경일 수 있다. 축약은 내용어(content words)에서 보다 기능어(function words)에서 더 흔하게 나타난다(but [bʌt] 대 but of course [bət ...]); 또한 비치경음에서보다 치경음에서 더 흔히 나타난다(white paper [waɪp:epɚ] 대 fake paper [fek pepɚ] 하지만 [fep:epɚ]은 아님). 영향을 미치는 또 다른 요인은 해당 항목의 빈도수와 발화 속도이다: 빈도수가 높은 항목과 빠른 발화가 빈도수가 낮은 형태와 느린 발화 속도를 가진 항목보다 축약이 더 많이 일어난다. 마지막으로, 형태론적인 영향에 대한 언급을 할 필요도 있다. 예를 들어, 동명사(I like swimming [... swɪmɪŋ])보다 현재 진행형(I was swimming [... swɪmɪn])에서 축약이 더 많이 관찰된다.

3.6 사회음성학적 변이

우리가 지금까지 살펴본 것들은 언어적 문맥(단어/음절 위치, 인접 분절음, 강세 등)과 관련된, 다양한 발음들(variable productions)과 지역성에 기인한 변이들이었다. 최근에는 사회음성학적 변이(sociophonetic variation)에도 관심을 가지기 시작했다. 사회음성학적 변이(sociophonetic variation)는 다양한 사회적 요인들에 의해 변하는 음성적 실현의 측면들(aspects of phonetic realizaitons)을 일컫는다. 사회적 요인들에는 연령(age), 성별(gender), 인종(ethnicity), 사회적 계층(class), 그리고 개인의 정체성(individual identity) 등을 포함한다. 다음은 문헌에 언급된 자음의 변이들에 대한 몇 가지 예이다. 모음과 관련된 사회음성학적 변이들은 다음 장에서 다룰 것이다.

자음변이가 사회 계층을 가리키는(indexing) 예로 자주 인용되는 예는 Labov(1972)의 뉴욕시 연구이다. 이 연구는, 예를 들어, fourth와 floor 등과 같은 예들에서 모음 다음의 /ɹ/이 실현되는지 아닌지를 연구하는 것이었다. 이 연구에서 Labov는 사회경제적 계층(socioeconomic classes)사이에 유의미한 차이가 있음을 찾아내었다. 사회경제적으로 상류층에 속하는 사람들이 하류층에 속하는 사람보다 모음 뒤에서 /ɹ/을 더 많이 사용한다는 것이다. 따라서, /ɹ/의 사용은 높은 특권의식과 연관되어 있고, /ɹ/을 사용하지 않는 것은 낮은 특권과 관련이 있다는 것이다. 이 주장을 실험하기 위해, Labov는 세 군데의 특권적 지위가 서로 다른 백화점에서 일하는 판매원들을 대상으로 데이타를 수집하였다. 이 세 백화점은 각각 삭스 백화점(Saks), 클라인즈 백화점(Klein's) 그리고 메이시즈 백화점(Macy's)이다. 삭스 백화점은 중상류층 고객들이 주로 이용하므로 '높은 특권(high prestige)' 의식과 관련이 있고, 클라인즈 백화점은 노동계층 고객이 주로 이용하여 '낮은 특권(low prestige)' 의식과 관련이 있었다. 그리고 메이시즈 백화점은 특권의식과 사회경제적 계층에 있어서 이 두 백화점의 중간에 위치해 있었다. 연구 결과는 모음 뒤에 나타나는 /ɹ/변이가 서로 다른 사회계층그룹에 의해 표시(indexing)된다는 가설을 확인해줬다. 모든 사람이 종종 /ɹ/을 탈락시켜 발음하지 않았지만, 가장 적게 탈락시키는 것이 삭스 백화점의 종업원들이었다. 가장 높은 정도의 /ɹ/탈락은 클라인즈 백화점의 종업원들에게서 발견되었다. 메이시즈 백화점의 판매원들은 중간 정도의 탈락을 보였다. 하지만 모음 뒤에서의 /ɹ/의 발음 여부와 사회경제적 계층간의 관계가 완전히 자의적이라는 것을 언급할 필요가 있다. 왜냐하면 다른 영어, 예를 들어 영국(England)에서 사용되는 영어에서는 음절말(coda)의 /ɹ/과 관련해 정반대의 사회적 평가를 찾아볼 수 있기 때문이다. 즉 종종 음절 말 /ɹ/은 낮은 사회 지위를 나타내는 것으로 여겨진다(Wells, 1982).

집단 내의 구성원 자격**(Group membership)**이 음성적 조음과 상호작용하는 경우도 있다. Labov (1972)는 두 라이벌 갱단의 말소리에서 여러 비정상적 형태들을 발견하였는데, 이 중에는 /ŋ/대신 [n]으로 /ð/대신 [d] 혹은 [v]로 발음하는 것도 포함하고 있었다. 하지만, 이 발음들은 두 갱단의 각 집단의 비핵심적 구성원에게서 보다 '핵심적 구성원들'에게서 훨씬 많이 관찰되었다.

Bucholtz (1998, 1999)는 캘리포니아의 '너드(nerds)'들은 자신들의 동료와 구분하기 위해 어말의 /t/를 전형적인 비개방 형식 혹은 후두화된 형식 대신에 개방 형식으로 조음한다는 점을 발견했다.

Dubois와 Horvath (1998, 1999)의 연구는 루이지애나의 케이준(Cajun)[13] 영어화자들을 관찰한 연구인데, 이 연구에서 "네트워크 강도(network strength)"와 연령이 음성적 조음과 상호작용할 수 있다는 것을 발견하였다. 즉 젊은 자료제공자(informants; 20-39세)들은 /θ/와 /ð/ 대신에 치폐쇄음(dental stops) [t̪]와 [d̪]로 되살려 사용하고 있는데, 이러한 현상은 "폐쇄된 네트워크 회원들"(즉, 갇힌 공동체의 일원들)에게서는 발견되지만, "개방된 네트워크 회원들"(보다 넓은 사회에 좀 더 참여하는 개인들)에게서는 발견되지 않았다.

마지막으로, "인지되는 화자의 성별"이 지각에 영향을 미치는 것으로 발견되었다. Strand와 Johnson (1996)은 참가자들이 화자들의 성별을 어떻게 인지하는 가에 따라 /s/- /ʃ/ 연속체의 지각이 변한다는 것을 발견하였다. 치찰음은 참가자들이 전형적인 여성의 사진을 보았을 때 /ʃ/로 지각되는 경향이 더 강했다. 이러한 사실은 남성과 여성의 조음상의 차이로 일관성있게 설명될 수 있는데, 이는 여성들이 조음상 /s/와 /ʃ/사이에 보다 높은 음향적인 경계선을 가지고 있기 때문이다.

요약

이 장에서 우리는 미국영어의 자음음소들(consonant phonemes)과 그 음소들의 문맥적인 변이형들(contextual variants)을 살펴보았다. 이 변이형들은 언어가 규칙에 의해서 지배를 받는다는 것을 명백히 보여준다. 언어를 가르치는 사람들이 그들이 가르치는 집단과 정상적으로 미국영어를 구사하는 사람들 사이의 불일치를 지적할 필요가 있는 경우가 있는데, 이때는 언어가 규칙에 의해 지배받는 사실이

13 Acadia출신의 프랑스인 자손인 루이지애나주의 주민을 Cajun이라 함 - 역자주.

매우 중요한 역할을 한다. 우리는 또한 지역 간의 특색도 매우 체계적으로 되어 있다는 것을 살펴봤다. 이러한 다양한 변이형에서 얻은 정보들은 특정 방언의 특색과 비정상 언어를 혼동할 지도 모를 언어치료사들에게 특히나 도움이 될 것이다.

연습문제

1. 다음의 문장을 완성하고 (음성 전사를 사용하여) 예를 들어보라. 여러분의 예는 이 책의 본 장에서 그리고 소리 파일에서 제시된 예들과는 달라야 한다.

   (a) Vowels/diphthongs are longer before ______________________ stops than before ____________________ stops.
   e.g. ____________/______________ _______________/______________

   (b) Voiceless(fortis) stops are aspirated when ___________________________
   e.g. ________________ ____________________ ____________________

   (c) Stops are unreleased when ____
   e.g. ___________________ ___________________ __________________

   (d) Stops are nasally released when ____________________________________
   e.g. ___________________ ___________________ __________________

   (e) Alveolar stops become dental when _________________________________
   e.g. __________________ __________________ ____________________

   (f) Alveolar stops are flapped when ____________________________________
   e.g. ___________________ ___________________ ___________________

   (g) /t/ is deleted when ____
   e.g. __________________ ___________________ ___________________

   (h) /t/ may be replaced by a glottal stop when ___________________________
   e.g. ___________________ __________________ ____________________

   (i) Velar stops are more front when _____________________________________
   e.g. _________/__________ __________/__________ _________/__________

   (j) Velar stops are rounded when ____
   e.g. ____________/_______________ _______________/_________________

(k) Vowels, nasals, and /l/ are longer before ________________ fricatives than before ________________ ________________ fricatives.
e.g. __________/__________ __________/__________ _______/________

(l) Stops, fricatives, and nasals are long when e.g. ______________ ______________
e.g. ________________ ________________ ________________

(m) Alveolar sonorants become dental when ____________________________
e.g. ____________ ____________ ____________ ____________

(n) Non-velar nasals become labio-dental when ____________________________
e.g. ____________ ____________ ____________ ____________

(o) Nasals may be syllabic when ____________________________
e.g. ________________ ________________ ________________

(p) Approximants / /, / /, / /, / / are devoiced when _______ _________ _________ _________
e.g. ____________ ____________ ____________ ____________

(q) Approximants / / and / / may be syllabic when ______________________
e.g. _________ _________ __________ _________

2. /t/는 아마 영어의 모든 폐쇄음 중 가장 변하기 쉬운(versatile) 일 것인데, 그 이유는 이 소리가 치음이 된다던지, 성문폐쇄음화(preglottalization), 성문폐쇄음 대체(glottal stop replacement), 삭제, 설탄음화, 기식음화 등과 같은 여러 과정을 거칠 수 있기 때문이다. 다음의 단어 목록들을 살펴보고 /t/ 목표음에 대한 다양한 가능성을 음성 전사와 함께 나타내기 바란다.

예, entity [ɛntɪti]
t-삭제(t-deletion): [ɛnɪti], 설탄음화(flapping) [ɛntɪɾi], t-삭제 및 설탄음화 [ɛnɪɾi]

mentality ____
scientist ____

stunting ______________________________

betting ______________________________

attest ______________________________

trustable ______________________________

tractor ______________________________

don't think ______________________________

mortality ______________________________

quarter ______________________________

battle ______________________________

at large ______________________________

3. 다음을 전사하시오. 치경 동화(alveolar assimilation)에 특별히 주의를 기울이시오.

bad penny [ ]
good boy [ ]
red kite [ ]
good gracious [ ]
white cross [ ]
hot potato [ ]
cat tail [ ]

4. 설측 파열 그리고/혹은 비음 파열을 겪을 수 있는 항목들을 원으로 표시하시오. 일반화를 기술하시오.

puddle, bottle, goggle, apple, head lice, deep lake, red light, pickle, widen, listen, loosen, channel, muddle, Jordan

5. 다음을 전사하시오. 비음(nasas)에 특히 주의를 기울이기 바랍니다.

keep him here ______________________________

looking good ______________________________

I can go ______________________________

lamb meat ______________________________

green thumb ______________________________

Citizen Kane ______________________________

pen-pal ______________________________

home free ______________________________

run there ______________________________

blame me ______________________________

in Greece ______________________________

gun boat ______________________________

in fact ______________________________

in March ______________________________

6. 다음을 전사하시요. 격식없는 음성에서 치경 폐쇄음에 특별한 주의를 기울이시오.

hide your money	[ ]
it wakes you up	[ ]
as you know	[ ]
is your mother coming?	[ ]
they loved you	[ ]
I'll meet you there	[ ]

7. 다음을 전사하고 (a)에서는 음절수, 고위 모음, 무성 마찰음의 수를, (b)에서는 치찰음, 이중 모음, 그리고 어말 자음군의 수를 적으시오.

(a) Setting an example is not the main means of influencing others; it is the only means.

(Albert Einstein)

(b) I have not failed. I have found 10,000 ways that won't work.

(Thomas A. Edison)

P. Trudgill and J. Hannah, *International English*, 4th edn. (London: Edward Arnold, 2002)에서 발췌한 ("영어의 확산"에 관한, 앞 장에서 계속됨) 다음 단락을 전사(transcribe)하라.

It was also during the 1800s that the development of Southern Hemisphere varieties of English

....

began. During the early 19th century, large-scale colonization of Australia began to take place and, at a slightly later date, New Zealand, South Africa, and the Falkland Islands also began to be colonized from the British Isles. The South Atlantic islands of St Helena and Tristan da Cunha also acquired English-speaking populations during the 1800s, as did Pitcairn Island and, subsequently, Norfolk Island in the South Pacific. Not surprisingly, these patterns of expansion, settlement and colonization have had an effect on the relationships, similarities and differences between the varieties of English which have grown up in different parts of the world. For example, there are very many similarities between Scottish and Northern Irish English. North American English and the English of southern Ireland also have many points of similarity. And the English varieties of the Southern Hemisphere (Australia, New Zealand, South Africa, Falklands), which were transplanted relatively recently from the British Isles, are very similar to those of the southeast of England, from where most emigrants to Australasia and South Africa came. They are quite naturally much less different from the English of England than are the varieties spoken in the Americas, which were settled much earlier.

제4장
영어의 모음

4.1 서론

영어의 모음을 기술하는 것은 자음을 기술하는 것보다 훨씬 더 복잡한 일이다. 주된 이유는 영어의 목록에 있는 모음이 가질 수 있는 변이와 차이가 크기때문이다. 자음소(consonantal phonemes)의 수는 24개로 모든 종류의 영어에서 동일하다. 방언상의 변이도 상대적으로 크지 않다. 하지만 모음의 경우에는 음소의 수가 다를 수 있고 이러한 음소들의 음성적 실현이 방언마다 다를 수도 있다. 따라서 모음과 관련하여서는 이 책의 주된 독자층인 응용언어학, TESOL(다른 언어를 사용하는 화자들에게 영어를 가르치는 전공), 그리고 의사소통 장애(Communication Disorders)를 공부하는 학생과 학자들에게 과도한 정보를 퍼붓지 않기 위해 우선 미국영어(American English)에 초점을 두고 논의를 할 것이다. 본 장의 끝부분에 미국영어와 미국 외의 지역에서 사용되는 영어에서 나타나는 주요 변이형들을 비교할 것이다.

4.2 미국영어의 모음 집합

미국 영어의 모음 집합들은 다음의 키워드를 가지고 기술될 수 있다. 키워드의 왼쪽에, 우리는 본 책에서 사용되는 기호들을 놓는다. 키워드의 오른쪽에 있는 기호들은 다른 책에서 찾아볼 수 있는 기호들이다. 다음의 목록들은 일반적으로 단모음(monophthongal vowels)이라고 기술되는 모음들을 포함하고 있으며, 대부분 장애음(obstruents)사이에 위치해 있다.

본서에서 사용하는 기호	주요 단어	다른 문헌에서 사용되기도 하는 기호
/i/	beat	(/iː/, /ij/, /iy/)
/ɪ/	bit	
/e/	bait	(/eɪ/, /ej/, /ey/)
/ɛ/	bet	
/æ/	bat	
/ʌ/	bus	(무강세 음절(unstressed syllables)에서는 /ə/)
/ɑ/	pot	(/ɑː/)
/ɔ/	cloth	(/ɔː/)
/o/	boat	(/oʊ/, /ow/)
/ʊ/	book	
/u/	boot	(/uw/, /uː/)

비록 이 모음들은 보통 "단순" 모음이라고 기술되지만, /i/와 /u/는 약간 이중모음화되었고 /e/와 /o/는 더 이중모음화되었다는 것을 언급할 필요가 있다. (이러한 이유로 어떤 책이나 매뉴얼에서는 /i/와 /u/대신에 각각 /ij/, /iy/, /uw/ 같은 기호들을 사용한다. 그리고 /e/와 /o/ 대신에 각각 /ej/, /ey/, /eɪ/, 그리고 /oʊ/, /ow/ 같은 기호들을 사용한다.)

이중모음(Diphthongs)

다음의 세 모음은 미국영어의 주된 이중모음들이다.

/aɪ/ bite (/aj/, /ay/, /ai/)

/aʊ/ bout (/aw/, /au/, /ɑʊ/

/ɔɪ/ void (/oy/, /oj/, /ɔj/, /oɪ/, /oi/)

4.2.1 모음의 음성적 특성

제1장에서 보았듯이, 모음 기술에서 혀의 위치(tongue position)는 아주 중요한 역할을 한다. 따라서, 한 가지 주요 특성은 혀의 일부와 관련이 있고, 다른 주요 특성은 발화에서의 혀의 높이와 관련이 있다. 전자의 기준에 의하면 영어의 모음들은 다음과 같이 분류된다:

전설(Front): /i/, /ɪ/, /e/, /ɛ/, /æ/

중설(Central): /ʌ/

후설(Back): /u/, /ʊ/, /o/, /ɔ/, /ɑ/

혀의 높낮이와 관련하여서는 다음과 같이 분류된다:

고위(High): /i/, /ɪ/, /u/, /ʊ/

중위(Mid): /e/, /ɛ/, /o/, /ɔ/

어떤 문헌에서는 /e/와 /ɛ/ 그리고 /o/와 /ɔ/를 구분하기 위해 '고중위(high-mid)'와 '저중위(low-mid)'를 사용하기도 한다.

저위(low): /æ/, /ʌ/, /ɑ/

이러한 특성들을 종합해 보면 그림 4.1에 제시된 모음차트(vowel chart)가 구해진다.

	FRONT	CENTRAL	BACK
HIGH	beat i		u boot
	bit ɪ		ʊ book
MID(high-mid)	bait e		o boat
(low-mid)	bet ɛ		ɔ cloth
LOW		bus ʌ	
	bat æ		ɑ pot

그림 4.1 미국 영어 모음들 (American English vowels)

모음의 조음과 관여된 혀의 위치 및 혀의 높이 외에도, 영어 모음은 입술 위치(lip position)에 의해 분류되기도 한다. 이분법적으로 구분하면 원순 모음들(rounded vowels: /u, ʊ, o, ɔ/)과 비원순모음들(unrounded vowels: 그 외의 모음들)로 나뉘어진다. 영어의 모든 원순 모음들은 후설(back) 모음들이다; 사실상 다음의 일반화가 만들어 질 수 있다: 영어에서 모든 비저위 후설 모음들은 원순모음이다(All non-low back vowels are rounded in English.)

4.2.2 긴장-이완

긴장(tense)과 이완(lax)이라는 특징을 사용하여 영어 모음의 종류들을 이분법적으로 분류하는 것 또한 흔히 발견할 수 있다. 이 문제는 좀 세심한 주의를 기울일 필요가 있다. 그 이유는 영어음운론을 다루는 논문이나 책에서 여러가지 다른 이유와 분류법을 찾아볼 수 있기 때문이다. 어떤 책에서는 동일한 모음으로 기술되는 두 모음들을 구분하여 설명하기 위해 긴장-이완 구분이 사용된다. 예를 들어, 모음 /i/와 /ɪ/는 우리가 앞에서 살펴봤던 특징에 따르면, 둘 다 똑같이 "고위, 전설, 비원순" 모음(high, front, unrounced vowels)이다. 같은 문제점을 /u/와 /ʊ/에서도 찾아 볼 수 있다. 이 둘은 모두 "고위, 후설, 원순" 모음(high, back, rounded vowels)이다. 이와 유사한 문제점을 "전설 중위" 모음 (front mid vowels)인 /e, ɛ/와 "후설 중위" 모음 (back mid vowels)인 /o, ɔ/에서도 찾아볼 수 있다. 학자에 따라서, 이 중위 모음들은 '고중위' 모음(high-mid vowels)과 저중위 모음(low-mid vowels)으로 구분하지 않고, 그냥 중위 모음으로 처리하는 경우도 많다. 만약 중위 모음으로만 구분한다면, 이 두 모음쌍들은 결국 동일한 모음으로 기술되는 문제가 발생하게 된다. 이러한 문제점을 해결하기 위하여, 긴장과 이완이라는 자질이 도입되었다. 위에서 제시된 모음들 중 /i, u, e, o/는 '긴장' (tense) 모음이라고 하고, /ɪ, ʊ, ɛ, ɔ/는 '이완' (lax) 모음이라고 한다. 긴장모음은 짝을 이루는 이완 모음보다 (a) 혀의 위치가 더 높고, (b) 조음 길이(duration)가 더 길고, (c) 조음할 때 근육에 힘이 더 많이 들어간다. 하지만, 이 음성학적 정의가 보편적으로 받아들여지고 있는 것은 아니다. 이러한 음성학적 정의보다는 분포(distribution)를 토대로 음운론적으로 정의된 '긴장-이완' 구분을 문헌에서 더 쉽게 찾아볼 수 있다. 분포 중심의 구분이 더 유용하게 쓰이는데, 이는 이 모음들이 나타나는 환경에 따라 모음을 두 부류로 나누기 때문이다. 그리고 이 긴장-이완 구분은 이완 모음화(laxing)와 영어의 강세규칙을 설명하는데 중요한 역할을 한다.

다음은 음절(syllable)의 종류에 따라 긴장-이완의 구분을 하는 이유를 기술한다. 단모음(monophthongs)과 이중모음(diphthongs)이 강세를 받는 개방음절(stressed open syllable)에 나타나는 예들을 살펴보면, /i, e, ɑ, o, u, aɪ, aʊ, ɔɪ/가 있다. 반면, /ɪ, ɛ, æ, ʊ, ʌ/는 이 위치에 나타나지 않는다. 이렇게 강세를 받는 개방음절에 나타날 수 있는 모음을 긴장모음(tense vowels)이라고 하고, 이 위치에 나타날 수 없는 모음들을 이완 모음(lax vowels)이라고 한다. 참고로, 모든 영어의 모음들은 폐쇄음절(closed syllable)에서 나타날 수 있기 때문에 이것이 구분의 기준으로 사용되지는 않는다. 일반적으로 긴장모음을 선호하고 이완모음은 거부하는 또 다른 음절유형은 /ɹ/에 의해 닫혀지는 음절유형이다. 하지만, 이것을 기준으로 삼기에는 복잡한 문제가 얽혀있는데, 그 이유는 미국영어를 사용하는 많은 화자들에게서 긴장모음과 이 긴장모음에 가장 근접한 이완모음의 대립이 /ɹ/ 앞에서 사라졌기 때문이다. 이에 대해서는 뒤에 보다 자세하게 다룰 예정이다. 미국영어에서 "이완모음"을 선호하는 음절의 유형으로서 /ʃ/나 /ŋ/에 의해 닫혀진 음절이 있다. 상호배타적 환경을 요약하면 "긴장 모음"들은 강세를 받는 개방음절과 종성(coda) /ɹ/에 의해 닫힌 음절에서 찾아볼 수 있고, "이완 모음"들은 종성 /ʃ/와 /ŋ/에 의해 닫힌 음절에서 찾아볼 수 있다.

이렇게 긴장-이완의 분포를 기반으로 한 음운론적 분류는 앞서 말한 음성학 기반의 분류와 서로 상충되는 경우가 생기게 된다. 첫째, /o/와 /ɔ/는 음운론적인 기준에서는 모두 "긴장"모음이지만, 음성학적 분류에서는 이 둘이 서로 달리 분리된다. 즉, /o/는 "긴장"모음이고 /ɔ/는 "이완"모음으로 분류된다. 둘째, /ɪ, ɛ, ʊ, ʌ/같은 이완 모음들은 조음 길이가 짧은 것은 사실이자만, /æ/는 짧지 않다. 사실상, 모음 /æ/는 /ɑ, e, o/와 같이 전형적으로 길고 긴장된 모음(long and tense vowels)과 같거나, 심지어는 더 긴 조음 길이를 가지고 있다. 따라서, 이 책에서의 "긴장"과 "이완"의 구분은 다양한 음절 유형에서 어떤 모음들이 나타나는지에 따라 구분하고자 한다.

이제 우리는 모음표를 수정하여 지금까지 언급한 모든 것을 다 포함할 수 있다.

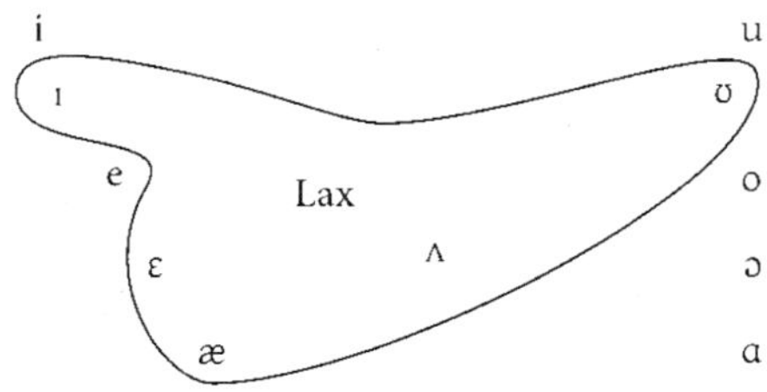

모음의 상이한 하위 부류들과 방언상의 변이들(dialectal variation)을 자세히 조사하기 전에, 모든 모음과 관련된 몇 가지의 특징들을 우선 살펴보도록 하자.

4.2.3 비음화된 모음

두 단어 bead와 bean은 최소 대립쌍(minimal pair)을 이룬다. 그리고 영어 모국어 화자라면 누구나 이 두 단어에서 마지막 자음들로 인해 두 단어가 대립(contrast)을 이룬다는 것을 알 수 있다. 하지만, 이 명백한 사실 외에도 이 두 단어 사이에는 또 다른 차이가 있는데, 그 차이는 다름아닌 모음에 있다. 두 모음이 모두 동일 음소 /i/에 속하지만, 두 번째 단어인 bean에 있는 모음의 음성적 구현은 비음화(nasalized) 되었다는 것이며, 이는 음성학적으로 [ĩ]로 표기된다. 영어의 이러한 예측가능한 이음 규칙(predictable allophonic rule)은 모든 모음에 다 유효하게 적용된다; 다시 말해, 영어의 모음(단모음과 이중모음 모두)은 비자음(nasal consonant) 앞에서는 비음화된다.

4.2.4 길이

(이중모음도 포함하여) 모음의 길이는 모음들이 나타나는 환경에 따라 예측가능하게 변한다. 보다 구체적으로 말해,

(a) 모음은 무성자음 앞보다 유성 자음 앞에서 더 길다. 따라서, bag [bæg]에 있는 모음 /æ/의 음성적 실현이 back [bæk]의 음성적 실현보다 더 길다.
(b) 모음은 장애음(obstruents) 앞보다 공명자음(sonorant consonants) 앞에서 더 길다. 따라서, goal [gol]에 있는 모음 /o/의 음성적 실현이 goad [god]에 있는 모음의 음성적 실현보다 더 길다.
(c) 모음은 폐음절(closed syllables)보다 개방음절(open syllables)에서 더 길다. 따라서, bay [be]에 있는 모음 /e/의 음성적 실현이 bait [bet]에 있는 모음의 음성적 실현보다 더 길다.

위에서 언급한 이 세 규칙을 한데 묶어서 다음과 같이 말할 수 있다: 모음이 개방 음절에서 가장 길고(예, knee [ni]에서의 /i/); 공명 자음으로 끝나는 음절에서 그 다음으로 길고 (예, kneel [nil]에서의 /i/); 유성 장애음으르 닫힌 음절에서 그 다음

으로 길고(예, need [nid]에서의 /i/); 무성 자음으로 닫힌 음절에서는 가장 짧다(예, neat [nit]에서의 /i/).

(d) 모음은 무강세 음절(unstressed syllables)보다 강세음절(stressed syllable)에서 더 길다. 따라서, 단어 appreciate [ə.ɹ**i**.ʃi.et]에서 (굵은 글씨체로 표시된) 강세 음절에 나타난 음소 /i/의 음성적 실현은 그 다음의 무강세 음절에서 나타나는 음소의 음성실현보다 더 길다.

4.2.5 /ɹ/ 앞에서의 모음

앞서 우리는 모음이 주변의 자음들에 의해 영향을 받는다고 언급했다. 그리고 그 영향은 특정 자음, 특히 유음(liquids)에 의해 많이 받는다. 이 절에서, 우리는 /ɹ/ 앞에서 나타나는 모음에 대해 살펴볼 것이다. 미국 영어의 대부분의 형태에서, 모음 다음에 r-소리가 허용이 된다. 뒤따르는 /ɹ/이 (예를 들어, ear, cure, work, party와 같이) 동일 음절에 있을 때, 모음은 약간의 반전음의 성질(retroflex quality)을 띄는데, 이를 보통 "r-색채화(r-coloring)"라고 부른다. 이것이 나타나게 되면, 많은 영어 화자들은 일반적으로는 매우 잘 정립된 영어의 여러 모음 대립을 중화한다. 다시 말해 대립들이 없어진다. 예를 들어, 두 고위 전설 모음 /i/와 /ɪ/ 사이의 대립이 ear, fear, beard, pier 등과 같은 단어에서 없어지는 것처럼 보인다. r-색채를 띈 모음은 /i/를 닮지도 /ɪ/를 닮지도 않았다; 이러한 모음은 (전통적으로는 [iɹ]로 전사되지만) 두 모음의 중간 어디에 있다. 유사한 현상이 두 고위 후설 모음인 /u/와 /ʊ/사이에서 관찰되어 tour, mature, endure, 그리고 poor와 같은 단어에서 나타난다. 이 r-색채를 띈 모음들은 /u/ 혹은 /ʊ/ 어느 쪽과도 동일하지 않다. 이러한 대립의 중화(neutralization of contrast)는 전설 및 후설 중위 모음에서도 관찰된다. 많은 미국 영어 화자들에게 Mary, merry 그리고 marry에 있는 r-색채를 띈 모음은 동일한 것으로 판단한다. 따라서 /e/, /ɛ/ 및 /æ/ 간의 대립에 중화를 보인다. 후설모음의 경우, pork, bore, horn, 그리고 fork와 같은 단어들은 /o/와 /ɔ/사이에 어떠한 구분도 드러내지 않는 것처럼 보인다. 이는 /ɹ/이 /ɔ/를 /o/쪽으로 상승시키는 효과가 있기 때문이다(예, morning vs. mourning). 이와 유사하게, 고위 후설 모음에 대해, /u/와 /ʊ/사이의 대립은 poor와 cure같은 단어에서 중화되었을 수도 있다. 몇몇 화자들은 심지어 한 발 더 나아가 대화체 발화(conversational speech)에서 /ɹ̩/앞에서 4가지의 후설 모음인 /o, ɔ, u, ʊ/을 중화시킨다. (예, pour, pore, poor)

위에서 언급한 단모음들의 대립을 중화하는 것 외에도, r-색채는 다음의 두 이중 모음에서도 찾아볼 수 있다: /aɪɹ̩/ (예, fire, entire, inspire)와 /aʊɹ̩/ (예, sour, devour). 마지막으로, 중앙 모음인 슈와(central vowel schwa)는 두 개의 r-색채를 가진 형태를 취할 수 있다: 강세 위치에서의 [ɝ] 및 비강세 음절에서의 [ɚ] (예, herder [hɝdɚ]). 우리는 그림 4.2에 동일음절 내의(tautosyllabic) /ɹ̩/과 함께 나타나는 r- 색채를 띈 모음들을 요약한다.

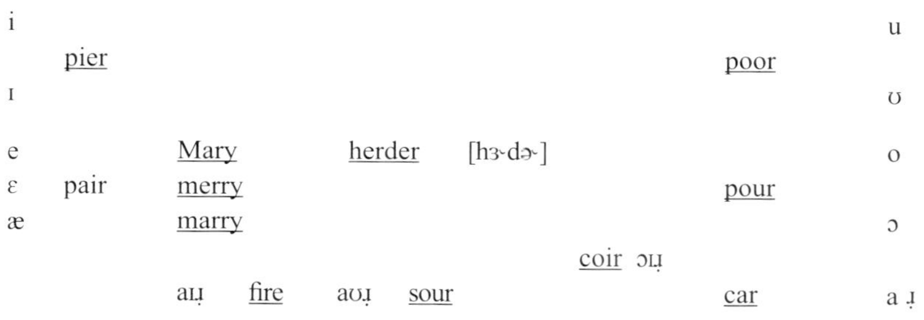

그림 4.2 동일 음절 내의 /ɹ̩/ 앞의 모음들(Vowels before the tautosyllabic /ɹ̩/)

이 절을 끝내기 전에 추가적인 중화 현상이 일반 미국영어(General American English)의 변이형(varieties)에 존재한다는 것을 언급할 필요가 있다. 특히 이는 뉴잉글랜드 동쪽, 뉴욕시, 그리고 미국 남부지방에서 관찰된다. 이 지역에서 /ɔɹ̩/는 /ɑɹ̩/로 바뀔 수도 있는데, 그러한 변화는 모음과 뒤따라 나오는 /ɹ̩/이 같은 음절 내에 있는 경우가 아닌 경우에 그렇다. foreign, moral, forest, 그리고 horrible과 같은 단어에서, 철자 o로 보여지는 모음은 /ɑ/와 같이 발음될 수도 있으며, 그 결과 이 단어들은 [fɑɹ̩ən], [mɑɹ̩əl], [fɑrəst], [hɑɹ̩əbl̩]과 같이 발음된다. 여기서 주목할 점은 만약 모음이 뒤따르는 /ɹ̩/과 같은 음절에 있으면, 이 변화가 가능하지 않다는 점이다. 이는 score, shore, organized, 그리고 storm과 같은 단어에서 예를 찾아볼 수 있다. 다음의 예는 여러 화자에게서 여러 번 관찰된 예인데, 이 점을 아주 명쾌하고 간결하게 보여주고 있다. 단어 forehead는 [fɔɹhɛd] 혹은 [fɑɹəd]로 들리 수 있다; 첫 번째와 같은 발음은 [ɹ]이 첫 음절의 종성에 있기 때문이다. 즉 [ɹ]이 선행하는 모음과 같은 음절에 있기 때문이다(tautosyllabic). 따라서 [ɑ]로 하강하지 않는다(즉 [fɑɹhɛd]가 아니다). 하지만, 후자의 발음의 경우는 보다 낮은 모음(lower vowel)을 가지고 있는데, 이 경우엔 필연적으로 [ɹ]을 두 번째 음절의 초성 위치에 놓는다.

4.2.6 /l/ 앞의 모음

/l/이 같은 음절에서 선행하는 모음에 끼치는 영향은 비록 /ɹ/이 미치는 영향만큼 급작스러운 정도는 아니지만, 여전히 눈에 띄일 정도로는 두드러진다. 앞 장에서 보았듯이, 모음 뒤의 /l/은 미국 영어에서는 상당히 연구개화(velarized)되어 있어 어둡(dark)다고 한다. 그리고 이는 전설 모음(front vowels)에 후설시키는(retracting) 효과를 가져온다. 그 결과, 우리는 아래의 짝에서 두 번째 단어에 좀 더 중앙으로 이동된 (more centralized) 모음들을 가지고 있다.

/i/	meat - meal
/ɪ/	Mick - milk
/e/	pay - pale
/ɛ/	bet - belt
/æ/	tack - talc

모음 뒤의(postvocalic) /l/이 나머지 모음들(중설 및 후설)과 이중모음에 미치는 영향은 다소의 상승(raising)과 후진(backing)이라고 할 수 있지만, 덜 두드러질 것이다.

/ɑ/	dot - doll
/ʌ/	hut - hull
/o/	so - sole

/ʊ/ foot - full

/u/ food - fool

/aɪ/ might - mile

/aʊ/ bout - bowel

/ɔɪ/ coin - coil

미국의 남부에 위치한 주들과 중부대서양(Mid-Atlantic) 지역에서는, /ul/과 /ʊl/의 합병 (예, pool - pull) 그리고 /il/ - /ɪl/ (예, peel - pill)의 합병이 일반적이다. 캘리포니아에서는 /ʌl/-/ol/ 간의 합병 또한 보고되었다.

4.3 전설 모음들

고위 전설 (High front)

미국 영어의 두 고위 전설 모음 /i/와 /ɪ/는 높이, 길이 및 긴장-이완 차원에서 다르다. /i/는 더 길고, 더 높고, 그리고 약간 이중 모음화(diphthongized)되어 있다. (따라서, 어떤 책에서는 /iː/, /ij/, /iy/와 같은 기호들을 사용한다). 조음에 있어서, 혀의 가장 높은 부분은 약간 더 낮고 더 중심화되어 있다. 조음할 때 혀가 상승되고 전설된다(raised and fronted). 이는 see에서와 같이 마지막 위치(final position)에서 가장 눈에 띈다. 그리고 feat과 같이 모음의 길이가 가장 짧은 무성 폐쇄음 앞에서는 가장 덜 두드러진다. 일부 화자들의 경우 어말 위치에서 [i]는 [ɪ]와 자유 변이에 있을 수도 있다. (예, city [sɪti/sɪtɪ], happy [hæpi/hæpɪ]). 아틀란타 시에서 서쪽으로 그리고 미주리의 북쪽에서부터 뉴멕시코의 남서쪽 지역까지 선을 그은 지역에서는, 어말 위치에서 강세가 없을때 [ɪ]를 사용하는 것이 가장 일반적이다.

모음 /ɪ/는 여러 개의 서로 다른 음성적 실현들을 가지고 있다: 이 모음은 치경구개(palato-alveolar) 마찰음 앞에서 '긴장화(tensing)'를 겪어서 [i]로 실현될 수도 있다(예, fish [fiʃ]). AAVE와 미국 남부지방에서 /ɪ/는 비음 앞에서 [ɛ]로 하강하는 경향이 있다(예, thing [θɛŋ]). 같은 지역에서 전설 모음들이 [ɪ]로 합류(converge)하는 경향 또한 발견된다. (예, gater, kettle, daddy). 마지막으로 우리가 주목해야 할 점은 무강세 음절에서 [ɪ]가 [ə]와 자유변이(free variation) 관계에 있다는 점이다. (예, believe [bəliv/bɪliv], kitchen [kɪʧən/kɪʧɪn] 그리고 접미사 -ed, -es, -est에서도 그렇다. tempted [tɛmpt(ə/ɪ)d], bushes [bʊʃ(ə/ɪ)z], longest [lɔŋg(ə/ɪ)st]에서와 같이 말이다.

중위 전설 (Mid front)

중위 전설 모음들 /e/와 /ɛ/ 사이의 차이점은 고위 전설 모음들 /i/와 /ɪ/사이의 차이점과 유사하다; /e/가 더 길고, 더 높고, 긴장된 모음이고, /ɛ/는 더 낮고, 더 짧고, 이완된 모음이다. 하지만, 긴장 모음인 /e/의 이중모음적인 본성은 더 두드러진다; 이는 say와 같이 강세를 받는 열린 음절(open stressed syllable)이거나 무성자음 (예, gate) 혹은 약음절(weak syllable: 예, create)보다는 유성 자음 (예, game, grade) 앞에서 더 명백하다. 보다 단모음화된 (혹은 매우 좁은) 이중 모음은 중서부의 북쪽지역(예, 위스콘신, 미네소타)에서 찾아볼 수 있다.

/ɪ/에서 [i]로의 긴장화와 평행하게, 모음 /ɛ/는 남부지방에서 /ʃ, ʒ/ 앞에서 이중모음화된 [e]로 실현될 지도 모른다. (예, special [speʃəl] cf. spatial). 이 현상이 유성폐쇄음 앞의 문맥에까지 확대되기도 한다(예, bed, dead). 그 결과 /e/와 /ɛ/ 사이의 대립이 없어지고, egg가 vague와 각운(rhyme)을 이루기도 한다. 동일 음절 내의 [ɹ] 앞에 존재하는 자유 변이외에도, /e/와 /æ/ 사이에도 자유 변이가 있다. (예, apricot, matrix); 이 자유변이는 예를 들면, amoral, asymmetric에서처럼 부정 접두사(negative prefix)에서도 존재한다. 미국 남부 지역의 방언과 유사하게, AAVE에서 비음 앞에서 /ɛ/가 /ɪ/로 상승되기도 한다. (예, pen [pɛn] → [pɪn]).

저위 전설 (Low front)

영어에는 하나의 저위 전설 모음 /æ/가 있는데, 이 모음은 서로 다른 지역에서 서로 다르게 실현된다. 미국 동부에서는, 특히 (보스턴과 같은) 뉴잉글랜드의 일부 방언에서는, 보다 낮고 보다 뒤에 위치한 모음인 [a]가 일반적이다. (예, half [haf], rat [ɹat]). (미국 남부지방에서는 이중모음화된 이음(diphthongized allophone)이 빈번하게 들린다. (예, glass [glæɪs], bad [bæɪd]).

[ɹ]과 다른 모음의 연쇄 앞에서, 즉, carry, Paris, Arabic과 같은 예에서 대서양, 멕시코만 해안선, 그리고 미국 남부 지방을 따라서는 [æ]가 나타난다. 하지만 이 환경에서 [ɛ]가 다른 지역에서는 더 자주 나타난다. 이 모음은 이중모음화될 수도 있는데, 특히 미국 남부지방에서 /ʃ, ʒ, k/ 앞에서 그럴 가능성이 많다(예, splash [splæɪʃ], back [bæɪk]).

4.4 중설 모음들

영어의 중앙의 중저위 이완 모음(central, low-mid, lax vowel)은 /ʌ/이다. (예, bus [bʌs]). 이 모음은 단지 강세 음절에서만 발견된다; 무강세 음절에서는 보다 높은 모음인 [ə] '슈와(schwa)' [ʃwa]가 그 실현형이다(예, around [əɹaʊnd]).

강세음절에서는 같은 음절 내에 있는 [ɹ]의 앞에서, 예를 들어 nurse, her 등에서와 같이, 약간 더 높고 r-색채를 띈 모음인 [ɝ]가 발견된다. 이에 대응되는 비강세 모음은 [ɚ]이다. 이 두 모음이 단어 herder [hɝdɚ]의 두 r-색채를 띈 모음들이다. /ɹ̩/이 두 모음사이에서 나타날 때, 예를 들어 courage에서와 같이, 이는 /kɜɹ̩ədʒ]에서와 같이 표시될 수 있다. 이렇게 표시되는 것은 모음이 /ɹ̩/과 같은 음절내에 있지 않다는 것을 보여주기 위해서이다. 그러한 단어들 중 몇몇은 (예, hurry, worry), [ɜɹ̩] 대신에 [ʌɹ̩]가 대서양 연안(Atlantic seaboard)을 따라 대부분의 펜실베니아지역을 걸쳐 발견된다([hʌɹ̩i], [wʌɹ̩i]). 음소의 수와 관련하여 다양한 책에서 이 중앙 모음들에 대한 서로 다른 여러 처리가 있다. 이러한 논쟁에 끼어들지 않은 채, 우리는 전사를 할 때 다음의 약정을 채택할 것이다.

[ʌ] 강세 모음에서 (예, bus [bʌs])

[ə] 비강세 모음에서 (예, sofa [sofə])

[ɝ] 동일 음절내의 [ɹ] 앞에 있는 강세 음절에서 (예, bird [bɝd])

[ɚ] 동일 음절내의 [ɹ] 앞에 있는 비강세 음절에서 (예, father [fɑðɚ])

[ɜɹ̩] 다른 음절에 있는 [ɹ̩] 앞에 있는 강세 음절에서 (예, courage [kɜɹ̩ədʒ])

[əɹ̩] 다른 음절에 있는 [ɹ̩] 앞에 있는 비강세 음절에서 (예, parade [pəɹ̩ed])

4.5 후설 모음

저위 후설

미국 영어에서 저위 후설 모음은 father에서와 같이 /ɑ/이다. 많은 미국 영어 화자들이 /ɔ/와 /ɑ/사이에 구분을 한다. 예를 들면, collar - caller [kɑlɚ] - [kɔlɚ], cot - caught [kɑt] - [kɔt], Don - dwan [dɑn] - [dɔn]의 쌍에서와 같이 말이다. 하지만, 다른 많은 사람들은 이 구분을 하지 못하고, 두 경우에 모두 /ɑ/를 사용한다. /ɑ/와 /ɔ/의 이러한 구별의 붕괴는 미국 영어에서 가장 중요한 모음 합병의 하나이다. 이 합병이 지배적으로 나타나는 지역은 메인(Maine), 뉴 햄프셔(New Hampshire), 버몬트(Vermont), 매사추세츠 북부(northern Massachusetts), 펜실베니아 서부(Western Pennsylvania), 중부 지역 (Midland territory), 그리고 미국 서부(American West)를 포함한다. LA와 샌프란시스코의 대도시 지역들은 이 합병에서 예외이다. 이 합병에 저항하는 지역은 미국 내륙의 북쪽지역(inland North; 5대호 지역의 미국 쪽), 그리고 대부분의 미국 남부와 북동 회랑(Northeast corridor; 프로빈스에서 볼티모어에 이르는) 지역이다. 4.2.5절에서 이미 언급하였듯이, 이 합병은 모음 다음에 동일 음절의 /ɹ̩/이 따라 나올 때는 적용되지 않는다; 따라서, born과 barn은 언제나 서로 변별적이다(참고: orange [ɔɹ̩əndʒ] 혹은 [ɑɹ̩əndʒ]). 오하이오주 남동 지역과 웨스트 버지니아 북쪽 지역의 일부 화자들은 /ɑ/와 /ɔ/가 /t/ 앞에서 중화되지만, 다른 문맥에서는 중화되지 않는다. 또한 이 합병들이 비음 앞에서만으로 제한되는 화자들도 있다(예, Don 및 dawn).

어떤 책에서는 일부 지역에서 /ɑ/가 두 개의 이음을 가지고 있다고 한다: [ɑ]와 [ɒ]. 모음 [ɒ]는 동부 해안에서 주로 들을 수 있는 음인데, 약간의 순음(lip rounding) 자질을 가지고 있고, [ɑ]와 [ɔ]의 중간에 위치해 있다; 모든 미국인들이 사용하는 음은 아니다. 이 음을 가지고 있는 화자에게서도, 그 분포는 다음과 같다: [ɑ]는 개방 음절(예, spa)과 공명 자음에 의해 닫혀진 음절(예, car, prom) 모두에서 나타난다. [ɒ]는 장애음에 의해 닫힌 음절에서 나타난다(예, hot, posh).

중위 후설

미국 영어의 중위 후설 모음인 /o/와 /ɔ/ 사이의 관계는 중위 전설 모음인 /e/와 /ɛ/ 사이의 관계와 유사하다. 모음 /o/는 /e/와 같이, 약간 이중모음화되어 있고, 조음에 있어서 뒤쪽을 향해 더 높이 상승하는 움직임을 가지고 있다. (따라서 어떤 책에서는 /oʊ/와 /ow/ 같은 기호를 사용한다.) 이 고음은 중서부(Midwest)의 북부(위스콘신, 미네소타)에서는 단모음화 (혹은 아주 가까스로 이중모음화)되어 있다. 앞서 언급한 바와 같이, 동일 음절에 있는 /ɹ/앞에서, 이 두 모음의 구분은 뉴욕시 지역과 미국 전역에 걸쳐 북쪽 지방과, 뉴잉글랜드의 서부에서 영어를 사용하는 화자에게는 상실되었다. 하지만, 남부 지방과 뉴잉글랜드의 북쪽에서는 이 구분이 여전히 유지되고 있다. 따라서, hoarse - horse 그리고 morning - mourning과 같은 쌍들은 지역에 따라 동음이의어일 수도 있고 아닐 수도 있다.

고위 후설

고위 후설 모음 /u/와 /ʊ/는 대응되는 고위 전설 모음인 /i/와 /ɪ/가 상당히 유사하게 행동한다. 모음 /u/는 약간 이중모음화되어 있다(그래서 어떤 책에서는 기호 /uw/로 표기). /u/는 미국 남동부에서는 중심화(centralized)되지만 (예, school, good), /ʊ/는 치경구개 마찰음의 종성 앞에서 '긴장화(tensing)'을 겪어서, [u]로 실현될 수도 있다. 예를 들어, bush [buʃ]와 같은 예를 들 수 있는데, 이는 douche ([의료, 세척을 위한] 관수)와 각운을 이룬다. 앞에서 언급한 바와 같이, /u/와 /ʊ/의 구분은 같은 음절에 있는 /ɹ̣/ (예, tour) 혹은 /l/ (예, pull - pool) 앞에서는 없어진다; 유사한 상황이 oo의 철자를 가진 다른 단어들에서 관찰될 수도 있다(예, hoof, roof, root). 이 단어들에서는 둘 중 어떤 모음이라도 허용이 된다. 마지막으로, 다른 모음을 선행하는 비강세 음절에서, /u/는 이완 모음 [ʊ]로 될 수도 있다. (예, gradual [gɹ̣ædʒʊəl]).

4.6 이중모음

미국 영어의 세 이중모음은 /aɪ, aʊ, ɔɪ/인데, 이는 그림 4.3에 제시되어 있다. 이 이중모음들은 모든 단어 위치에 나타날 수 있고, 첫 모음에서 강세를 모두 가지고 있으며, 고위 모음(high vowel)으로 모두 끝난다. 마지막의 두 사항들은 미국 영어의 여러 방언들에 걸쳐 매우 잘 확립되어 있지만, 첫 번째 요인은 상당한 변이를 보일 수도 있다.

- /aɪ/: 이 이중모음에서 가장 일반적인 출발점은 [a]이지만, 출발점이 좀 더 뒤인 [ɑ]로 이동할 수도 있다. 미국 남부에서는 /aɪ/가 무성 자음이 따라 나오지 않는 경우 [ɑː] 혹은 [aː]가 된다(예, buy [bɑː], miles [mɑːlz]). 필라델피아 남부와 뉴욕시 일부에서, [ʌɪ]가 대신 들리기도 한다. 중부와 남부에서, 이 이중모음은 종종 /ɹ̣/ 앞에서 단모음으로 축소되기도 한다 (예, fire [fɑɹ̣]).
- /ɔɪ/: 이 이중모음의 시작점은 후설 저-중위(back low-mid)이다. 그리고 혀가 /ɔ/에서 /ɪ/를 향해 매끄럽게 이동한다. 입술은 첫 모음에 대해 약간 둥글게 되고, 두 번째 모음에서는 중립적으로 된다. 펜실베니아, 메릴랜드, 그리고 델라웨어에서, /ɔɪ/는 어떤 때 [oɪ]에 근접하기도 한다. 흑인 영어(AAVE)와 남부지방에서, 우리는 일반적으로 단모음화된 [ɔː]를 듣는다(예, oil [ɔːl], foil [fɔːl], boil [bɔːl]). 북캐롤라이나 연안 근처의 Outer Banks 섬에서는 [aɪ]라고 발음되는 것을 들을 수도 있어서, toid와 tide가 동음이의어가 되기도 한다.
- /aʊ/: 이 이중 모음의 출발점은 일반적으로 /aɪ/의 출발점만큼 앞에 있지는 않지만, /ɑ/의 조음점처럼 뒤에 있지도 않다. 물론 뉴잉글랜드에서 오대양에 걸쳐있는 북부 지역에서는 /ɑ/의 위치에 출발점이 있지만 말이다. 남부지역에서는 /aʊ/와

/æʊ/ (핵(nucleus)의 전설과 상승으로 인함)가 흔히 관찰된다. 반면에, 네브라스카와 아이오와에서는 [æʊ]가 압도적으로 많이 사용된다. 음절핵의 상승은 캐나다에서 흔히 관찰된다(예, out [əʊt]). 버지니아와 어느 정도는 뉴잉글랜드 북쪽 지역, 위스콘시, 그리고 미네소타에서, 이음 [ʌʊ]는 무성 자음 앞에서 발견된다(예, house [hʌʊs], out [ʌʊt]). 남쪽 연안 지방에 걸쳐, [aɪ]가 관찰되기도 하는데, 이경우 down과 dine이 동음이의어 [daɪː]으로 발음된다. 이 이중모음의 단모음화는 피츠버그에서 발견된다(예, down [daːn]).

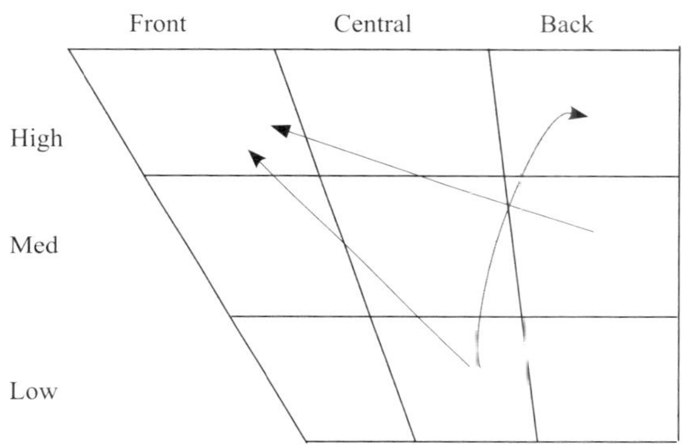

그림 4.3 미국 영어의 이중모음(American English diphthongs)

이 이중모음들 외에, 모음 뒤의 r을 발음하지 않는 (non-rhotic) 변종들(뉴잉글래드 동부, 뉴욕시, 남부 지역 남쪽)에서, V+ /ɹ/의 목표음들은 중심화된 이중모음(centering diphthongs)으로 바뀐다. 따라서, 다음과 같은 대응체계를 가진다.

	Rhotic	Non-rhotic
/i/		
	pier	[pɪə]
/ɪ/		
/ɛ/	pear	[pɛə]
/u/		
	poor	[pʊə]
/ʊ/		
/o/		
	pour	[pɔə]
/ɔ/		

[ɑɹ̣]의 경우는 [ɑə]대신 긴 [ɑː]를 얻는다(예, car [kɑː]).

나머지 세 개의 이중모음은 다음의 중심화(centralizations)를 보인다.

[aɪɹ̣]	fire	[faɪə]
[aʊɹ̣]	sour	[saʊə]
[ɔɪɹ̣]	coir	[kɔɪə]

앞서 살펴봤던 것처럼, 미국영어의 단모음과 이중모음에는 상당한 변이가 있다. 이 차이들의 대부분은 북부 도시 이동(Northern Cities Shift)과 남부 이동(Southern Shift)으로 널리 알려진 두 연쇄이동(chain shift)과 관련이 있다. 이 이동들은 모음 체계에 있어서 전체 시스템의 회전과 관련한 체계적인 변화, 다시 말해, 한 소리가 다른 소리의 자리로 이동할 때, 그 다른 소리 또한 이동하여 이 두 소리들이 계속 변별력을 가지고 의미 차이를 전달할 수 있도록 하는 것이다. 이 두 연쇄 이동(chain shifts)은 미국에서 진행 중인데, 아래에 기술하도록 하겠다.

*북부 도시 이동(**Northen Cities Shift**)*은 뉴잉글랜드 서부, 뉴욕주, 펜실베니아 북부, 오하이오 북부, 일리노이, 미시건, 그리고 위스콘신에서 발견된다. 이 이동의 보다 진보된 형태는 (시라큐즈, 버팔로, 클레브랜드, 톨리도, 디트로이트, 시카고, 매디슨 등) 보다 큰 도시 지역들에 주로 집중되어 있다. 이 이동은 시계방향의 회전인데, 그림 4.4에서 보여진다.

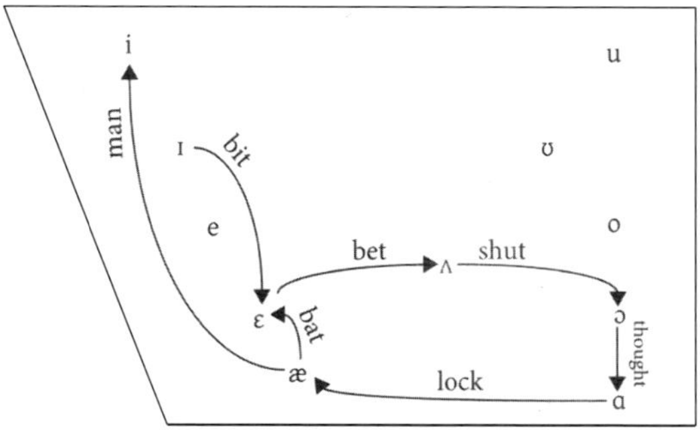

그림 4.4 북부도시 이동(Northern Cities Shift)

6개의 모음 /ɔ, ɑ, æ, ɛ, ɪ, ʌ/가 영향을 받는다. 저위 모음 /æ/와 /ɑ/는 보다 앞으로 이동하며 상승이 되기도 한다. 다른 모음들은 보다 뒤로 이동을 하며, 하강하기도 한다. thought에서의 /ɔ/는 아래로 이동하며, father의 /ɑ/와 같이 들리기 시작한다. man의 /æ/는 상승하고 전설되어 /iə/가 된다. 이 단어는 [miən]과 같이 들린다. 두 개의 비저위 이완 전설 모음(non-low lax front vowels)인 /ɛ/와 /ɪ/는 뒤쪽으로 이동한다. (후자의 경우는 또한 하강도 한다.); 따라서, bet은 but처럼 들리기 시작한다. 마지막으로 /ʌ/는 /ɔ/쪽을 향해 뒤로 움직여, shut이 shot처럼 들리게 만든다.

*남부 이동(Southern Shift)*은 남부 주들, 중부대서양 주들, 그리고 남부의 산으로 둘러쌓인 주들에 걸쳐 발견된다. 이 변화는 /aɪ/의 단모음화 (예, five [faɪv] → [faːv])이외에도, 다음의 6개의 모음에 영향을 미친다: /i, ɪ, e, ɛ, u, o/. 이것은 다음과 같은 방향으로 회전한다: 전설 이완 모음 /ɪ, ɛ, æ/가 상승이동한다(예, him [hɪm] → [him]; bed [bɛd] → [bɪd]; can't [kænt] → [kɛnt]), 그리고 전설 긴장 모음 /i/와 /e/는 하강하고 중심화(centralized)된다(예, beet [bit] → [bɪt]; bait [bet] → [bɛt]). 마지막으로, 후설 긴장 원순모음(back tense round vowels) /u/와 /o/는 전설 이동한다(예, boot [but] → [bʉt]; boat [bot] → [bʌt]). 더불어 관찰되는 것은 /ɔɹ/의 [oɹ]로의 상승 (예, born [bɔɹn] → [boɹn]) 그리고 /ɑɹ/의 /ɔɹ/로의 상승 (예, barn [bɑɹn] → [bɔɹn])이다. 그림 4.5에 이러한 이동들이 요약되어 있다.

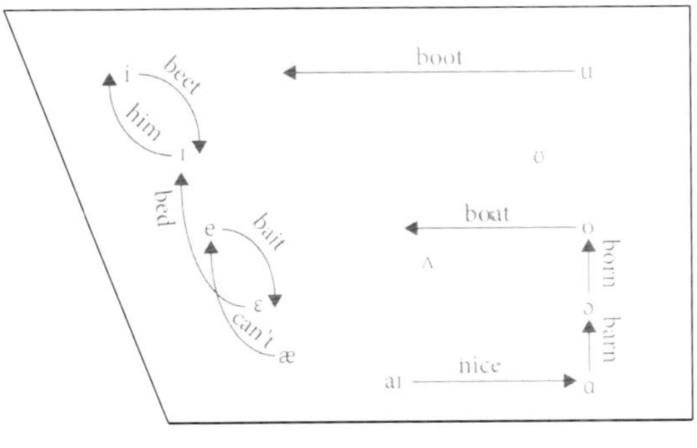

그림 4.5 남부 이동(Southern Shift)

4.7 사회음성학적 변이

언어적 문맥과 지역적 변이에 의해 이렇게 가변적으로 조음하는 것외에, 사회적으로 조건된 음성적 변이 또한 모음에 널리 퍼져 있다. Mendoza-Denton (1996)은 캘리포니아의 멕시코계(Chicana/Mexicana) 소녀들의 음성에서 모음 /ɪ/의 실현이 특정 그룹에 속하는 회원들의 구심적 역할에 따라 예측될 수 있다는 것을 발견했다.

말 소리 유형에 대한 성적 지향의 영향은 여러 차례 연구되어 왔다. Pierrehumbert et al. (2004)는 게이, 레즈비언, 그리고 양성애 화자들의 낭독문에서 모음 발화를 살펴보았고, 모음들이 성적 지향에 따라 음향 특색에서 차이를 보인다는 것을 발견했다. 레즈비언과 양성애 여성들은 이성애 여성보다 덜 전설된 /u/와 /ɑ/를 발화했다. 게이인 남자들은 이성애 남성들보다 더 확장된 모음 공간을 만들어 냈다.

Munson *et al*. (2006)은 단순한 단어들의 음향적 특성들을 조사했다. (포먼트 주파수(F1, F2 등)는 성도 내의 구강과 연관된 모음/이중모음의 공명주파수이다. 포먼트의 상세한 설명은 제5장에 주어져 있다). 게이 남성들은 이성애의 남성들보다 더 낮은 (다시 말해 보다 높은 F1 주파수로) /æ/와 /ɛ/를 만들었다. 레즈비언과 양성애 여성은 이성애 여성보다 더 높은 (다시 말해, 더 낮은 F1 주파수로) /ɛ/와 더 후설인 (더 낮은 F2 주파수로) /o/를 만들었다. 지각실험에서, 연구자들은 저위 모음을 더 낮게 (즉, 높은 F1주파수로) 발음하고 후설 모음을 (낮은 F2로) 더 뒤에서 발음하는 남성들이 정반대의 특징을 가진 남성들보다 더 게이처럼 지각되는 것으로 판독하는 경향이 있었다는 것을 발견했다. 여성들은 만약 저위 모음을 더 높게 (낮은 F1으로), 그리고 후설모음을 더 후설(더 낮은 F2로)에서 조음했다면, 레즈비언이나 양성애자로 판단하는 경향이 있었다.

4.8 미국영어 외의 변종들

미국내에서 우리가 관찰하던 차이점에 덧붙여, 미국 영어 외의 변종들은 상당한 변이를 보여준다. 표 4.1에서 표 4.4는 미국영어와 다른 영어와의 차이점을 보여주고 있다. 표는 영어의 여러 변종 사이에서의 모음(과 이중 모음의) 변이와 관련하여 몇 가지 기본적인 사실을 제공하기 위해 의도된 것이다. 하지만, 이들은 영어의 모든 변종들에 대한 광범위한 기술도 아니고 한 변종 내의 변이들의 세밀한 내역을 제공하는 것으로 포장하는 것도 아니다.

표4.1에서 표4.4에 사용된 기호들이 추상적이라는 점도 기억해야 하는데, 추상적이라는 의미는 둘 혹은 그 이상의 변종에서 동일한 부호가 사용된다는 것이 다른 변종에서 그 소리들이 동일하다는 것을 의미하는 것은 아니기 때문이다. 예를 들어, 우리는 AmE, CnE, RP, ScE, IrE, 그리고 WeE를 고려할 때, 모든 변종들은 [het]와 같은 단어에서 동일한 부호 /e/를 가진다는 것을 보게 된다. 이는 이 모든 변종들에서 음성학적인 특징이 동일하다는 인상을 줄 지도 모른다. 하지만 이는 명백히 그렇지 않다. RP에서 이 모음은 명백히 이증모음이지만, 이중모음의 정도가 AmE에서는 매우 약하거나 ScE, IrE, 그리고 WeE에서는 기본적으로 단모음이다. 모음 /o/는 동일한 기호가 다른 음질에 대해 사용된 또 다른 사례이다. AmE에서 이 소리는 종종 이중모음이지만, ScE, IrE 그리고 WeE에서 이 소리는 단모음이다. 단모음/이중모음 차이 외에도, 다른 변이들이 있을 수도 있다. 예를 들어, 우리가 동일한 기호 /ɛ/, /æ/, 그리고 /ʌ/를 <u>pet</u> [pɛt], <u>sat</u> [sæt], 그리고 <u>bus</u> [bʌs]라는 단어에 각각 사용하지만, AmE와 RP에서, 이 소리들은 두 변종을 가진다는 것을 지각하게 된다. 첫 두 단어는 AmE에서 보다 RP에서 보다 높은 혀의 위치를 가지지만, 이 상황은 /ʌ/에서는 반대가 된다. 즉, /ʌ/의 경우는 RP에서 보다 AmE에서 더 높은 혀의 위치를 가지게 된다.

표 4.1 미국 영어와 카리브 이외의 지역에서 사용되는 영어(non-Caribbean varieties)의 모음과 이중 모음 비교

	AmE	CnE	RP	ScE	IrE	WeE	AuE	NZE
beak	i	i	i	i	i	i	i	i
pit	ɪ	ɪ	ɪ	ɪ	ɪ	ɪ	ɪ	ɪ
hate	e	e	e	e	e	e	ʌɪ	ʌɪ
pet	ɛ	ɛ	ɛ	ɛ	ɛ	ɛ	e	e
sat	æ	æ	æ	a	æ	a	ɛ	ɛ
bath	æ	æ	ɑ	a	a	a	aː	aː
bus	ʌ	ə	ʌ	a	a	ə	a	a
pot	ɑ	ɑ	ɒ	ɔ	ɑ	ɔ	ɒ	ɒ
calm	ɑ	ɑ	ɑ	a	aː	aː	aː	aː
loft	ɔ	ɑ	ɒ	ɔ	ɒ	ɒ	ɒ	ɒ
bought	ɔ/ɑ	ɑ	ɔː	ɔ	ɔː	ɔː	ɔː	ɔː
soak	o	o	əw	o	o	o	ʌʊ	ʌʊ
book	ʊ	ʊ	ʊ	ʉ	ʉ	ʊ	ʊ	ʊ
boot	u	u	u	ʉ	ʉː	ʉː	ʌʉ	ʌʉ
bike	aɪ	ʌɪ	aɪ	ʌɪ	aɪ	əɪ	aɪ	aɪ
about	aʊ	ʌʊ	aʊ	ʌʉ	aʊ	ʊ	ʊ	ʊ
coin	ɔɪ	ɔɪ	ɔɪ	ɔe	ɔɪ	ɔɪ	ɔɪ	ɔɪ

표 4.2 미국 영어와 카리브 이외의 지역에서 사용되는 영어들에서 /r/ 앞에서의 모음 및 이중 모음의 변이 및 어말 위치에서의 [i-ɪ], [ə-ʌ] 변이

	AmE	CnE	RP	ScE	IrE	WeE	AuE	NZE
sneer	ɪɹ̣	iɹ	iə	ir	ir	iə	ɪə	ɪə
pear	ɛɹ̣	eɹ	ɛə	er	er	ɛə	eə	eə
heart	ɑɹ̣	ɑɹ	ɑː	ar	ar	aː	aː	aː
nurse	ɝ	ɝ	ɜː	ʌr	ɛr	əː	ɜː	ɜː
runner	ɚ	ɚ	ə	ər	ər	ə	ə	ə
poor	ʊɹ̣	ʊ	ʊə	ʉr	ur	uə	ʊə	ʊə
sore	ɔɹ̣	ɔɹ	ɔə	or	or	ɔː	ɔː	ɔː
fire	aɪɹ̣	ʌɪɹ	aɪə	æɪr	aɪr	əɪə	aɪə	aɪə
sour	aʊɹ̣	ʌʊɹ	aʊə	ʌʉr	aʊr	əʊə	æʊə	æʊə
coir	ɔɪɹ̣	ɔɪɹ	ɔɪə	ɔer	ɔɪr	ɔɪə	ɔɪə	ɔɪə
baby	i	i	ɪ	ɪ	i	ɪ	i	i
coma	ə	ə	ə	ʌ	ə	ə	ə	ə

표 4.3 미국 영어와 카리브 지역에서 사용되는 영어들 사이의 단모음과 이중모음 비교

	AmE	Jamaica	Guyana	Barbados	Trinidad	Bahamas
beak	i	i	i	i	i	i
pit	ɪ	ɪ	ɪ	ɪ	ɪ	ɪ
hate	e	e	e	e	e	e
pet	ɛ	ɛ	ɛ	ɛ	ɛ	ɛ
sat	æ	a	a	a	a	a
bath	æ	aː	aː	aː	a	aː
bus	ʌ	ʌ	ʌ	ʌ	ʌ	ʌ
pot	ɑ	a/ɑ	ɑ	aː	a	aː/ɑ
calm	ɑ	aː	aː	aː	ɑ/a	aː/ɑ
loft	ɔ	aː/ɔː	aː/ɔː	ɒː	ɒ/ɔ	ɑː
bought	ɔ/ɑ	ɔː	aː/ɑː	ɒ	ɔ	ɑː
soak	o	o	o	o	o	o
book	ʊ	ʊ	ʊ	ʊ	ʊ	ʊ
boot	u	u	u	u	u	u
bike	aɪ	aɪ	aɪ	ʌɪ	aɪ	ʌɪ
about	aʊ	ɔʊ	ɔʊ	ʌʊ	ɔʊ	aʊ
coin	ɔɪ	ɔɪ	aɪ/ɔɪ	ʌɪ/oɪ	ɔɪ	əɪ

표 4.4 미국 영어와 카리브 지역에서 사용되는 영어들에서 /r/ 앞에서의 모음 및 이중 모음의 변이 및 어말 위치에서의 [i-ɪ], [ə-ʌ] 변이

	AmE	Jamaica	Guyana	Barbados	Trinidad	Bahamas
sneer	ɪɹ̣	ɛːr	eː(r)	eːr	ɛə	ea
pear	ɛɹ̣	ɛːr	eː(r)	eːr	ɛə	ea
heart	ɑɹ̣	ɑː(r)	ɑː(r)	ɑːr	a/ɑ	ɑː
nurse	ɝ	ʌ/ʌr	ʌr	ɝ	ɒ/ɜ	əi
runner	ɚ	a/ʌr/ə	a/ə	ɚ	a/ə	ə
poor	ʊɹ̣	oːr	oː(r)	oːr	ɒ/ɔ	oa
sore	ɔɹ̣	oːr	oː(r)	oːr	ɒ/ɔ	oa
fire	aɪɹ̣	aɪr	aɪ(r)	ʌɪr	aɪə	ʌɪə
sour	aʊɹ̣	ɔʊr	ɔʊ(r)	ʌʊr	ɔʊə	ʌʊə
coir	ɔɪɹ̣	ɔɪr	ɔɪ(r)	ʌɪr	ɔɪə	ɔɪə
baby	i	ɪ	i	i	i	ɪ
coma	ə	a	a/ə	ə	a/ə	ə

4.9. 완전 모음과 축약 모음

비록 강세가 다음 장에 논의할 주제이지만, 여기서 다루어야 할 문제가 하나 있다. 이 문제는 축약모음(reduced vowels)과 관련이 있다. ([ə]를 제외하고) 영어의 모든 모음은 강세 음절에서 나타날 수 있지만. 이 모음 중 많은 모음들이 형태론적으로 관련이 있는 단어들의 비강세 음절에서는 [ə]와 교체를 하는 것으로 알려져 있다.

	완전모음의 강세 음절	[ə]로 축약된 음절
/i/	homogeneous [homodʒiniəs]	homogenize [həmɑdʒənaɪz]
/ɪ/	implicit [ɪmplɪsət]	implication [ɪmpləkeʃən]
/e/	rotate [ɹ̣otet]	rotary [ɹ̣otəɹ̣i]
/ɛ/	perpetuate [pɚpɛtʃuet]	perpetuity [pɚpətʃuəti]
/æ/	enigmatic [ənɪgmætɪk]	enigma [ənɪgmə]
/ɑ/	stigmata [stɪgmɑtə]	stigma [stɪgmə]
/ɔ/	author [ɔθɚ]	authoritarian [əθɔɹ̣ətɛɹ̣iən]
/o/	photograph [fotəgɹ̣æf]	photography [fətɑgɹ̣əfi]
/ʌ/	confront [kənfɹ̣ʌnt]	confrontation [kɑnfɹ̣ənteʃən]
/u/	compute [kəmpjut]	computation [kɑmpjəteʃən]
/aɪ/	design [dəzɑɪn]	designation [dɛzəgneʃən]

하지만, 비강세 음절에 모음이 나타난다고 반드시 축약된 모음이 [ə]인 것은 아니다. 영어 모음이 완전한 형태(축약되지 않은 형태)로 비강세 음절 (혹은 제7장에서 좀 더 다루게 되긴 하겠지만, 제2강세를 포함하는 음절)에 나타나는 것 또한 가능하다. 이는 다음의 예를 통해 알 수 있다:

/i/	labial
/ɪ/	implicit
/e/	rotate
/ɛ/	contennial

/æ/	sarcasm
/ɑ/	October
/ɔ/	causality
/o/	location
/ʊ/	boyhood
/u/	acoustician
/aɪ/	titration
/aʊ/	outside
/ɔɪ/	exploitation

따라서, 일방향적인 일반화를 다음과 같이 만들 수 있다: 비록 축약된 모음은 비강세 음절에서 반드시 나타나야 하지만, 비강세 음절에 있는 모음이라고 반드시 축약된 모음은 아니다.

비록 우리가 일관성을 가지고 축약된 음절에 [ə]를 사용했지만, 사람들의 말소리에서 [ɪ]를 찾는 것 또한 다소 흔한 일이다. 다시 말해, implication과 같은 단어에서, 우리는 [ɪmpləkeʃən] 뿐만 아니라, [ɪmplɪkeʃən]도 관찰할 수 있다. 일반적으로, [ɪ]는 치경구개음 앞에서 (예, selfish [sɛlfɪʃ], sandwich [sændwɪtʃ], marriage [mæ.ɪɪdʒ]), 그리고 연구개음 앞에서 (예, metric [mɛt.ɪɪk], running [rʌnɪŋ]) 관찰된다. 하지만, 명심할 것이 있는데, 음절 구조(syllable structure) 또한 요인이 된다는 것이다. 치경구개음과 연구개음의 영향은 동일음절성(tautosyllabicity)이 있을 때, 즉 이 소리들이 같은 음절 내에 있을때, 그 효과가 더 두드러진다. 예를 들어, 우리는 topic [tɑpɪk]에서는 [ɪ]라고 하는 경향이 있지만, 이는 topical과 같은 관련 단어에서는 [ə]로 바꾸어지는 경향이 있다. 그 이유는 연구개음 [k]가 후행하는 음절의 초성이기 때문이다. 여러분 개인들은 그러한 음절의 발음을 확인하고, 그에 따라 모음을 전사해야 한다. 하지만, 축약된 음절들은 필연적으로 강세가 없기때문에, 그리고 [ə]는 강세음절에서 나타날 수 없기 때문에([ɪ]는 나타날 수 있지만), 우리는 학생들에게 실용적인 이유로 인해 그러한 비강세 모음은 [ə]를 사용하라고 권한다.

지적해야 할 점이 또 있는데, 이는 [ə]가 비강세 [ɪ]와 관계를 가지고 있다는 점 외에, 다른 세 모음 /i, o, u/와도 특별한 관계를 가지고 있다는 점이다. 비강세 음절

에서, 이 세 모음의 발음값의 범위는 중앙에 있는 [ə] 지역까지 확장된다. 이는 다음에서 볼 수 있다:

	[i]	[ə]
record	[ɹikɔɹd]	[ɹəkɔɹd]
denounce	[dinaʊns]	[dənaʊns]
eleven	[ilɛvən]	[əlɛvən]
	[o]	[ə]
produce	[produs]	[pɹədus]
romantic	[ɹomæntɪk]	[ɹəmæntɪk]
protest	[pɹotɛst]	[pɹətɛst]
	[u]	[ə]
regular	[ɹɛgjulɚ]	[ɹɛgjəlɚ]
graduate	[gɹædʒuet]	[gɹædʒəet]
circular	[sɝkjulɚ]	[sɝkjəlɚ]

4.10 기능어의 완전(강) 형태와 축약(약) 형태

단어들의 발음은 우리가 이 단어들을 고립해서 (즉, 인용형(citation form)으로) 생각하든 연속 음성에서 생각하든 차이점들을 드러낸다. 후자의 경우는 특히 비강세 단음절 기능어(자유 문법 형태소)에 대해 많은 변화들을 수용할 수 있는 매우 비옥한 환경이다. 기능어의 부류는 조동사, 전치사, 관사, 접속사, 대명사, 그리고 몇몇 부사들을 포함한다. 연속 음성 발화에서 그러한 단어들은 전형적으로 정보의 초점이 되지 않아 강세를 받지 않는다. 그래서 이 기능어들은 쉽게 축약되곤 한다. 축약형은 연속 음성에서 매우 흔하며, 그것들을 덜 사용하는 것(즉 강한 (완전한) 형태를 사용하는 것)은 곧바로 모국어 화자들의 귀에 자연스럽지 못한 것으로 느껴지게 한다. 또한 이러한 형태에 익숙하지 않은 학습자들은 연결 음성에서 이를 정규적으로 사용하는 모국어 화자들을 이해하는데 어려움을 갖게 될 것이다. 따라서, 학습자들은 영어 음운론의 이러한 면을 자주 상기해야만 한다. 비록 몇십 개의 단어에 제한되어 있긴 하지만, 강형과 약형의 존재는 매우 중요한데, 그 이유는 이 단어들이 언어의 가장 기본적인 단어들 중 일부이며, 매우 높은 사용 빈도를 가지고 있기 때문이다. 아래의 목록에서 명백하게 되겠지만, 이 기능어들 중 몇몇은 약형태(weak form)를 하나 이상 가지고 있다. 이 변이들 중 몇몇은 예측가 능하지만(예, the book [ðə bʊk]에서와 같이 자음 앞에서는 [ðə], 그리고 the apple [ði æpəl]에서와 같이 다른 것 앞에서는 [ði]), 다른 많은 것들은 불변하는 것과는 거리가 멀어 예측하기가 쉽지 않다. 두 개의 동일한 철자가 완전히 다르게 행동하는 경우도 또한 주목할 만하다 예를 들어, that이 "You said that she ate."에서와 같이 관계 대명사로 쓰인 경우 [ðət]으로 발음되지만, 동일한 철자를 가진 지시사 that은 that boy에서와 같이 약화될 수 없으며, 항상 [ðæt]으로 발음된다.

우리가 논의 중인 항목들을 이어서 열거하기 전에, 독자들에게 고립되어 나타나는 인용형이 이 단어들의 강한(완전한) 형태가 사용될 수 있는 유일한 환경은 아니라는 점을 상기하고자 한다. 기능어들이 대화를 주고 받을 때 초점(focal point)이 될 때도 강한 형태로 실현될 것으로 예상된다. 이는 다음에서 볼 수 있다:

A: "We can serve strawberries or grapes for dessert."
B: "I think we should serve strawberries **and** grapes."

또는 (단언문에서) 대립을 이룰 때인데, 이는 다음과 같은 경우이다:

A: "I can't finish this job by Tuesday."
B: "Yes you **can**."

축약된 형태 [ən]과 [kən]이 정상 발화 음성에서는 예상되는 형태인 반면, 위의 예에서 이 단어들은 완전한 형태(full form) [ænd]와 [kæn]으로 발화될 것인데, 이는 그들이 대화에서 내용의 초점(focus)이 될 때 그렇게 된다.

영어에서 흔히 보이는 기능어 중 일부의 강형과 약형이 다음에 제시되어 있다.

	Strong	Weak		
a	[e]	[ə]	"a book"	[ə bʊk]
that (rel. pr.)	[ðæt]	[ðət]	"you said that ..."	[ju sɛd ðət ...]
but	[bʌt]	[bət]	"it's good but late"	[ɪts gʊd bət ...]
and	[ænd]	[ənd, ən, n]	"boys and girls"	[bɔɪz ən gɝlz]
than	[ðæn]	[ðən]	"better than ever"	[bɛrɚ ðən ...]
his	[hɪz]	[ɪz]	"put his name down"	[pʊt ɪz ...]
her	[hɝ]	[ɚ]	"put her name down"	[pʊt ɚ ...]
your	[jʊɹ]	[jɚ]	"put your name down"	[pʊt jɚ ...]
he	[hi]	[hɪ, i, ɪ]	"will he read?"	[wɪl i ɹid]
him	[hɪm]	[ɪm,m̩]	"I told him to come"	[aɪ təld ɪm ...]
you	[ju]	[jə]	"do you eat this?"	[djə it ...]
them	[ðɛm]	[ðəm, əm, m̩]	"leave them alone"	[liv ðəm ...]
us	[ʌs]	[əs]	"leave us alone"	[liv əs ...]
an	[æn]	[ən]	"have an apple"	[hæv ən ...]
or	[ɔɹ]	[ɚ]	"pen or pencil"	[pɛn ɚ ...]
just	[dʒʌst]	[dʒəst]	"he's just arrived"	[hiz dʒəst ...]

이와 더불어, 다음에 제시된 단어들은 문장말의 위치에 나타날 때 강한 형태로 나타난다:

at	[æt]	[ət]	"at home"	[ət h ...]
for	[fɔɹ]	[fɚ]	"this is for me"	[... fɚ mi]
to	[tu]	[tə]	"he went to school"	[hi wɛnt tə ...]
from	[fɹʌm]	[fɹəm]	"back from work"	[bæk fɹəm ...]
of	[ɑv]	[əv, ə]	"a cup of coffee"	[ə kʌp ə kɑfi]
some	[sʌm]	[səm]	"have some coffee"	[hæv səm ...]
as	[æz]	[əz]	"as funny as ..."	[əz fʌni əz]
do	[du]	[də, d]	"do you eat this?"	[djə it ...]
had	[hæd]	[əd]	"we had done that"	[wi əd ...]
has (완료)	[hæz]	[əz]	"John has gone"	[dʒɑn əz gɑn]
has (소유격)	[hæz]	[həz, əz]	"she has two of those"	[ʃiəz t ...]
can	[kæn]	[kən, kŋ̩]	"I can do it"	[aɪ kŋ̩ du ...]
will	[wɪl]	[wəl, əl]	"I'll be there"	[aɪəl bi ...]
would	[wʊd]	[wəd, əd]	"he would like to come"	[hɪəd ...]

should	[ʃʊd]	[ʃəd]	"I should go"	[aɪ ʃəd ...]
must	[mʌst]	[məst (모음 앞), məs]	"you must tell me"	[ju məs tɛl ...]
could	[kʊd]	[kəd]	"he could do it"	[hi kəd ...]
have	[hæv]	[həv, əv]	"the kids have done it"	[ðə kɪdzəv dʌn ...]
am	[æm]	[əm, m]	"I'm going"	[aɪ (ə)m ...]
are	[ɑɹ̩]	[ɚ]	"students are going"	[studənts ɚ ...]
was	[wʌz]	[wəz]	"he was there"	[hi wəz ...]
were	[wɝ]	[wɚ]	"we were just leaving"	[wi wɚ ...]

이러한 기능(비주류) 단어들은 그들의 모음을 상실하고 그 결과로 선행하는 음절과 합병함으로써 만들어지는 축약형을 가지고 있다.

"He will come" → [hɪl ...] "I have seen it" → [aɪv ...]
"They are here" → [ðɛɹ̩ ...] "Bill has done it" → [bɪlz ...]

전치사와 조동사는 축약된 형태를 가지기 위해 특정한 요건을 갖추어야 한다는 점을 언급할 필요가 있다. 따라서, 예를 들어, 전치사 "by"는 다음의 두 문장에서 서로 다르게 행동한다:

(a) He walked <u>by</u> the other day.
(b) He walked <u>by</u> the other route.

축약된 형태는 단지 (b)에서만 나타나는데, 이는 전치사 다음에 명사가 따라나오기 때문이다(다시 말해 <u>by</u>가 목적어 명사를 가지고 있어서 "전이성" 전치사이기 때문이다.) (a)에 있는 (목적어를 가지지 않는) "비전이성" 전치사 <u>by</u>는 강세를 가지며 축약되지 않는다.

조동사는 전형적으로 무강세이며 축약(reduced)되거나 단축(contracted)되는데, 다음은 예외이다:

(a) 조동사가 부정어(negative particle) <u>not</u>과 함께 나타날 때. 이 경우, 둘 중 하나만 축약/단축되지, 둘 다 되지는 않음:

"The game hasn't started" (*not* is contracted, *has* is not);
"The game's not started" (*has* is contracted, *not* is not).

다음의 두 경우는 가능하지 않다:

* "The [gemzənt] started" (*has* is reduced and *not* is contracted);
* "The game [əzənt] started" (both *has* and *not* are contracted).

(b) 마지막 위치에 나타날 때

"Is she coming?"	"She is"
"Has she returned?"	"She has"
"Do they like it?"	"They do"
"Who will read?"	"John will"

마지막으로, 축약 모음이 기능어에만 한정된 것이 아니라 어휘 형태소(명사, 동사, 형용사, 부사)에도 찾아 볼 수 있다는 것을 지적코자 한다. 이는 다음 장에서 살펴볼 것이다.

요약

이 장에서 우리는 미국영어의 단모음과 이중모음에 대해, 그리고 이 모음들의 문맥적 변이형들에 대해 살펴보았다. 모음에서의 방언적인 변이가 자음에서의 그것보다 훨씬 크기 때문에 미국 영어의 변이에 초점을 맞추어 논의를 진행하였다. 미국 영어 외의 지역어에 대해서는 목록으로 요약해 놓았다. 자음에 관해 논의한 이전 장에서 이미 언급했듯이, 모음 변이의 본질 또한 규칙에 의해 지배받는다는 지식은 의사소통 장애 및 외국어 교수 영역에서 활동하는 전문가들에게 매우 귀중한 자산이 될 것이다.

연습문제

1. 어떤 단어에서는, 철자 or로 나타내어진 연쇄는 [ɔɹ̩]라는 음성 실현을 가지고, 이는 다시 [ɑɹ̩]로 바뀔 수 있다. 다음의 단어들 어이에서 이것이 가능할까? 이유를 설명하시오

forge, ignore, divorce, bore, horoscope, Oregon, explore, tomorrow, lord

2. 4.9절에서 보았듯이, [ə]는 /i, o, u/와 특별한 관계를 가지는데, 단어들의 발음이 [ə]와 함께 될 수도 있고, 이 단어들 중 하나를 가지고 될 수도 있다는 점에서 그렇다. 다음 단어들을 살펴보고 어느 단어들이 이 교체(alternation)를 할 자격이 있는지 기술하시오.

devoid, satisfactory, photography, episcopal, calculate, statutory, reserve, meaning, gratefully, supremely, consumer, vocation, evaporate

3. 다음을 포함하는 단어를 원을 그려 표시하시오:

[i]: audible, hitter, lisp, pity, foreign, Nancy, horrible, slowly, leave, heed, crease, Greek, tweet, teal, gleam, weather, live, heart, gene, deal

[ɪ]: seen, pitch, sneaker, feast, knit, cheap, sing, fist, greed, simmer, evening, each, eat, isle, slick, sigh, grit, cider, spirit, hill, until

[e]: sense, aide, starved, sensational, amaze, enough, nation, revolver, nervous, forgiven, lace, freight, bacon, phase, brave, pendant, habitat, basket

[ɛ]: locate, perceive, slapped, said, maid, adept, laughed, check, came, tread, grained, gel, gene, edge, debt, serene, pretty, lens, element

[æ]: panda, peptic, cabin, delta, cobra, bandit, camel, alone, inept, coma, acted, dragon, Asia, games, slap, axe, racket, clad, alabaster, avoid

[ɑ]: hopper, dole, hotter, father, tranquil, market, polar, bargain, magnify, organizer, vanity, old, lone, bold, rock, shock, follow, clock

[o]: could, groan, brook, flowed, boiling, cook, told, boat, crook, poised, posed, bowling, Joan, bold, coal, broad, clock, town, groan, hormone

[ʊ]: should, most, coin, could, poled, good, stood, broke, soul, hoop, cooled, wood, booking, pool, hood, full, room, google, look, took, bully

[u]: goodness, groom, foot, cooled, woman, root, broom, shook, school, coiled, couch, under, renew, stew, ponder, fudge, surrender, who, fool

[aɪ]: imply, ironic, point, arrive, halve, advice, save, thyself, fatherly, breath, decide, lake, sprite, sigh, brisket, hindrance, animation, grind, cider

[ɔɪ]: spoiling, beside, guile, pointless, boil, Norwegian, soil, voyages, official, soy, continent, honey, poised, loin, corrupt, tonsils

[aʊ]: bought, laundry, bound, owl, vowed, old, nose, cow, ploy, toad, Joan, foul, drowsy, chowder, trout, tower, hound, follow, hazardous, acoustic, town

4. [ʌ]와 [ə] 모두를 가진 단어를 원으로 표시하시오:

undone, luckily, abundance, Monday, rushing, redundant, trouble, Paris, plaza, suspend, crumble, sudden, grovel, rupture, jungle, stutter, comma, vodka, Sarah, oven

5. [ʌ]와 [ɚ] 모두를 가진 단어를 원으로 표시하시오:

mustard, award, wonderful, support, guarded, thunder, serpent, walker, tremor, barley, harbor, rubber, custard, under, others, usher, flutter, runner, dumpster

6. 어느 단어들이 다음을 가지고 있는가:
(a) both [ɝ] and [ə]
(b) both [ɝ] and [ɚ]
(c) only [ɝ]
(d) only [ɚ]
(e) only [ə]

Example: bourbon: a

cursor ____, person ____, career ____, abort ____, verses ____, whisper ____, suburb ____, carat ____, convert (v) ____,surprise ____, heard ____, Herbert ____, under ____, shivered ____, birthday ____, worker ____, serviced ____, murder ____, better ______ galore ____, actor ____, earner ___, worst ___, condone ___, patrol ____, purchase ____ neighbor ___, surgeon ___ , ashore ____ , chirp ____ , compose ____ , alone ____

7. 다음을 전사하고, (a)에서는 마찰음, 치경 자음, 그리고 긴장 모음의 수를 적고, (b)에서는 이완 모음, 유성 자음, 그리고 무성 폐쇄음의 수를 적으시오.

(a) One of the striking differences between a cat and a lie is that a cat has only nine lives.

(Mark Twain)

(b) If a million people say a foolish thing, it is still a foolish thing.

(Anatole France)

8. D. Crystal, *The Cambridge Encyclopedia of the English Language* (Cambridge: Cambridge University Press, 1995)에서 발췌한 ("세계어로서의 영어"에 관한) 다음 단락을 전사(transcribe)하라.

The movement of English around the world began with the pioneer-ing voyages to the Americas,

....

Asia, and the Antipodes, continued with the 19th century colonial developments in Africa and the

....

South Pacific, and took a significant further step when it was adopted in the 20th century as an

....

official or semi-official language by many newly independent states. English is now the dominant

....

or official language in over 60 countries, and is represented in every continent. It is this spread of

....

representation which makes the application of the term "world language" a reality. The present-day

....

world status of English is primarily the result of two factors: the expansion of British colonial

....

power, which peaked towards the end of the 19th century, and the emergence of the United States

....

as the leading economic power of the 20th century. It is the latter factor which continues to explain

....

the position of the English language today. The USA contains nearly four times as many English-

....

mother-tongue speakers as the next most important nation (UK), and these two countries comprise

....

70 percent of all English-mother-tongue speakers in the world.

....

제 5 장
모음과 자음의 음향학

5.1 서론

이 장의 목적은 영어교사와 언어 치료사들이 평가와 치료 준비에 도움이 될 정보를 제공하는 것이다. 그러한 목적으로 인해 이 장에서는 말소리 음성학에 대한 아주 세부적인 사항들까지 다루지는 않을 것이다. 그보다는 이 장에서는 소리의 스펙트로그램을 활용한 분석과 관련한 기본 지식들을 제공하는 것을 목적으로 할 것이다. 신뢰할 만한 평가를 하기 위해서는 환자의 소리에 대해 정확하고 적절한 기술을 할 필요가 있다. 최근에는 비싸지 않은 소프트웨어들을 이용할 수 있게 되어서 그러한 절차들이 언어 치료실과 교실에서 모두 이용할 수 있는 것으로 되었다. 치료를 필요로하는 말소리는 (평범한 화자의) '정상발음(norm)'과는 다른 유형을 보이기 때문에, 언어 치료 전문가들은 일탈의 정도를 결정하기 위해 언어 치료를 받으러 온 고객의 말소리를 '정상발음(norm)'과 비교해야 할 때도 있을 것이다. 말소리를 보여 주는 스펙트로그램 혹은 이른바 성문(聲紋; voice prints)이라고 일컬어지는 것은 음성의 음향적인 특징을 간결한 형태로 나타내 주는 매우 편리한 장치이다. 이 스펙트로그램을 해석하는 방법을 배우는 것 또한 연습을 하면 상대적으로 쉽다. 스펙트로그램 자료는 언어 치료의 변화를 모니터할 때 사용될 수 있으며, 언어 치료사들이 치료 계획을 조정하는데 도움을 줄 수도 있다.

스펙트로그램을 해독하는 법을 배우기 전에, 이 책을 읽는 독자들은 다음의 몇 가지 중요한 점들에 주의를 할 필요가 있다. 첫째, 스펙트로그램이 말소리의 여러 측면들에 대해 세밀한 정보를 제공해 주고, 언어 측정과 치료에 중요한 역할을 할 수도 있다. 하지만, 음향학적으로 변별될 수 있는 현상들이 모두 지각적으로도 변별될 수 있는 것들은 아니라는 점이다. 따라서 언어치료 전문가들은 스펙트로그램 자료에서 특정 사례와 적절하게 관련된 정보를 꼭 집어 낼 수 있어야 한다. 더불어 중요한 점은 지각 단서들(perceptual cues)이 서로 상호작용을 한다는 사실과 모음의 고저 및 전후성같은 단일 자질들과 관련하여 신뢰할 만한 정도로의 대립를 파악하는데는 공존하는 여러 단서들이 필요하다는 점이다. 둘째, 스펙트로그램에 있는 음향정보로부터 단어를 인식하는 것과 연관되어 내재적인 문제점들이 있다는 점도 중요하다. 화자 간 및 화자 내 변이때문에 예상되는 차이점도 문제지만, "선형성(linearity)"과 "불변(invariance)"이라는 두 문제점이 특히나 문제가 많다. 비록 우리가 음성 전사를 할 때, 우리는 선형적인 방식으로 소리들을 표상하지만, 이는 단순히 추상적인 방식에 불과하다. 소리의 조음들은 전형적으로 시간 축에서 서로 중첩되어 있다. 그리고 시간을 축으로 전이되는 소리의 유형이 대부분 만들어진다. 경계들이 불분명해지고, 개별적인 단어들은 특징적인 자질들이 몇 개 상실되는 경우도 있다. 따라서, 스펙트로그램이 전시(spectrographic display)되어있는 모양에 따라 소리들이 선형적으로 배치된다고 기대해서는 안 된다. 또한 본 장의 뒷 부분에서 더 자세하게 다루겠지만, 특정한 소리의 특징들은 서로 다른 음성학적인 환경(예, 인접 분절음의 본질, 단어의 길이, 구에서의 단어의 위치, 강세, 발화속도 등)에서 변한다. 결과적으로 소리가 모든 환경에서 불변의 특정을 보일 것이라고 기대해서는 안 될 것이다.

모든 소리들의 생성은 공기를 진동하게 한다. 두 요소들이 소리가 생성되는데 영향을 미친다. 이 중 하나는 공기의 크기와 모양이다. 짧고 긴 공기 덩어리가 진동을 하면, 이는 공기 덩어리가 보다 길고 보다 넓을 때보다 더 높은 피치를 만들어 낸다. 다른 요인은 소리의 강도(intensity)와 관련이 있다. 이러한 차이점들로 인해 만들어진 소리의 파형들은 단순 (주기적) 형태 혹은 복합 (비주기적) 형태를 야기시킨다. 전자는 규칙적인 진동을 나타내며, 후자는 비규칙적이고 난류같은 유형을 야기시킨다. 모음을 만드는 소리의 근원은 항상 주기적이다. 자음은 주기적(활음, 비음)이거나 비주기적(마찰음)일 수 있는데, 이는 자음 협착이 얼마나 좁은지에 의해 결정된다. 너무 좁게 협착이 되면 난기류(turbulent airflow)를 야기시키게 된다.

말소리의 세 음향 특성은 주파수, 시간, 진폭(amplitude)이다.

주파수**(frequency):** 주파수는 일정한 단위 시간동안 성대 진동에 의해 만들어진 개별적인 진동(pulsation)과 관련이 있다. 진동 속도는 성대의 길이, 두께, 그리고 긴장도(tension)에 의해 결정된다. 따라서, 주파수는 아이, 성인 남성, 그리고 성인 여성들 사이에서 모두 다르게 나타난다. 말 소리는 두 가지 종류의 주파수를 포함한다. 첫째는 기본 주파수(fundamental frequency, f0)라고 불리는데, 이는 성대의 기능과 관련이 있으며, 발성(phonation) 동안의 성대 진동 속도(즉, 피치)를 반영한다. 둘째는 포먼트 주파수(formant frequency)라고 부르는 것으로서, 성도의 형상(vocal tract configuration)과 관련이 있다.

시간**(Time)**: 말소리의 특징으로서의 시간은 주어진 소리의 길이를 반영한다. 예를 들어, /s/와 같은 치경 마찰음의 음장은 이에 상응하는 치경 폐쇄음 /t/보다 더 길다.

진폭**(Amplitude)**: 소리의 진폭은 성문하부(즉 성대 아래의) 기압이 가지는 양을 가리킨다.

5.2 스펙트로그램 분석

이러한 세 가지 음향학적 특성들은 전시된 스펙트로그램에서 분석될 수 있다. 스펙트로그램은 음파(speech wave)를 주파수 성분들(frequency components)로 분석하며, 소리의 주파수 성분들이 시간 대에 따라 변하는 값을 보여준다. 이는 소리의 조음과 관련하여 더 많은 세부정보를 우리가 볼 수 있도록 해 주는 장치이다. 스펙트로그램에서 시간은 수평 축에 의해서 표시되며, 밀리초(miliseconds; ms)로 주어진다. 수직축은 주파수를 표시하는데, 이는 초당 회전수 (cycles per second; cps) 혹은 헤르츠(Hz)를 표시하는 음향적 특성이다. 수직축의 각 수평선은 1,000Hz (혹은 1kHz)를 나타내고 있다. 강도(진폭)는 주파수 대역(bands)의 흑백의 정도(darkness)에 의해 표시된다; 주어진 시간과 주파수에서 소리 에너지의 강도가 더 높으면 높을 수록, 모니터나 프린트 상의 상응하는 지점에서 표시가 더 까맣게 된다.

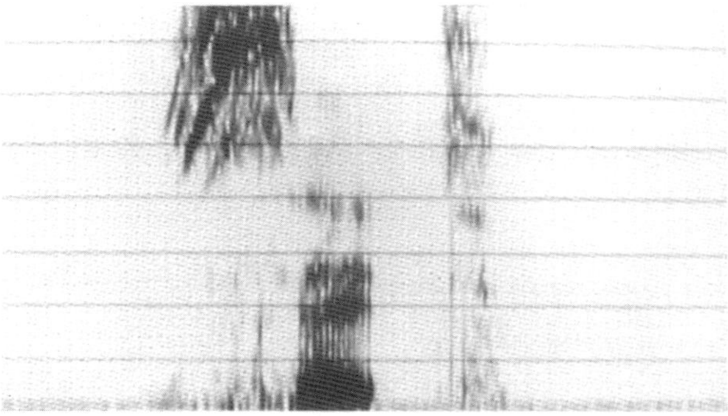

그림 5.1 sit의 스펙트로그램(Spectrogram)

만약 우리가 그림 5.1에 있는 단음절 단어의 스펙트로그램을 본다면, 우리는 다음과 같은 관찰을 할 수 있다: 단어의 모음 부분인 /ɪ/는 일련의 (striation이라고 불리는) 가는 수직선들을 포함하고 있는데, 이 가는 선의 진하기(darkness)의 정도가 소리의 강도에 따라 변한다. 이 선들은 성대 진동을 나타낸다. 선들 사이에 있는 공간은 Hz로 표시되는 기본 주파수(즉 피치)와 역관계에 있다. 예를 들어, 220Hz의 기본 주파수를 가지고 생각해 보면 (참고로 이 주파수는 여성들의 목소리에서 일반적인 피치인데), 성대 진동을 나타내는 수직선이 시간축에서 1/220 second, 혹은 4.5ms 떨어져 있다고 생각할 수 있다. 동일한 모음이라도 기본 주파수가 125Hz (일반적인 남성 피치값)인 경우에는, 수직선이 시간축에서 8ms 떨어져 있다. 모음 구간은 또한 매우 선명한 수평선의 주파수 영역대를 보여주고 있다. 이들은 공명 주파수로서 포먼트(formants)라고 알려져 있다. 모음 /ɪ/ 앞 부분은 마찰음 /s/를 보여주는데, 고진폭(high-amplitude) 마찰 소음이 높은 주파수 영역대에 있는 특징이 있다. 모음 뒷 부분은 폐쇄음 /t/를 나타내고 있다. 이는 /t/가 폐쇄된 구간에 해당하는 빈 틈(gap)과 어말 /t/의 개방을 나타내 주는 수직선의 스파이크(spike)로 알 수 있다. 여기서 말한 점들은 우리가 서로 다른 소리 부류들의 스펙트로그램을 연구할 때 더 명확하게 될 것이다.

스펙트로그래프의 조정은 두 개의 서로 다른 스펙트로그램 종류를 만들어 낼 수 있다. *대역폭이 넓은 스펙트로그램(Broad-band spectrograms)*은 훌륭한 시간대별 해상도를 가지고 있지만, *대역폭이 좁은 스펙트로그램(narrow-band spectrograms)*은 비록 시간상으로는 그다지 선명하지 않지만, 주파수에 대해서는 훌륭한 해상도를 가지고 있다. 우리가 주로 책이나 다른 매뉴얼에서 일반적으로 마주치게 되는 스펙트로그램의 종류는 대역폭이 넓은 브로드밴드(Broad-band)스펙트로그램이다.

5.3 단모음과 이중모음

[sɪt]의 경우에서 보여지듯, 모음들은 포먼트라고 불리는 수평선의 대역들로 그룹화된 주파수 성분들(frequency components)을 가지고 있다. 서로 다른 포먼트들은 서로 다른 모음을 특징화시키고 있는데, 이는 성도 내의 공기가 진동하는 방법이 서로 다르다는 점에 기인한다. 성대가 열리고 닫히는 매 순간, 허파를 빠져 나가는 공기의 펄스(주기)가 있으며, 이러한 주기들은 성도에 있는 공기를 갑자기 툭 치는 것(sharp taps)과 같은 역할을 한다. 이 공기 뭉치의 진동에 의해 만들어

지는 공명 유형들은 성도의 크기와 모양에 의해 결정된다. 모음에서, 성도의 공기는 여러 개의 서로 다른 주파수들을 동시에 진동시킨다. 이 여러 주파수들은 특정 성도 모양의 공명 주파수이다. 공명 주파수는 다시 말하자면 에너지가 집중된 곳을 포함하고 있는 주파수 대역이다. 성대 진동수와는 무관하게, 성대의 공기는 성도의 모양이 일정하게 유지된다면 이 주파수대에서 공명을 계속할 것이다. 각 소리의 정확한 음향적 구성은 개별 화자마다 다를 수 있지만, 우리가 일반적인 범주를 식별하는데 이용할 수 있는 핵심적인 자질들이 있다. 이러한 이유로 인해 우리는 어떻게 서로 다른 화자에 의해 서로 다른 피치로 발화한 모음을 동일하다고 판단할 수 있는 지 알 수 있다. 모음들은 정적인 상태의 조음 형상 및 정적인 상태의 음향적인 유형과 연관이 있기 때문에, 이러한 모음들이 음향적으로 분석할 수 있는 가장 단순한 형태의 소리들이다. 관례상 포먼트들은 스펙트로그램 상 가장 낮은 위치에서부터 위쪽으로 올라가면서 표시된다. 스펙트로그램의 가장 낮은 곳에 선명하게 표시된 검은 대역대는 첫 번째 포먼트이고, F_1이라고 표시된다. 유사하게 표시된 후속 주파수의 대역대들은 제 2 포먼트(F_2)와 제 3 포먼트(F_3)이다. 모음의 스펙트럼들은 적어도 네 개 혹은 다섯 개의 선명한 스펙트럼의 꼭지점들(spectral peaks)을 가지고 있다. 일반적으로, 처음 세 포먼트들의 주파수값들은 모음들을 식별하기에 충분하며, F_4의 주파수 혹은 그 이상의 포먼트들은 화자마다 차이를 보이는데, 그 이유는 이 주파수들이 일차적으로는 화자의 머리, 비강(nasal cavity), 동강(sinus cavity) 등에 의해 결정되기 때문이다.

영어 모음들의 차이점은 포먼트 주파수들의 위치와 넓이가 서로 다르다는 관점에서 설명되어 질 수 있다. 일반적으로 첫 번째 포먼트와 모음의 고저 사이에 확연한 관계가 있다고 진술되고 있다. 이는 우연히도 역관계(inverse relationship)에 있다; 고위 모음들은 첫 번째 포먼트가 낮고, 저위 모음들은 첫 번째 포먼트가 높다. 모음의 전설/후설 구분에 대해서는, 두 번째 포먼트의 주파수가 전설모음의 경우가 후설 모음의 경우보다 훨씬 더 높다는 것을 볼 수 있다. 하지만, 두 번째 주파수와 모음의 후설성(backness) 사이의 상관관계는 첫 번째 주파수와 모음의 고위성의 상관관계만큼 확고한 것처럼 보이지는 않는다. 그 주된 원인은 후설모음의 원순성(rounding)이 두 번째 포먼트의 주파수에 영향을 미칠 수도 있기 때문이다.

따라서, 모음의 후설성은 F_2 주파수와 F_1 주파수의 차이로 더 잘 관련지어 질 수 있다. 간단한 공식은 다음과 같다: 모음은 F_2 주파수와 F_1 주파수의 차이(즉, F_2-F_1)가 더 높을 때가 다른 모음에서 그 차이가 같을 때보다 더 앞에 위치해 있는 것이다. 위에서 말했던 것들은 beat과 bet사이의 차이에서 예시될 수 있다(그림 5.2 참고).

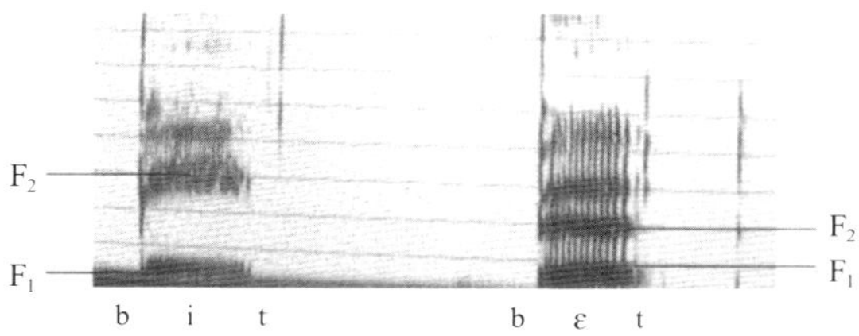

그림 5.2 beat와 bet의 스펙트로그램

우리가 '높이' 차원을 고려한다면, 예상되는 F_1 주파수와의 역관계는 매우 명백하다. /i/ 소리는 /ɛ/보다 높이 있으며, F_1은 대략 300Hz에 있다. 반면 /ɛ/의 F_1 주파수는 대략 550Hz 정도에 있다.

후설성의 정도를 결정하는 F_2와 F_1 사이의 차이에 대해서, 두 단어를 다시 살펴볼 수 있다. beat에서 모음 /i/에 대한 F_2 – F_1으로 나타난 결과 (대략 2,150 - 300 = 1,850), 그리고 bet에서 모음 /ɛ/에 대한 결과 (대략 1,700 – 550 = 1,150 Hz) 는 /i/가 당연히 /ɛ/보다 더 전설에서 조음된다는 것을 꽤 분명히 입증한다.

성도 형태(vocal tract shape)의 변화가 어떻게 다른 포먼트 주파수를 가져오는지를 더 잘 이해하기 위해, '혀의 가장 높은 점(highest point of the tongue)'이 성도를 두 구강(two cavities; 전반부/후반부)으로 나눈다고 생각해 보자. 가장 높은 전설 모음 /i/로부터 가장 낮은 전설 모음 /æ/르 움직일 때, 혓몸(body of the tongue)은 후진해서 앞쪽 구강을 더 크게 만든다(이는 뒷쪽 구강은 더 작아지게 만드는 결과를 가져온다). 공명주파수는 진동구강(vibrating cavity)이 큰 쪽보다는 진동구간이 작은 쪽에서 더 높게 나타나기 때문에, 그러한 움직임은 (더 크게 된 구강인)

앞쪽 구강의 공명주파수를 더 낮추고, (더 작게 된 구강인) 뒤쪽 구강의 공명주파수를 높이는 효과를 가지고 올 것이다. 만약 F_1 주파수가 후강(back cavity)을 대표하고, F_2 주파수는 전강(front cavity)을 대표한다고 생각하면, 우리는 성도 형태의 변화가 어떻게 포먼트 주파수의 변화를 가져오는 지 이해할 수 있다. 즉, /i/에서 /ɪ/, /ɛ/, 그리고 /æ/로 점진적으로 움직임에 따라 F_1 주파수가 점진적으로 증가한다.

유사한 주장을 /a/에서 /u/로 이동함으로써 F_1과 F_2 주파수가 모두 낮아지는 것을 설명하는데 이용할 수 있다. 설근(tongue root)이 보다 높은 후설 모음으로 올라감에 따라, 후강이 더 커져, F_1 주파수가 낮아지는 것을 야기시킨다. 또한 혀의 가장 높은 위치는 /a/에서 /u/로 더 뒷쪽으로 이동하고, 이는 더 큰 전강을 만드는데, 이는 더 낮은 F_2 주파수를 가져온다. 위의 진술이 일련의 후설 모음들이 /ɑ/에서 /ɔ/, /o/, /ʊ/, 그리고 /u/를 거쳐 점진적으로 F_1 주파수에서 낮아지는 것에 대해 꽤 설득력이 있기는 하지만, 이 진술은 F_2 주파수가 낮아지는 것에 대해서는 그렇게 견고한 진술이 아니다. 우리는 일관되게 /ɔ/에 대해서보다 /ʊ/에 대해서 F_2 주파수가 더 높은 것을 본다. 이는 일차적으로 /ɔ/보다 /ʊ/가 더 앞에서 조음되기 때문이다. 표 5.1은 미국 영어 10 모음의 첫 세 포먼트의 포먼트 주파수들을 보여준다. 이 값들은 지침서로 주어진 것이지 절대값으로 주어진 것을 아니라는 것을 기억하기 바란다. 그러나 이 값들은 전형적인 모음 패턴을 나타내기 때문에 유용하다. 전설모음에서, 우리는 F_1 값에서 점진적인 상승을 그리고 F_2 값에서 점진적인 하강을 본다. 후설 모음에서, 우리는 F_1과 F_2 값이 가장 낮은 후설모음에서 가장 높은 후설모음으로 이동함에 따라 감소하는 것을 본다.

표 5.1 미국 영어 10 모음의 첫 세 포먼트의 주파수 (세 성인 남성화자의 평균값)

Vowel	F_1	F_2	F_3
i	270	2,200	2,900
ɪ	400	1,900	2,500
ɛ	550	1,700	2,450
æ	670	1,670	2,450
ɑ	700	1,100	2,500
ɔ	600	870	2,450
ʊ	450	1,000	2,300
u	320	850	2,250
ʌ	600	1,250	2,450
ɝ	500	1,400	1,650

만약 F_1의 주파수가 F_1과 F_2간에 대해 y축이 되게 그래프를 만든다면, 전통적인 모음의 높낮이를 매우 닮은 그래프가 만들어지게 된다. 이는 이렇게 그린 그래프가 음향적인 정보와 상관관계가 있다는 것을 증명하는 것이다(그림 5.3 참조).

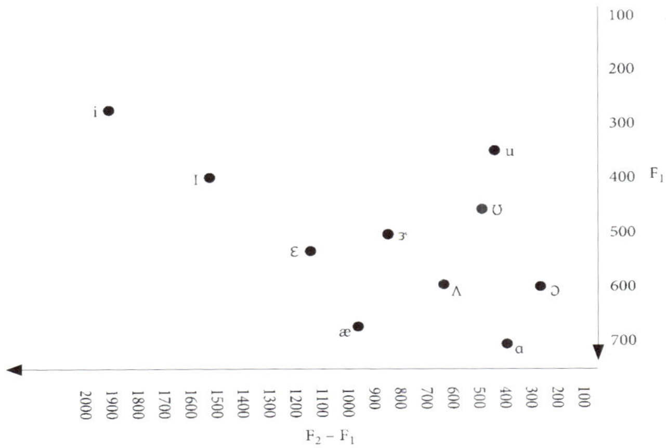

그림 5.3 F1 주파수(수직 축)를 F1과 F2간의 간극(수평축)에 대해 표시한 포먼트 차트

F_3 주파수는 간단히 상관관계를 가질 수 있는 조음기관이 있지는 않지만, 순자음과 반전음(retroflexion)의 식별에 유용하게 쓰인다. 영어 모음에 대한 F_3 주파수는 F_1과 F_2 주파수로부터 꽤 정확하게 예측될 수 있다. 이에 대한 유일한 예외는 bird에 있는 것과 같은 [ɝ]이다. 비록 이 모음의 첫 두 포먼트는 /ʊ/의 그것과 매우 유사하지만, F_3 주파수는 매우 낮다; 이는 본 장의 뒤에 /ɹ/을 논의할 때 명확해질 것이다.

그림 5.3에 주어진 주파수들은 남성의 말소리를 나타낸 것이다. 남성의 모음은 전형적으로 여성의 모음보다 낮은 포먼트 주파수를 가지고, 이는 또한 어린이들의 모음보다 더 낮은 주파수를 가진다. 이는 성도의 크기 때문에 그런 것이다; 성도가 크면 클수록, 성도에 포함된 기체덩어리(bodies of air)가 더 크다. 보다 큰 기체덩어리가 더 천천히 진동하기 때문에, 포먼트는 더 낮은 주파수를 가진다. 표 5.2는 남성, 여성, 아이들 사이의 비교를 보여준다(F_3은 아동의 스펙트로그램에서 파악할 수 없는 경우가 자주 있다). 이 주파수값은 Peterson & Barney (1952)의 자료에서 가지고 온 것이다. F_2와 F_3 값들은 가장 가까운 50에서 반올림했다.

표 5.2 남성, 여성, 및 아동 간의 10모음 비교

Vowel	Men			Women			Children		
	F_1	F_2	F_3	F_1	F_2	F_3	F_1	F_2	F_3
i	270	2,300	3,000	300	2,800	3,300	370	3,200	3,700
ɪ	400	2,000	2,550	430	2,500	3,100	530	2,750	3,600
ɛ	530	1,850	2,500	600	2,350	3,000	700	2,600	3,550
æ	660	1,700	2,400	860	2,050	2,850	1,000	2,300	3,300
ɑ	730	1,100	2,450	850	1,200	2,800	1,030	1,350	3,200
ɔ	570	850	2,400	590	900	2,700	680	1,050	3,200
ʊ	440	1,000	2,250	470	1,150	2,700	560	1,400	3,300
u	300	850	2,250	370	950	2,650	430	1,150	3,250
ʌ	640	1,200	2,400	760	1,400	2,800	850	1,600	3,350
ɝ	490	1,350	1,700	500	1,650	1,950	560	1,650	2,150

비록 포먼트 유형이 모음을 인식할 수 있는 최초의 그리고 최고의 표시이지만, '음장(duration)' 또한 매우 중요한 매개변인이다. 이전 장들에서 보았듯이, 발화 속도, 인접 자음의 유무성, 발화 위치 등 여러 요인들이 모음의 음장에 영향을 미칠 수 있다. 이 모든 요인들은 이 장의 뒷부분에서 살펴볼 것이다. 하지만, 그전에 영어 모음 사이의 내재적 음장의 차이들에 대해서 살펴보도록 하자 (표 5.3).

표 5.3 강세 음절과 비강세 음절에서의 영어 모음의 길이(단위: 밀리초(ms))

	Stressed syllablle	Unstressed syllable
/i/	118(119)	75(78)
/ɪ/	75(75)	58(53)
/e/	145(136)	85(78)
/ɛ/	103(106)	73(60)
/æ/	152(159)	82(71)
/ʌ/	99(103)	—
/ə/	—	55(49)
/u/	122(126)	75(75)
/ʊ/	88(85)	65(61)
/o/	156(162)	92(96)
/ɔ/	150(148)	79(72)
/ɑ/	146(140)	85(93)
/aɪ/	178(172)	120(114)
/aʊ/	199(202)	121(120)
/ɔɪ/	264(298)	132(125)

Note: 이 수치들은 (아이오와, 오하이오, 플로리다 출신의) 성인 모국어 화자 세 명이 목록 읽기 과제(list-reading task)에서 낭독한 발화의 평균값이다. 세 화자의 평균값 옆의 괄호 속에 주어진 수치들은 Crystal & House (1982)에서 가져 온 정보이다. 이 두 연구 사이에 상당한 유사성이 있다는 것은 값들을 비교해 보면 쉽게 관찰할 수 있을 것이다.

우리가 보듯이, 일반적으로 긴장모음들과 이중모음들이 이완 모음보다 더 긴 음장을 가지고 있다. 하지만, 이 원리에는 매우 분명한 예외가 있다: /æ/는 비록 이완모음이지만, 몇 개의 긴장모음보다도 더 긴 음장을 가지고 있다. 모음의 길이와 관련된 정보는 서로 다른 모음이 F_1과 F_2 주파수에서 그다지 큰 차이를 보이지 않는 단어의 쌍을 가지고 있을 때 중요하게 작용한다. 예를 들어, 우리가 bet [bɛt]과 bat [bæt]같은 단어의 쌍들이 있다면, 이 두 모음 사이의 첫 포먼트 주파수에 100-150Hz 정도의 차이가 있을 것인데, 이 차이는 그다지 크지 않다. F_2- F_1은 모음의 상대적인 후설성을 결정하는 값인데, 이 차이는 대략 200-250Hz정도일 것이다. 이 차이점들이 문제의 두 모음을 구별하는데 충분하지 않지 않은 경우에, 길이(duration)에서의 명백한 차이를 통해 두 모음을 구별할 수도 있다. 예를 들어, /æ/가 /ɛ/보다 훨씬 더 길다는 사실처럼 말이다.

이중모음들은 성도의 크기와 모양이 바뀐다는 점에서 단모음과 다르다. 이는 혀가 한 모음을 만들고 나서 다른 모음을 만들기 위해 움직이기 때문이며, 따라서 포먼트가 단모음에서와는 달리 수평으로 나타나지는 않는다. 이중모음의 성도 모양의 변화는 첫 세 포먼트의 움직임으로부터 관찰될 수 있다. 이중모음 /aɪ/는 저위 후설의 협착으로 시작하여 고위 전설의 협착으로 끝난다. 따라서 협착이 후설에서 전설로 움직임에 따라 F_2는 상승하게 되고, 협착이 저위에서 고위로 움직임에 따라 F_1은 낮아지게 된다. /aʊ/의 경우 저위 후설 협착에서 고위 후설 협착으로 움직인다. 혀가 올라감에 따라, F_1은 떨어진다; F_2도 역시 떨어지게 되는데, 이는 /a/에서보다 /ʊ/에서의 경우 좀 더 뒤쪽에서 혀의 움직임이 일어나기 때문이다; 또한 /ʊ/의 원순(lip rounding)때문에 모든 공명 주파수들이 낮아진다. 마지막으로 /ɔɪ/는 저위 후설 모음으로 시작해 고위 전설 모음으로 끝난다.

혀가 후설에서 전설로 움직임에 따라 F_2는 상승한다; 혀가 저위에서 고위로 움직임에 따라 F_1은 하강한다. 위에서 지적한 모든 점들은 Brian Boitano bowed [bɹ̣aɪn bɔɪtano baʊd]라는 문장의 스펙트로그램(그림 5.4)에서 볼 수 있다.

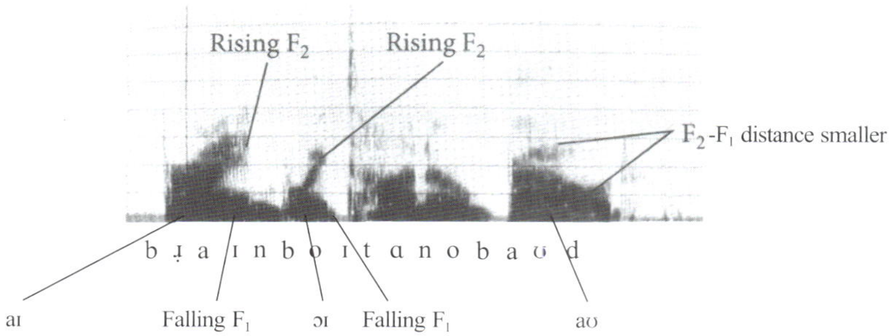

그림 5.4 Brian Boitano bowed의 스펙트로그램

5.4 자음

5.4.1 장애음

장애음들은 폐쇄음, 마찰음, 파찰음을 통칭하는 음들인데 협착(constriction)이 많이 일어난 결과로 인해, 소음이 스펙트로그램에서 포먼트 구조를 지각하는 걸 더 어렵게 만드는 소리이다. 하지만, 이러한 자음들과 음향적으로 상관관계를 갖는 것들은 인접한 모음이나 공명 자음의 포먼트 이동을 조사함으로써 결정될 수 있다. 이는 협착에서 공명으로의 이동이 스펙트로그램에서 포먼트구조를 볼 수 있도록 만들기 때문이다.

폐쇄음(Stops)

폐쇄음은 스펙트로그램 상에서 침묵(silence; 폐쇄 공백(stop gap)) 혹은 분명한 신호 약화에 의한 표시로 특징할 수 있다. 이는 조음 폐쇄(articulatory occlusion)에 대응하는 음향적 간극(acoustic interval)이며, 이는 억양 조건에 따라 그 길이(duration)에 변화를 보인다. 성도가 폐쇄되기 대문에, 에너지가 거의 혹은 전혀 생성되지 않는다. 폐쇄 공백 다음에는 폐쇄가 개방됨에 따라, 에너지의 파열(burst of energy)이 뒤따른다.

폐쇄음을 구분할 때 조심스럽게 분석되어야 할 필요가 있는 두 차원이 있다. 하나는 경음(fortis)과 연음(lenis)의 분리 (혹은 보다 흔히 알려진 무성음과 유성음의 분리)이다. 여러 단서들이 이 차원과 관련하여 폐쇄음을 식별하는데 도움이 된다. 이 단서들은 다음을 포함한다:

(a) **폐쇄 공백의 길이,** 즉 폐쇄 기간 동안의 휴지 기간(silent period): 구체적으로 말해, /p, t, k/는 /b, d, g/보다 더 긴 폐쇄 공백 길이를 보인다.

(b) **유성 막대(voice bar)의 존재,** 즉, 스펙트로그램에서 저주파수(일반적으로 250Hz 이하)에서 발견되는 검은 막대. 모음과 모음 간의 위치를 제외하고, 유성 막대는 폐쇄음들의 특징을 확인할 수 있는 특징 중 신뢰성이 가장 낮은 특징이다. 앞에서 보았듯이, 유성은 어두와 어말 위치에서 나타나는 영어의 /b, d, g/에서 찾아 볼 수 없을 때가 자주 있다. 따라서, 이 특징은 모음과 모음 간에서만 /p, t, k/를 /b, d, g/로 구별하는데 사용할 경우에나 신뢰할 수 있는 특징인 것이다; /b, d, g/는 유성을 나타내는 유성 막대를 보여주는 반면, /p, t, k/는 그렇지 않을 것이다. 모음 사이의 유성 막대는 (예를 들면, <u>rubber</u>처럼) 단어내에서 나타날 수도 있고, 연속 발화(connected speech)에서는 “Harry gave it to me.”처럼 단어 경계를 가로 질러 나타날 수도 있다.

(c) **개방 파열(Release burst)**은 수직으로 난 진한 선(strong vertical spike)으로 표시된다. 일반적으로, /b, d, g/보다는 /p, t, k/에 대해서 진한 수직 선이 관찰된다. 어말 위치에 대해 한 가지 조건을 여기서 얘기하고 넘어갈 필요가 있다: 앞서 논의한 바와 같이, 어말의 폐쇄음은 영어에서 일반적으로 개방되지 않는다. 그러한 경우에는 어떠한 개방 파열도 볼 수 없다. 연구개 폐쇄음은 양순 혹은 치경 폐쇄음들보다 더 비개방되는 경향이 있다고 한다.

(d) **선행 모음의 길이.** 이는 어두 위치를 제외한 다른 위치들을 일컫는다. 어두에서는 폐쇄음 앞에 모음이 없기 때문이다. 다른 위치에서는, 모음과 공명자음들이 /p, t, k/ 앞에서보다 /b, d, g/ 앞에서 더 길다.

(e) **기식(Aspiration):** 대략 30ms 이상의 시간적 간격이 강세 음절의 어두 /p, t, k/의 경우 모음 포먼트가 시작하기 전에 짧은 파찰 소음(fricative noise; 개방 후에 주파수 대에 흩어져 나타나는 표시들)으로 나타난다.

폐쇄음의 식별에 있어서 두 번째 차원은 조음 위치이다. 위에서 언급한 기준들이 유성음(연음)과 무성음(경음)을 분리하는데 유용하지만, 조음과 관련해서는 그다지 쓸만한 정보가 없다. /p/나 /b/를 /t/나 /d/, 혹은 /k/나 /g/와 구별하기 위해 무슨 특징들을 살펴봐야 할까? 다음의 특징들은 이러한 조음 위치와 관련하여 유용한 것들이다:

(a) **포먼트 전이(Formant transition).** 자음-모음(CV) 연쇄에서 포먼트 전이(이동)는 폐쇄음에서 모음으로의 전이 동안에 생기는 성도 형태의 변화 (그리고 그로 인한 공명 주파수의 변화)를 반영한다. 모음에서 폐쇄음으로의 (즉, VC) 전이는 전자와는 반대이다. 모음의 첫 포먼트의 주파수는 폐쇄음이 음절의 처음에 나타날 때 (즉, CV일 때) 증가하고, 폐쇄음이 끝에 있을 때는 (즉, VC일때는) 감소한다; 이는 모든 폐쇄음의 경우에 똑같다. 조음 위치에 대해서 얻을 수 있는 정보가 F_1 전이로부터 없는 반면, F_2 전이와 F_3 전이는 이 점과 관련하여 상당히 많은 정보를 우리에게 말해 줄 수 있다. CV의 상황에서, 양순음은 F_2와 F_3 모두 위로 향하는 움직임을 보여준다(이는 후설 모음 앞 보다는 전설 모음 앞에서 더 확실하다); 거울 이미지(mirror image)와 같은 반대의 상황은 VC 연쇄에서 볼 수 있다. 연구개 폐쇄음에 대해서, F_2와 F_3는 폐쇄음이 형성된 바로 뒤에 가깝게 붙어 있다(이는 후설 모음 앞에서 더 신뢰할 만하다; 전설 모음 앞에서는 F_3와 F_4가 동일한 근원(origin)을 가지고 있다. 높은 F_2를 가진 모음에게는 하향 전이(downward transition)가 있을 것이다. VC의 경우, 두 번째와 세 번째 포먼트의 좁힘(다시 말해, 서로 가깝게 붙여짐)이 있다. 치경 폐쇄음의 경우가 가장 간단하지 않은 것 같다; CV의 경우에 중간 및 높은 F_2를 가진 모음에서는 평평한 전이가 관찰되는 반면, 낮은 F_2를 가진 모음에서는 하향 전이가 관찰된다. VC의 경우에는 움직임이 거의 없다; 약간의 F_2의 하향 이동과 F_3의 상향 이동을 예상할 수 있을 정도이다. CVC 문맥에서는 CV와 VC에 대해서 말했던 것들이 그대로 적용되며, 위에서 언급한 이동의 거울 이미지를 가지게 된다. 이는 다음의 스펙트로그램(그림 5.5)에서 볼 수 있다.

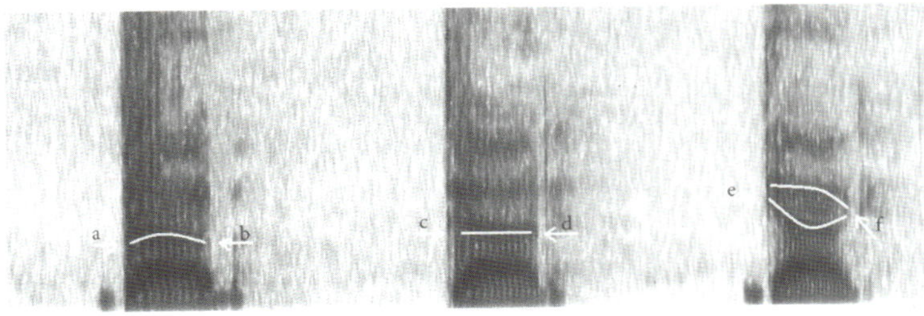

그림 5.5 [bæb], [dæd], 및 [gæg]의 스펙트로그램

왼쪽의 [bæb]은 모음의 F_2가 올라간 활과 같은 모양을 보여주는데, 이는 모음이 양순음으로 따라 나오기 때문이다; 모음에서 종성(coda)으로의 전이는 F_2의 하강으로 표시된다(화살표 a와 b로 각각 표시되어 있음). [dæd]에서 치경음의 초성(onset)에서 모음으로의 F_2전이는 (예상컨데 1,800-2,000 Hz 주변에서) 평평하게 나타나는데, 이는 중성에서 종성 /d/로의 전이에서도 그대로이다(각각 화살표 c와 d로 표시). 마지막으로 /gæg/에서 우리는 F_2와 F_3가 동일 주파수로부터 나오는 것을 볼 수 있는데, 이는 연구개인 초성의 특징이다; 이것의 거울 이미지와 같은 반대되는 형상이 중성에서 연구개인 종성으로 이동할 때, F_2와 F_3가 합쳐지는 것에서 볼 수 있다(각각 화살표 e와 f 참조).

(b) **원점(Locus; 시작 주파수(starting frequency)/명백한 원점(apparent point of origin)).** 이는 두 번째 포먼트의 전이가 가리키고 있는 것처럼 보이는 지점인 원점(point of origin)을 일컫는다. 비록 포먼트 원점들이 스펙트로그램에서 반드시 볼 수 있는 것은 아니지만, F_2와 F_3의 원점들은 장애음과 비음에 대한 조음 위치라는 내재적인 특징으로 기술된다. /b/에 대한 원점(locus)은 600-800Hz 정도이고, /d/에 대한 원점은 1,800Hz이다. (대부분 맞는 말이지만, 고위 전설 모음 [i]의 경우는 잘 맞지 않은 경우가 있음.) /g/를 식별할 경우 두 개의 원점(loci)이 3,000Hz와 1,300Hz에서 일반적으로 관찰된다.

(c) **개방 파열 주파수(Release burst frequency).** 양순음은 파열에 의해 식별될 수 있다. 양순음의 파열(burst)에서 중심 주파수는 모음의 F_2보다 낮은데(2,000Hz 아래), 이 때의 파열은 주파수 대가 퍼져 있고(diffuse) 약한 유형을 보여준다. 치경 파열은 일반적으로 모음의 F_1보다 높은 (2,500-4,000Hz) 중심 주파

수를 가지고 있다. 이때의 유형은 퍼져있고 강하게 보인다. 연구개에서의 파열은 집약되어 있고 강한 유형을 보여주는데, 이때의 파열은 모음의 F_1에 근접하는 중심 주파수를 가지고 있다.

(d) 기식(Aspiration; /p, t, k/의 경우만): 폐쇄음의 개방으로부터 다음에 나오는 분절음을 위해 유성이 시작되기까지의 시간의 길이(즉 지연(lag))는 경음 폐쇄음의 조음 위치에 따라 일관적인 차이를 보인다. 이 시간 간격은 스파이크(조음자들이 분리되면서 만들어지는 소리), 스파이크 이후의 짧은 마찰 소음, 그리고 그 뒤를 따르는 기식을 포함한다. 지연 시간은 종종 파열부터 뒤따르는 모음의 첫 번째 포먼트가 시작하는 시간까지로 측정된다. 유성 폐쇄음의 경우, 두 번째 포먼트의 시작이 선호되는데, 그 이유는 유성(voicing)이 모음의 첫 번째 포먼트가 어디서 시작되는 지를 판단하는 것을 어렵게 만들기 때문이다. 조음 위치가 입의 앞부분에서 뒷부분으로 이동함에 따라 폐쇄음은 더 긴 성대진동시간(VOT)을 가지는 경향이 있다. 비록 이것은 조음 위치를 분류하는데 다소 효과적인 음향 자질이긴 하지만, 이는 단지 경향일 뿐이어서, 연구개 무성 폐쇄음보다 더 긴 치경 무성 폐쇄음을 발견하는 것이 가능할 수도 있다는 점을 반드시 명심해야 한다. VOT는 또한 저위 모음보다는 고위 모음 앞에서 더 길다. 이러한 변이들은 아마도 입안에 존재하는 공기의 흐름에 대한 공기역학적 저항의 정도에서 생긴 차이때문에 발생하는 자동적인 결과인 것 같다. 고위 모음에 의해 제공되는 보다 높은 저항은 압력의 감쇠를 지연시키며, 따라서 유성의 시작을 지연시킨다(Ohala, 2009). 제 3장에서 언급했듯이, 음절 초의 무성 폐쇄음의 VOT는 조음 위치와 다른 분절음 문맥에 의해 다소 체계적으로 변이를 보인다.

단어 speak, peak, keen, cake의 스펙트로그램(그림 5.6과 그림 5.7)을 조사해 보면, 이러한 점들을 분명히 볼 수 있다. speak에서 /p/는 /s/가 앞에 있기 때문에, 강세 음절이 시작할 때 나오지 않는다; 따라서, 우리는 무성 양순 폐쇄음에서 기식을 가지지 않는다. 단어 peak, keen, cake은 모두 강세 음절을 시작할 때 무성 폐쇄음을 가지므로, 기식(aspirated)되어 발음된다. 하지만, 쉽게 볼 수 있듯이, 유성 지체(voice lag; 혹은 기식(aspiration))은 각각의 경우에 차이가 난다. peak에서 좀 더 짧고, cake에서 좀 더 길며, keen에서 가장 길다. 이러한 차이점이 나타나는 이유는 다음과 같다. 이 세 단어 중, peak은 양순 폐쇄음을 가진 음인데, 이 폐쇄음의 예상되는 지체시간(lag)은 연구개 폐쇄음으로 시작하는 다른 두 단어들보다 짧다. 연구개로 시작하는 두 단어들(cake과 keen)의 차이는 이 두성폐쇄음 다음에 나오는 모음의 유형에 기인한다. keen에서의 기식은 cake에서 보다 더 긴데, 그 이유는 전자의 경우 /k/가 고위 모음(더 낮은 공명성(sonority)을 가진 모음)이 따라 나오는 반면, 후자의 경우는 저위 모음(더 높은 공명성을 가진 모음)이 따라 나오기 때문이다.

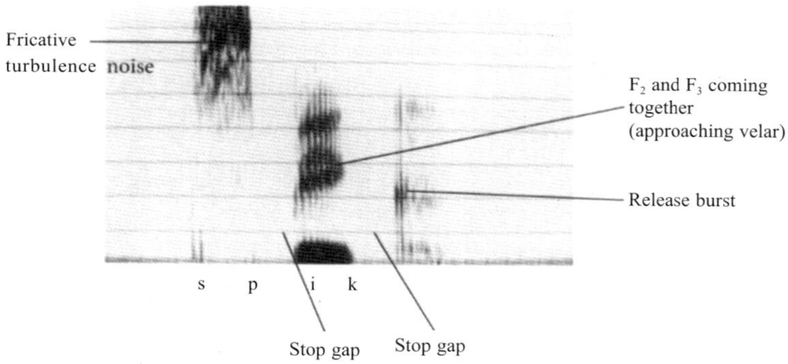

그림 5.6 speak의 스펙트로그램

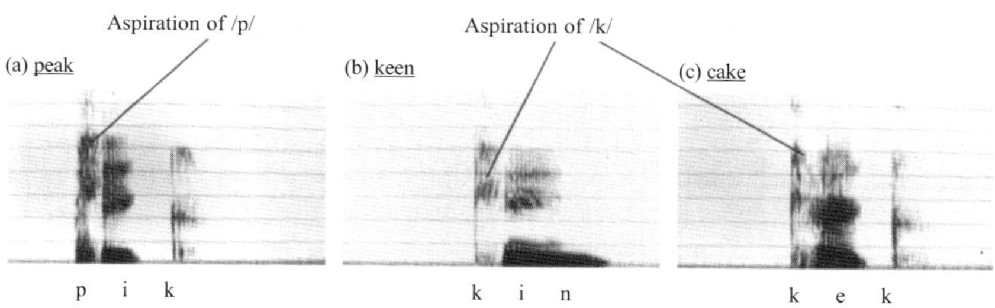

그림 5.7 peak, keen, 그리고 cake의 스펙트로그램

지금껏 논의한 내용들을 요약하면, 이 예들은 앞서 언급한 진술이 맞다는 것을 뒷받침한다: 무성 폐쇄음은 강세 음절을 시작하는 자리에 있지 않으면 기식되지 않는다; 기식이 될 때는, 조음 위치를 앞에서 뒤로 (즉, 양순에서 치경으로, 치경에서 연구개로) 이동시킴에 따라 기식의 정도가 더 커진다. 동일한 조음 위치를 가진 폐쇄음 다음에 높낮이가 다른 (따라서, 공명의 정도가 다른) 모음이 따라 나올 때, 지연되어 나오는 기식의 양이 다르다; 고위 모음 앞에 나오는 폐쇄음이 저위 모음 앞에 나오는 폐쇄음보다 더 큰 기식을 가진다. 설탄음(Flaps)은 상응하는 치경 폐

쇄음 /t/와 /d/와는 다르다. 폐쇄음을 만들 때, 성도가 약 50ms 정도 차단되지만, 설탄음은 혀를 치경(alveolar ridge) 쪽으로 아주 빨리 던지듯이 하여 발음되는 소리인데, 그 길이는 매우 짧아서 한 20-30ms정도 밖에 되지 않는다; 따라서 이 설탄음은 가장 빠른 자음이다.

마찰음

마찰음은 성도에서의 좁은 협착(narrow constriction)을 통해 만들어지는데, 이 협착은 난기류의 소음(또는 "마찰(friction)")을 생성한다. 그러한 마찰 에너지는 스펙트로그램 상에서 일정한 수평 혹은 수직선들이 없이 혼잡하게 낙서칠을 한 것처럼 보인다. 마찰 소음 구간은 치찰음 /s, z, ʃ, ʒ/에서가 비치찰음 /f, v, θ, ð, h/에서보다 더 길며, 마찰 소음 강도는 치찰음은 58-68 dB(데시벨)이며, 비치찰음은 46-52dB이다. 치찰음은 조음 위치가 치경에 있거나 혹은 치경 바로 뒤에 있다. 공기는 설단과 설첨의 표면 위로 형성된 틈(groove)을 통해서 자연스럽게 빠져나간다. 공기의 속도가 빨라짐에 따라, 공기는 뒤엉켜 시끄럽게 소리를 내기 시작한다. 그 뒤엉켜 시끄러운 소리를 내는 기류는 일반적으로 윗앞니(upper incisors)의 가장자리를 치거나, 아랫입술의 가장자리를 쳐서, 난류 소음을 만들어 낸다. 이런게 만들어지는 난류 소음을 가장자리 난류 소음(edge turbulence noise) 혹은 스포일러 난류 소음(spoiler turbulence noise)이라 명한다. 치찰음에 의해 생성된 소음들은 길고, 강도가 강해 모음보다 단지 몇 데시벨 정도의 차이 밖이 나지 않을 정도이며, 진한 고주파 노이즈 스펙트럼(high-frequency noise spectrum)으로 표시된다.

비치찰 전설 마찰음은 순치(labio-dental)와 치간(interdental)에서의 협착으로 만들어진다. 치마찰음(dental fricatives)을 만들기 위해 치아에 맞댄 혀의 근육 조직이 가파르고 좁은 협착을 생성해서, 에너지가 매우 높은 주파수대로 퍼져 있는 약한 난류성 노이즈를 만들어 낸다. 이 노이즈는 매우 약해서 청자들이 이 노이즈가 아니라 자음에서 모음으로의 전이가 더 두드러져 이 전이에서 음향적인 단서들을 찾는 경우가 종종 있다.

예를 들어, 만약 우리가 fin에서의 /f/와 thin에서의 /θ/를 비교한다면, 우리는 다음과 같은 점을 발견할 것이다. 이 두 소리 어느 것도 치찰음(예, /s/ 혹은 /ʃ/)과 같이 심한 마찰 노이즈를 만들지는 않은 것이다. 두 소리에서 마찰 노이즈가 유사하지만, 강도의 범위가 후자(7,000-8,000Hz)보다 전자(3,000Hz-4,000Hz)가 더 낮다. 이 소리들을 구별하는데 도움이 되는 것에는 이웃하는 모음의 포먼트도 있다: (만약 보인다면) F_4는 /f/에서는 4,000Hz 이하이고, /θ/에서는 4,000Hz이상이다. 하나 더 추가한다면 치간 마찰음보다 순치 마찰음의 길이가 더 길다는 것을 들 수 있다. 마지막으로, 순치 마찰음보다 치간마찰음에서 약간 더 높은 F_2 원점(locus)을 가지고 있다는 점 (즉, [θ]와 [ð]를 따라 나오는 모음의 F_2가 [f]나 [v]를 따라나오는 모음의 F_2보다 낮다는 점)도 찾을 수 있을 것이다. 이 모든 사소한 차이점들을 두고 봤을 때, 이 두 소리가 대립(contrast)을 보이는 언어들이 거의 없다는 것은 이상하게 들리지 않는다.

비록 우리가 순치음과 치간음을 구별하기 위해 미세한 단서들을 사용해야 하지만, 치경과 구개-치경 마찰음들 사이의 구별은 다소 명백하다. 만약 우리가 sin에서의 /s/와 shin에서의 /ʃ/을 비교하면, 우리는 쉽게 에너지 집중(energy concentration)에서 매우 명백한 차이점이 있음을 꼭 집어 말할 수 있다; 치경마찰음의 경우 집중된 에너지의 범위가 대략 4,000-8,000Hz라면, 구개-치경 마찰음에서는 이보다 훨씬 낮은 2,000-6,500Hz이다. 치경마찰음의 경우, 성도에서 더 앞쪽에서 생긴 협착이 작은 공기의 진동체를 협착점 앞에서 만든다. 이 작은 공기 덩어리는 /ʃ/에서 사용되는 구개-치경 협착의 앞쪽에 있는 보다 큰 덩어리의 공기보다 더 높은 공명주파수를 가진다.

무성 마찰음은 대응하는 유성 마찰음에서보다 더 긴 노이즈 분절의 길이와 더 큰 마찰 노이즈를 가진다. 유성 마찰음의 보다 낮은 마찰 노이즈는 협착에서 난류(turbulence)를 만들기 위해 이용할 수 있는 전체 기류의 결과로서 설명될 수 있다. 유성 마찰음의 경우 성문이 성대 진동을 위해 열리고 닫히기 때문에 기류가 방해를 받고 마찰 노이즈는 그다지 크지가 않게 된다. 무성 마찰음이 시작할 때 생기는 노이즈는 /p, t, k/의 파열(다시 말해, 최대 폐쇄(maximal closure)동안 생기는 불규칙적인 고주파 노이즈)과 비슷하다.

유성 마찰음은 좁은 틈을 통해 공기를 강제로 내보내서 생기는 더 무작위한 에너지뿐만 아니라 성대에서 나오는 펄스(pulse)에 의해 만들어진 포먼트를 가지고 있다. 기류가 성대 진동으로 인해 운동에너지 중 일부를 유실하기 때문에, 유성 마찰음의 마찰 노이즈는 상응하는 무성 마찰음에서만큼 심하지는 않다. 그 결과 유성 마찰음들은 무성 마찰음에서보다 약한 포먼트를 가진다.

유성 마찰음의 조음 협착이 무성 마찰음의 협착만큼 팽팽하게 이루어지지는 않는다. 이는 성대가 진동할 수 있도록 성대간 압력차를 충분히 높게 유지하는 한편, 성문 하부 기압(air pressure)을 더 낮추기 위해서이다. 유성 마찰음의 상대적으로 느슨한 조음 협착과 무성 마찰음의 상대적으로 팽팽한 협착 사이의 차이는 무성 마찰음에 비해 상대적으로 유성 마찰음의 마찰 노이즈 부문의 강도가 낮아지는 또 다른 변수이다. 노이즈 부문의 강도가 낮아지는 것을 야기시키는 것이 무엇이든지 간에, 그 요인은 (실제 유성이든 아니든 간에) 유성 마찰음의 지각에 공헌을 한다.

마지막으로, /h/에 대해서 언급할 게 있는데, 그것은 이 소리의 지위에 대해 문헌마다 다른 해석을 내놓고 있다는 점 때문이다. 이 소리에 대한 난류성 노이즈는 성문에서 생성되는데, 종종 인접한 모음(/h/는 항상 혼자서 초성에 위치함)을 위해 협착된 성도에 인접해서 마찰을 동반한다. 다른 마찰음들의 협착은 조음자들(혀, 치아, 입술)이 이용된다; 하지만 /h/의 발음은 이러한 조음자들을 자유롭게 놔둔다. 일반적으로 마찰음으로 취급되고 있지만, /h/는 물리적으로 기식(aspiration)이다. 이 난류성 노이즈에 대한 신호는 매우 약하고, ahead나 behind에서처럼 모음과 모음사이에서는 유성이 되거나 기식성음(breathy)이 되는 경향이 있다.

그림 5.8에 있는 스펙트로그램은 위에서 언급한 점들 몇 가지를 예시로 보여준다. (a) a fake, (b) sake, 그리고 (c) a shake에 있는 패턴들을 살펴보자. (a)와 (b) (혹은 (c))의 차이점은 아주 분명해서 치찰음(/s/ 혹은 /ʃ/)에 대한 마찰 노이즈가 더 크다는 것을 쉽게 볼 수 있다. (b)와 (c)를 비교하면, 우리는 마찰 소음이 다른 주파수에 집중되어 있다는 것을 관찰하게 된다: 치경 /s/에서는 대략 4,000-8,000Hz, 구개-치경 /ʃ/에서는 대략 2,000-6,000Hz.

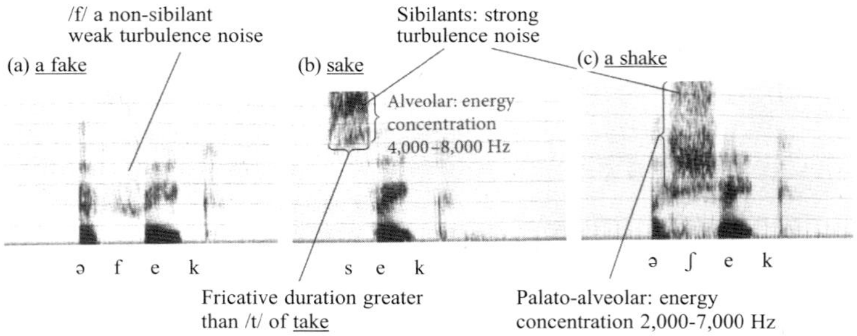

그림 5.8 a fake, sake 그리고 a shake의 스펙트로그램

이제, a take에 대한 스펙트로그램(그림 5.9)을 살펴보자. 그림 5.9는 폐쇄음과 마찰음 사이의 음장 차이(durational difference)를 보여주기 위해 있다. 단어 take에 있는 /t/의 길이와 sake에 있는 /s/의 길이를 비교하면, 폐쇄음보다 마찰음의 길이가 더 길다는 것을 확인할 수 있다.

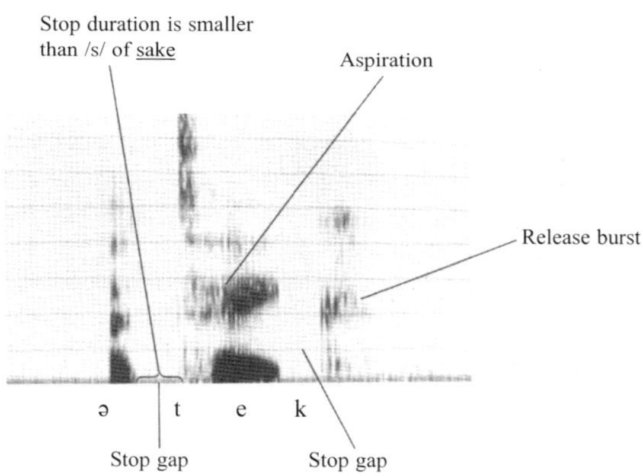

그림 5.9 a take의 스펙트로그램

마지막으로, high와 ahead의 스펙트로그램(그림 5.10)을 살펴보면, 우리는 /h/의 두 가지 상이한 음성 실현에서의 차이를 관찰할 수 있다. 단어 high에서는 약한 마찰을 보여주지만, ahead에서는 모음과 모음사이에 "기식성음(breathy voice)"으로서 그 모양이 드러난다.

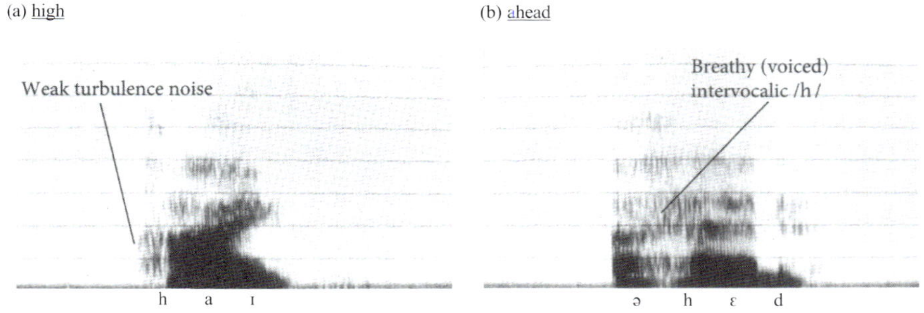

그림 5.10 high와 ahead의 스펙트로그램

파찰음

폐쇄음과 마찬가지로, 파찰음 /tʃ/와 /dʒ/는 폐쇄음과 같은 폐쇄 기간(closure period)과 뒤이은 마찰 노이즈로의 빠른 개방을 필요로 한다. 단어쌍 edging과 etching의 스펙트로그램(그림 5.11)을 살펴보면, 우리는 자음 폐쇄에 의해 만들어진 휴지(silent period)와 자음 폐쇄의 개방 다음에 만들어진 노이즈를 보게 된다. 파찰음의 마찰 노이즈는 단순 마찰음의 마찰 노이즈와 다르다. 파찰음의 마찰 노이즈가 가장 강하며, 따라서 스펙트로그램상에서 파찰음이 시작하는 부분에서 가장 강하게 보인다. 단순 마찰음에서는 음의 강도가 상승하는 것은 다소 점진적이다. 파찰음에서 마찰 개방(fricative release)에 해당하는 음의 길이는 폐쇄음 부분의 폐쇄(closure)에 해당하는 음의 길이보다 짧다. 유성 파찰음과 무성 파찰음 사이의 차이 또한 주목할 필요가 있다; 예측하건데, 무성 파찰음 /tʃ/가 유성 파찰음 /dʒ/보다 더 길다.

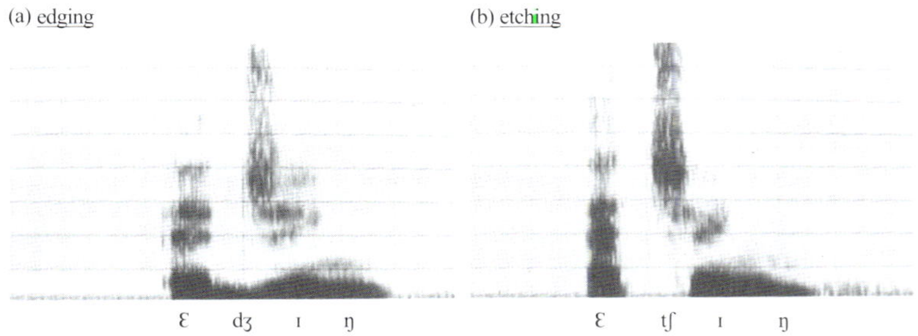

그림 5.11 edging과 etching의 스펙트로그램

제3장에서, 우리는 파찰음이 비록 음성학적으로는 폐쇄음과 마찰음의 결합이지만, 영어의 소리체계에서는 하나의 단위로 기능한다고 기술했다. 파찰음의 결합된 길이는 상응하는 폐쇄음과 마찰음의 합의 길이보다 더 짧다. 이 차이는 그림 5.12에 주어진 gray chip [gɹ̣e tʃɪp] 대 great ship [gɹ̣et ʃɪp]의 스펙트로그램에서 볼 수 있다.

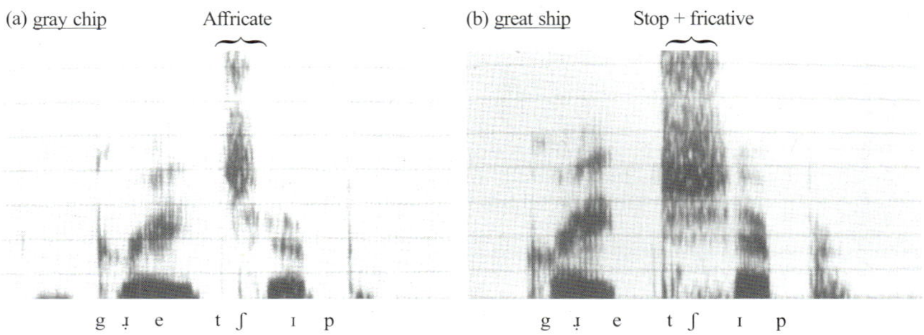

그림 5.12 gray chip와 great ship의 스펙트로그램

5.4.2 공명 자음

근접음(Approximants)

유음과 활음은 근접음이라는 범주를 형성한다. 이 소리들은 한 조음자가 또 다른 조음자에 가까이 다가가지만 마찰을 야기시킬 정도로 충분한 좁힘(narrowing)을 만들지는 못하는 방식으로 만들어진다(때때로 "마찰없는 지속음"("frictionless continuants")이라고 언급되기도 함). 근접음들이 폐쇄음(과 비음)처럼 완전한 폐쇄를 가지고 있는 것도 아니고 마찰음의 극단적인 좁힘(extreme narrowing)을 가지고 있는 것도 아니기 때문에, 이 소리들은 선행하는 모음에서 후속하는 모음으로 전이할 때 포먼트의 단절 현상(formant discontinuities)을 보이지 않는다. 공명자음으로써, 근접음들은 포먼트 구조를 보이지만, 성도의 어딘가에 놓여진 약한 공기의 저해(obstruction)때문에, 이 포먼트들은 모음의 포먼트보다는 덜 두드러져 보

인다. 이 부류에 속하는 소리들의 공통된 특징은 낮은 F_1과 모음에서 자음의 협착으로 이루어지는 전이에 대한 길이가 유사하다는 점이다. 활음(또는 종종 반모음(semi-vowel)이라고도 일컬어 짐)은 고위 모음과 매우 유사하지만, 두드러지게 희미한 패턴을 나타낸다. /w/에서 F_1과 F_2가 (/u/에서와 같이) 매우 가깝게 있는 것을 볼 수 있다. /j/에서 F_1과 F_2는 멀리 떨어져 있는데, 이는 (낮은 F_1과 높은 F_2를 가진) /i/의 상황을 닮았다. 활음은 상응하는 고위 모음이 취하는 성도에서 취하는 형상과 유사한 성도의 형상으로 시작한 다음, 뒤따르는 모음을 위해 형상을 바꾼다. 활음에서 모음으로의 연쇄(glide-to-vowel sequencing)는 모음에서 모음으로의 연쇄와는 다소 다른데, 이는 활음에서 모음으로의 전이가 모음에서 모음으로의 전이보다 좀 더 빠르다는 점에서 그렇다.

유음은 폐쇄음과 활음 (특히 /w/) 모두와 유사한 특징들을 가지고 있다. 유음은 폐쇄음처럼 매우 빠르며, 활음처럼 공명성(낮은 F_1)과 빠른 전이 속도를 가지고 있다. 유음은 /w/와는 세 번째 포먼트의 주파수에서 차이를 보인다; /w/는 F_3가 만들어지긴 하는데, 일반적으로 강도가 매우 약해서 스펙트로그램 상에서 눈으로 식별이 되지 않는다. 권설 유음(retroflex liquid) /ɹ̣/은 일반적으로 세 군데에서 동시에 협착이 생겨 조음된다. 이 세 군데의 협착은 원순(lip rounding), 설첨을 이용한 치경 뒤쪽의 좁힘, 그리고 혀가 뒤로 후퇴함으로 인해 생기는 인두의 좁힘을 일컫는다. 이 모든 협착은 F_3를 낮추는 역할을 하며, 따라서 이 권설 유음의 세 번째 포먼트 주파수는 상대적으로 낮으며 (2,000Hz이하, 공명자음들 중 가장 낮은 F_3임), 음의 세기가 강하며, 두 번째 공명 주파수와 가깝게 붙어있다. /ɹ̣/을 /w/와 분리하는 것이 상대적으로 쉽지만, /w/와 /l/은 꽤 비슷하게 보인다. 왜냐하면 이 두 소리는 첫 두 포먼트가 유사한 포먼트 값을 가지기 때문이다. 다음의 두 요소들이 이 두 소리를 분간하는데 사용될 수 있다. 첫째, 활음 /w/는 실제 협착이 전혀 없이 만들어진다; 유음 /l/은 설첨의 협착으로 형성된다. 그 결과, /l/에 F_3주변의 에너지가 /w/에 비해 훨씬 높다. 둘째, 다른 정도의 협착때문에, /w/에서와 /w/밖에서의 포먼트는 지속적인 반면, /l/의 경우 모음과의 접경부분에서 포먼트는 약간의 단절 현상(slight discontinuity)을 보여준다. 이는 설첨과 치경사이의 접촉때문에 생기는 현상이다. 다른 근접음들은 조음자들 사이에서 그러한 접촉을 보이지는 않는다. 그러한 영향으로 이러한 근접음들의 포먼트 전이는 부드럽게 변화는 모양을 띈다. /l/과 /ɹ/을 구분하기 위해서는 F_3를 살펴봐야 한다. /l/에서 F_3가 훨씬 높다. 이러한 높은 주파수에 더하여, 설측음의 높은 포먼트는 강도(intensity)에 있어서 상당히 감소되어 있다. "맑은" /l/과 "어두운" /l/사이의 차이점은 그들이 고위 전설/후설 모음과 비슷한 음색을 가지고 있다. "맑은 /l/"의 경우, 혀의 앞부분이 경구개쪽으로 올라가서, F_1과 F_2가 멀리 떨어져 있는데, 이는 우리가 고위 전설 모음에서 예측하는 바이다. "어두운 /l/"의 경우 설첨은 치경에 남아 있지만, 혀의 앞부분이 내려가 있고, 뒷부분이 연구개를 향해 올라가 있다. 이로 인해 후설 모음 혹은 연구개화된 공명 (다시 말해 F_1과 F_2가 더 가까이 됨)의 효과를 나타낸다. 모음 다음에 나타나는 어말의 /l/은 모음과 같아서, 아무런 접촉이 없을 지 모르는데, 이 결과로 /u/와 같은 포먼트 구조나 나타날 지도 모른다. 하지만, 우리가 제 3장에서 진술했듯이, 미국 영어에서 /l/은 일반적으로 영국영어에서 나타나는 "맑은" 대 "어두운"보다는 "어두운" /l/인데 그 정도가 다른 /l/이라고 볼 수 있다.

요약하자면, 네 근접음에 대해 다음의 대략적은 포먼트 주파수(Hz)를 줄 수 있다.

	w	j	ɹ	l	
				clear	dark
F1	200-300	200-300	300-350	200-400	350-550
(2) :2	600-850	1,850-2,100	1,(3) -1,200	950-1,400	650-850
F3	2,000-2,400	2,600-3,050	1,600-1,750	2,600-3,100	2,200-2,700

비음

비음은 비강 통로(open nasal passage)의 개방을 동반한 구강 폐쇄(oral closure)에 의해 형성된다. 기류(airstream)와 음향 진동이 모두 열린 연구개 포트(velar port)를 통해 비인두강(nasopharynx cavity)과 비강(nasal cavity)으로 통과해 들어간다. 비음 포먼트들은 모음(과 근접음)에서만큼 그렇게 진하게 나타나지는 않는다. 비음의 낮은 에너지는 구강 성도(oral tract)가 완전히 막히고, 음파(sound waves)가 코에서 방사(radiate)한다는 사실에 기인하기 때문이다. 이 음향 방사(acoustic radiation)는 비음성 잡음(nasal murmur)이라고 알려져 있는데, 스펙트로그램에서 500Hz아래에서 볼 수 있다.

비음은 뚜렷한 저주파수대의 F_1을 가지고 있다. 이에는 두 가지의 타당한 이유가 있다. 첫째, 비강은 구강보다 더 길다. 둘째, 고주파수의 강한 감쇠(strong attenuation)가 있는데, 이는 비강을 덮고 있는 부드러운 점막 조직(mucosal tissue)에 의해 흡수되고, 그 결과 고주파 에너지가 '감폭되어 점점 없어지기(damped out)' 때문이다.

희미하고 아주 낮은 주파수의 F_1(200-450Hz) 외에, 눈으로 분간할 수 있는 포먼트는 F_3인데, 이는 2,500Hz 정도에서 나타난다. F_2는 일반적으로 보이지 않는다. 비음은 전반적 에너지(overall energy)의 갑작스러운 분실(abrupt loss)을 드러낸다. 에너지를 밖으로 방사하는 것과 관련하여 코는 입보다 덜 효율적이다. 비음을 가리키는 지표들 중 하나는 비음 포먼트와 이웃한 소리의 포먼트 사이에 나타나는 뚜렷한 단절(clear discontinuity)이다. 비음 부근에서 포먼트의 이동 (포먼트 전이)은 양순, 치경, 그리고 연구개 조음과 관련하여 폐쇄음에서 발견되는 것과 매우 유사하다. 비음은 낮은 진폭(amplitude)을 가지고 있어서 포먼트 가시성(visibility)이 정상적인 스펙트로그램에서는 문제가 된다. 이 문제는 15dB정도 스펙트로그램에서 표시되는 강도 범위(intensity range)를 증가시켜 해결할 수 있다(강도 범위를 증가시키는 것은 일반적으로는 눈에 보이지 않는 부가적인 공명을 드러낸다). 이로 인해 모음은 좀 많이 어둡게 되는 반면, 비음은 보다 명백하게 보이게 된다.

조음 위치와 관련하여, 비음과 연관된 포먼트 전이는 폐쇄음과 관련된 포먼트 전이와 거의 같다. 양순 비음 /m/의 경우, 제 2포먼트가 아래를 향하는 전이를 가지고 있다. 치경 비음 /n/의 경우, 제 2포먼트는 평평한 전이(level transition)를 가지고 있다. 연구개 전이(transition for the velar)는 위를 향해 있어서(points up), 제 3 포먼트와 합쳐진다.

5.5 종합 분석

아래에서 우리는 단어 여덟 개의 스펙트로그램을 분석하여, 이제까지 논의해 왔던 소리들과 관련된 여러 특징들을 다시 살펴보도록 할 것이다: (1) train, (2) kite, (3) pig, (4) happy, (5) basket, (6) ostrich, (7) scar, 그리고 (8) chicken (그림 5.13-5.16 참조)

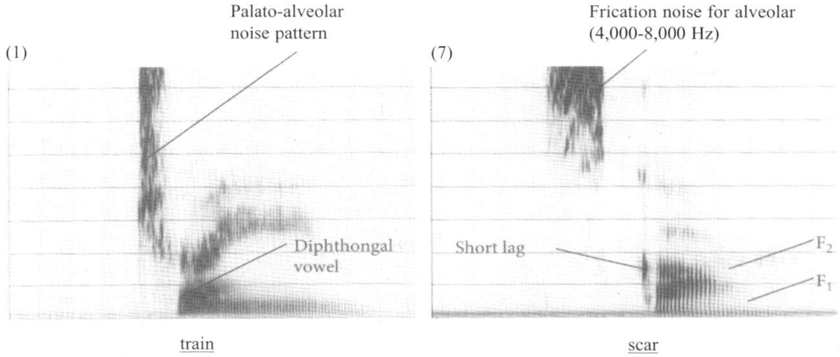

그림 5.13 train과 scar의 스펙트로그램

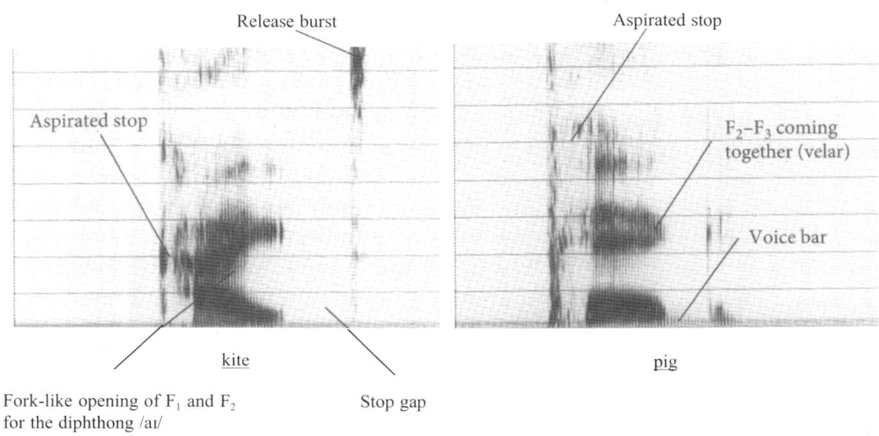

그림 5.14 kite와 pig의 스펙트로그램

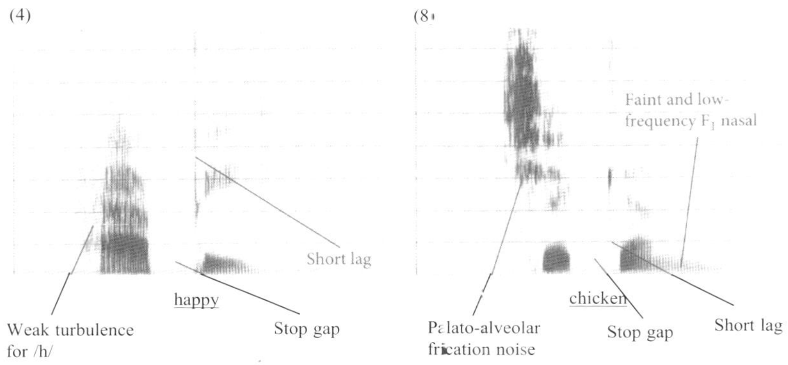

그림 5.15 happy와 chicken의 스펙트로그램

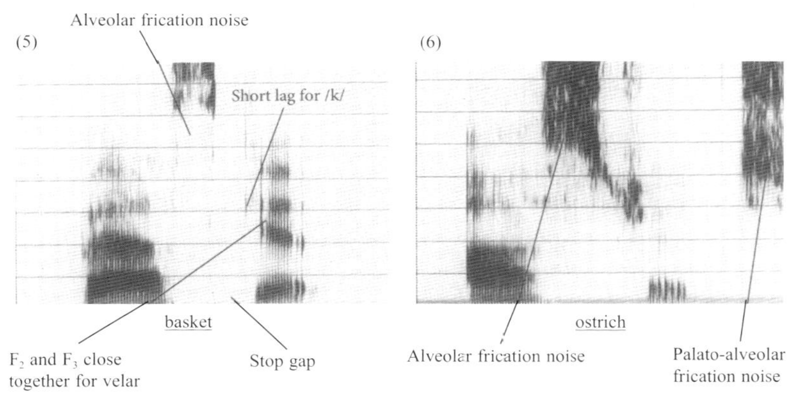

그림 5.16 basket과 ostrich의 스펙트로그램

여덟 개의 단어들은 음절 수와 관련하여 두 개의 그룹으로 똑같이 나뉘어져 있다(단음절 단어 4개 - scar, train, pig, kite 및 이음절 단어 4개 - ostrich, basket, happy, chicken). 따라서, 스펙트로그램만을 살펴보고, 아래에 적혀있는 단어 레이블을 주시한다면, (1), (2), (3) 및 (7)이 하나의 모음 핵 포먼트(vocalic nucleus formant)를 가지고 있기 때문에 앞서 전자 (즉 단음절)로 분리할 수 있고, (4), (5), (6) 및 (8)은 이음절 단어로 따로 분간할 수 있다. 단음절 단어 중, scar만이 치찰

음으로 시작되는 유일한 단어이다. 네 단어들 모두 마찰 노이즈 난기류(frication noise turbulence)를 단어의 시작부분에서 보여주고 있지만, (1)과 (7)만이 이 목표물에 대한 논리적인 후보대상이다. 그 이유는 (2)와 (3)의 노이즈 패턴이 /s/에서 예측되는 집약된 패턴보다는 모든 주파수로 일반화되어 있기 때문이다. (모든 주파수대에 일반화된 유형은 기식 폐쇄음, 따라서 pig과 kite와 같은 단어들의 어두에서 전형적으로 나타나는 유형이다). 이는 (1)과 (7)이 train과 scar라는 것을 암시한다(그림 5.13 참조). 이 둘 중 (7)이 scar에 대한 더 좋은 후보대상이 되는데, 그 이유는 마찰 소음이 4,000과 8,000Hz사이에 집약되어 있는데, 이것은 치경에 전형적인 패턴이기 때문이다. 이것을 식별하는데 사용될 수 있는 훨씬 더 많은 증거들이 있다. 마찰 노이즈 다음에 폐쇄음의 간극(stop gap)이 따라 나오며, 이를 뒤따르는 개방 /k/와 (비기식 폐쇄음에서 예상되는) 짧은 지체 시간, 그 다음에 저위 후설 모음(높은 F_1 그리고 F_2와 F_1사이의 좁은 공간), 그리고 후속하는 모음의 r-색채(r-coloring; 세 번째 포먼트의 낮아짐)가 따라 나오는 것들이 증거로 사용될 수 있다. (1)의 train으로 돌아가서, 우리는 다음을 관찰한다: 구개-치경 위치에서의 마찰 노이즈의 특징(즉 [tɹ̥]의 파찰음화)은 노이즈 스펙트럼(noise spectrum)이 2,000-8,000Hz에서 관찰되는 것에 의해서 증명된다. 또한 우리는 뒤따르는 길고 다소 이중모음화된 모음 /e/ (포크 모양으로 포먼트가 개방되는 형상)와 그 뒤를 따르는 희미하고 매우 낮은 주파수의 F_1이 비음이라는 패턴으로 예측하는 것과 일치한다.

단어 (2)와 (3)은 kite와 pig이다. 어느 것이 어떤 단어에 해당하는지 어떻게 알 수 있을까? 두 단어 모두 CVC로 된 단어이고 기식 폐쇄음으로 시작하니 스펙트로그램에서 이 특징을 통해 두 단어를 구별할 수는 없다. 나머지 부분의 특징들을 살펴보면 구분이 다소 분명해진다. 무엇보다 먼저, 모음 핵의 길이가 꽤 다르다. (3)에서, 우리는 더 짧은 모음 (pig의 /ɪ/)을 본다. (2)의 핵은 더 긴 이중모음이다(kite의 /aɪ/는 저위 모음으로 시작한 후 뒤에 고위 전설 모음이 따라 나오니, 포크모양의 개방이다). 문제를 더 명백히 하기 위해, 우리는 (3)에서 종성의 폐쇄음 공백(stop gap) 바로 앞에서 F_2와 F_3이 "함께 모이는 것(coming together)"을 보게 된다. 앞에서 언급한 바와 같이, 이것은 연구개 폐쇄음(pig의 /g/)의 전형적 특징이다. 두 단어들은 어말의 폐쇄음이 개방되어 조음된다(폐쇄음 공백 뒤의 개방 파열을 주목바람). 가시적인 유성 막대(voice bar)가 pig의 /g/에서 있다. 따라서, (2)는 kite이고 (3)은 pig이다(그림 5.14 참조).

이제 이음절 단어를 살펴보면, 다시 한번 마찰 노이즈로 시작한다. 마찰 노이즈로 시작하는 유일한 단어는 chicken이고, (8)은 이 단어에 대한 가장 좋은 후보인데, 그 이유는 /tʃ/에 대한 노이즈 패턴이 예측한 바와 같이 검고, 2,000Hz로까지 내려 가는데, 이는 구개-치경음의 전형적인 예이다. 단어 (4)는 약간의 마찰 노이즈를 보여주고 있지만, 이 마찰 노이즈의 주파수와 강도는 /tʃ/에서 예상되는 것보다는 훨씬 낮다; 실제, 이는 /h/의 전형적인 패턴이어서, 이는 (4)가 happy라는 것을 암시한다. 이 두 단어의 식별을 지지하는 다른 여러 표시들이 있다: 강세 음절의 모음은 길이가 매우 다르다. 보다 긴 /æ/를 happy에서, 짧은 /ɪ/를 chicken에서 보이고 있다. 첫 음절을 바로 따라 나오는 부분은 예측되는 바와 같이 유사하다(비기식 폐쇄음에 대한 폐쇄음 공백과 짧은 지연 개방). 하지만, 이 차이는 그것 바로 뒤에서 명백하다. (4)의 두 번째 음절은 더 긴 모음(happy의 /i/)을 가지고 있는데, 이는 (8)에 있는 chicken의 짧은 [ə]와 상반된다. 이에 대해 추가적으로 말하자면, chicken의 비음으로 된 어말의 음향적 특징인 희미하고 보다 낮은 주파수인 F_1을 볼 수 있다고 할 수 있다(그림 5.15 참조).

나머지 두 단어 basket과 ostrich는 (5)와 (6)의 스펙트로그램과 짝 지어져야 한다. 이 짝짓기는 여러 이유로 인해 다소 쉬운 결정이다. 단어 (6)은 두 군데에 매우 분명하게 나타난 마찰 노이즈를 가지고 있으니 ostrich이다. 첫 번째 것은 /s/인데, 이는 전형적인 4,000-8,000Hz 치경 패턴을 가지고 있고, 두 번째 것은 /tʃ/인데, 이는 구개-치경에 전형적인 보다 낮은 주파수를 가지고 있다. 똑같은 단어가 /s/바로 뒤의 [tɹ̥]에 대한 약간의 파찰음화(affrication)를 브여준다. 역시 동일한 단어에서, 강세가 있는 첫 음절은 더 긴 모음을 가지고 있는데, 이 모음은 저위 후설의 특징(F1과 F2 참조)을 가지고 있다; 두 번째 음절은 비강세(약한 강도와 짧은 길이)이다. (5) basket을 조사해보면, 우리는 다음의 사실들을 관찰할 수 있다: 즉, 당연하지만 첫 /b/음에 가시적인 유성 막대가 없다는 사실말이다. 5.4.1절에서 논의된 바와 같이, 이는 모음과 모음 사이의 위치를 제외하고 폐쇄음 /b, d, g/를 확인하는데 가장 신뢰하기 힘든 특징이다. 강세를 가진 첫 번째 모음 /æ/는 기대한 바와 같이 길고, /s/의 마찰은 ostrich에서의 마찰만큼 강하지는 않지만, 그래도 명료하게 보인다. 뒤에 따라 나오는 소리 /k/는 폐쇄 공백을 가지고 있으며, 이는 다시 기대한 바와 같은 짧은 지연 (비기식) 개방이 따라 나온다. 그 이유는 비강세 음절의 첫자리에 위치해 있기 때문이다. 다음에 나오는 모음의 포먼트 전이(F_2와 F_3는 폐쇄음 바로 뒤에서 함께 나타나며, 높은 F_2를 가진 모음으로 하향 전이를 가지고 있음)는 명백히 연구개 조음 위치를 나타낸다. 마지막으로, 우리는 두 번째 음절이 다소 짧은 모음 다음에 폐쇄음 종성이 따라 나온다는 점을 주목하게 된다(그림 5.16 참조).

5.6 파형 분석

음성 발화에서 자주 사용되는 또 다른 분석은 음파 분석이다. 파형(waveform, oscillogram으로도 알려져 있음)은 소리의 한 차원의 진폭이 시간 축으로 어떻게 변화하는 지를 보여주는 이차원의 그래프(bi-directional graph)이다. 이 절에서 제시하는 짧은 논의에서는 파형으로 유추할 수 있는 여러 음향 특징 중에서 길이와 강도에 초점을 맞출 것이다. 파형에서 수평축은 시간을 나타내고, 수직 축은 진폭(amplitude)을 나타낸다. 수칙 축의 가운데 있는 영점(zero point)은 주변 기압(atmospheric pressure)의 압력을 보여주고, 이 선의 위로 향하거나(양의 진폭) 아래로 향하는(음의 진폭) 것은 기압 위와 아래로 압력이 교체하는 것을 표시하는 것인데, 이는 그림 5.17에서 볼 수 있다. 파동(wave)의 진폭은 평균 압력으로부터의 가장 큰 편차(deviation)와 같다. 진폭은 데시벨(dB)로 측정되며, 청각적으로는 음의 강도(loudness)로 지각된다. 자연히 파형의 일반적인 진폭은 화자가 얼마나 크게 혹은 얼마나 부드럽게 말하는 지에, 그리고 마이크가 얼마나 가깝게 놓여 있는 지에 달려있을 것이다. 하지만, 동일한 환경에서 말해지더라도 소리마다 진폭이 다르다. 파동의 가장 높은 점을 "정점(peak)"이라고 부르며, 가장 낮은 점은 "파곡(trough)"이라고 부른다.

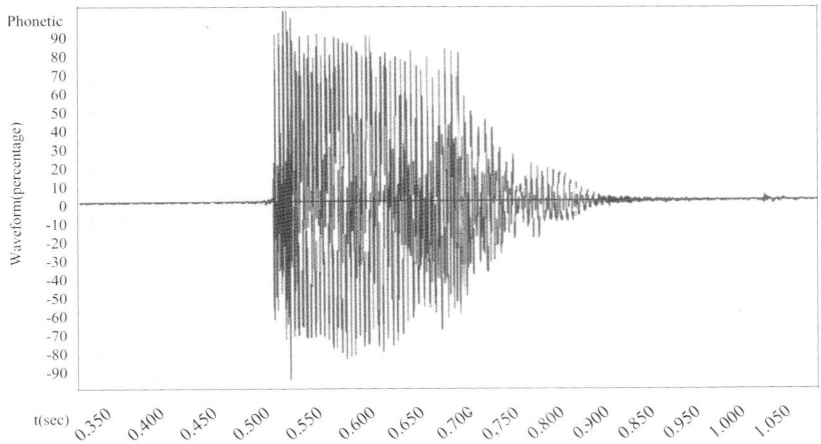

그림 5.17 /i/의 파형(waveform)

네 가지의 기본적인 파형이 있는데, 이들은 그림 5.18에 spider와 times라는 단어로 예시되어 있다.

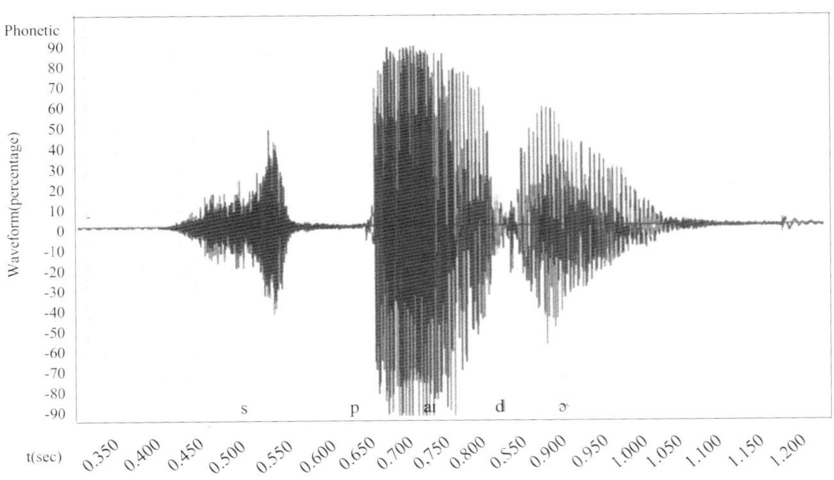

그림 5.18a spider의 파형

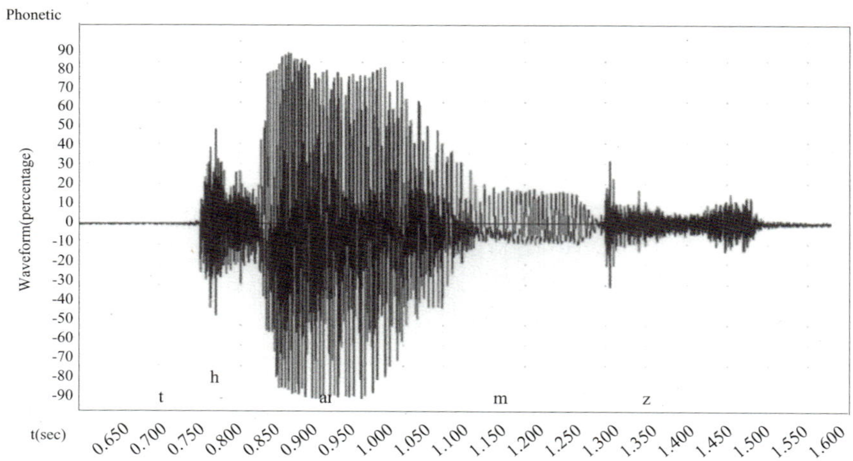

그림 5.18b times의 파형

위에서 보듯이, 파형에는 소리의 분절음이 서로 다른 것을 표시해주는 명백한 변화가 있다. 정확히 어떤 소리가 파형의 어떤 부분에서 표시되었는지를 결정하는 방법은 없다. 앞서 지적한 대로, 우리는 단지 길이, 유성 구분, 혹은 폐쇄음, 마찰음, 비음, 그리고 모음 같은 소리(vowel-like sounds)처럼 소리의 보다 광범위한 부류를 인지할 수 있을 뿐이다.

주기적 파형(periodic waveforms)은 반복하는 주기를 가진다. 이는 공명음(예, 모음, 비음, 유음, 및 활음)에 전형적이다. 주기성은 이 모든 소리들의 근원이 성대의 주기적 진동이기 때문이다. 어떠한 소리도 절대적으로 주기적이진 않지만, 모음은 한 음파 주기에서 다른 음파 주기로의 주기성을 보여준다. 위의 파형에서, spider는 [aɪ]와 [ə]가 있고, times는 [aɪ]와 [m]이 있어서, 이러한 주기성의 특징을 보여주고 있다. 예측한 대로, [aɪ]는 축약된 모음 [ə]보다 더 큰 진폭을 가진다. 그림 5.19는 복잡한 (하지만 반복되는) 진동 유형이 하나의 주기적인 파동 사이에 주요 정점(major peak)과 일련의 작은 정점(minor peaks)들로 구성되어 있다는 것을 보여준다; 이 그래프는 단어 beet에서 소리 [i]의 일부(전체 190 ms의 모음 길이 중 50 ms에 미치지 않음)를 보여주는 진동 그래프이다. 이 복잡한 유형은 그림에서 보여주는 부분에서 10번 나타난다. 하지만, 각각의 연속적인 진동 주기는 선행하는 것과 약간씩 다른데, 그 이유는 소리가 완전히 고정된(stationary) 것이 아니기 때문이다.

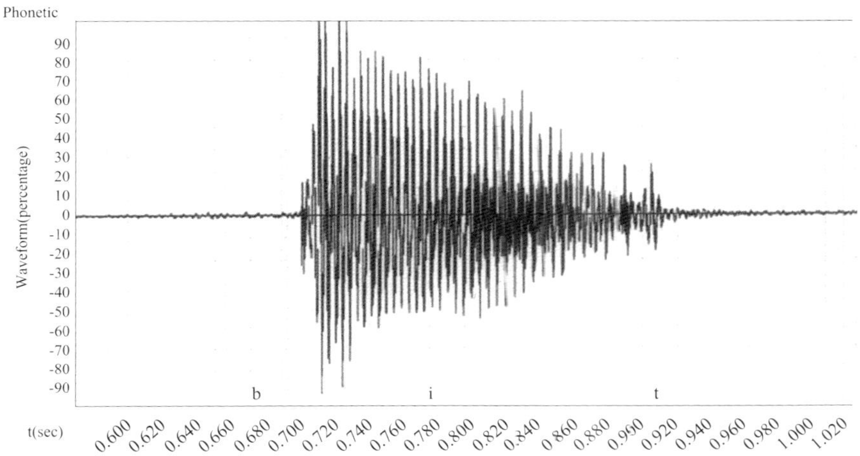

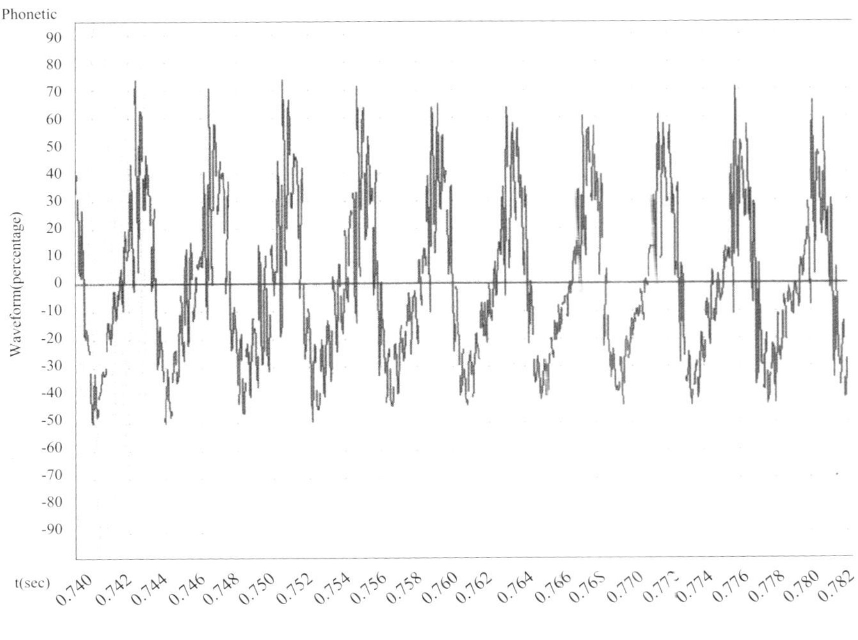

그림 5.19 beet의 파형

마찰음과 무성 폐쇄음의 기식 부분에서 발견되는 노이즈 같은 난기류에서 전형적으로 나타나는 *랜덤* 파형(random waveforms); 랜덤 파형은 반복하는 주기가 없으니 비주기적(aperiodic)이다. 위의 그림 5.18a와 5.18b의 spider의 마찰음 [s]와 "times"의 [z], 그리고 times의 무성 폐쇄음 [tʰ]의 기식 부분에서 볼 수 있듯이, 이 패턴은 영인 기준선(zero line)에서 위아래로 혼란스럽게 나타난다.

폐쇄음의 폐쇄 단계는 스펙트로그램에서 폐쇄 공백으로 나타나는데 정지중인 파형(***quiescent*** waveform)으로 표시된다. 무성 폐쇄음의 이 단계 동안에 보이는 파형은 폐쇄의 개방 전에서 보이는 spider의 [p]와 times의 [tʰ]에서처럼 직선이라고 말할 수 있다. 하지만, 녹음 동안의 배경 소음과 반향때문에, 침묵(silence)의 진폭이 결코 파형에서 영(zero)으로 나타나는 것은 아니다. 만약 폐쇄음이 spider의 모음 사이에 나오는 [d]에서처럼 유성을 가지고 있다면, 선에서 약간의 진동을 보게 될 것이다.

마지막으로, 우리는 폐쇄음의 개방 단계를 화면에서 봤을 때, 매우 빨리 사라지는 비규칙적 파형을 보게 된다(spider의 [p]와 times의 [tʰ]). 그러한 과도 파형(transient waveforms)은 조음 폐쇄 구간 뒤에서 쌓였던 공기가 파열과 함께 개방된 결과이다.

네 가지 파형 유형이 말 소리의 유형과 관련해 가지는 관계는 다음과 같이 요약할 수 있다:

규칙적(Periodic) 파형: 모음과 공명 자음
랜덤(Random) 파형: 마찰음과 무성 폐쇄음의 기식 단계
정지(Quiescent) 파형: 폐쇄음의 폐쇄 단계
과도(Transient) 파형: 폐쇄음의 개방 단계

말소리를 측정하기 위해서는 인접 소리 사이의 경계를 짓는 것이 필요하다. 한 소리에서 다름 소리로의 이동에서 파형의 변화가 있다면, 예를 들어, 단어 stick이 화면상 표시된 것에서 볼 수 있듯이, 파형이 갑작스러운 단절을 나타낼 수 있으며, 이는 분절(segmentation)이 아주 명확하다는 것을 알려주는 것이다. (그림 5.20 참조)

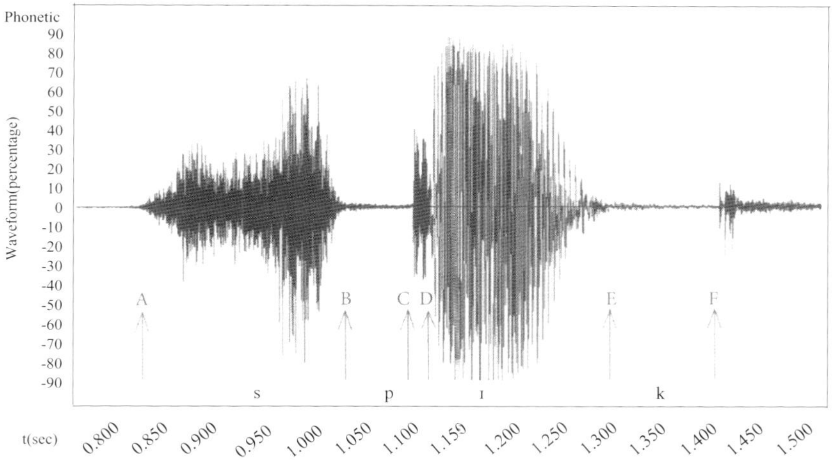

그림 5.20 stick의 파형

이 단어는 [s]를 위해 랜덤 파형으로 시작한 후(A와 B사이의 구간), [t]를 위해 정지 파동 후 과도 파형으로 갑자기 변화한다; 즉 폐쇄음의 폐쇄 단계(B와 C사이의 구간), 그리고 개방 단계(C와 D사이의 구간). 이 다음에, 모은 [ɪ]를 위한 규칙 파형을 보게 되는데 (D와 E사이의 구간), 이다음 다시 정지 중인 구간과 일시적인 파형(quiescent plus transient waveforms)이 [k]를 조음하기 위해 따라 나온다(E와 F사이의 구간).

비록 stick에서의 변화가 눈에 쉽게 띄지만, 인접한 소리들이 동일한 유형의 파형을 공유하는 단어를 분절할 때는 분절이 이처럼 쉽지는 않을 것이다. 예를 들어, "whale"이라는 단어는 세 개의 공명(활음, 모음, 유음)이 연속해서 나오는데, 이 모두는 규칙 파형의 형태를 보인다(그림 5.21). [w]와 후속 모음 [e]사이에 있어야 할 경계선과 이 모음과 후속하는 [l]사이에 있어야 할 경계선은 진폭이 변화하는 방식을 이용해 우리가 추정해서 만든 것에 불과할 것이다. 그러한 경우에는 파형과 스펙트로그램을 함께 사용하는 것이 더 좋을 것이다. 스펙트로그램은 분절음을 확인하는데 더 유용하지만, 실제 측정은 파형으로 이루어져야 한다.

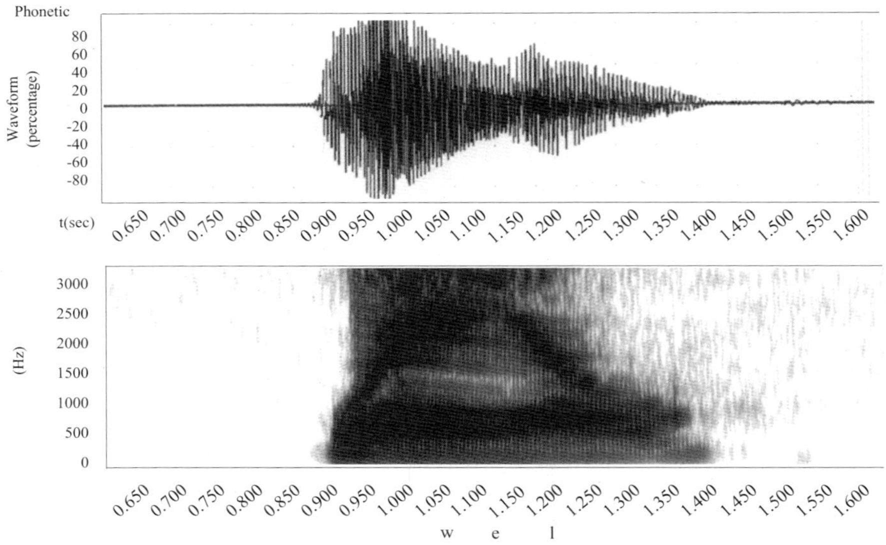

그림 5.21 whale의 파형과 스펙트로그램

지금까지 본 그림들에서 알 수 있듯이, 파형보다는 스펙트로그램에서 분절음을 식별하는 것이 더 쉽다.

파형은 길이의 측정에 종종 이용되는데, 이는 스펙트로그램이 시간 차원에서 정확한 정보를 주는 데는 그다지 좋지 않기 때문이다. 대부분의 파형을 나타내 주는 소프트웨어에서 관찰하고자 하는 파형의 시간 눈금을 확대하면 더 정확하게 시간을 측정할 수 있다.

가장 일반적으로 연구되는 길이의 특징 중 하나는 VOT인데, 이는 폐쇄음의 개방과 후속하는 분절음의 성대 진동 시작 사이의 경과된 시간을 보여준다. VOT를 측정하기 위해 파형을 살펴보면, 시작점(staring point)은 폐쇄음의 개방인데 정지 파형에서 과도 파형으로의 변화에 의해 표시되어 있다. 종점(end point)은 과도 파형에서 성대 진동의 시작을 나타내는 규칙 파형으로의 변화에 의해 표시되어 있다. 그림 5.22는 단어 "attack"의 정상적인 파형과 확대된 파형을 보여준다.

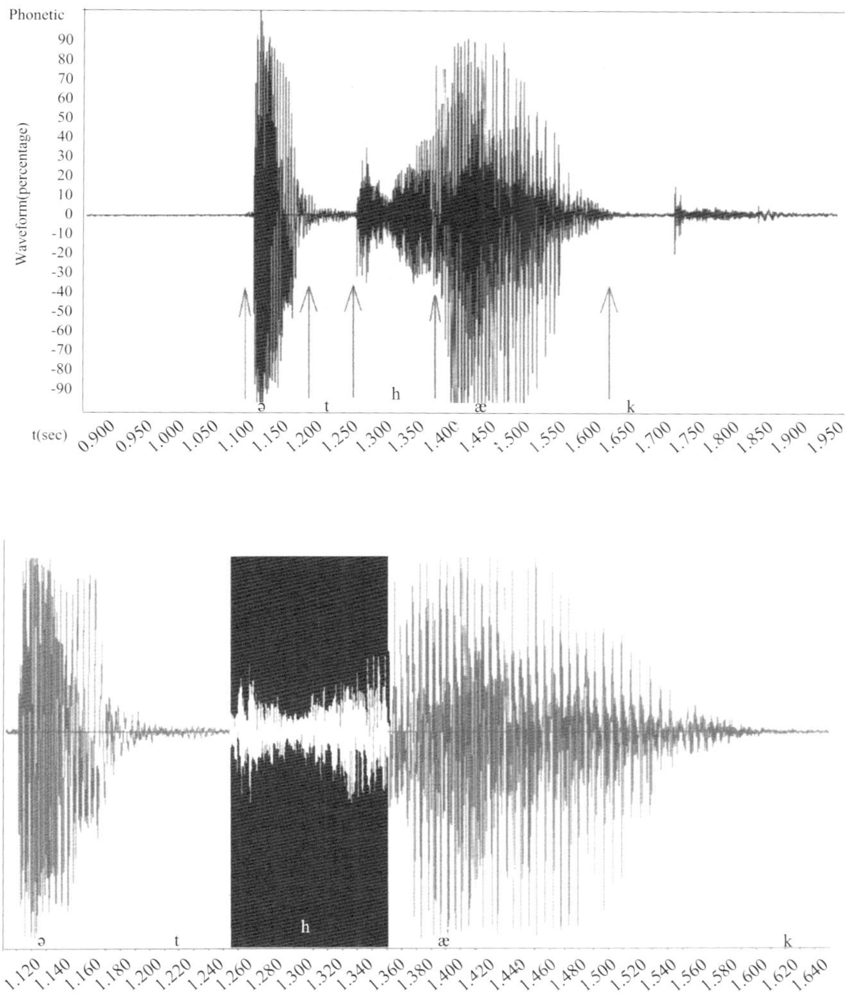

그림 5.22 attack의 파형

시작 부분에서 어두의 [ə]를 나타내는 짧은 규칙적 파동(wave)을 볼 수 있다; 바로 다음에 [t]의 폐쇄 단계를 나타내는 정지 파형(직선)이 따라 나오고, 이 다음에는 다시 폐쇄음의 개방 단계를 나타내는 과도 파형이 따라 나온다. 이 부분이 VOT 측정의 시작점이다. 측정의 종점은 파형이 규칙적이 되어 [ǽ]에 대한 성대 진동의 시작을 나타내는 부분이 어디인지를 찾아내는 것에 의해 결정된다. 이 단어의 끝은 이 규칙 파동에서 우리가 예측하듯이 어말의 [k]에 대한 폐쇄 단계를 나타내는 정지 파동으로 변하는 것에 의해 표시된다.

다음에는 서로 다른 무리의 소리에서 관찰되는 파형의 특징들을 요약한다.

모음

이들은 주기적인 파동과 (입을 가장 크게 벌려 나는 소리이기 때문에) 상대적으로 가장 높은 진폭을 가지고 있으며, 다른 소리들보다 더 긴 길이를 가진다. 파형의 일반적인 형태와 보다 세밀한 특징들이 일정 시간 간격으로 반복된다. 모음과 공명 자음 사이의 주된 차이는 전자가 후자보다 더 톱니모양으로 들쑥날쑥한 파동을 가진 것으로 특징지을 수 있다는 것이다.

무성 폐쇄음

이들을 찾아 내기는 매우 쉽다; 폐쇄 단계 동안 (진폭이 없이) 조용하다. 파형에서, 이 소리들은 평평한 선으로 보이고, 종종 파열(burst)이 뒤따라 나온다. 파열은 양순음에서 가장 약하고, 치경에서 가장 높다. 또한, 연구개 폐쇄음의 파형은 보통 이중 파열(double burst) 현상을 보여주는데, 이는 양순음과 치경음에서는 볼 수 없는 현상이다. 파형에서의 시간 간격은 (파형이 정지에서 과도로 바뀌는 곳에서) 날카로운 스파이크를 나타내는데, 이는 개방 파열을 가리킨다. 그리고 성대 진동(즉 유성)의 시작은 파형이 주기적으로 되는 정상적인 유성 파동(즉 톱날 바퀴 모양의(jagged or "saw-tooth") 파형)이 시작되는 곳 바로 앞의 끝에 위치하여 음의 값으로 최대의 편차를 보이는 것으로 식별된다. 기식 폐쇄음은 기식 노이즈가 뒤따라 나오는데, 이는 휴지 구간(silent interval) 뒤에 따라 나오며, 다음의 모음까지 지속되는 비주기적 파동에서 찾아 볼 수 있다. VOT는 기식 폐쇄음에서가 비기식 폐쇄음에서 보다 훨씬 더 길다. 그림 5.23과 5.24는 각각 <u>tick</u>과 <u>stick</u>의 파형을 보여준다.

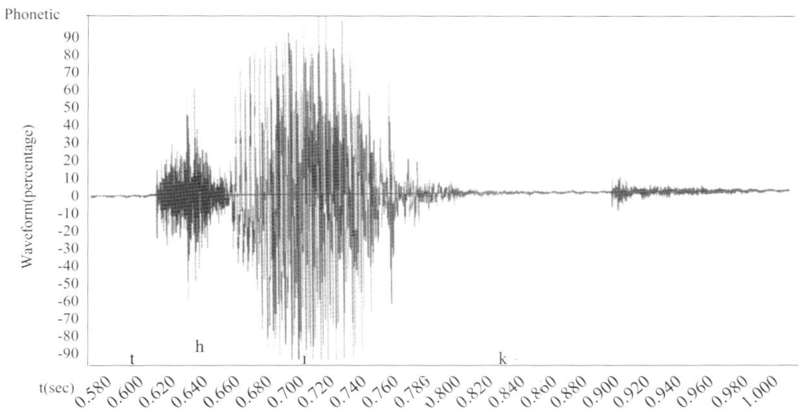

그림 5.23 tick의 파형

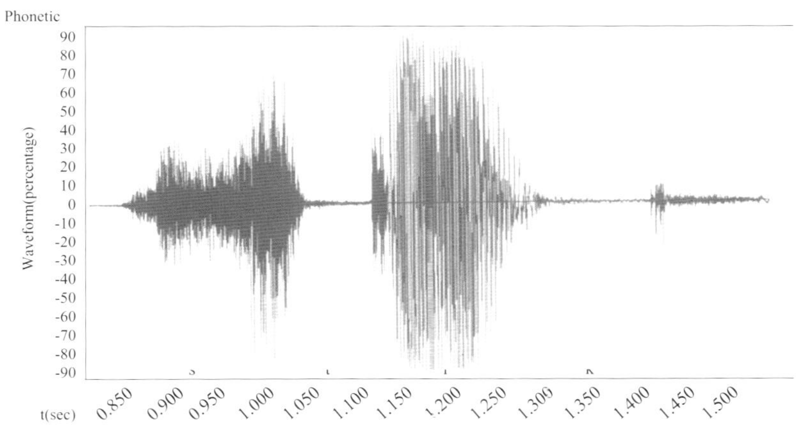

그림 5.24 stick의 파형

앞서 언급한 바와 같이, 기식 폐쇄음에서 시간 간격의 양은 조음 위치의 변화에 따라 변한다; 조음 위치가 뒤로 가면 갈수록, 시간 간격이 더 크다. 이는 pie, tie, kite에서 /p/, /t/, /k/를 비교한 그림 5.25에서 볼 수 있다.

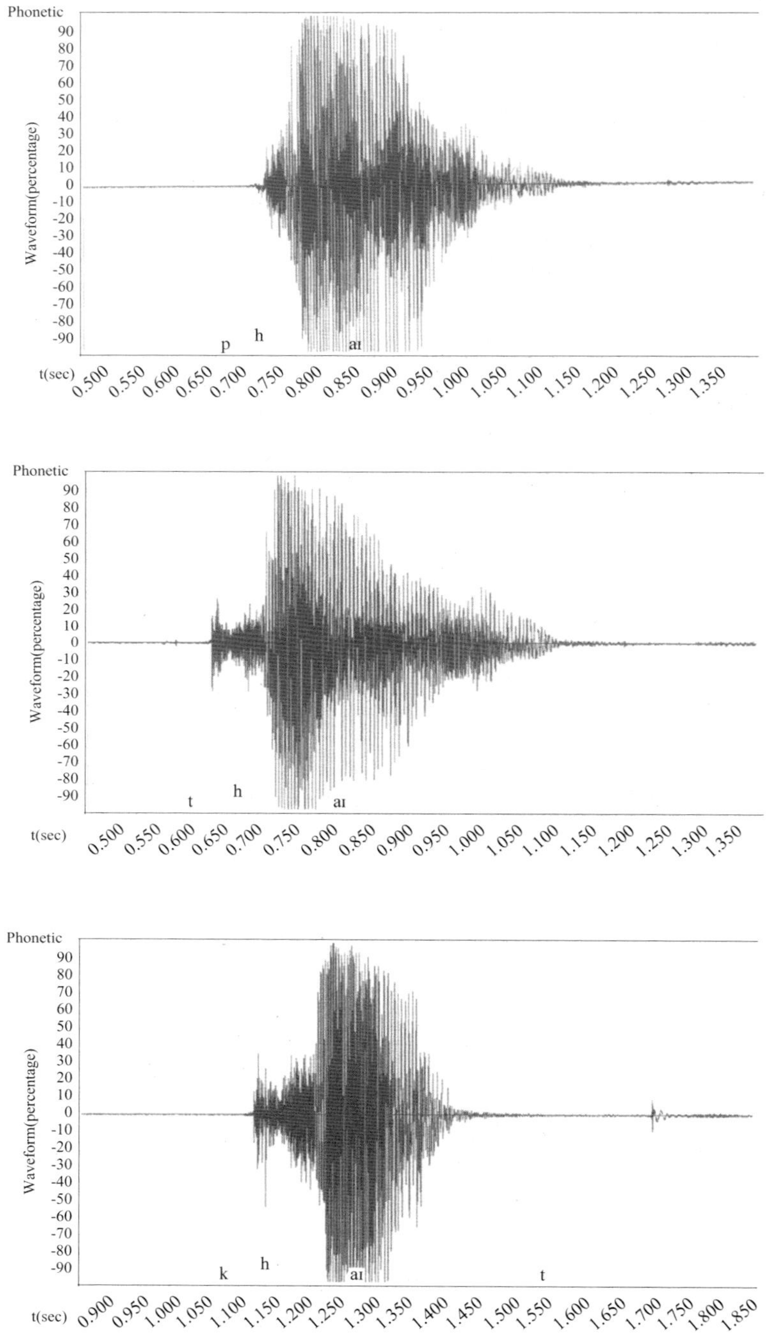

그림 5.25 pie, tie 그리고 kite의 파형

[pʰ]의 시간 간격(lag)은 63ms인데, 이는 [tʰ]에는 71ms, [kʰ]에서는 80ms로 증가한다. 치경 파열이 가장 강하고 갑작스럽다는 것도 주목할 정도로 중요하다. 이는 설첨의 민첩함 때문인데, 이는 빠른 조음 상의 움직임을 만들어 낼 수 있도록 아주 정확하게 통제될 수 있다.

유성 폐쇄음

이들은 전반적으로 낮은 진폭을 가진 주기적 신호로 특징지을 수 있다. 이들은 폐쇄가 개방되어 모음이 만들어질 때, 비록 파열이 아주 약한 에너지를 가지긴 하지만, 일반적으로 일시적인 파열(transient burst)을 보일 것이다. 주기적인 에너지는 모음과 모음 사이가 아니면 폐쇄기간 동안 종종 소멸한다. 이는 그림 5.26에서 볼 수 있는데, 이 그림에서 go와 ago의 파형이 제시되어 있다.

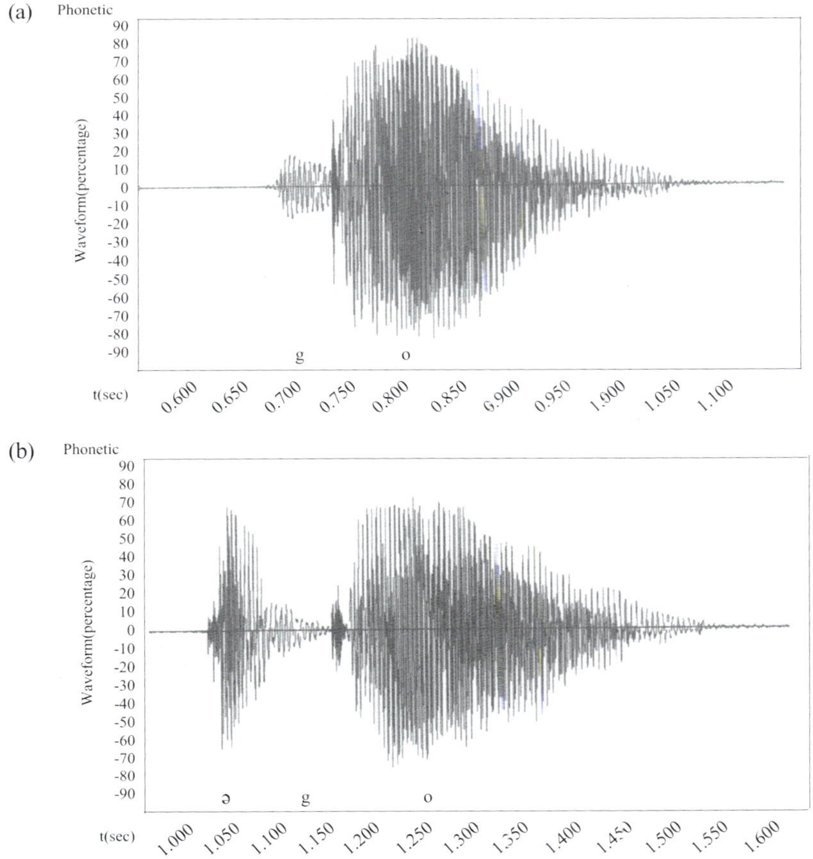

그림 5.26 go와 ago의 파형

만약 attack의 무성 폐쇄음 [t] (그림 5.22)와 위의 ago에 있는 유성 폐쇄음 [g]를 비교한다면, 우리는 전자의 폐쇄 기간 동안에 주기적 에너지가 명백히 결여되어 있음(평평한 선으로 나타남)과 후자의 [g]에 대해서는 폐쇄 기간 동안 주기적인 에너지가 있음을 볼 수 있다. 다른 차이점들은 후자에 비해 전자의 경우에 VOT가 더 길고 파열 진폭이 조금 더 크다는 것을 포함한다.

유성 폐쇄음과 무성 무기식 폐쇄음 사이에는 파형에서 거의 차이가 없다; 눈에 띄는 유일한 차이점은 유성 폐쇄음의 경우, 주기성(periodicity)이 이 폐쇄음의 전체 기간동안 것과 무성 무기식 폐쇄음에선 폐쇄음의 개방 후에 주기성이 시작된다는 것인데, 이는 그림 5.27에서 볼 수 있다.

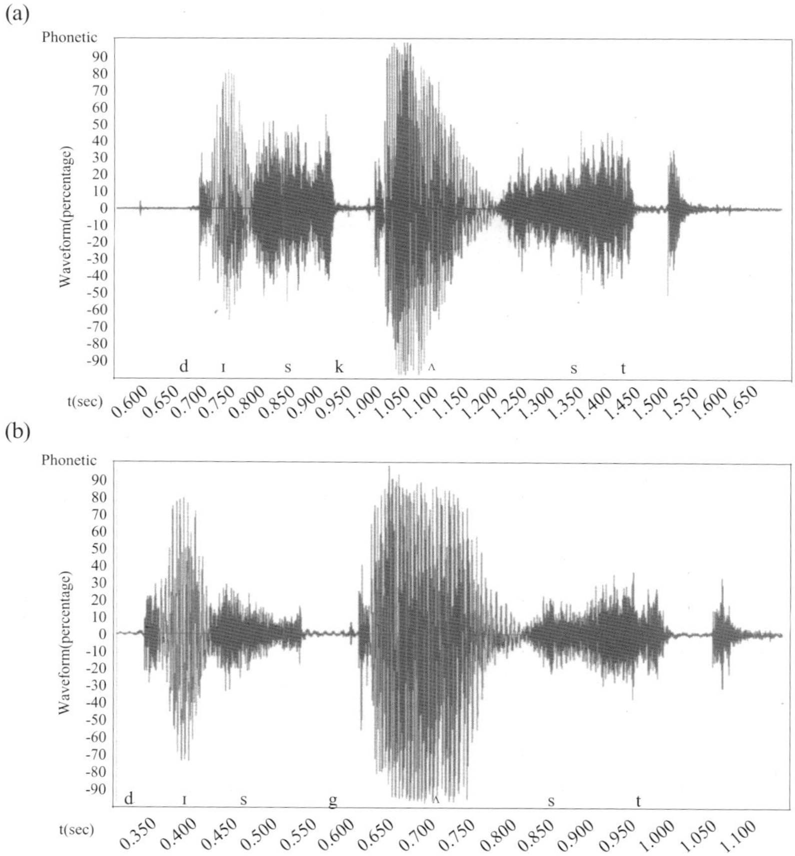

그림 5.27 discussed vs. disgust의 파형

무성 마찰음

무성 마찰음들은 반복하는 패턴이 없고 이웃한 모음보다 낮은 진폭을 가진 랜덤 노이즈로 보인다. 치찰음(sibilant; strident라고도 함)은 비치찰음보다 진폭이 더 높다. 후자는 무성 폐쇄음과 비슷하지만, 후속하는 개방 파형이 없다. 그림 5.28에서 볼 수 있듯이, /θ/는 에너지가 가장 적고, /f/는 조금 더 많고, /s/와 /ʃ/는 에너지가 가장 크다.

/h/는 그림 5.29에서 볼 수 있듯이, 모음 간에서는 다소 달라질 수도 있지만, 무작위의 변화가 거의 없다는 점에서 다른 마찰음들과 다소 다르다.

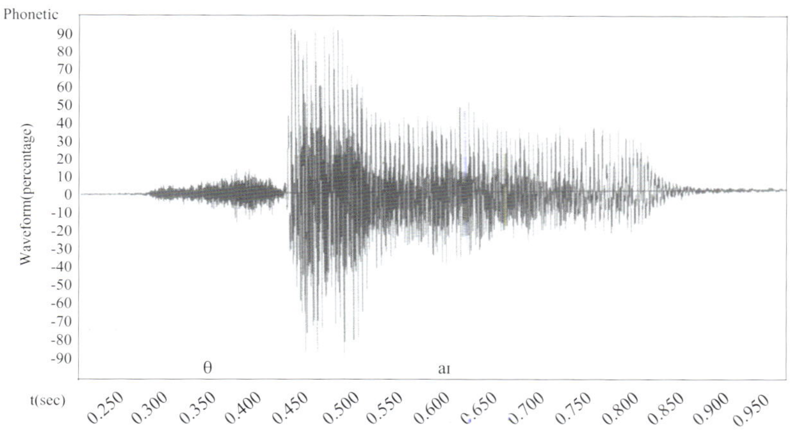

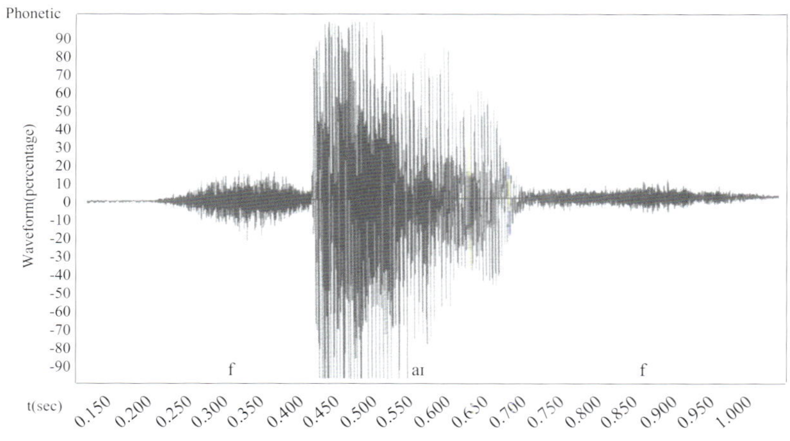

그림 5.28 thigh와 fife의 파형

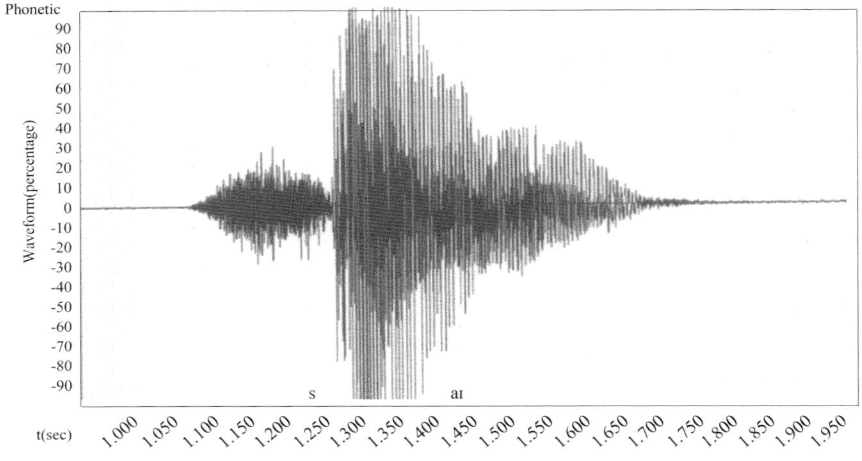

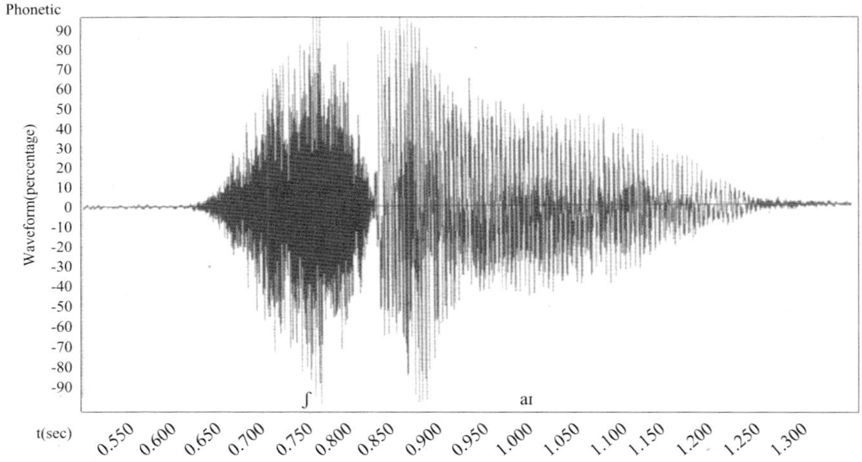

그림 5.28(계속) sign와 shy의 파형

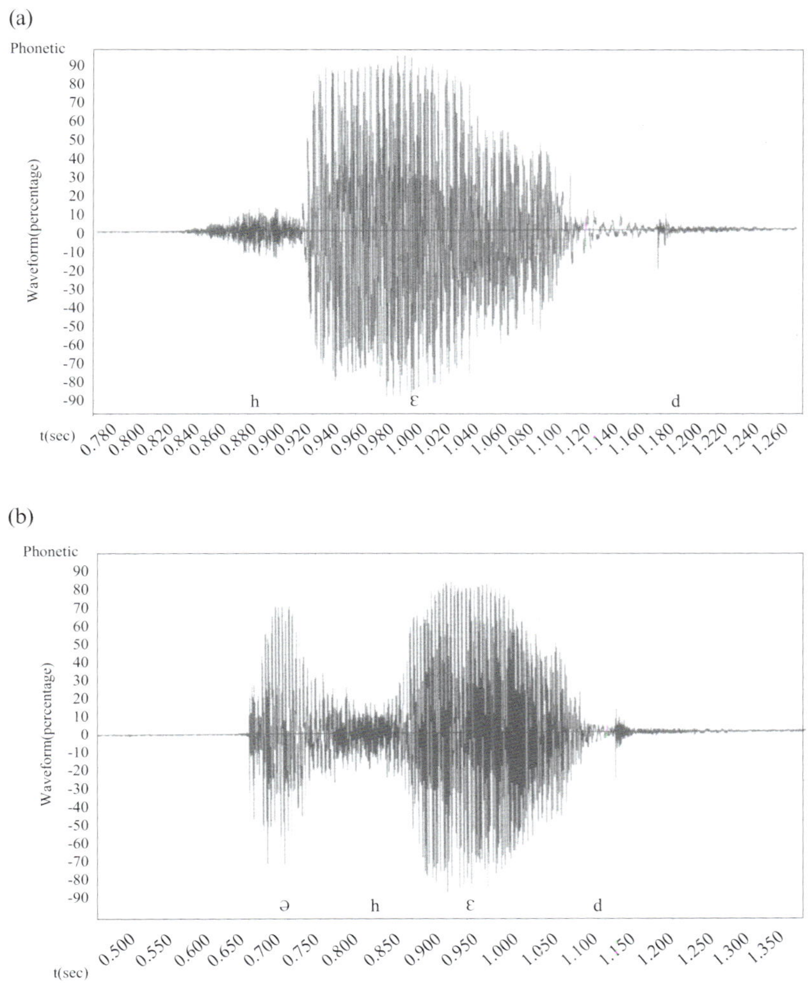

그림 5.29 head와 ahead의 파형

유성 마찰음

유성 마찰음들은 주기적 파동에 덧붙여진 무작위의 급작스러운 변동으로 특징지어진다. 무성 마찰음과 유사하게, 치순 마찰음 /v/와 치간 마찰음 /ð/는 치경 /z/와 구개-치경 /ʒ/보다 훨씬 적은 마찰 노이즈를 가지고 있다.

비음

비음들은 모음보다 작은 진폭을 가지며, 이들의 파동 구조는 더 부드럽다(모음과 같이 톱니모양으로 들쑥날쑥한 것은 아니다). 단어 meet과 neat의 파형에서 보듯이 비록 치경 비음이 양순비음보다 더 진폭이 크다고 말할 수 있긴 하지만 (그림 5.30), 세 비음 (/m, n, ŋ/) 모두는 고 주파수 영역에서 에너지가 거의 없다는 점에서 유사한 파동 패턴을 가지고 있다.

CV 문맥에서, 비음과 모음 사이를 분간하는 것이 다소 쉬운데, 그 이유는 모음을 발화하기 위해 성도가 열릴 때 갑작스러운 강도의 증가가 있기 때문이다(구강은 비강보다 공기가 개방될 때 더 큰 강도가 생기게 한다). 마지막으로 비록 비음이 폐쇄음과 같은 조음 위치를 가지고 있지만, 비음들은 기식 폐쇄음과 같은 비주기성(aperiodicity)을 가지고 있지도, 폐쇄음에서 보이던 파열을 가지고 있지도 않다.

(a)

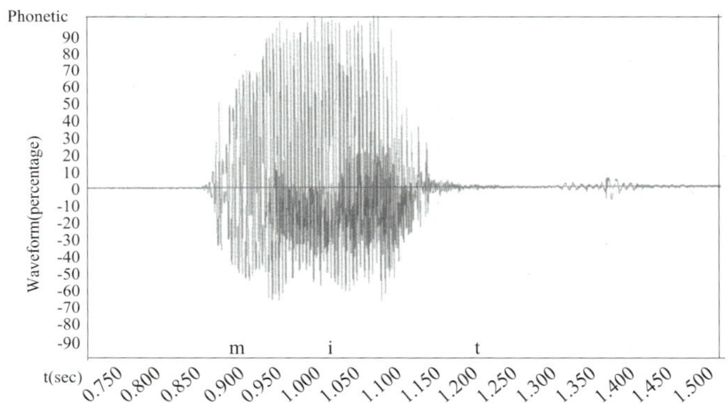

(b)

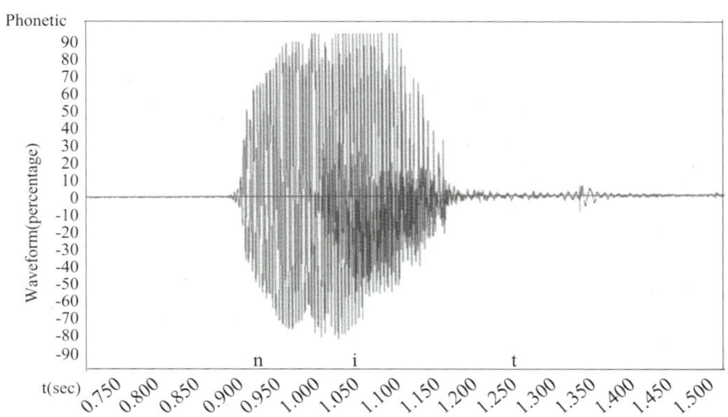

그림 5.30 meet와 neat의 파형

근접음

근접음들은 모음 같은 파형을 가진다. /j/와 /l/은 이웃한 모음보다 낮은 진폭을 가진다. /l/은 예외이지만, 다른 근접음들은 천천히 증가하는 진폭을 가지고 모음을 시작하는 것과 같다. /l/은 모음이 시작할 때 진폭의 증가가 분명히 표시되어 있다는 점에서 다른 소리들과는 다소 다르다고 할 수 있다. 설측음은 공기의 측면 통로로 인해 나타나는 특징이 부가적으로 있다. /l/다음에 모음이 따라 나올 때, 모음으로의 전이가 더 빠르게 그리고 계단 모양으로(step-like) 나타난다(그림 5.31).

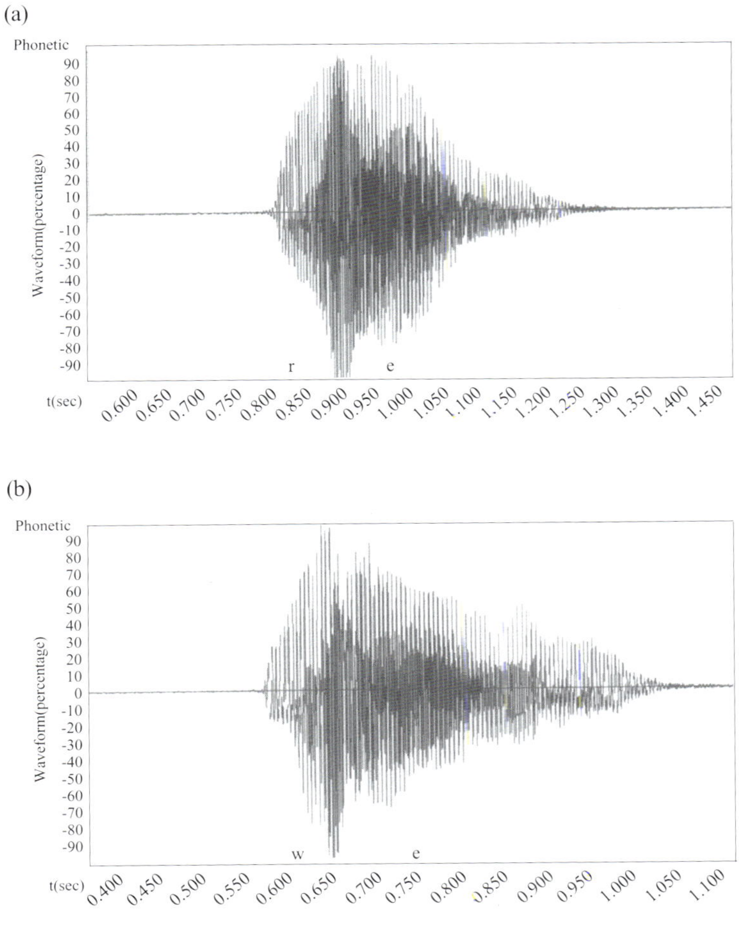

그림 5.31 ray와 way의 파형

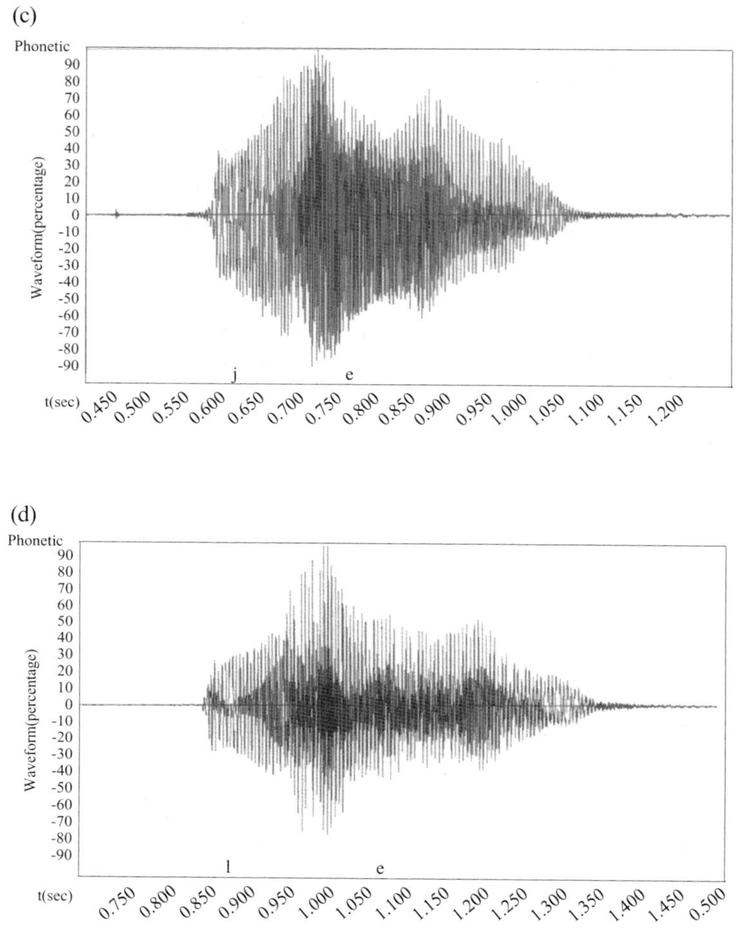

그림 5.31(계속) yay와 lay의 파형

마지막으로, 모음 뒤에 나타나는 유음은 아래 그림 5.32에서 보는 바와 같이 파형에서 구분하는 것은 불가능하다.

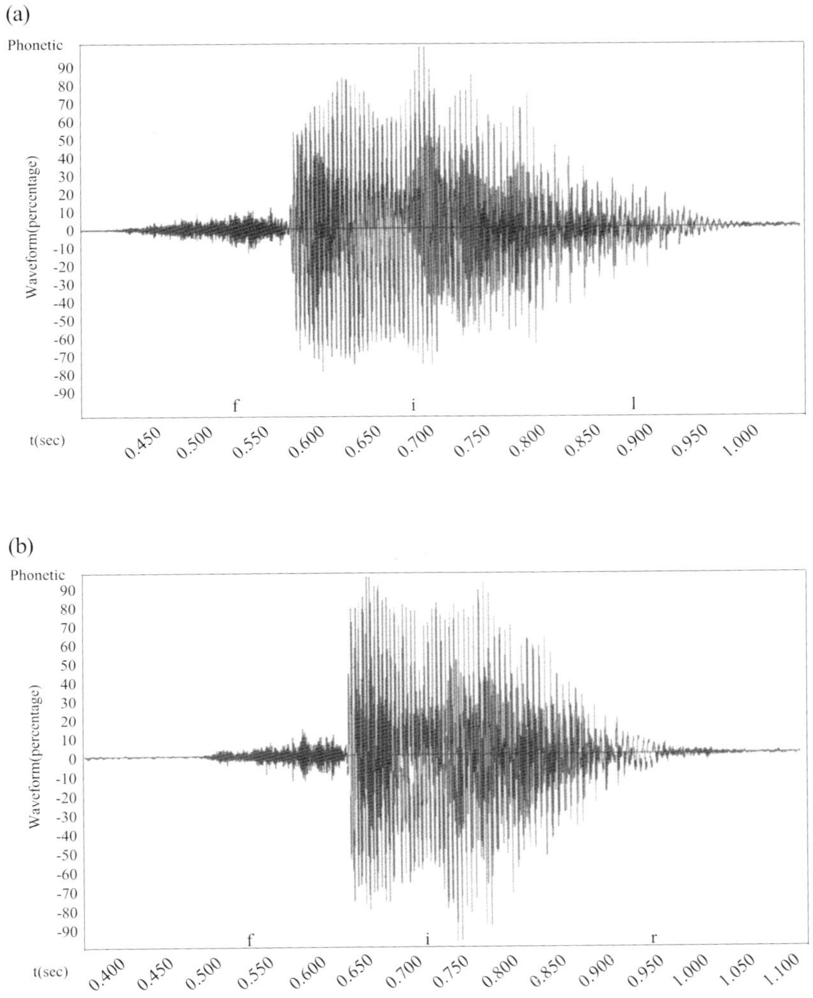

그림 5.32 feel과 fear의 파형

5.7 문맥

비록 우리는 음향 디스플레이에서 서로 다른 소리들의 특징들에 관해 얘기했지만, 이 장의 서두에서 언급한 대로, 모든 음운 환경에서 소리 /X/가 무엇인지를 독자적으로 정의할 수 있는 절대적인 기준은 없다. 따라서 문외한들이 일반적으로 가지고 있는 음소는 "불변성(invariance)"을 나타낸다는 가정은 정당화될 수 없는 가정이다.

여러 요인들이 모음과 자음 모두에 영향을 미친다. 앞서 표 5.3에서 우리는 모음의 길이가 강세음절과 비강세 음절에서 서로 다르다는 것을 보았다. 이외에도 다른 변수들 또한 중요하다. 자주 거론되는 변수들 중의 하나는 후속하는 자음의 영향인데, 이는 왜냐하면 동일한 모음이라도 무성 자음 앞에서보다는 유성 자음 앞에서 훨씬 더 길기 때문이다.

선행 자음의 길이에 대한 후속 자음의 영향은 이전에 거론되었다. 실제 앞서 제3장에서, 이 영향은 모든 선행하는 공명 분절음에서도 관찰되었다. 만약 우리가 <u>sent</u>-<u>send</u> 그리고 <u>kilt</u> - <u>killed</u> 쌍의 스펙트로그램(그림 5.33)을 살펴보면, 유성 폐쇄음과 무성 폐쇄음 앞의 모음과 공명 자음의 길이 차이를 관찰할 수 있다. 그림에서 우리가 예측한 바와 같이 /t/보다는 /d/앞에서 모음과 공명 자음의 길이가 훨씬 더 길다는 것을 볼 수 있다.

마찰음은 모음에 대해 폐쇄음보다 훨씬 큰 영향을 미친다. 예를 들어, 뒤따르는 자음의 본질에 따라 동일한 모음 /ʌ/에 대한 다음과 같은 해석을 내릴 수 있다. 즉 후속하는 분절음의 변화에 따라 다음의 변화를 발견한다:

but [bʌt] (무성 폐쇄음 앞의 모음 길이: 104 ms)
bud [bʌd] (유성 폐쇄음 앞의 모음 길이: 172 ms)
buzz [bʌz] (유성 마찰음 앞의 모음 길이: 210 ms)

단어의 길이가 음절의 수와 마찬가지로 영향을 미치는 것처럼 보인다. 예를 들어, 우리가 <u>pick</u>에서 모음 [ɪ]에 대해 93 ms의 해석을 얻지만, <u>picky</u>에서는 56ms로,

pickiness에서는 37 ms로 길이가 내려간다.

구나 문장에서 단어의 위치, 발화 속도, 단어의 유형, 주제 혹은 논평 등 모두 길이에 상당한 영향을 미친다.

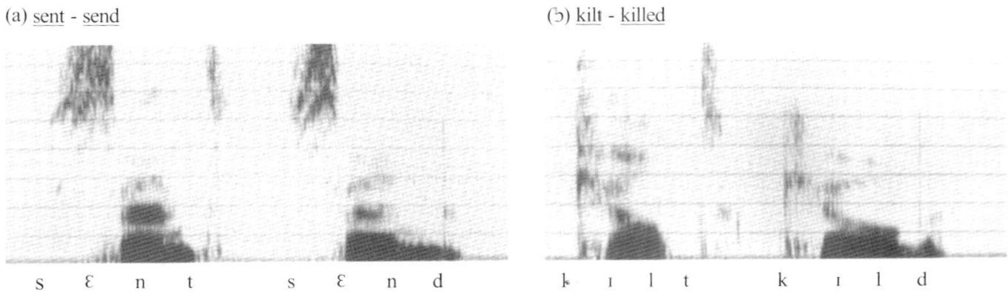

그림 5.33 sent – send 및 kilt – killed의 스펙트로그램

예를 들어, 두 단어 dog [ɔ]과 man [æ]의 모음은 다음의 문장에서 20 ms에서 65 ms사이로 변한다.

"The [dɔg] ([ɔ]: 161 ms) bit the [mæn] ([æ]: 175 ms)"

"The [mæn] ([æ]: 155 ms) was bitten by the [dɔg] ([ɔ]: 226 ms)"

이와 유사하게, 듣기 환경에서 마지막 항목이 보다 긴 길이를 가진다. 만약 우리가 다음의 두 문장을 비교하면, 우리는 peaches와 orange가 두 위치에서 서로 다른 길이를 가진다는 해석을 하게 된다.

(a) I like apples, oranges, and peaches.

(b) I like apples, peaches, and oranges.

예를 들어, 문장 (a)에 있는 oranges의 마지막에 나타난 [z]의 길이에 대해 평균 94 ms의 해석을 가지는데, 문장 (b)의 동일한 소리에서는 174 ms의 길이로 길어진다. 휴지 전(pre-pausal; 구, 절, 혹은 문장의 마지막) 강세 음절은 가장 긴 길이를 가진 것처럼 보인다; 이는 기능어(function words)에 있는 모음들과는 정반대이다.

그 결과 전자 위치에서 모음의 길이는 후자 위치에서의 동일 모음의 길이보다 두 배 혹은 심지어 세 배까지 길어지기도 한다.

자음 또한 그들이 나타나는 문맥에 의해 영향을 받을 수 있다. 우리는 앞서 무성 폐쇄음의 기식이 후속하는 분절음에 따라 변한다는 것을 보았다. 구체적으로, 모음 앞에서 보다 (예, pay [pʰe]) 공명 자음 앞에서 (예, play [pʰle]) 더 긴 시간 간격이 있다. 길이에 있어서, 마찰음은 문맥에 의해 더 일관되게 영향을 받는 자음이다. 예를 들어, sub [sʌb]의 /s/에 대해서 196-231 ms의 해석을 가지는데, 이는 bus [bʌs]의 어말 위치에서는 309-325 ms로 올라간다. 하지만, 우리가 이것을 take the bus와 같은 구의 끝에 놓았을 때, /s/는 328-365 ms의 해석을 준다.

화자들은 다양한 의사소통 단계에 적응하고 그에 따라 그들의 발음을 조절한다. 따라서, 발화 스타일과 발화 속도가 조음에 영향을 미친다는 것은 놀라운 일이 아니다. 우리는 느리고, 신중한 발화와 빠르고 격식 없는 발화사이에서 분명한 차이를 보게 된다. 전자는 느린 템포와 축약 및 생략의 회피, 조음을 가능한 한 명료하게 하려는 노력 등으로 특징지어지는 반면, 후자는 생략과 축약으로 가득차 있어서 구성 요소들의 길이가 필연적으로 짧게 되는 특징들이 있다. 이 대립되는 현상은 과도조음(hyperarticulation; 혹은 "overshooting") 대 축소조음(hypospeech 혹은 "undershooting")이라고 알려져 있는데, 이분법적 분할이 아니고, 오히려 연속성(continuum)의 개념으로 여겨져야 한다(따라서, "매우 느리게", "느리게", "정상적이고 형식적"으로, "대화체로", "빠르게", "아주 빠르게"와 같은 용어들을 사용함). 결과적으로 서로 다른 음성 실현과 서로 다른 음향 판독은 이러한 다양한 조음 패턴의 결과들이다.

예, colorless green ideas sleep furiously (12-음절 문장)

매우 느리게	1초당 2.0음절
느리게	1초당 2.6음절
정상적이고 형식적	1초당 4.8음절
대화 시	1초당 6.0음절
빠르게	1초당 8.0음절
매우 빠르게	1초당 12음절

5.8 실전 적용의 몇 가지 사례들

이 장의 서두에서 언급했듯이, 음향 분석은 응용 분야에서 매우 유용하게 사용되는 도구이다. 점점 더 저렴한 가격으로 시장에 나와 있는 소프트웨어는 음향분석 소프트웨어의 사용을 치료 환경이나 외국어 교육 환경에서 가능하게 만들고 있다. 음향 분석의 유용성은 다양한 음성 매개변수들(예를 들어, 비음화, 모음의 음색, 분절음 길이, 조음 위치 및 조음 방식, VOT 등)에 대해 정량적이고 객관적인 자료를 제공하며, 음성의 청각에 기반을 둔 지각적 판단의 범위를 크게 증진시킨다는 사실에 있다. 이는 (의학적 및 교실 환경에서의) 치료동안 변화를 모니터링하는데도 특히 유용하다.

실시간의 스펙트로그램 상의 디스플레이는 아주 증상이 심한 청각 장애를 가진 환자들을 대상으로 음성 훈련을 하는데 사용되어 왔었다. 비록 일부 사람들은 음성 훈련에서 스펙트로그램의 유용성에 대해, 이 도구의 복잡하고 추상적인 본질을 거론하면서 걱정을 토로해 왔지만, 여러 연구자들이 청각 장애를 가진 어른들(Maki 1980, 1983; Maki *et al*. 1981)과 아이들(Ertmer and Stark 1995; Ertmer *et al*. 1996)에게 이 도구들이 유성-무성과 같은 대립, 길이의 차이, 모음에 대한 혀의 위치, 그리고 자음 발화 방식에서의 차이와 같은 것들과 관련하여 유용하게 사용된다고 지적해 왔다. Ertmer (2004)는 정상적인 청각을 가진 아이들과 청각 장애가 있는 아이들이 모음과 자음에 관한 스펙트로그램상의 단서를 얼마나 잘 인식하는지 그리고 이러한 시각적인 단서들이 구분되는 연령은 언제인지를 조사했다. 실험 참여자들의 훈련 활동은 지시, 목표가 되는 스펙트로그램 단서 강조하기, 어린이들에 의한 스펙트로그램 짝 맞추기, 그리고 정확함에 대한 피드백을 포함했다. 결과는 다양한 스펙트로그램의 단서들이 우연보다는 더 높은 정확성으로 각 연령단계에서 그리고 두 청각 상태 모두에서 인식되었다는 것을 보여주었다. 평균 잡아서 포먼트 단서는 자음 방식 자질보다 더 높은 정확성으로 인식되었는데, 이는 모음, 이중모음 그리고 모음 같은 근접음들이 더 쉽게 인식되었다는 점을 의미한다. Ertmer는 이 단서의 두드러짐은 길이가 더 길게되고, 에너지가 더 진한 흔적을 보여주며, 시각 패턴들이 더 변별적이게 되는데, 이러한 효과들이 조합되어 나온 결과일거라고 제안한다.

또 다른 예로, 우리는 VOT와 관련된 문제들을 고려할 수 있는데, 이는 다양한 집단에 관심사가 될 수도 있다. VOT와 관련된 문제는 (파형과 스펙트로그램 모두를 이용한) 음향 분석 사용과 관련한 아주 풍부한 문헌들이 있다. 실어증(aphasia; 뇌의 특정 부분, 이 부분의 경우 브로카 영역(Broca's area)에 대한 손상으로 인한 언어 결핍)으로부터 고통을 받고 있는 개인들은 폐쇄음의 개방과 유성의 시작 사이의 타이밍을 조정할 수 없는 것처럼 보인다. 실행증(apraxia; 음성에 대한 운동 프로그래밍에 대한 신경학적 장애)은 타이밍과 근육 운동의 조정같은 영역에서 문제점을 가지고 있는 경향이 있는데, 이는 VOT 조음에 문제점을 야기시킬 수도 있다. 여러 연구에서, 구음장애(dysarthria; 조음 운동을 관장하는 신경 기제에의 장애 혹은 손상으로 야기되는 음성 장애)를 가진 사람들은 VOT 조음에서 증가된 다양성을 보여주는 것으로 보고되어 왔다. VOT 결함은 청각 장애와 관련되어서도 보고되어 왔다.

VOT 결함의 중요성은 임상적 치료 문맥에만 한정된 것은 아니고 외국어 교육과 액센트 감소 문맥에서도 매우 중요하다. 이 장의 앞에서 그리고 제 3장에서 언급한 것처럼, 영어 /p, t, k/와 /b, d, g/사이의 차이점은 어두에서의 유/무성 차이가 아닌데, 이는 /b, d, g/ 또한 폐쇄음의 폐쇄 개방 전에 유성이 없을 수도 있기 때문이다. 따라서, /p, t, k/의 기식은 분절음이 /b/가 아니라 /p/로 지각되기 위해서 매우 중요하다(그리고 /t/ 대 /d/ 그리고 /k/ 대 /g/에 대해서도 유사한 상황이다). 무기식 /p, t, k/를 가진 로맨스 언어를 모국어로 하는 (예, 스페인어, 포르투갈어) 영어 학습자들은 영어 유형을 학습하는데 있어서 커다란 도전에 직면하는데, 그 이유는 이 학습자들의 발화가 영어 모국어 화자들에게는 /b, d, g/로 지각될 수 있기 때문이다(그리고 실제로 많은 경우에 그렇다). /p, t, k/의 기식이 청자들에게는 이분법적으로 (예를 들어, 전부 아니면 전무의 경우) 지각되는 반면, 제1 및 제2언어 습득의 발화 자료 연구들은 유성 시작의 지연이 유성 지체 시간의 경우 전형적으로 점진적이라는 것을 보여준다. 따라서 음향 자료의 값은 치료 과정에서 훨씬 더 중요하게 된다. 의뢰인(학습자/환자)의 발화를 고려할 때, 그들 발화상의 진척은 도구의 사용를 통해 지속적으로 평가될 필요가 있다. 변화를 모니터링하고 비록 불완전할 지라도 학습자 혹은 환자가 이러한 진척을 알 수 있도록 하는 것은 그들에게 기운을 북돋아주는 것이며, 결국 치료 과정을 가속화시키는 이득을 가져올 것이다.

모음을 정확하게 전사하는 것이 자음을 그렇게 하는 것보다 더 어렵다고 종종 지적되어 왔다. 모국어의 목록의 일부가 아닌 모음을 다룰 때 또는 장애 음성에서 우리가 직면하게 된 다른 모음는 우리가 정확하게 전사하는 일을 어렵게 만든다. 여기서 핵심이 되는 것은 치료될 체계와 목표 체계 사이의 차이점을 파악하는 것이다. 비록 제1장에서 논의한 기본 모음 체계(cardinal vowel system)가 도움이 될지 모르지만, 만약 그걸 사용하고자하는 사람이 있다면, 그 사람은 음성학 훈련을 아주 많이 받아야 한다. 음향 분석은 가능한 대안을 여기에서 제공한다. 앞서 언급한 바와 같이, 모음은 (대부분의 경우) 처음의 세 포먼트의 주파수에 의해 정확하게 기술될 수 있다. 따라서, 스펙트로그램 분석의 도움을 받아, 실무자들은 목표 체계와 환자/학생의 체계 사이에 존재하는 불일치의 본질과 정도를 식별할 수 있어서, 그에 따른 치료 및 교육을 할 수 있는 위치에 있게 될 것이다.

서로 다른 모음의 음질을 식별하는데 유용하게 쓰일 수 있다는 점 이외에도, 음향 분석은 모음 길이를 잴 수 있는 강력한 도구인데, 모음 길이는 치료 문맥과 외국어 교육 모두에서 중요한 자질이다. 여기서 다시 한번, 우리는 스펙트로그램 분석과 파형 분석이 자주 사용되는 것을 보게 된다. 예를 들어, 앞서 우리가 보았듯이, 유성은 어말 /b, d, g/의 폐쇄 동안 결여되어 있는 경우가 종종 있다. 유성 장애음 앞에 위치한 모음들은 길어지기 때문에, 어말 자음은 유성에 대한 특별한 증거가 없다고 하더라도 유성으로 지각될 것이다. 학습자/환자가 이러한 예상된 장음화를 무시한다면, 실무자는 스펙트로그램 분석을 통해 이를 쉽게 확인할 수 있다. 또한, 치료 받는 동안 실무자는 스펙트로그램 자료를 통해 모음 길이에서의 변화를 주의깊게 모니터할 수 있다. 이는 지각적으로 명백하지 않을 수도 있는 조음을 정확하게 기술하여 진척을 측정하는데 도움을 줄 수 있다.

장애음간의 유성 대립을 발음하지 못하는 것은 실어증 환자들에게서 흔치 않은 것이 아니다. 예를 들어, 63세의 여성인 한 브로카 환자(Broca's patient; Code and Ball 1982)는 마찰음과 관련하여 유성 대립(예, <u>proofing</u> vs. <u>proving</u>, <u>pence</u> vs. <u>pens</u>)

을 하지 못했다. 하지만 그녀의 자료를 스펙트로그램으로 분석하여, 연구자들은 그녀의 발음이 동음이의어(homophonous)를 만들어 내는 것은 아니라는 것과 비록 그녀가 목표 마찰음에 대한 유/무성 변별을 할 수는 없었지만, 목표 마찰음 앞의 모음의 길이를 통해 대립를 유지할 수 있었다는 것을 발견할 수 있었다; 다시 말해, 모음은 (정상 음성에서와 마찬가지로) 무성(경음) 목표음 앞에서보다 유성(연음) 목표음 앞에서 더 길었다.

동일한 환자의 자료는 목표 마찰음의 길이와 관련해서도 교육적이었다. 앞서 지적한 대로, 무성 목표음의 마찰 길이는 유성 목표음의 그것보다 길다. 이 연구의 환자는 무성과 유성 목표음의 길이에서 (정상 음성에서 보다는 조금 작긴하지만) 차이를 만들었었다. 따라서, /f/와 /v/, /s/와 /z/ 등의 대립에 이용할 수 있는 (목표음의 유성 목표음 앞의 모음 길이, 마찰 길이) 세 가지 매개변인(parameter) 중에서, 그 환자는 마지막 두 개를 이용할 수 있었다. 음향 자료의 사용이 없었더라면 조사자들은 그 환자가 음소 구분을 할 수 있다는 사실과 장애는 음성학적인 것이라는 사실을 찾아내지 못했을 것이다.

위의 모든 것은 음향 분석이 정상 자료(normative data)와 환자의 조음 사이에 존재하는 불일치를 정량화시킬 수 있게 해 준다는 점을 가리키고 있다. 그러한 정량화는 문제가 되는 지점들의 진단을 위해 없어서는 안된다는 사실 말고도, 정량화는 치료를 맡고 있는 전문가들이 이를 이용해 변화를 모니터링하여 치료에 임함으로써 그들의 능력을 크게 신장시키는 데 도움이 된다.

마지막으로, 음향 정보는 음성 장애, 보컬 트레이닝, 화자 인식, 스트레스 환경 아래에서의 음성과 관련있는 변수들의 식별, 그리고 음주 상태의 음성(intoxicated speech)을 다루는 전문가들에게 도움이 될 수 있다는 것을 언급하고자 한다.

무료 음성 분석 소프트웨어에 관한 메모

인터넷상에 무료로 이용 가능한 음성 분석 소프트웨어 패키지가 여럿 있다. 이들 중 몇 개는 사용이 단순하며, 다른 것들은 상당한 컴퓨터 사용 기술을 가진 사람에게만 적합하다. WASP (www.phon.ucl.ac.kr)와 SIL Speech Analyzer (www.sil.org)는 사용이 쉽고, 초보자에게 이상적일 수 있다. WASP는 디스크 공간을 거의 차지하지 않고, SIL Speech Analyzer는 기능이 더 많으며 디스플레이 포맷이 좀더 유연하다. 하지만 더 강력한 소프트웨어 패키지 세 가지는 Speech Filing System (줄여서 SFS, www.phon.ucl.ac.kr), WAVESURFER(www.speech.kth.se/wavesurfer), 그리고 가장 널리 사용되는 PRAAT(www.praat.org)이다.

요약

본 장에서, 우리는 스펙트로그램상에서의 소리의 특징들을 살펴보았다. 각 소리의 정확한 음향적 구성은 개별 화자마다 다를 것이지만, 일반적인 패턴을 식별할 수 있도록 해주는 핵심적인 특징들(core features)은 있다. 단모음과 이중모음의 연구에서, 포먼트 패턴들은 인식을 위한 단서들이다. 장애음(obstruents)으로 그룹지어지는 폐쇄음, 마찰음, 그리고 파찰음에서, 상이한 정도의 장애(obstruction)가 명확한 음향 패턴을 보인다: 폐쇄음에서는 공백(gap), 마찰음에서는 마찰소음(frication noise), 그리고 파찰음에서는 폐쇄 공백(stop gap)과 뒤따르는 마찰 소음(frication noise)으로 말이다. 공명 자음(sonorant consonants)은 포먼트와 유사한 구조와 함께 유성막대(voice bar)를 보인다는 점에서 모음과 유사한 양상을 보인다. 우리는 또한 특정한 소리가 나타나는 문맥 (예를 들면, 인접 음들, 단어 위치, 초분절음, 발화 스타일과 발화 속도 등)이 음향적 특성에 영향을 미친다는 것을 살펴보았다. 마지막으로, 우리는 언어 치료 환경에서 스펙트로그램 분석이 실제 적용되는 예들을 간단히 살펴보았다.

부록

스펙트로그램에서 특정 소리 부류들을 살펴볼 때 무엇을 봐야 하는 지에 관한 팁

폐쇄음

유성(연음) 대 무성(경음)

	#____	V________V	________#
폐쇄음 공백의 길이		무성음이 더 김	
유성 막대(/b, d, g/)	?	있음	?
개방 파열음		무성음이 더 강함	
선행 V의 길이	NA	/b, d, g/ 앞이 더 김	

기식 (강세 음절의 첫 /p, t, k/의 30 ms이상 되는 VOT)

조음 위치

- F_2와 F_3 전이 (CV) (VC 포먼트 전이는 CV전이의 반대임): /b/ 둘 다 위로, /d/ 제3포먼트는 하강, 두 번째는 단지 약간의 이동만, /g/ 2와 3 포먼트가 가까이 붙음.
- 원점(시작 주파수): /b/ 600-800 Hz, /d/ 1,800 Hz, /g/ (두 원점들) 3,000 Hz and 1,300 Hz (F_2– F_3 관계는 연구개에 중요)
- 개방 파열:

  양순: V의 F_2보다 낮은 중심 주파수로 파열(분산 및 약함);

  치경: V의 F_2보다 높은 중심 주파수로 파열(분산 및 강함);

  연구개: V의 F_2에 근접하는 중심 주파수 (밀집 및 강함)
- 기식: 연구개가 치경보다 더 큰 성대진동시간(VOT)을, 치경은 그 다음으로 양순보다 더 큰 성대진동시간을 가짐

마찰음

- 마찰 소음의 구간(비치찰음보다 치찰음에서 더 큼). 무성 마찰음은 유성 마찰음보다 더 큰 마찰 소음을 가진다.
- 폐쇄음(75ms 이하)과 파찰음(75-130 ms)보다 더 긴 길이(130ms 이상)
- 유성일 때, 더 짧은 소음 분절음 길이

파찰음

- 폐쇄음 공백 다음에 따라 나오는 소음 분절(마찰)

비음

- 포먼트가 모음(과 근접음)일 때 보다 더 크지 않음
- 매우 희미하고 매우 낮은 주파수의 F_1 (200-300Hz)
- F_2 약 2,500Hz, F3 3,200Hz주변(만약 보이면)
- (조음 위치에서)연관된 포먼트 전이 폐쇄음과 매우 비슷
- 활음
- 고위 모음과 유사: /w/ F_1과 F_2가 매우 가깝다(/u/에서 처럼); /j/ F_1과 F_2는 멀리 떨어져 있음; 활음에서 모음으로의 전이는 모음에서 모음으로의 전이보다 빠르지만 자음에서 모음으로 보다는 느림. 폐쇄음+V (50 ms이하); 활음+V(60-100 ms); V+V (100 ms이상)
- 유음
- 폐쇄음 (꽤 빠름) 그리고 활음(공명 자질 – 낮은 F_1 및 F_2 전이 속도); F_3 주파수에서 활음과 다름
- /ɹ/: 낮아진 F_3 (F_2부터 좁게 제공되며; 주변 V들보다 낮은 F_3. F_1 320Hz 주변; F_2 1,100Hz 주변; F_3 1,600Hz 주변
- /l/: F_2 보다 높이, F_3 훨씬 더 높이(더 높은 주파수는 강도가 상당히 줄어듬). F_1 300-360Hz 주변; F_2 1,300 Hz 주변; F_3 2,500-3,000Hz 주변
- 후모음의 마지막 /l/은 V와 같을 지 모름. 혀 접촉이 없음 (/u/같은 포먼트). 밝은 /l/은 /i/ 같고, 어두운 /l/은 /u/ 같음.

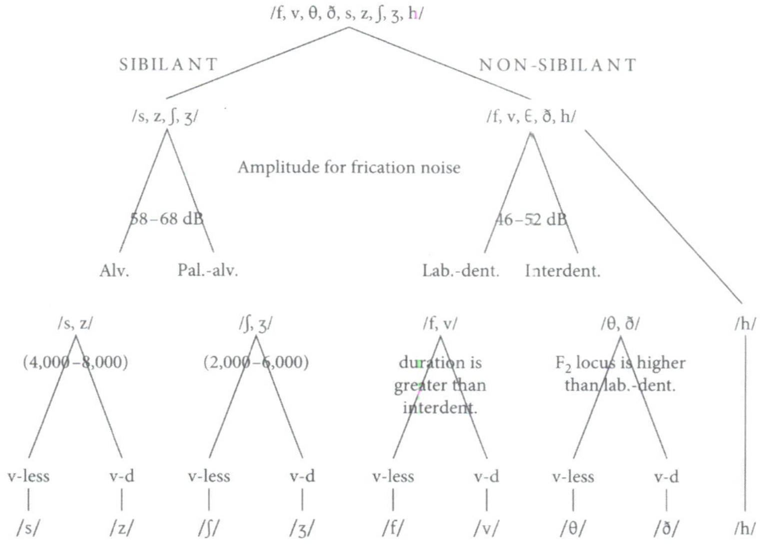

연습문제

1. 다음 짝들의 스펙트로그램에서 어떤 차이점을 찾을 수 있을 것으로 예상하는가?

예, (a) court – (b) scored

- (b) 에서 /s/의 첫 마찰 소음
- (a)에서 /k/의 첫 기식
- (b) 에서 /d/ 앞에 더 긴 모음
- (a) 에서 마지막 /t/의 더 긴 길이
- (b) 에서 마지막 /d/에서 가능한 유성 막대기

(i)	(a) sip	(b) zip
(ii)	(a) britches	(b) bridges
(iii)	(a) hat	(b) ahead
(iv)	(a) parade	(b) pilot
(v)	(a) name	(b) mine

2. 다음의 스펙트로그램을 목표음 open, tiger, package, camel, apple, table과 짝을 지어라. 선택한 이유를 설명하라.

(a)

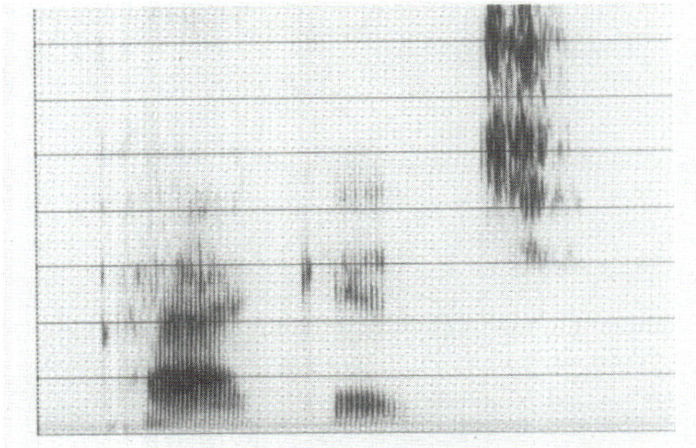

(b)

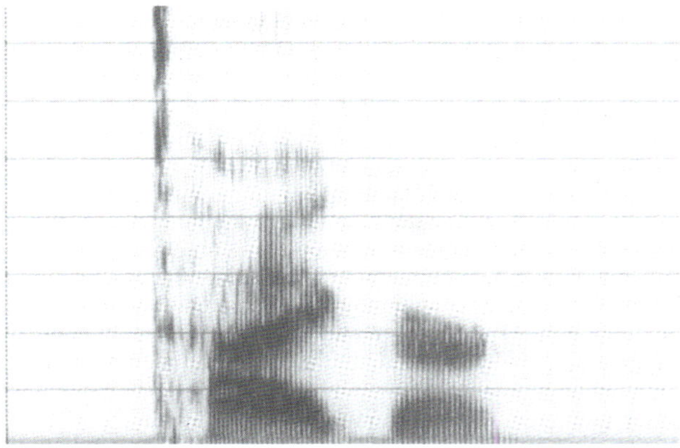

(c)

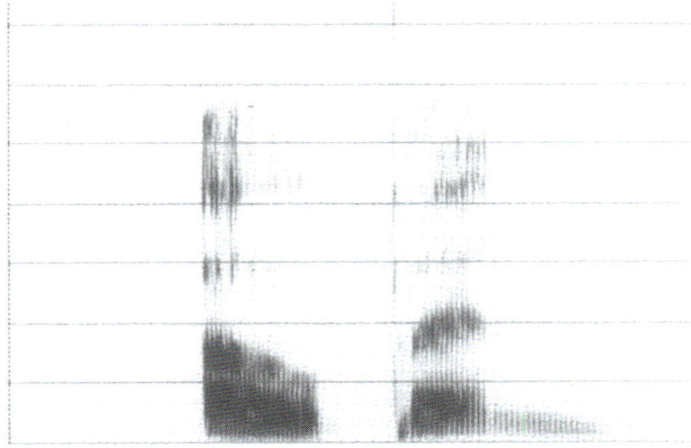

(d)

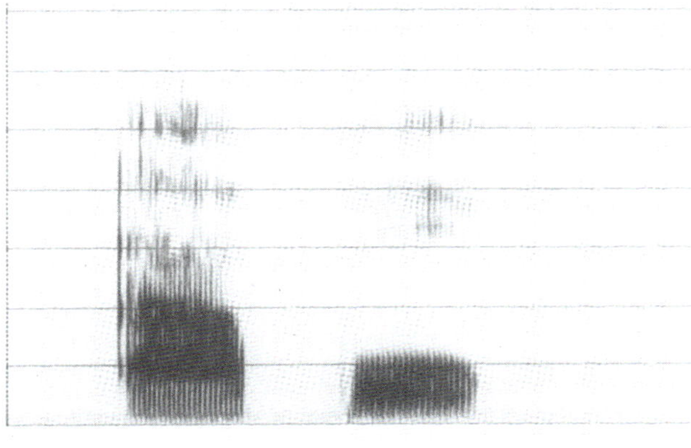

(e)

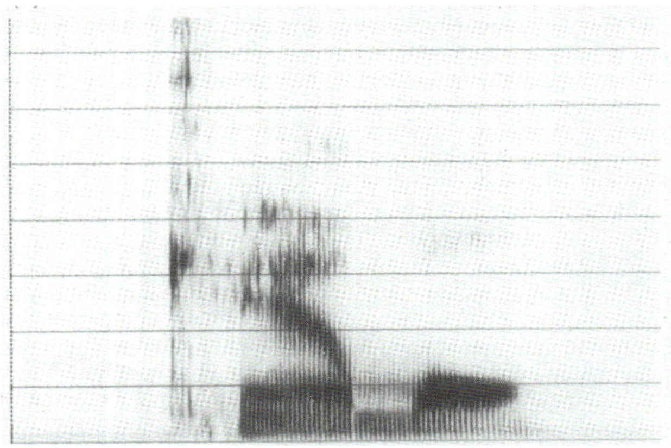

(f)

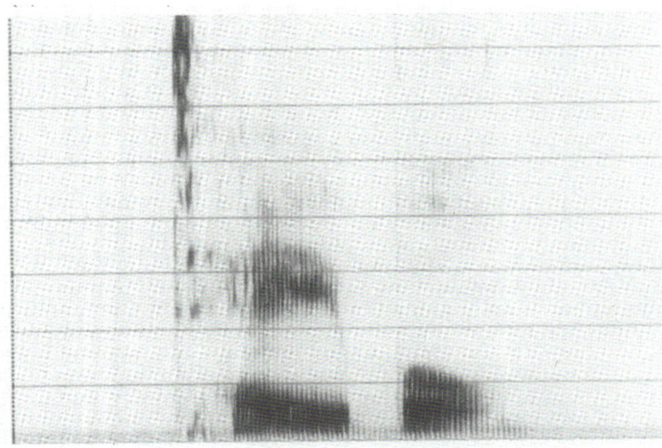

3. 다음의 파형과 아래 주어진 후보 단어들 사이의 짝을 지어라.
   veep, reep, keep, leap, meat, seat, beet

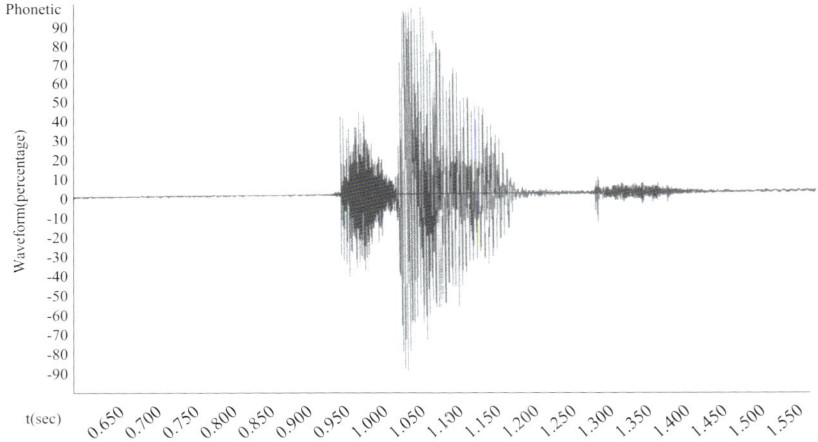
Phonetic
Waveform(percentage)
90
80
70
60
50
40
30
20
10
0
-10
-20
-30
-40
-50
-60
-70
-80
-90
t(sec)
0.650
0.700
0.750
0.800
0.850
0.900
0.950
1.000
1.050
1.100
1.150
1.200
1.250
1.300
1.350
1.400
1.450
1.500
1.550

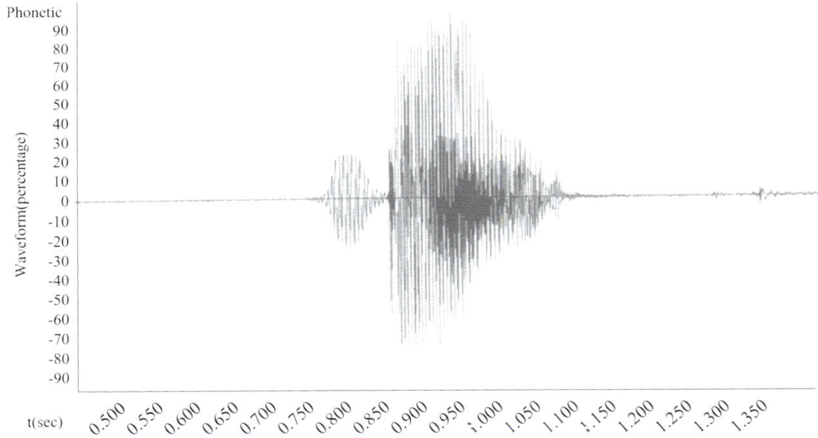
Phonetic
Waveform(percentage)
90
80
70
60
50
40
30
20
10
0
-10
-20
-30
-40
-50
-60
-70
-80
-90
t(sec)
0.500
0.550
0.600
0.650
0.700
0.750
0.800
0.850
0.900
0.950
1.000
1.050
1.100
1.150
1.200
1.250
1.300
1.350

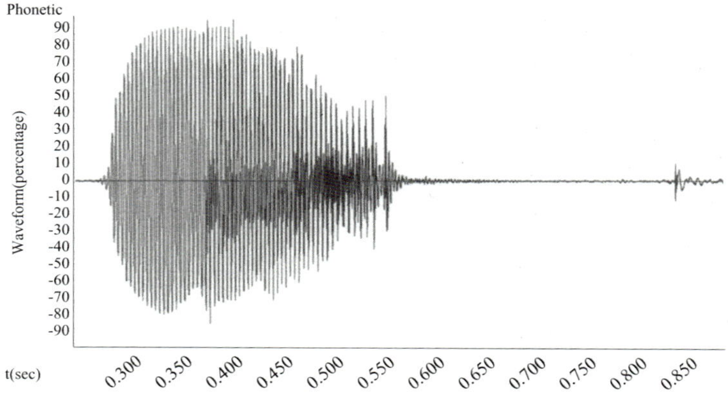
Phonetic
Waveform(percentage)
90
80
70
60
50
40
30
20
10
0
-10
-20
-30
-40
-50
-60
-70
-80
-90
t(sec)
0.300
0.350
0.400
0.450
0.500
0.550
0.600
0.650
0.700
0.750
0.800
0.850

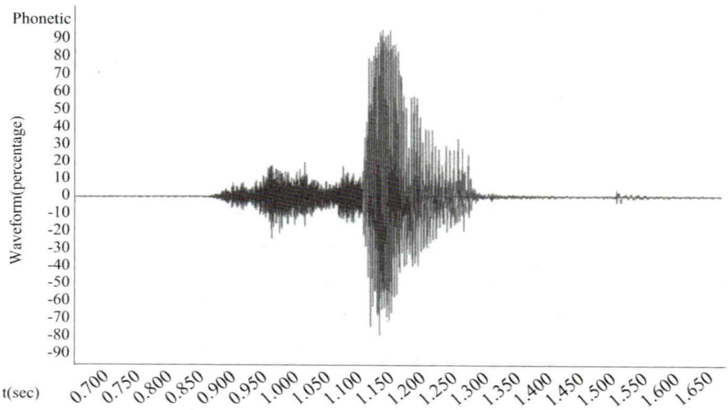
Phonetic
Waveform(percentage)
90
80
70
60
50
40
30
20
10
0
-10
-20
-30
-40
-50
-60
-70
-80
-90
t(sec)
0.700
0.750
0.800
0.850
0.900
0.950
1.000
1.050
1.100
1.150
1.200
1.250
1.300
1.350
1.400
1.450
1.500
1.550
1.600
1.650

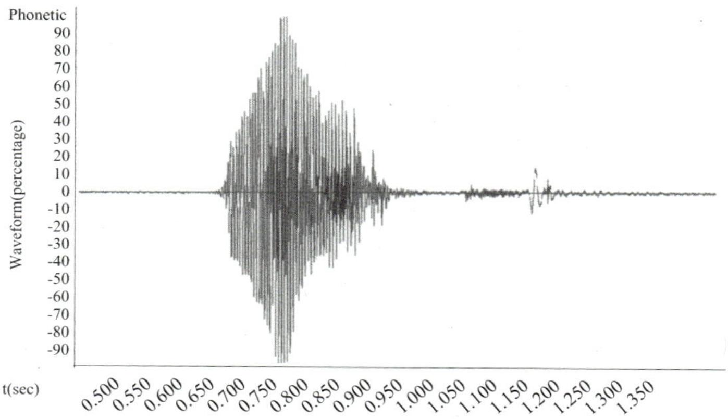
Phonetic
Waveform(percentage)
90
80
70
60
50
40
30
20
10
0
-10
-20
-30
-40
-50
-60
-70
-80
-90
t(sec)
0.500
0.550
0.600
0.650
0.700
0.750
0.800
0.850
0.900
0.950
1.000
1.050
1.100
1.150
1.200
1.250
1.300
1.350

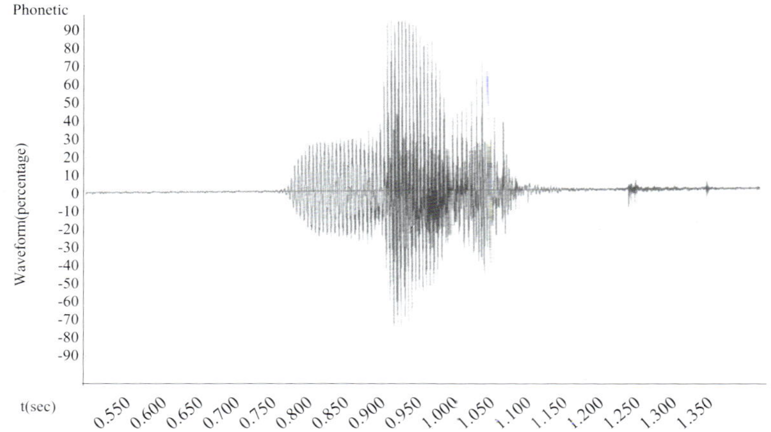

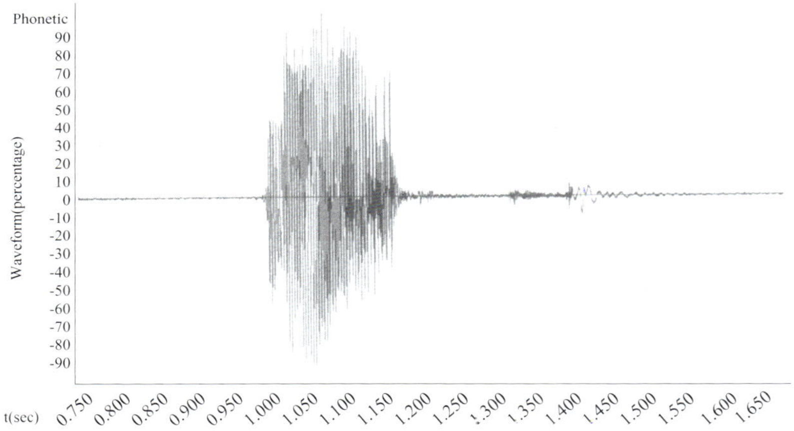

4. 다음을 전사하고, 중위 모음, 장애음, 그리고 근접음의 수를 기술하시오.

(a) The saddest aspect of life right now is that science gathers knowledge faster than society gathers wisdom.

(Isaac Asimov)

(b) There is only one way to avoid criticism: do nothing, say nothing, and be nothing.

(Aristotle)

5. P. Trudgill and J. Hannah, *International English*, 4th edn. (London: Edward Arnold, 2002)에 기반을 둔 다음의 ("영어의 제2언어 변종들"에 관한) 문단을 전사하시오.

English is a language which has more non-native speakers than native speakers. Besides the fact

that it is learned by millions of people around the world as a foreign language, there are millions

of speakers of English as a second language in many countries. In the Americas, English is an

important second language in Puerto Rico, and also has some second-language presence in Panama.

In Europe, it has official status in Gibraltar and Malta and is also widely spoken as a second

language in Cyprus. In Africa, there are large communities of native speakers of English in Liberia,

South Africa, Zimbabwe and Kenya, but there are even larger communities in these countries of

second- language speakers. Elsewhere in Africa, English has official status, and is therefore widely

used as a second language lingua franca in Gambia, Sierra Leone, Ghana, Nigeria, Cameroon,

Namibia, Botswana, Lesotho, Swaziland, Zambia, Malawi and Uganda. It is also widely used in

education and for government purposes in Tanzania and Kenya. In the Indian Ocean, Asian and

Pacific Ocean areas, English is an official language in Mauritius, the Seychelles, Pakistan, India,

Singapore, Brunei, Hong Kong, the Philippines, Papua New Guinea, the Solomon Islands, Vanuatu,

Fiji, Tonga, Western Samoa, American Samoa, the Cook Islands, Guam and elsewhere in American administered Micronesia. It is also very widely used as a second language in Malaysia,

....

Bangladesh, Sri Lanka, the Maldives, Nepal and Nauru.

....

제 6 장
음절

6.1 서론

우리가 지금까지 살펴본 모음과 자음의 유형들은 자주 음절이라는 음운단위를 언급하게끔 하였다. 음운 기술에서 음절 단위의 적절성은 다음과 같은 이음 변이(allophonic variation)에 관한 음운 규칙을 통해 볼 수 있다. 기식음화(**aspiration**): 무성 폐쇄음이 강세 음절 첫머리에 나타날 때 기식음화 된다; **/t/**의 후두음화(**glottalization**) 혹은 성문폐쇄음으로의 교체(**glottal stop replacement**): /t/가 음절의 마지막 위치에서 수의적으로 후두음화되거나 성문폐쇄음으로 완전히 교체될 수 있다; **/ɹ̩/** 앞에서 **/ɔ/**에서 **/ɑ/**로의 하강(**lowering**): 만약 모음 /ɔ/와 /ɹ̩/이 서로 다른 음절에 속한다면 /ɔ/는 /ɹ̩/ 앞에서 수의적으로 /ɑ/로 교체될 수 있다. 음절은 또한 특정한 소리들의 분포(**distribution**)를 기술하는 데도 적절하게 쓰일 수 있다. /h/와 /ŋ/의 경우를 예로 들 수 있다. 즉, /h/는 항상 음절 첫머리에만 나타나고 음절 끝에서는 절대 나타나지 않는다. 그리고 /ŋ/는 항상 음절 끝머리에서만 나타나지 음절 첫머리에서는 나타나지 않는다.

음절이 음운 규칙의 기술에 적절히 사용되는 것 이외에도, 음절은 언어에서 음소배열제약(phonotactic constraints)과 관련해 중요한 역할을 한다. 음소배열제약은 소리나 소리의 연쇄들을 배열하는 체계를 일컫는다. 이 음소배열제약을 통해서 바로 영어 모국어 화자들은 어떤 새로운 형태가 가능한 단어인지 불가능한 단어인지를 판단할 수 있다. 예를 들어, [blɪt]과 [bmɪt] 모두 영어에서는 존재하지 않는 단어들이다. 만약 영어 모국어 화자들에게 둘 중에 영어 단어로 가능한 단어를 하나 선택하라고 한다면, 그들은 한 순간의 주저함도 없이 [blɪt]을 선택할 것이다. 그 이유는 [bl]은 영어에서 음절의 초성에 나타날 수 있는 자음군(consonant cluster)이지만 [bm]은 가능하지 않은 자음군이기 때문이다. <u>submarine</u> [sʌbməɹin]과 <u>submission</u> [sʌbmɪʃən]과 같은 단어들은 영어에서 /b/뒤에 /m/이 따라나올 수 있다는 사실을 명백히 보여준다. 하지만, 이것은 이 두 소리들이 서로 다른 음절에 위치해 있을 때만 가능하다. 따라서, [bmɪt]과 같은 단어들이 영어에서는 가능하지 않는 단어라고 하는 판단은 전적으로 음절에 기반을 둔 일반화에 기인한다.

비록 우리가 지금까지 음절과 음절내의 위치에 대해 많은 언급을 하였지만, 우리는 여태 음절의 정의라든지 음절화(syllabification)의 문제에 대해 구체적으로 다룬 적이 없다. 우리가 이 문제들을 다루기 전에, 우리는 음절의 위계를 가진 내부구조를 먼저 살펴볼 것이다. 제1장에서 우리는 음절의 초성과 라임사이에 이분법적인 분리를 제안했었다. 따라서, dog [dɔg]과 같은 일음절 단어는 다음과 같은 구조를 가지고 있다.

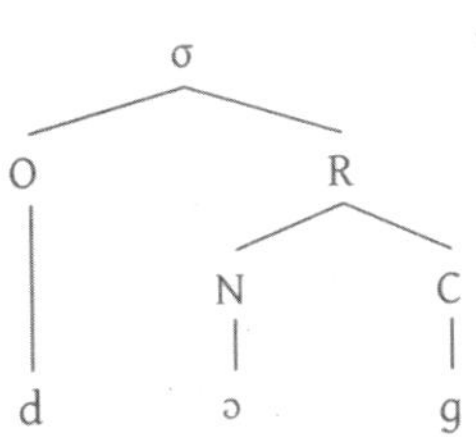

σ = 음절(Syllable)
O = 초성(Onset)
R = 라임(Rime)
N = 중성(Nucleus)
C = 종성(Coda)

초성-라임 분리에 대한 정당화를 찾기가 힘든 것은 아니다. 우선, 두 단어가 라임을 이루는지 아닌지를 따지는 라이밍(rhyming)은 모음/이중모음과 어떠한 것이라도 이 모음 다음에 따라 나오는 소리가 있으면 된다. 즉, 핵과 수의적인 종성 (=

라임)이다; 초성은 무관하다. 반면에, 우리가 각운의 장치를 살펴본다면, 즉, stem [stɛm]과 stern [stɝn]과 같이 두 단어에서 초성의 위치에 동일한 자음을 반복하는 것을 각운(alliteration)이라고 하는데, 이 장치를 살펴본다면, 우리는 여기서 초성이 중요하고 라임은 관련이 없다는 것을 알 수 있다. 라임이 구성성분(constituent)이라는 보다 강력한 증거는 강세규칙에서 볼 수 있다. 강세가 음절의 구조에 민감한데 영어를 포함해 여러 언어에서, 라임의 구조는 강세의 위치를 결정하는 요인이지만, 초성은 중요하지 않다.

또한 음절을 이루는 요소들 사이에서의 제약은 초성 내에서 이거나 아니면 라임 내에서 일어나는 제약들이다. 예를 들어, 폐쇄음 다음에 비음자음이 나올 수 없다는 제약은 단지 초성에서 유효하다. (음절을 가로 질러서는 폐쇄음 다음에 비음이 나올 수 있다. 예를 들면 batman, admonish). 이와 유사하게, 영어가 동일조음위치가 아닌 비음+폐쇄음(non-homorganic nasal+stop)을 허용하지 않는다는 것은 종성 무리에서 유효하다. 왜냐하면, [lɪmk]와 같은 형태는 불가능하지만, 우리는 그러한 동일조음 위치가 아닌 연쇄들을 음절을 가로질러서는 가질 수 있기 때문이다. (예를 들어, kumquat, pumpkin). 유무성(voicing)과 관련한 두 장애음의 연쇄에서도 유사한 현상의 또 다른 예를 찾아볼 수 있다. cubs [kʌbz] 와 cups [kʌps]와 같은 예에서처럼 양순 폐쇄음(bilabial stop)과 치경 마찰음(alveolar fricative)의 연쇄가 유무성의 일치를 보이는 단어들을 찾는 것은 어렵지 않지만, [kʌpz]와 [kʌbs]와 같이 유무성에 일치를 보이지 않는 단어를 찾을 수는 없다. 이것이 영어에서는 유무성이 서로 반대인 장애음들의 연쇄가 놓여져 있는 단어가 없다는 것을 의미하지는 않는다. absurd [æbsə̩ɹd], obsolete [ɑbsəlit], Hudson [hʌdsən]과 같은 단어들을 쉽게 찾아볼 수 있다. 이 두 무리의 단어들이 가지고 있는 차이는 전자의 두 장애음의 경우는 동일 음절내(tautosyllabic)에서 장애음이 나타난다는 특징, 즉 같은 음절에서 두 장애음이 나타난다는 특징이 있고, 후자의 경우는 음절 경계에 의해서 폐쇄음과 마찰음의 연쇄가 분리된다는 특징이 있다[14].

14 여기서 tautosyllabic 의 tauto-는 같은(=the same)의 의미가 있고, 반대로 hetero-가 다른(=different)의 의미를 가지는 접두사로서, heterosyllabic은 '서로 다른 음절의'라는 의미를 가진다. – 역자주.

라임(rhyme)이 한 구성성분(constituent)으로 존재하다는 것을 증명하기 위해서, 핵(nuclei)과 종성(coda)사이의 의존관계가 많이 이용된다. 영어에서의 예를 찾아보면, 우리는 음절핵에 /aʊ/가 나타날 때, 이 음절핵과 음절종성 사이의 관계를 다음에서 찾아볼 수 있다.

brown	[bɹ̣aʊn]	하지만	*[bɹ̣aʊŋ] / *[bɹ̣aʊm]
spouse	[spaʊs]		*[spaʊf]
trout	[tɹ̣aʊt]		*[tɹ̣aʊp] / *[tɹ̣aʊk]
rouse	[ɹ̣aʊz]		*[ɹ̣aʊv]
crowd	[kɹ̣aʊd]		*[kɹ̣aʊg] / *[kɹ̣aʊb]

위의 예들이 보여주는 것은 /aʊ/를 따라나오는 종성은 치경(alveolar)이어야 한다는 것이다. 이 핵 다음에 양순 혹은 연구개 자음이 따라나올 수는 없다.

음절 초성과 라임(rhyme)을 자립적인(autonomous) 단위로 취급해야 하고, 각자가 그 자체의 내적 구조에 대한 제약을 가지고 있다는 점을 보았기 때문에, 이제는 보다 세부적인 사항을 살펴볼 필요가 있다.[15]

위에 dog과 같은 단어에서, 음절의 말미에 있는 단위들이 각각 하나의 분절음만 포함하고 있다. 하지만, 잠시 후 보다 자세하게 살펴보겠지만, 영어에는 여러가지 다른 가능성들이 많이 있다. 몇 가지 예를 들자면, blue, side, wind, 그리고 ground와 같은 단어들을 볼 수 있다.

15 라임(rhyme)을 하나의 단위로 취급해야 할 필요성에 대한 견해에 대한 반대의 견해를 보려면, Davis (1988)을 참고하기 바란다.

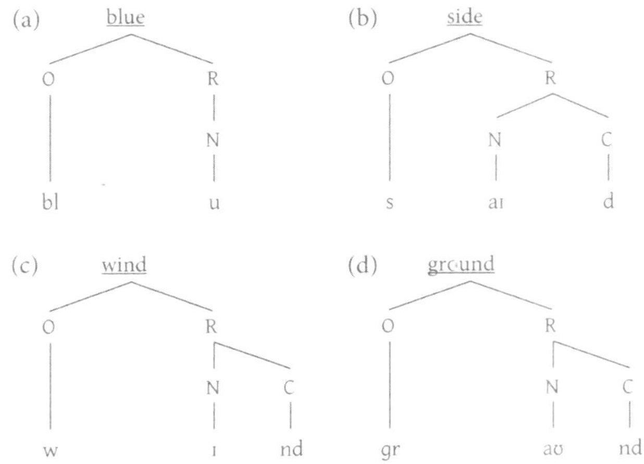

위의 표상(representation)을 볼 때, 우리는 여러 음절의 말미 위치가 두 분절음의 연쇄에 의해 차지되어 있다는 것을 본다. 그리고 이는 예를 들은 (a)의 음절 초성군(onset cluster) /bl/이 (b)에서 하나의 초성(single onset)으로 된 /s/보다 더 길게 발음이 될 것이라는 것을 의미할 것이다. 비록 이것이 사실이긴 하지만, 현재의 표상으로는 이러한 발음상의 차이점을 분명히 하기에는 충분하지 않다. 예를 들어, (a)에서 핵에 있는 장모음 /u/와 (c)의 핵에 있는 단모음 /ɪ/의 차이를 위의 표상으로는 보여줄 수가 없다. 이러한 상황을 고치기 위해서, 우리는 골격층위(skeletal tier)를 도입하고, 이 골격 층위(skeletal tier)를 'X'로 표시한다. 이 X로 표시된 골격층위는 각 단위에 타이밍 슬롯(timing slot)을 표시하는 것을 나타낸다. 따라서, 이제 우리는 (a) 와 (c)의 차이를 다음과 같은 방식으로 표시할 수 있다.

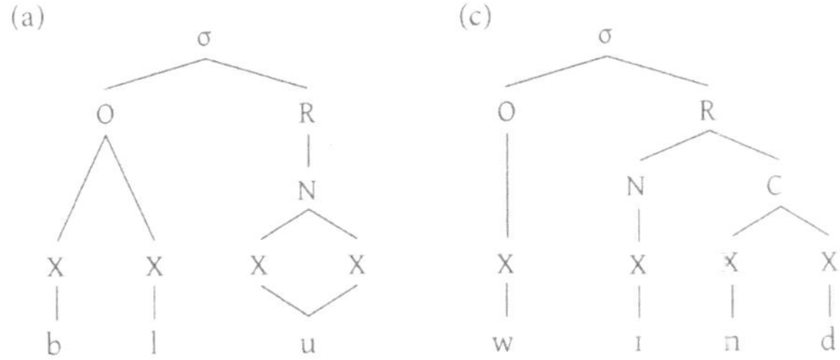

이렇게 수정된 표상에서, 장모음과 이중모음들은 (가지를 치는) 두 개의 타이밍 슬롯(timing slot)을 가지게 될 것이고, 단모음은 (가지치기를 하지 않는) 하나의 타이밍 슬롯을 가지게 될 것이다. 분절음이 많은 초성과 종성도 역시 가지치기를 할 것이다. 마지막으로, CVC 단어 dog의 수정된 음절 구조는 다음과 같다.

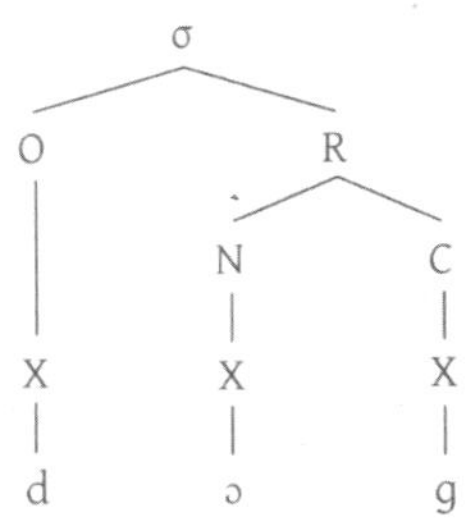

이 수형도(tree)는 가지가 없는 두음 [d]과 가지가 있는 라임(rhyme) [ɔg]이 있다.

골격 층위를 사용한 표상이 가지는 장점은 가지가 있는 구조와 가지가 없는 구조를 구별하는데 있는 것만이 아니다. 물론 가지가 있는 구조와 없는 구조는 강세 할당 규칙(stress assignment rules)에 중요한 역할을 하지만, 음성적으로는 복잡하지만 음운적으로는 단순한 폐찰음(affricates)과 같은 분절음을 처리하는데 도움을 주는 장점도 있다. 다음의 예를 살펴보자:

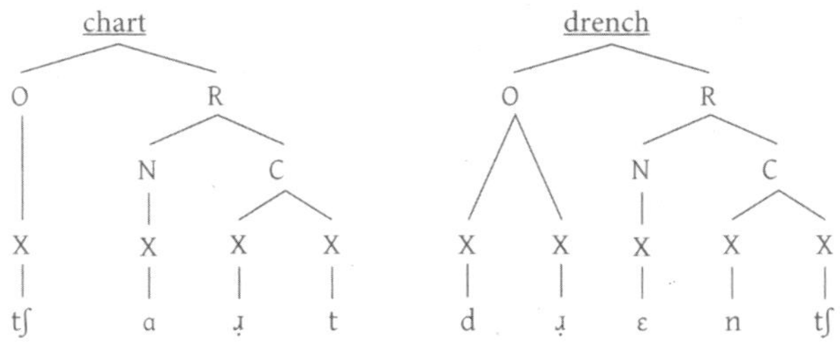

여기서, 자음의 무리들이 가지치기를 한다. 즉 두 개의 타이밍 슬롯을 가지고 있다. 하지만, 음성적으로 복잡한 폐찰음은 가지치기를 하지 않고 하나의 타이밍 슬롯을 가지고 있다.

6.2 음절의 개수

영어 모국어화자들이 일반적으로 동의하는 점은 대부분의 단어에서 음절의 개수를 찾아내는데 그다지 어려움이 없다는 것이다. 심지어 consumptiveness, docility, divinatory, cosmographical과 같이 흔히 사용하지 않는 어휘에서도 다소 빠르게 획일적인 결정을 한다. 즉, 처음의 두 단어에는 4개의 음절이 있고, 뒤의 두 단어에는 5개의 음절이 있다는 것을 별 무리없이 알고 있다.

물론, 불일치를 보이는 단어들이 없지는 않다. 하지만, 이러한 단어들은 다소 제한되어 있다. 몇몇은 지역어의 차이때문이다. 예를 들어 military라는 단어는 미국영어에서는 [mɪ.lə.tɛ.ɹ̩i]로 4개의 음절을 가지고 있고, 영국영어에서는 [mɪ.lə.tɹ̩i]로 3개의 음절을 가지고 있다. 음절의 개수에 일치를 보이지 않는 다른 종류의 단어들은 [ə] 탈락([ə] deletion)에 기인한 단어들이다. veteran [vɛ.tə.ɹ̩ən] (3음절) 혹은 [vɛ.tɹ̩ən] (2음절)으로 예를 들 수 있다. 유사하게, management도 3음절로 된 [mæ.nədʒ.mənt] 혹은 2음절로 된 [mændʒ.mənt]로 음절 수를 가질 수 있다. 나머지 논란의 여지가 있는 항목들은 일반적으로 모두 공명자음(sonorant consonants)과 관련이 있다. 이들 중 일부는 음절의 개수가 변하는데, 이는 비자음(nasal consonant)이 음절성(syllabic)인지 아닌지에 의해 결정된다. 예를 들면, chasm은 마지막 비음의 상태에 따라 1개의 음절이 될 수도 있고 2개의 음절이 될 수도 있다. 유사하게 Catholicism도 4개의 음절 혹은 5개의 음절로 판단될 수 있다. 비음과 마찬가지로, 우리는 비저 전설 모음(non-low front vowels)이 뒤이어 나오는 설측음을 가진 단어들을 예로 들 수 있다. real, male, 그리고 feel과 같은 단어들은 1 또는 2음절을 가지고 있다고 판단할 지도 모른다(예, [ɹi(ə)l], [me(ə)l], [fi(ə)l]).

마지막으로, /ɹ/은 fire, hire와 같은 단어에서 불일치의 근원이 될 수도 있다. 이러한 단어들은 어떤 사람들은 단음절(monosyllabic)로, 다른 사람들은 2음절(disyllabic)로 판단한다.

불일치가 있는 경우는 분명히 한정되어 있으므로 단위 음절(unit syllable)의 정의와 관련된 보다 중요한 문제로부터 우리의 관심을 더 이상 일탈시켜서는 안된다. 불행하게도, 학자들 사이에 단위 음절이 어디에 속하는지에 관한 문제와 관련하여 만장일치로 결정이 내려진 것은 없다. 음절이 음향적으로 정의되어야 하는지, 조음적으로 혹은 지각적으로 정의되어야 하는지에 관한 일치된 의견이 없다는 것이다. 이 책에서 우리가 따르는 접근법은 공명성(sonority)에 기반을 둔 것이고, 음절들은 공명성의 정점(peak)에 기반을 두고 기술될 것이다. 여기서 제안하고자 하는 것은 단어의 음절의 개수는 그 단어에 있는 공명성 정점들의 개수와 같다는 것이다.

6.3 공명성

우리가 공명성이라는 개념을 사용하기 전에, 공명성이 무엇인지 정의를 내릴 필요가 있다. 이는 그 자체로 쉬운 작업이 아니다. 왜냐하는 이것 또한 이견이 없는 것이 전혀 아니기 때문이다. 이해의 편의를 위해서 우리는 공명성의 정의를 가능한 한 간편한 것으로 하고자 한다. 한 소리의 공명음은 일차적으로 소리를 조음하는 동안 만들어지는 성도의 열림 정도와 관련된다. 특정 소리에 대해 성도가 더 많이 열려 있으면 있을 수록, 그 소리의 공명성은 더 높다. 따라서, 모음들은 열림의 정도가 더 크므로, 조음자들이 좁은 공간을 통해서 만들어지거나 완전한 폐쇄로 만들어지는 마찰음이나 폐쇄음보다 공명성의 척도(scale)가 더 높다. 두 번째의 차원은 상대적으로 부가적인 차원인데 소리의 유무성 경향과 관련이 있다. 이 차원은 협착(stricture) 즉 열림의 정도(degree of opening)가 두 개의 주어진 소리에서 동일한 경우에 관련이 있다. 유성이 있는 소리들이 무성의 상대소리보다 더 높은 공명성을 가지게 된다. 예를 들면, 유성 폐쇄음이 무성 폐쇄음보다 더 높은 공명성을 가지게 되는 것이다. 이 모든 것을 함께 종합해 보면, 우리는 (/æ, ɑ/와 같은) 저모음들이 최대의 열림의 정도를 가지게 되므로, 공명성이 가장 높다고 말할 수 있다. 그리고 무성 폐쇄음(voiceless stops)들은 열림도 없고 유성도 없으므로, 가장 낮은 공명성을 가지고 있다고 말할 수 있다. 나머지 소리들은 중간의 위치를 차지할 것이다.

많은 책이나 논문을 살펴보면, 많은 종류의 공명성의 위계가 제시되어 있다는 것을 알 수 있을 것이다. 하지만, 이러한 차이점은 세부적인 면에서 있는 것이지 기본적이고 상대적인 순서는 거의 비슷하다. 이 책에서는, Hogg & McCully (1987)에서 제안된 10점 척도(10-point scale)를 채택하도록 한다.

소리 유형	공명성 값	예
저위 모음	10	/ɑ, æ/
중위 모음	9	/e, o/
고위 모음 (그리고 활음)	8	/i, u/
설탄음	7	/r/
설측음	6	/l/
비음	5	/m, n, ŋ/
유성 마찰음	4	/v, ð, z/
무성 마찰음	3	/f, θ, s/
유성 폐쇄음	2	/b, d, g/
무성 폐쇄음	1	/p, t, k/

소리의 상대적 공명성을 진술했으므로, 이제 우리는 단어의 음절의 개수를 공명성의 정점(peak)으로 볼 준비가 되었다. 지각적 관점에서, 공명성 정점(auditory peak)은 주변의 분절음보다 더 두드러진다. 단모음과 이중모음이 공명성에서 다

른 분절음보다 더 높기 때문에, 모음이 전형적으로 음절에서 정점의 위치를 차지한다. 이를 다음의 publicity와 condemnation의 표상을 통해 보여준다.

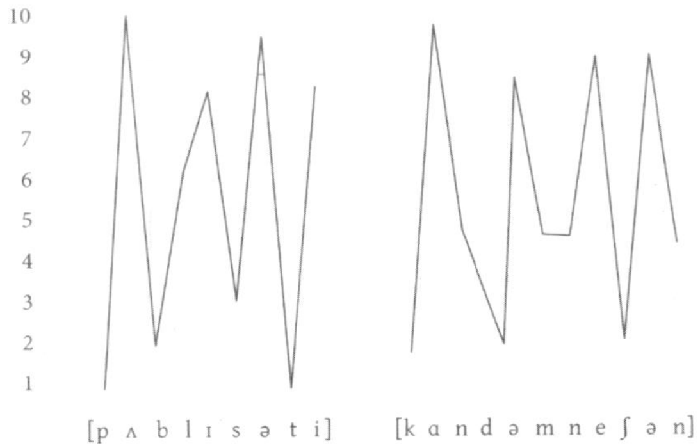

공명성 정점 원리(principle of peaks of sonority)는 음절의 개수를 정확하게 알려준다. 이 두 경우에는 4개로 말이다.

우리가 앞에서 본 바와 같이, 영어에서는 모음을 포함하지 않는 음절들을 가지고 있다. 이러한 경우, 가장 공명성이 있는 자음들이 음절 정점 (즉 음절성 자음)이 될 것이다.

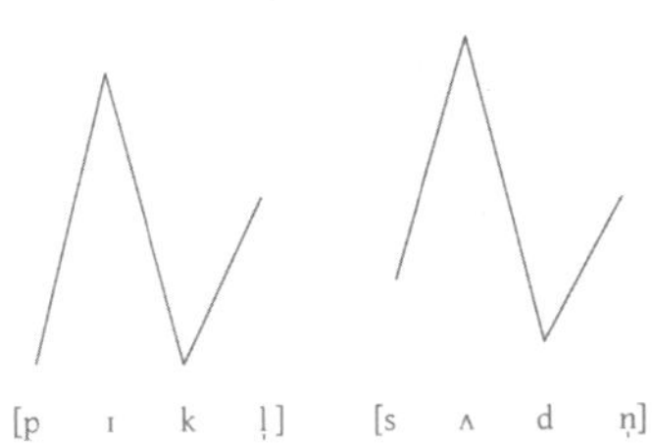

공명성 자음의 존재가 약화된 모음 [ə]의 탈락에 기인하기 때문에, 공명성 자음은 비강세 음절에 한정된다. 강세 음절에서는 언제나 온모음(full vowel)이 있고, 이 온모음은 항상 음절의 정점을 차지한다. 따라서, 강세음절에서는 자음이 음절성이 될 여지가 없다.

비록 공명성 정점을 음절의 개수와 동일시하는 원리들이 수천 개의 영어 단어에 유효할지라도, 이것이 예외가 없다는 것을 의미하지는 않는다. 우리는 /s/로 시작하는 영어 두음(예, stop [stɑp])과 /s/로 끝나는 영어 말음(예, box [bɑks])은 이러한 원리를 어긴다는 사실을 인정해야 한다. 이러한 경우들은 이 장의 뒷 부분에서 더 자세하게 논의될 것이다. 하지만, 그 문제를 다루기 전, 음절화(syllabification)의 문제를 먼저 살펴보도록 하자.

6.4 음절화

비록 공명성의 정점을 찾는 것이 단어에서 음절의 개수를 파악하는데 많은 도움을 주지만, 이것이 음절화(syllabification)에 대해서는 그다지 많은 점을 알려주지는 않는다. 다시 말해서, 음절의 경계가 어디 있는지에 대해서는 말이다. 예를 들어, publicity에서 모음사이의 자음들이 어디에 속하는가? 처음 음절과 두 번째 음절 사이에 있는 /b/와 /l/을 어떻게 할당할 것인가? /s/는 어떻게 처리해야 하나? /s/가 두 번째 음절의 종성(coda)인가 아니면 세 번째 음절의 초성(onset)인가?

이러한 경우와 관련하여 우리가 결정을 내릴 때 이용하는 규칙은 '최대 초성 원칙' (maximal onset principle)이라고 알려져 있다. 이 원리는 간단히 말해서 일련의 모음 사이의 자음들을 다음 조건을 어기지 않는 한 오른쪽에 있는 음절로 할당하라는 것이다. 여기서 어기면 안되는 조건은 특정 언어의 초성 패턴을 일컫는다. 이것을 예를 들기 위해, publicity라는 단어를 다시 한번 보도록 하자. 이 단어는 의심의 여지 없이 4개의 음절을 가지고 있고, 음절핵은 명백히 파악할 수 있는 모음들이다. 먼저, 우리는 이 단어를 음성 전사하고, 음절핵을 파악할 필요가 있다.

그 다음 단계는 단어의 가장 끝을 찾고, 각 음절의 핵들을 주변의 자음들과 연결하기 시작해야 한다. 마지막 음절은 종성이 없고, 핵은 선행하는 /t/와 연결된 것이다. 왜냐하면, [ti]가 영어에서는 허용되는 연쇄이기 때문이다. 이 다음에 우리는 선행하는 음절(즉 세 번째 음절)의 핵, 즉, [ə]로 이동할 필요가 있다. 이 음절에서 종성(coda)이 없는 것과 [sə] 연쇄가 영어에서 허용되는 것은 이것이 이 단어의 세 번째 음절이라는 것을 우리에게 말해준다. 두 번째 음절의 핵 /ɪ/의 왼쪽에는 두 개의 자음이 있다. /ɪ/ 를 바로 선행하는 /l/에 연결하는 것은 문제가 없다. 왜냐하면 /lɪ/은 완벽하게 정상적인 영어의 연쇄이기 때문이다. 왼쪽에 있는 그 다음의 자음인 /b/ 또한 두 번째 음절에 연결될 것이다. 왜냐하면 그 결과로 생기는 [bl]이 이 언어에서 허용이되는 초성(onset)이기 때문이다(예, <u>blue</u> [blu], <u>block</u> [blɔk]). 따라서, 이 단어에서 결과로 생긴 음절화는 다음과 같다:

간혹 우리는 동일한 소리의 연쇄들이 서로 다른 단어에서 다르게 음절화되는 경우를 보게 된다. 우리는 이러한 현상을 다음의 두 단어인 <u>complain</u>과 <u>temptation</u>을 가지고 예를 들어보도록 하겠다. 이 두 단어의 음절화는 다음과 같다.

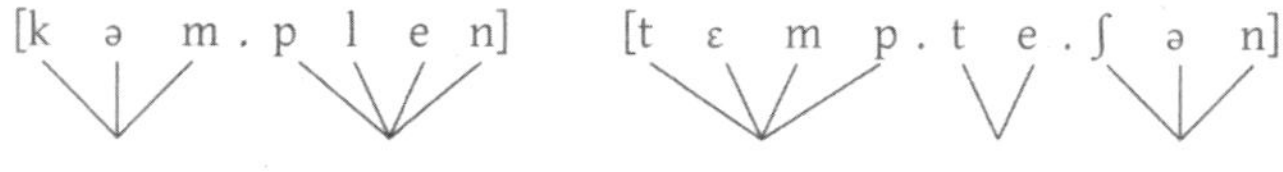

우리의 초점은 이 두 단어가 공유하는 [mp]에 있다. 위의 음절화의 논의에

서 명확해진 것과 같이, 동일한 연쇄가 이 두 단어에서 서로 다르게 행동한다. temptation [tɛmp.te.ʃən]에서는 [mp]의 연쇄가 첫 음절의 이중 종성(double coda)이지만, complain [kəm.plen]에서는 이 두 소리가 별개의 음절로 나뉘어진다. [m]은 첫 음절의 종성에 속하고, [p]는 두 번째 음절의 이중 초성의 일부가 된다. 이 차이점의 이유는 영어에서 최대 초성으로 허용되는 것이다. [pt]는 가능한 초성이 아니기 때문에, [p]는 temptation의 첫 음절에 속해야 한다. 하지만, complain에서는 [p]가 두 번째 음절의 초성인데, 이는 [pl]이 영어에서는 허용되는 초성이기 때문이다.

단어 complain을 [kəmp.len]으로 나누는 것은 영어의 초성이나 종성 어떤 것도 위반하지 않았을 것이다. 왜냐하면 [kəmp]와 [len]은 모두 영어에서 허용이 되기 때문이다. 하지만, 이렇게 하는 것은 종성을 최대화하는 것을 의미했을 것이다. 반면에, [kəm.plen]으로 음절화하는 것은 영어에서 허용되는 초성을 최대화하는 것을 따른 것이다. 모음사이의 자음을 선행하는 음절의 종성으로 할당하는 것보다 뒤따르는 음절의 초성으로 할당하는 것은 "최대 초성 원리(maximal onset principle)"의 기본을 따른 것이다 그리고 이것은 초성이 언어에서 종성보다 더 기본적이라는 사실에 기인한다. 모든 언어들은 단 하나의 예외도 없이 CV 음절 즉 개방 음절(open syllable)을 가지고 있지만, 많은 언어에서 VC 음절 즉 폐쇄 음절(closed syllable)은 없다. 지금까지 말한 것을 요약하자면, 구어(spoken language)의 음절화를 인도하는 원리는 허용되는 최대의 자음의 수를 오른쪽에 위치한 음절에 할당하는 것이다.

이 장을 마무리하기전, 우리는 음절화의 언어-특정적인 본질에 대한 중요성을 강조할 필요가 있다. 이러한 이유로 인해, 동일한 소리의 연쇄들이 서로 다른 언어에서 다르게 나뉘어질 수 있다. 이 점을 예시하기 위해, /bl/과 /sl/의 두 경우를 살펴보도록 하자. 그리고 이 상황을 영어와 다른 두 언어와 비교해 보기로 하자. 터키어에서는 초성 무리(onset cluster)가 허용되지 않는다. [bl]의 연쇄가 발견되는 것은 음절 경계를 가로질러서이다. 예를 들어, abla "older sister (누나)"라는 터키어의 단어는 변함없이 [ab.la]로 분할 될 것이다. 이점은 영어의 [bl]연쇄와 다른데, 이점은 [pʌ.blɪ.sə.ti]를 통해서 살펴본 바가 있다. [sl]의 경우, 우리는 영어와 스페인어를 비교해 볼 수 있다. 비록 스페인어에서 초성 무리들(onset cluster)이 허용이 되지만, /s/로 시작되는 초성무리들은 허용되지 않는다. 물론 [sl] 연쇄가 스페인어에 전혀 없다는 얘기는 아니다. isla "island (섬)"라는 단어는 [is.la]와 같은 음절화로 가능하다는 점을 보여준다. 하지만, 영어에서는 [sl]이 가능한 초성이다. asleep [əslip]과 같은 단어의 음절화는 [ə.slip]이다. 이 두 예들은 소리의 주어진 연쇄가 엄격히 말해 언어-특정적인 유형에 따라 행동한다는 점을 보여준다. 마지막으로, 만약 우리가 위의 예들로부터 명백한 것들을 진술한다면, 우리는 터키어를 모국어로 사용하는 화자들은 외국어로서 영어를 습득하려고 시도하는 과정에서 publiciy의 음절화를 [pʌb.lı.sə.ti]로 할려고 시도할 것이고 스페인어를 모국어로 사용하는 화자들은 asleep을 [əs.lip]으로 발음하려고 할 것이라는 것을 예측할 수 있다.

6.5 영어 음절의 음소배열제약

우리가 모음 사이에 단어의 음절화와 관련하여 두 개 혹은 그 이상의 일렬로 배열된 자음들을 사용하는 것과 관련된 단어들의 음절화에 대해 말할 때를 상기해 보자. 이 자음군들이 어느 음절에 속하는가에 대한 결정은 특정 언어(language-specific)의 사실에 기반을 해서 만들어졌다. 예를 들어, acne [ækni]와 같은 단어는 첫 자음을 첫 음절의 종성으로 가질 것이고, 두 번째 자음은 두 번째 음절의 초성으로 가질 것이다. 가장 명백한 이유는 영어가 /kn/을 초성군(onset cluster)으로 허용하지 않기 때문이다. 만약 우리가 노르웨이어(예, Knut "흔히 사용되는 남자의 성"), 히브루어(예, Knesset "이스라엘 국회"), 러시아어(예, kniga "책") 혹은 독일어(예, Knabe "소년")에 대해 이야기하고 있다면, 위에서 말한 사실이 적용되지는 않을 것이다. 이제 영어 음절 구조를 구체적으로 다루어야 할 시간이 된 것 같다.

우리는 보편적인 공식으로 시작을 할텐데, 이는 다음과 같이 기술될 수 있다.:

(C) (C) (C) V (C) (C) (C) {C}

이 특징이 말하고 있는 것은 V(모음 혹은 이중모음) 하나가 음절의 핵인데, 영어의 음절에서는 유일하게 필수적인 요소다는 것이다. (예, a [e]). 괄호 안에 있는 모음을 둘러싼 자음들은 선택적 요소들(optional elements)이다. 따라서, 우리는 모음 앞에 하나의, 두 개의, 혹의 세 개의 자음을 단일, 이중, 삼중 초성(single, double, or triplet onsets)으로 두고서 V를 가질 수 있다.

CV (예, say [se])
CCV (예, pray [pɹ̥e])
CCCV (예, spray [spɹ̥e])

우리가 초성(onsets)으로서 자음을 더할 수 있듯이, 우리는 음절핵 다음에 종성(codas)으로서 자음들을 더할 수도 있다.

VC (예, at [æt])
VCC (예, act [ækt])
VCCC (예, next [nɛkst])

이 절을 시작할 때 제시한 일반 공식을 보면, 종성에 중괄호로 표시된 네 번째의 자음도 있다. 이 자음은 다른 자음들과는 다른데, 그 이유는 이것이 접사에 속할 때만 가능하기 때문이다. 다시 말해, 이 자음이 bursts [bɝsts]에서처럼 말이다. 단일 및 다중 초성들은 단일 및 다중 종성들과 결합될 수 도 있는데, 이럴 경우 더 많은 가능성을 만들어 낸다.

CVC	(예, beat [bit])
CCVC	(예, break [bɹ̥ek])
CCCCV	(예, strike [stɹ̥aɪk])
CVCC	(예, binge [bɪndʒ])
CVCCC	(예, text [tɛkst])

CCVCC (예, <u>print</u> [pɹ̥ɪnt])
CCVCCC (예, <u>sphinx</u> [sfɪnks])
CCCVCC (예, <u>spring</u> [spɹ̥ɪnt])

이 외에도, 만약 우리가 접미사를 포함시킨다면 다음과 같은 구조들도 가능하다.

CCCVCCC (예, <u>sprints</u> [spɹ̥ɪnts])
CVCCCC (예, <u>worlds</u> [wɝldz])
CCVCCCC (예, <u>twelfths</u> [twɛlfθs])

CCCVCCCC는 논리적으로는 가능한 음절구조이지만, 해당되는 단일형태소로 된 어휘를 영어에서는 찾아볼 수 없다.

위에서 제시한 그림은 아주 일반적이어서, 초성과 종성에서 가지는 많은 제약들을 포함하지는 않는다. 아래에 각각의 제약들에 대해 살펴보도록 한다.

6.5.1 단일 초성

2.2.2절과 3.4절에서 이미 기술한 바와 같이, 영어에서 초성 위치에서 나타날 수 없는 유일한 자음은 /ŋ/이다. 또 다른 자음인 /ʒ/은 (<u>genre</u>와 같은 몇 가지 단어들과 <u>Zhivago</u>와 같은 몇 가지 외국이름을 제외하고는) 영어의 단어 첫 위치에 나타나지 않지만, 어두가 아닌 음절의 초성에서는 나타날 수 있다(예, <u>vision</u> [vɪ.ʒən], <u>measure</u> [mɛ.ʒɚ]). 마지막으로, /ð/도 어두 위치에서 나타나는데 제약이 있다는 것을 언급할 필요가 있다; 이 소리는 단지 문법적 어휘들 (기능어: function words)의 어두 위치에서만 발견된다(예, <u>the</u>, <u>then</u>, <u>there</u> 등).

6.5.2 이중 초성

표 6.1은 영어에서 나타는 이중 초성들이다. 우리는 다음과 같은 관찰을 할 수 있다. 파찰음은 초성에서 무리(onset cluster)로 나타나지 않는 유일한 자음 부류이다. 이 일반적인 진술 외에도, 이중초성군(two-member onset clusters)에는 다음에 제시한 여러 가지 제약들이 있다:

- 유성 마찰음 (voiced fricatives)들은 C_1으로의 역할을 할 수 없다. 단지 /v/만이 C_1일 수 있고, 이때도 단지 /j/하고만 결합될 수 있다(예, view [vju]).
- 설측음이 아닌 근접음들(/ɹ, w, j/)은 C_1으로의 역할을 할 수 없다; 설측음은 단지 /j/ 앞에서만 (그것도 일부 화자에 대해서만) 나타날 수 있다.
- 유성 폐쇄음들은 C_2로의 역할을 할 수 없다.
- /f/를 제외한 어떠한 마찰음도 C_2로의 역할을 할 수 없고, 이 경우에도 단지 /s/ 뒤에서만 나타날 수 있다(예, sphere).
- 어떠한 폐쇄음이나 비음도 C_2로 허용되지는 않는다. /s/ 뒤를 제외하고는 말이다(예, speak, small).
- /s/와 /ʃ/는 상보적(complementary)이다: /s/는 /ɹ/ 앞에 나타나지 않으며, /ʃ/만이 /ɹ/ 앞에 나타날 수 있다(예, shrimp).
- /h/와 /m/은 /j/ 앞에서만 나타날 수 있다(예, huge, music).
- /θ/는 단지 /ɹ/과 /w/ 앞에서만 나타날 수 있다(예, three, thwart).
- 순음 (C_1)은 순음인 근접음과 무리를 이루지 않는다.
- 이중 자음(geminates)은 허용되지 않는다
- 치경 폐쇄음(C_1)은 /l/과 무리를 이루지 않는다.

표 6.1 영어의 이중 초성

C_1 \ C_2	p	t	k	f	m	n	l	ɹ	w	j
p	■						✓	✓		✓
b							✓	✓		✓
t		■						✓	✓	(✓)
d								✓	✓	(✓)
k			■				✓	✓	✓	✓
g							✓	✓	✓	
f				■			✓	✓		✓
v										✓
θ								✓	✓	
s	✓	✓	✓	✓	✓	✓	✓		✓	(✓)
ʃ								✓		
h										✓
m					■					✓
n						■				(✓)
l							■			(✓)

Note:

✓ 영어에서 허용되는 이중 초성들

(✓) 대부분의 미국 영어화자에게서는 발견되지 않는 이중 초성들

■ 불가능한 조합

우리는 다음과 같이 이 상황을 요약할 수 있다. 일반적으로, 영어 이중 초성은 (a) /s/ + C (여기서 C = /ɹ/을 제외하고 C_2의 위치에 나타날 수 있는 자음; /ʃ/는 /ɹ/

앞에 나타날 수 있음), 그리고 위에서 열거한 제약을 지키는 범위 내에서 (b) 장애음 + 근접음이다.

장애음으로 C_1 그리고 공명음으로 C_2로 나타나는 유형은 아주 흔한 반면, 그 반대에 해당하는 (즉 C_1 = 공명음 그리고 C_2 = 장애음) 이중 초성은 없다. 영어에서 관찰되는 유형은 다른 많은 언어에서도 흔히 발견되고, "공명성 연쇄(sonority sequencing)"이라고 알려진 원리로 설명될 수 있다. 우리는 앞에서 공명성을 음절의 정상(peaks)이라고 말했는데, 이제 그것을 사용하여 음절의 정상과 관련된 소리의 연쇄를 가리킬 때는 공명성 연쇄 원리(Sonority Sequencing Principle; 줄여서 SSP)라고 부를 것이다. Selkirk (1984: 116)에 의해 주어진 바와 같이, SSP는 다음과 같이 진술된다:

어떤 음절에든, 공명성의 정상(sonority peak)을 구성하는 분절음이 있고, 공명성의 정상을 중심으로 분절음연쇄들에 의해 공경성 값이 점진적으로 감소하며 선행되고/되거나 후행된다.

따라서, 예상되는 유형은 C_1에서 C_2로 갈 때 공명성 수준이 상승할 것이다. 이와 같은 것이 영어 이중 초성의 거의 대부분에 해당하는 사례이다. (예, play [ple], cry [kɹaɪ], quick [kwɪk]). 이 원리의 위반은 /s/ + 폐쇄음군인데 (예, /sp, st, sk/), 이 경우 공명성 수준이 C_1에서 C_2로 갈 때 올라가는 대신 떨어진다. 우리가 이중 및 삼중 종성뿐만 아니라, 삼중 초성에서도 보겠지만, /s/는 예외적인 행동을 보인다. 그러한 경우를 설명하기 위해, 여러 학자들은 /s/ 자음군(/s/ clusters)에 대해 특별한 "첨가적" 지위를 제안해 왔다. 우리는 그러한 제안을 세밀하게 파헤치지는 않을 것이지만, /s/의 이 예외적인 행동은 여러 다른 언어에서도 발견되었다는 점을 말하는 것으로 충분할 것같다.

6.5.3 삼중 초성

삼중 초성은 무성 폐쇄음 + 근접음의 이중 초성에 /s/가 C_1으로 붙는 것으로 기술될 수 있다. 따라서, C_1 = /s/, C_2 = 무성 폐쇄음, C_3 = 근접음을 삼중 초성으로 가진다. 비록 이 조합은 12개의 논리적으로 가능한 배합을 만들어내지만, 이중 단지 7개 만이 나타난다:

s	p	ɹ̣	예, spring
		l	예, splash
		j	예, spew
		w	예, * (/w/가 순음(labials) 다음에 나타날 수 없어서 제외)
s	t	ɹ̣	예, string
		l	예, * (치경 폐쇄음 다음에 설측음이 올 수 없어서 제외)
		j	예, * (대부분의 화자에게 /tj/ 존재하지 않음)
		w	예, *
s	k	ɹ̣	예, scrape
		l	예, * (매우 드묾, sclerosis)
		j	예, skewer
		w	예, squeeze

6.5.4 종성

영어 종성에 나타날 수 없는 유일한 소리는 /h/이다. 또한 /ʒ/는 다른 자음보다 다소 덜 확고하다; 비록 여러 화자들은 종성에서 /ʒ/ 소리를 제대로 발음하지만, 다른 화자들에게서는 garage [gəɹɑdʒ] 그리고 massage [məsɑdʒ]라는 단어들에서 여전히 [dʒ] 실현을 듣게 된다. 두 개의 다른 소리 /j, w/는 또한 종성에서 나타날 수 없는 자음들의 목록에도 자주 포함된다. 비록 사실이긴 하지만, 이중 모음 /aɪ, ɔɪ/, 그리고 /aʊ/의 존재는 이 경우를 약화시키는데, 그 이유는 이러한 이중 모음의 끝이 /j/ 및 /w/와 각각 동일하지는 않더라도 대우 유사하기 때문이다. (이는 다른 전사 체계에서 사용되는 음성 기호(/aj, aw, ɔj/)에서 그 증거를 찾아볼 수 있다.

6.5.5 이중 종성

접미사가 아닌 영어의 이중 종성은 다음과 같은 방식으로 일반화될 수 있다:

(a) C_1이 비음이고 C_2가 장애음(유성 장애음은 /d, z, dʒ/를 제외하고 허용되지 않음).

(b) C_1이 /s/이면, C_2는 무성 폐쇄음.

(c) C_1이 유음(/l, ɹ/)이고 C_2는 /z, ʒ, ð/를 제외한 자음. /lg/로 된 자음군 또한 존재하는 않는다.

(d) C_1이 무성 비치경 폐쇄음(/p, k/)이면, C_2는 무성 치경 폐쇄음(/t, s/)이다. /ft/ 자음군도 또한 허용된다.

우리가 이에 /t, d, s, z, θ/를 가진 접미사(과거 시제, 복수형, 소유격, 서수 등)에 의해 만들어진 자음 군을 더한다면, 가능성은 상당히 증가하게 된다. 표 6.2는 실제 나타나는 이중 종성을 제시하고 있다.

표 6.2 영어의 이중 종성

C₁ \ C₂	p	b	t	d	k	g	tʃ	dʒ	f	w	θ	s	z	ʃ	m	n	l
p	■		✓								×	✓					
b		■		×									×				
t			■								×	×					
d				■							×		×				
k			✓		■							✓					
g				×		■							×				
tʃ			×				■										
dʒ				×				■									
f			✓						■		×	×					
v				×						■			×				
θ			×								■	×					
ð				×									×				
s	✓		✓		✓							■					
z				×									■				
ʃ			×											■			
ʒ				×													
m	✓		×	×					✓				×		■		
n			✓	✓			✓	✓			✓	✓	✓			■	
ŋ				×	✓						×		×				
l	✓	✓	✓	✓	✓		✓	✓	✓	✓	✓	✓	×	✓	✓	✓	■
ɹ	✓	✓	✓	✓	✓	✓	✓	✓	✓	✓	✓	✓	×	✓	✓	✓	✓

Notes

✓ Non-suffixed double codas

× Suffixed double codas

■ Impossible combination

앞서 언급한 바와 같이, 공명성 연쇄 원리는 종성에 대해서는 초성 연쇄의 정반대로 나타날 것을 지시한다. 이는 최적의 종성은 C_1에서 C_2로 이동해 감에 따라 공명성 수치가 떨어져야 한다는 것을 의미한다. 표 6.2에서 보듯, 이는 영어의 접미사가 붙지 않는 (단일형태소) 형태에서 나타나는 이중 종성의 경우에 실제로 그렇다(예, arm [ɑɹ̩m], sharp [ʃɑɹ̩p], belt [bɛlt]). 예외는 (a) 두 폐쇄음 연쇄인데, 결코 동일 조음 위치를 갖지 않는 경우(예, apt [æpt], act [ækt]), 그리고 stop + /s/의 경우인데, 항상 유성에서 일치하는 경우(예, lapse [læps], tax [tæks])이다.

6.5.6 삼중 종성

영어의 삼중 종성은 우리가 삼중 초성에서 보여 주었던 것과 같은 단순한 형식화를 보여주지는 않는다. 보다 일반적으로 말해 아래 (1)의 경우 세 장애음으로 구성되었는데, 이는 예외로 두고, 모든 다른 조합들을 살펴보면, 이 조합들은 유음과 비음(공명음) 다음에 두 개의 장애음이 따라 나온다고 말할 수 있다. 다음의 조합은 접미사가 아닌 형태에서 발견된다:

		C_1	C_2	C_3	예
1		폐쇄음	마찰음	폐쇄음	/dst/ midst, /kst/ next
2	(a)	비음	폐쇄음	폐쇄음	/mpt/ exempt, /ŋkt/ sacrosanct
	(b)	비음	폐쇄음	마찰음	/mps/ mumps, /ŋks/ jinx
	(c)	비음	마찰음	폐쇄음	/nst/ against, /ŋst/ amongst
3	(a)	l	폐쇄음	폐쇄음	/lpt/ sculpt
	(b)	l	폐쇄음	마찰음	/lts/ waltz
	(c)	l	마찰음	폐쇄음	/lst/ whilst
4	(a)	ɹ̩	폐쇄음	폐쇄음	/ɹ̩kt/ infarct, /ɹ̩pt/ excerpt
	(b)	ɹ̩	폐쇄음	마찰음	/ɹ̩ps/ corpse, /ɹ̩ts/ quartz
	(c)	ɹ̩	마찰음	폐쇄음	/ɹ̩st/ first
	(d)	ɹ̩	l	폐쇄음	/ɹ̩ld/ world
	(e)	ɹ̩	l	마찰음	/ɹ̩lz/ Charles

(1)의 midst, (2c)의 against, (3c)의 whilst는 논란의 의지가 있는데 우리가 다른 문헌에서 마주치게 되듯이, 접미사가 붙은 단어의 범주에 속해도 될 수 있다는 사실을 인정해야 한다. 참고로, 공시대의(즉 현재의) 영어에 대한 기술에 역사적 이유(midst는 mid의 최상급 형태임)가 정확히 얼마나 관련이 있느냐는 논란 거리이다.

많은 다른 삼중 종성이 접미사 첨가에 의해 만들어지는데, 이 중 상당히 많은 예들은 단순 과거 시제 /t, d/와 복수형, 소유격, 그리고 단순 시제의 3인칭 단수형 /s, z/에 의한 것이다. "서수 형태소(ordinal number morpheme)"(예, sixth [sɪksθ])와 형용사에서 명사를 파생시키는 접사(명사 파생 형태소(denominal morpheme)(예, warmth [wɔɹ̣mθ])인 /θ/에 의해 만들어 질 수 있는 가능한 삼중 연쇄들도 또한 주목할 만하다. 다음의 목록은 일반적 부류에 속하는 접미사들이 붙어서 삼중 종성을 만드는 가능성을 보여준다; 따라서, 실제 나타나는 자음군들은 여기 인용된 예들보다 훨씬 더 많은 조합을 가진다:

		C_1	C_2	C_3	예
1		비음	장애음	/t, d, s, z/	laments
2		/s/	폐쇄음	/t, d, s, z/	lisped
3	(a)	/l/	방애음	/t, d, s, z/	gulped
	(b)	/l/	비음	/d, z/	filmed
4	(a)	/ɹ̣/	장애음	/t, d, s, z/	wharfs
	(b)	/ɹ̣/	/l/	/d, z/	curls
	(c)	/ɹ̣/	비음	/d, z/	turned
5		장애음	장애음	장애음 (pts, kts, fts, pst, kst/ 만)	lifts

비음과 유음이 삼중 종성에서 C_1으로 역할을 자주 하고, /lk, mp, sk/가 영어의 이중 종성에서 자유롭게 나타나지만, 이 요소들을 조합하는 삼중 종성은 매우 제약되어 있다. 따라서, 영어에는 /ɹ̣lk, ɹ̣mp, ɹ̣sk, lmp, nsk/가 삼중 종성에서는 결여되어 있다는 것이 주목할 만한 사실이다. 이중 종성과 같이, 삼중 종성에서 장애음들의 연쇄는 항상 유성에 있어서 일치를 보인다. (예, /spt/ lisped).

우리가 이 절을 끝맺기 전, 마지막 자음군에서의 삭제와 관련하여 자주 관찰되는 현상을 지적하는 것이 적절할 것 같다. 자음 군에서 단어의 어미(word ending)가 자음으로 시작하는 단어가 나오면, 그 자음군의 마지막 멤버는 삭제되는데, 그 예들은 다음에서 볼 수 있다.:

/nd/	hand made	[hæn med]	(예, hand out)
	spend money	[spɛn mʌni]	(예, spend it)
	grand bargain	[gɹæn bɑɹɡən]	(예, grand illusion)
/st/	next class	[nɛks klæs]	(예, next hour)
	just now	[dʒʌs naʊ]	(예, just as)
	best thing	[bɛs θɪŋ]	(예, best option)
/ft/	left street	[lɛf stɹit]	(예, left arm)

이 유형은 접미사를 포함한 단어와 합성어에서 그 자체로 반복하는데, 그 예는 다음과 같다:

/nd/	handsome	[hænsəm]
/st/	textless	[tɛksləs]
/ft/	softness	[sɔfnəs]

하지만, 만약 마지막 자음 군 다음에 나타나는 자음이 /h/이면, 삭제는 관찰되지 않는다.

wild horse [waɪld hɔɹs] NOT * [waɪl hɔɹs]
guest house [gɛst haʊs] NOT * [gɛs haʊs]

또한 만약 자음군 다음에 나타나는 자음이 유음인 경우, 생략은 선택적이다.

hand luggage [hæn(d) lʌgədʒ]
guest list [gɛs(t) lɪst]

마지막으로, 만약 자음군이 문법 어미(grammatical endings)의 첨가에 의해 만들어진다면, 이 축소화는 아예 일어나지 않는다고 할 순 없지만, 일어날 가능성이 거의 없긴 하다. 따라서, 우리는 다음의 비축약형(non-reduced forms)을 일반적으로 가지게 된다:

/nd/	planned trip	[plænd tɹ̥ɪp]
/st/	fixed game	[fɪkst gem]
/ft/	autographed book	[ɔtəgɹæft bʊk]

이 절을 마치기 전 정상적으로는 허용되지 않는 무리들이 연속 음성에서 축약모음의 생략으로 인해 만들어지는 것을 언급할 필요가 있다. 이 과정은 특정 자음의 조합에 제한되어 있는 것은 아니다. 이는 다음에서 볼 수 있다:

Slow speech	**Fast speech**		
Topeka	[təpikə]	[**tp**ikə]	(무성 폐쇄음 + 무성 폐쇄음)
tobacco	[təbæko]	[**tb**æko]	(무성 폐쇄음 + 유성 폐쇄음)
because	[bəkɑz]	[**bk**ɑz]	(유성 폐쇄음 + 무성 폐쇄음)
debate	[dəbet]	[**db**et]	(유성 폐쇄음 + 유성 폐쇄음)
cassette	[kəsɛt]	[**ks**ɛt]	(폐쇄음 + 마찰음.)
photography	[fətɑgɹ̥əfi]	[**ft**ɑgɹ̥əfi]	(마찰음 + 폐쇄음)
façade	[fəsɑd]	[**fs**ɑd]	(마찰음 + 마찰음)
Canadian	[kənediən]	[**kn**ediən]	(장애음 + 비음)
marina	[məɹ̥inə]	[**mɹ̥**inə]	(비음 + 유음)
metallic	[mətælɪk]	[**mt**ælɪk]	(비음 + 장애음)
fanatic	[fənætɪk]	[**fn**ætɪk]	(마찰음 + 비음)

방언상의 변이(Dialectal variations)

다음은 AAVE에서 흔히 발견된다. 즉 폐쇄음으로 끝나는 어말자음군들은 마지막 멤버를 생략할 수도 있는데, 이는 자음군들이 둘 다 유성음(예, send [sɛn], gold [gol])이거나 무성음(예, act [æk], fist[fɪs])일 때 그렇다. 이 과정은 단일 형태소에 한정된 것은 아니고, 형태소 경계를 가로질러 적용될 수도 있다. (예, sipped [sɪp], dressed [dɹ̥ɛs]). 또한 어말의 '/s/ + 폐쇄음' 연쇄는 자리가 바뀌어 발음되기도 한다. 이는 ask [æks], grasp [gɹæps]에서 그 예를 찾아볼 수 있다. 마지막으로, 어두의 /stɹ/ 자음군의 /t/는 조음이 뒤에서 이루어져 /k/로 될 수도 있다(예, street [skɹ̥it]). 미국의 남부 중에서도 아주 깊은 남부(deep South)에서는, 이 음운 과정이 어두의 /tɹ/ 자음군으로까지 확대되어 일어날 수 있다(예, tree [kɹ̥i]).

6.6 문어체의 음절화

컴퓨터, 그리고 후에 워드 프로세싱 프로그램이 출현되기 전에 기말 보고서, 논문, 혹은 박사학위 논문을 썼던 사람들은 문어체의 음절화 문제를 자주 다루어야 했는데, 그 이유는 주어진 선 오른쪽 여백 끝에 단어가 완벽하게 정렬되도록 처리할 수 없었기 때문이다. 단어의 어디에서 끊어야 할지를 결정하는 것이 항상 쉬운 일은 아니었는데, 이는 글 쓰는 이들이 단순히 구두 언어에서 하는 것과 같은 방법으로 단어를 끊을 수는 없었기 때문이다. 따라서 두 가지 선택이 있었다: (a) 페이지의 줄 마다 글자를 가득 채우는데, 왼쪽 가장자리가 고르지 못하게 정렬되도록 한다. 혹은 (b) 사전을 참조해서 사전에 나와 있는 대로 단어를 분할한다. 이는 "행간에 여백 맞추기 (justified margin)" 옵션을 워드프로세서에서 이용할 수 있는 오늘날에는 문제도 아닌 것처럼 보인다. 이 옵션을 사용해, 우리는 줄 마지막에서 단어를 쪼갤 필요가 없어졌다. 만약 단어 마지막 쯤에 한 단어가 너무 길거나 너무 짧으면, 그 프로그램은 단어를 쪼개지 않고 글자 사이의 공백을 확장하거나 축소한다. 하지만, 다음에 제시된 활자화된 미디어 매체의 예에서처럼 여전히 문제는 남아 있다. (마지막 네 가지 예들은 최근에 이 목록에 첨가되었는데, 이 관행이 여전히 남아 있다는 증거라고 할 수 있다).

In the past weeks, **boat-**
ers have reported several
whale carcasses floating in the
waters off Big Pine Key. (*Miami Herald*, May 24, 2003)

... Monetary Fund and the Arab
Fund for social and Economic **devel-**
opment, will have a seat on ... (*New York Times*, May 23, 2003)

Hypocrisy often is waist-deep in **Wash-**
ington. But the spectacle of people **defend-**
ing ... (*Newsweek*, May 12, 2003)

... According to Perry, **dur-**
ing the trip Venezia announced ... (*Atlantic Monthly*, April 2003)

... never has the Conservative
party that he joined as a youth needed **sav-**
ing more. (*Economist*, December 21, 2002)

...if **teach-**
ers believe in ... (*Miami Herald*, December 11, 2014. p. 18A)

abetted the torture (**presum-**
ably including himself) should ... (*New York Times*, December 10, 2014. p. A30)

... and the **sen-**
ate had utterly failed ... (*New York Review of Books*, December 4, 2014. p. 4)

... put off raising **inter-**
est rates for long ... (*Economist*, December 6, 2014. p. 17)

내가 테스트를 해 봤던 수 백명의 원어민 화자와 마찬가지로, 여러분도 쉽게 감지하였을텐데, 위에서 굵게 표시된 단어들과 아래에 열거된 단어들에서 활자에 있는 끊는 지점과 우리가 구두에서 사용하는 음절 경계사이에는 명백한 불일치가 있다.

문어의 경계	구어의 음절화
boat.ers	[bo/tɚz]
de.vel.op.ment	[dɪ/vɛ/ləp/mənt]
Wash.ing.ton	[wɑ/ʃɪŋ/tən]
de.fend.ing	[di/fɛn/dɪŋ]
dur.ing	[dʊ/ɹ̣ɪŋ]
sav.ing	[se/vɪŋ]
tea.chers	[ti/tʃɚz]
pre.su.ma.bly	[pɹ̣ə/zu/mə/bli]
se.nate	[sɛ/nət]
in.terest	[ɪn/tɹ̣əst]

문제를 더 악화시키자면, 우리는 형태상 관련이 있는 단어들을 다음에서 찾을 수 있다:

gra.di.ent	[gɹ̣e /di/ənt]	grad.u.al	[gɹ̣æ /dʒu/əl]
pe.nal	[pi/nəl]	pen.al.ty	[pɛ/nəl/ti]
mi.ner	[maɪ/nɚ]	min.er.al	[mɪ/nə/ɹ̣əl]
pu.ni.tive	[pju/nɪ/tɪv]	pun.ish	[pʌ/nɪʃ]

모국어 화자들의 구어 음절화는 첫 번째 행에 있는 단어들(gradient, penal, miner, punitive)에 대해 사전이 제안한 문어체 경계와 완전히 일치를 하지만, 세 번째 행에 있는 단어들에 대해서는 완전히 불일치하고 있다. 우리는 ([gɹ̣ædʒ/u/əl]이 아니라) [gɹ̣æ/dʒu/əl], ([mɪn/ɚ/əl]이 아니라) [mɪ/nə/ɹ̣əl] 등으로 듣는다.

정말 유감인 것은 사전의 표시들이 단순히 문어에서 단어들을 끊는 것에 대한 제안이 아니라, 구어로 음성 전사할 때도 그 단어를 그렇게 음절화하라고 주장한다는 점이다. 이러한 이유로 인해, 그리고 이 체계가 초등학교 학생들에게 교육된다는 이유로 인해, 그 차이를 매우 명확하게 해서, 언어 치료 혹은 교육 종사자들이 문어체 음절화에서 사용되는 원리는 완전히 다르다는 것을 인지하고 있어야 할 필요가 있다. 이는 중요한 문제인데, 왜냐하면, 우리가 다음 장에서 살펴 보겠지만, 영어의 여러 강세 규칙들이 음절 구조에 민감하고, 이는 전적으로 구어 음절에 기반을 두고 있지 문어에서 단어를 끊는 약정과는 아무런 관계가 없기 때문이다.

문어 음절화는 다음의 두 원리를 따르는 것처럼 보인다:

(a) 단어가 접두사 혹은 접미사를 가진다면, 이들은 분리될 수 없다.

(b) 철자상의 글자 a, e, i, o, u, 또는 y가 장모음 혹은 단모음 소리를 나타낸다면, 다음의 원리들이 적용된다: 문어에서 이 글자들 중 하나가 장음 혹은 이중모음 /i, e, u, o, aɪ, aʊ, ɔɪ/을 나타낸다면, 철자상 자음을 나타내는 글자가 다음에 나올 때, 그 글자는 문어에서 다음 음절로 가야한다. 반면, 이 글자들이 단모음 소리를 나타낸다면, 그 다음 글자는 선행하는 음절에 속한다. 이를 밝히기 위해 우리는 penal – penalty 그리고 miner – mineral같은 단어 쌍을 살펴볼 수 있다. 첫 번째 쌍의 첫 단어에서, 글자 e는 장모음 /i/를 나타내고, 문어체의 음절화는 pe.nal이다(이 음절화는 구어체의 음절화 [pi/nəl]와 일치한 경우이다). 같은 쌍의 두 번째 단어에서, 동일한 글자 e가 단모음 /ɛ/를 나타내고, 따라서 문어체의 음절화는 pen.al.ty이다. 유사하게, 두 번째 쌍(miner – mineral)에서, 글자 i는 이중모음 /aɪ/를 첫 단어에서 나타내고 (따라서 음절화는 mi.ner가 되는데, 이는 구어의 [maɪ.nɚ]에 대응함), 두 번째 단어에서는 단모음 /ɪ/를 나타낸다(그래서 음절화는 min.er.al이 됨).

우리는 또한 첫 번째 원리가 더 강하다는 점을 지적해야겠는데, 이는 비록 철자상의 글자들이 장음 혹은 이중 모음을 나타낸다고 하더라도, 접두사 혹은 접미사의 완결성(integrity)은 유지된다는 점에서 그렇다. 이 점은 단어 boaters를 살펴보면 명확해지는데, 이 단어는 문어에서 boat.ers로 음절화된다. 비록 첫 음절의 철자상의 표현이 음성에서는 장음 [o]를 나타내지만, 뒤따르는 철자 t는 문어체 표상에서 다음 음절에 속하지 않게 된다. 이에 대한 유일한 이유는 이 단어가 가지는 접미사 첨가 때문이다. 이와 유사하게 단어 saving에서 문어는 sav.ing으로 음절을 나누는데, 이로 인해 구어에서 나누는 것([se/vɪŋ])과 완전히 상충됨에도 불구하고 접미사 –ing를 완결성을 유지할 수 있게 된다. 접두사의 보전에 의해 만들어지는 충돌의 예로서, 우리는 구어체에서 선호되는 음절화 [ʌ/ne/bəl]와는 반대로, un.able라는 문어체에서의 음절화를 가지는 예를 들 수 있다.

6.7 음절의 무게와 양음절성

문어체의 음절화를 위한 첫 번째 원리인 접두사와 접미사의 완결성(integrity)은 구어의 음절화와 문어의 음절화 사이에 심각한 충돌을 만들어 내지만, 여기서는 더 이상 언급을 하지 않겠다. 철자상의 문자와 이 문자들이 나타내는 모음의 음가들과 관련이 있는 두 번째 원리는 문어체의 음절화에 대한 화자들의 반응이 우유부단한 것과 약간 관련이 있을지도 모른다. 만약 우리가 다음에 나오는 단어들의 구어체 음절화에 대해 질문을 한다면, 우리는 영어 모국어 화자들로부터 서로 다른 대답을 얻을 것이다.

medicine	federal	
origin	positive	
happen	Canada	
finish	river	(비고: rival)
funny	punish	(비고: punitive)

어떤 화자들은 최대 초성 원리(maximum onset principles)에 기반을 두고 음절화를 해서, [mɛ / də / sən], [hæ / pən], [pɑ / zə /təv] 등과 같은 음절화를 만들어내지만, 어떤 화자들은 그러한 음절화에 안절부절못하고, 첫 음절에 있는 모음 다음의 자음을 그 음절의 종성(coda)으로 포함할 것을 제안할 것이다. 이 단어들과 우리가 위에서 문어 음절화와 관련해 논의한 단어들 사이에는 명백한 유사성이 있다. 이것은 글자 a, e, i, o, u에 의해 표시되는 모음의 종류와 관련이 있다. 이 모든 단어에서, 모음 /ɛ, ɔ, æ, ɪ, ʌ/ (예를 든 단어의 위에서부터 아래로)가 철자로 표시된 문자들의 발음이며, 모두 강세 음절에 있다. 그리고 문제는 모음 다음에 나타나는 자음에서 발생하는 것과 관련이 있다. 이 문제는 강세 및 음절의 무게와 직접적인 관련이 있다. 강세는 다음 장에서 보다 자세하게 다루겠지만, 지금 논의의 대상이 되고 있는 문제와 관련된 몇 가지 점들을 여기서 우선 간단히 다루도록 하겠다.

음절의 무게(Syllable weight)는 언어에서 강세할당에 있어서 중요한 요인이다. 음절의 무게는 음절의 rhyme의 구조에 의해 결정된다. 영어에서, 음절이 가지없는(non-branching) rhyme을 가지고 있으면, 그 음절은 가볍다. 가지없는 라임(non-branching rhyme)은 around의 첫음절과 같이 단모음만 있고, 종성은 없는 구조를 말한다. 음절이 가지치는(branching) rhyme을 가지고 있으면, 그 음절은 무겁다. 여기서, 가지치는 rhyme은 단모음 다음에 종성(coda)이 따라나오거나 coda의 유무와는 상관없이 장모음이나 이중모음이 있는 구조을 일컫는다. 이러한 음절의 무게는 다음에 제시되어 있다.

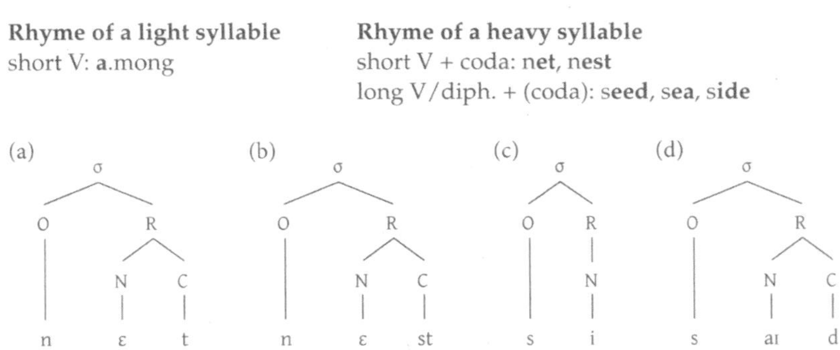

(a), (b) 및 (d)에서, 가지가 있는 rhyme이 명백히 보인다. (c)에서는 음절핵이 가지치는 핵을 가지고 있기 때문에, 음절이 무겁다.

음절의 무게를 설명하기 위해서 잠시 주제에서 벗어나는 얘기를 했다. 중음절(heavy syllable)은 강세를 유인하고, 영어에서는 본질적으로 음절이 강세가 있으면, 이러한 음절은 결코 가볍지 않다. 이러한 정보를 가지고, 이제 위에서 고려하던 문제점으로 돌아가 볼 수 있다. medicine, happen, finish 등의 예들은 최대 초성 원리와 강세 사이에 충돌을 가지고 있다. 최대 초성 원리는 이 단어 각각의 첫 음절이 경음절(light syllable)이어야 한다는 것을 명시하지만, 바로 이 첫음절에 할당되는 강세는 경음절은 강세를 받을 수 없다는 원리에 반하고 있는 것이다. 이것이 바로 어떤 모국어 화자들은 이 단어의 음절 경계가 첫음절 다음에 있다는 사실에 불안감을 느끼는 이유이다. 이러한 상황을 설명하기 위해서, 언어학자들은 양음절성(ambisyllabicity)이라는 개념을 사용한다. 양음절성은 문제가 되는 자음이 선행하는 음절의 종성인 동시에 후행하는 음절의 초성으로 행동하도록 취급하는 것이다. 간단히 말해, 허용되는 초성(군)을 이루는 자음은 만약 이 자음이 강세 음절의 핵을 형성하는 단모음 /ɪ, ɛ, æ, ʌ, ʊ, ɔ/ɑ/ (즉, 이완 모음 + [ɔ/ɑ]) 바로 다음에 나타나면, 이 자음은 양음절성을 가진다. 우리는 이를 다음과 같이 나타낸다:

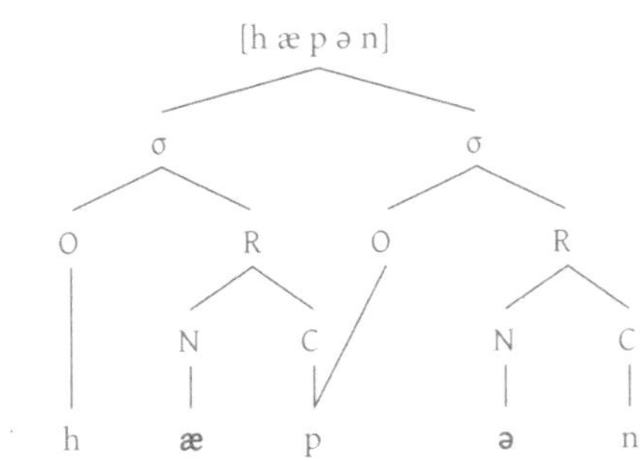

이는 강세를 받는 라임이 무거워야 하는 경향, 즉 가지치기를 해야하는 경향의 결과이다.

6.8 실용적 사례

음절에서 공명성을 이용한 소리의 열거와 관련해 우리가 조사한 제약들은 정상적인 음운 발달, 언어 치료가 필요한 환자 집단, 그리고 외국어 학습과 같은 많은 응용 상황에서 훨씬 광범위하게 이용될 수 있는 함축을 가지고 있다. 예를 들어, 자음군 축약(consonant cluster reduction) 과정은 위에서 언급한 세 그룹 모두에서 흔히 관찰되는데, 이러한 과정은 결코 우연과는 거리가 있다. <u>play</u> [ple]와 같은 목표음은 [le]보다는 [pe]로 축약될 가능성이 훨씬 많다. 그 이유는 전자의 경우는 더 무표적인(unmarked) 혹은 예상이 더 되는(more expected) 경우이기 때문이다. 왜냐하면, [pe]의 경우가 공명성에 있어서 단일 초성에서 핵으로의 보다 높은 점프를 제공하기 때문이다. [pe]에서, /p/의 공명성 인덱스는 1이고, /e/의 공명성 인덱스는 9이다. 따라서, 그 결과로 나타나는 연쇄는 1에서 9로의 변화이다. 반면, [le]에서는 공명성 인덱스에서 6에서 9로의 변화를 가지고 있다. C와V 사이의 대립이 더 클때, CV 연쇄가 더 자연스럽기 때문에, [pe]가 논리적으로 가능한 두 대안 중에서 가치가 더 큰 대안이라고 할 수 있다. 그러한 제약의 유효성을 지지하는 증거들을 발달 음운론에서 찾아보기가 어렵지는 않다. Chin (1996)은 음운장애(phonological disorders)를 가진 여러 아동들을 관찰했다. 이 아동들의 음운장애는 목표가 되는 초성군(onset cluster)의 수정이 위에서 살펴본 원리들에 의해 지배를 받는 경우들이었다. 한 경우에, 아동은 #sC 무리로 시작되는 모든 목표음에 자음군제약을 적용했다. 예를 들어, <u>stove</u> [sov], <u>snow</u> [so] 등으로 말이다. 하지만, 다른 목표 자음군에는 그러한 제약을 적용하지 않았다. 예를 들어, <u>play</u> [ple], <u>brush</u> [bwʌs] 등으로 말이다. 여러 예들을 살펴본 후, Chin은 다음과 같이 결론을 내렸다: 아동들은 C_1과 C_2의 공명성 차이가 3보다 적은 목표 자음군에는 자음군 축약과정을 적용시켰다. 예를 들어, <u>stove</u> 3 to 1 = -2, <u>snow</u> 3 to 5 = 2. C_1에서 C_2에서 공명성의 차이가 3보다 큰 경우는 자음군 축약의 적용을 받지 않았다. (<u>play</u> 1 to 6 = 5, <u>sleep</u> 3 to 6 = 3, <u>brush</u> 2 to 7 = 5).

또 다른 아동은 다음과 같은 유형을 보였다.

(a) 폐쇄음 + 근접음 → 폐쇄음 (twin [dɪn], drum [dʌm], play [pe])

(b) 마찰음 + 공명음 → 마찰음 (few [fu], swim [sɪm], shrub [ʃʌb])

(c) 마찰음 + 폐쇄음→ 폐쇄음 (spoon [bun], stove [dov], sky [daɪ])

이 아동의 음운 수정 형태를 살펴보면, 자음군에서 단순히 C_1이 삭제되는지 아니면 C_2가 삭제되는지를 기술하면 되는 문제가 아니라는 것을 알 수 있다. 왜냐하면 (a)와 (b)에서는 C_1이 삭제되고, (c)에서 탈락되는 것은 C_2이기 때문이다. 하지만, 우리가 위의 결과를 공명성의 상승으로 분석을 한다면, 우리는 이 아동의 행동이 매우 규칙적이라는 것을 볼 수 있다. 이 아이는 결과로 나타나는 C에서 핵인 V로 공명성에 있어서 가장 큰 점프를 가져오는 과정을 따르고 있다는 점에서 그렇다는 것이다. 따라서, 목표 단어인 drum의 관찰된 음절화가 [dʌm]이어서, 공명성의 이동이 2에서 10인 반면, 그 대안인 [ɹʌm]은 7에서 10으로의 훨씬 더 작은 공명성의 변화를 가져온다고 할 수 있다. 이와 유사하게, sky는 [daɪ][16]가 되는데, 이는 2에서 10으로의 점프를 야기하고, 그 대안인 [saɪ]의 경우는 더 작은 3에서 10으로의 점프를 야기시킨다.

공명성에 의해 주도되는 초성무리의 변화는 실어증 환자(aphasic patients)들에게서도 관찰된다. Blumstein(1978)은 부전실어증(paraphasia; 대화를 못할 정도로 말을 틀리게 함)을 겪는 환자들이 잘못된 자음군을 형성하는 사례를 공명성(sonority)의 개념을 사용하여 설명한다. 일례로 Blumstein은 잘못된 자음군의 형성에서 설측음(liquid)이 추가되는 경우, 이 설측음이 모음의 왼쪽으로 가서, “장애음 + 설측음 + 모음”의 연쇄를 형성한다고 지적하는데, 이는 공명성 연쇄 원리(sonority sequencing principle)에 따르는 것이다. Beland et al. (1990)은 그들이 치료하는 환자들이 “장애음 + 설측음 + 모음”의 연쇄에서 하나를 생략할 때, 이는 항상 설측음이라고 말한다. 이 또한 “장애음 + 모음”의 최대 점프를 야기한다. Christman (1992) 또한 전문용어 실어증 환자들(jargon aphasics)의 음절 발화 유형에서 공명성이 영향을 미친다고 말한다. 보다 최근에, Romani & Calabrese (1998)는 그들의 40세된 이탈리아어 실어증 환자의 #CCV 연쇄의 수정을 보여줌으로써 공명성에

16 s-deletion과 /k/ fronting에 의해 [daɪ]로 발음되는 경우 - 역자주

의해 주도되는 유형들을 지지하는 증거들을 더 제공한다. "장애음 + 유음 + V"의 목표음을 "장애음 + 모음"으로, "장애음 + /j/ + 모음"을 "장애음 + 모음"으로, 그리고 "비음 + /j/ + 모음"을 "비음 + 모음"으로 발화함으로써, 그 환자는 목표군(target cluster)에서 공명성이 보다 높은 분절음을 생략하고, 초성에서 핵으로 공명성에서 가장 큰 상승을 가진 연쇄를 만들어낸다. 텔루구어(Telugu)를 모국어로 사용하는 아동화자들 중 언어를 습득하기 전 청력 손실(prelingual hearing loss)을 겪은 아동화자들은 CV 음절의 발화에서 공명성 점프가 적은 음절이 공명성 점프가 높은 음절보다 더 어려움을 겪는다고 한다. 예를 들어, "활음 + 모음"으로 구성된 음절이 "장애음 + 모음"으로 구성된 음절보다 발음에 어려움을 더 많이 겪는다는 것이다. (Duggirala Vasanta과의 개별 교신(personal communication) 내용)

이러한 원리가 확고하게 기반을 두고 있다는 것은 정상적으로 성장하는 아동들에게서도 찾아볼 수 있다. Ohala (1999)는 CCVC 목표음의 발음을 1;9-3;2살 먹은 16명의 아이들을 대상으로 조사했다. 예측은 CCVC 목표음이 CVC 연쇄로 줄어들었을 때, 이중 초성의 탈락된 멤버는 공명성 인덱스가 더 높은 음일 것이라는 것이다. 그 이유는 공명성이 더 높은 멤버가 탈락함으로써 남아 있는 단일 초성과 핵의 연쇄가 공명성에서 최대의 상승을 가져오기 때문이다. 전반적인 결과는 예측이 맞다는 것을 확인하였다. 아이들은 초성에서 가장 덜 공명이 있는 자음의 멤버를 보존했고, 공명성에서 최대의 상승을 만들어냈다. Yavaş & Someillan (2005)은 똑같은 가설을 스페인어-영어의 이중언어를 구사하는 아동들을 대상으로 목표음 #sC 연쇄를 가지고 시험했다. /s/ + 폐쇄음 (<u>sky</u>), /s/+비음 (<u>snail</u>), /s + l/ (<u>sleep</u>), /s+w/ (<u>swim</u>)는 영어에서 가능한 #sC 연쇄인데, 이러한 영어 #sC 군의 가능한 연쇄들 중에서, 피실험자들의 성공비율이 C_1에서 C_2로의 공명성 점프가 더 높은 목표음들이 더 높을 것이라고 가정했다. 결과는 가설을 압도적으로 지지했다. 적어도 C_2가 지속음 (continuant)이였을 때 더욱 그랬다. 이러한 점은 가장 쉬운 목표음이 /sw/ (공명성이 3에서 8로 점프)였고, 그 다음으로 /sl/ (공명성이 3에서 6으로 점프)였다는 점을 두고 판단할 수 있다. C_2가 ('s+폐쇄음' 및 's+비음'과 같이) 비지속음(non-continuant)인 경우 무리들은 그다지 중요한 차이점을 나타내지는 않았다. 더 많은 지지 증거들은 Yavaş & Barlow (2006)에서 찾아볼 수 있다. 공명성 인덱스를 이용하여 초성 무리들의 습득이 쉽거나 어렵다는 점을 외국어 음운론에서도 또한 보여졌다. 더우기 영어만을 모국어로 구사하며 비전형적으로 발육되는 아이들의 경우에 /s/와 C_2 사이의 공명 거리에 기반을 둔 유표성(markedness)을 이용한 설명이 이러한 유형을 훨씬 더 잘 보여준다고 한다(Yavaş & McLeod 2010). 하지만, 동일한 타켓에 대해 모순된 결과를 보여주는 연구들도 있는데, 이러한 연구들에서는 공명성이 아니라 그 타켓의 "빈도수"가 설명력이 있다는 것이다. Yavaş & Core (2006)는 /st/가 영어에서 가장 빈도수가 높은 음소 연쇄인데, 이 타겟이 가장 높은 정확성을 가지고 실현된다고, 그리고 /sn/은 가장 빈도수가 낮은 음소 연쇄인데, 이 타켓은 정확성이 가장 낮다고 한다. 아이티 태생의 크레올(Creole)-영어 이중언어구사 아동들에게서도 /st/의 정확성이 가장 높게 실현된다는 연구 결과가 발표되었다. (Yavaş & Beaubrun 2006). 따라서, 이 주제는 더 연구해 볼 필요가 있다.

공명성에 있어서 초성에서 핵으로 최대의 차이를 나게 상승하는 것이 가장 무표적인 (혹은 가장 예측가능한) 연쇄라면, 핵에서 종성으로의 이동에서 공명성이 최대의 차이를 내며 하강하는 것은 가장 유표적인 (혹은 가장 예측가능하지 않은) 연쇄이다. 그 이유는 가장 흔한 (혹은 자연스럽거나 무표적인) 음절 유형은 종성이 없는 CV형태이기 때문이다. 이 CV에서는 공명의 하강이 없다. 따라서, 우리가 종성을 가지고 있다면, 핵에서 가장 하강이 적은 것이 더 가치가 있는 것이다. 이러한 원리가 작동한다는 것은 발달 음운론(developing phonology)에서 볼 수 있다. Ohala(1999)는 1;9-3;2의 아이들이 종성군(coda cluster)을 수정하는 것을 관찰했다. 이 연구에서 CVCC는 CVC로 수정되는 것을 달한다. 그녀의 가설은 종성의 멤버 중 탈락되는 것은 공명성에서 작은 것일 것이라는 것이다. 따라서, 공명성이 좀 더 높은 분절음이 남아 있는 경우, 핵에서 최소의 하강을 제공하는 것일 것이라는 것이다. 예를 들어, [maɹp]와 같은 연쇄는 [mar] (핵에서 종성으로 공명성의 변화는 10에서 7)로 축약되는 것이지, [map] (10에서 1)으로 축약되는 것은 아니라는 것이다. 결과는 Ohala의 가설을 지지하는 것이었다. 예측했던 축약들은 50% 이상 만들어졌고, 예측하지 않았던 축약은 단지 16%만 만들어졌다. 제2언어 음운론에서 공명성의 원리와 관련된 행동주의적 증거는 제8장에 주어져 있다.

요약

이 장에서 우리는 영어의 음절 구조를 살펴보았다. 첫째, 우리는 이 단위의 내적인 계층적 구조를 조사했는데, 이는 '초성'과 '라임'이라는 구성성분을 가지고 있었고, '라임'은 그 구성성분 내에 다시 '핵'과 '종성'을 가지고 있었다. 우리는 또한 구어체와 문어체 영어의 음절화에 대해서 살펴보았는데, 특정 경우에는 두 문체의 영어가 상당히 다른 음절화 과정를 가지고 있었다. 음절의 음운배열제약(syllable phonotactics)에서, 우리는 영어의 연쇄 제약에 대해 다뤘고, 다양한 초성과 종성의 자음군 유형들을 살펴보았다. 마지막으로, 우리는 라임 구조에 의해 결정되는 음절의 무게와 양음절성 살펴보았다. 양음절성은 동일한 자음이 선행하는 음절의 종성으로 행동하는 동시에, 후행하는 음절의 초성으로 행동하는 것을 일컫는 개념이었다.

연습문제

1. 6.5.5절에서, 접미사가 붙지 않은 삼중 종성의 여러 유형이 논의되었다. 이 중 공명성 연쇄 원리를 어기는 것이 있다면, 어떤 것이 이 원리를 어기는가? 예를 들고 그 이유를 기술하라.

2. 다음의 어느 것이 양음절성(ambisyllabicity)에 대한 자격이 있는가? 해당 단어를 원으로 표시하고, 그에 대한 이유를 설명하고, 수형도를 그려라.

   metric, regime, anecdote, integrity, panic, majesty, Africa, rival, pity, study, radical, legal, action, many, liquid, penalty, garbage, picnic, spinach

3. 다음 단어 중 몇 개는 빠른 발화에서 생략가능한 슈와들(schwas)에 의해 양음절성 자음을 만들어 낼 수 있다. 적용될 수 있는 단어에 원을 그리고 수형도를 그리시오.

   broccoli, carpenter, separate, reference, minaret, cabinet, finally, miracle, veteran

4. 다음을 고려해보자:

Short V + CC	**Long V/diph. + C**	**Long V/diph. − CC**	
(a) pimp	(b) wipe	(c) mind BUT	* [maɪmb]
lint	light	grind	* [maɪŋg]
sink	bike		* [gɹaɪmb]
	weep		* [gɹaɪŋg]
	seed		
	beak		

어떤 조합들은 가능하지만, (c에 있는) 어떤 조합들은 허용되지 않는다. 이에 대한 일반화를 진술해보라.

5. 6.5.6절에서, 축약된 모음의 생략 때문에 정상적으로는 허용되지 않을 자음군들이 여러 개 만들어질 수 있다(예, photography [**f**tɑɡɹəfi]). 다음 단어 목록에서 적용될 수 있는 것에 원을 그려 표시하라.

   capacity, degree, laborious, support, cerebral, sonority, terrific, collapse, magician, remember, correct, commercial, botanical

6. 영어의 어말 자음군은 특정 문맥에서 이 자음군의 마지막 멤버를 삭제하여 단순화된다(예, sand piles [sæn paɪlz]에서의 /nd/, first class [fɚs klæs]에서의 /st/). 이와 동일한 방법이 다른 문맥에서는 가능하지 않다(예, canned vegetables [kænd vɛ ...]에서 /nd/, missed goals [mɪst golz]에서 /st/). 다음을 분석하고 어느 단어가 이 삭제를 허용하는지 허용하지 않는지를 적으시오. 일반화를 진술하시오.

   hand-held, gift horse, wind-mill, left hand, hand rail, soft landing, grandfather, gift-wrap

7. 다음을 전사하고 구개-치경음, 공명음, 그리고 폐음절의 수를 적으시오.

   (a) Great minds discuss ideas, average minds discuss events, small minds discuss people.

   (Eleanor Roosevelt)

   (b) Either write something worth reading or do something worth writing.

   (Benjamin Franklin)

8. J. Jenkins, *World Englishes* (London: Routledge, 2002)에서 발췌한 ("미국에서의 영어"에 관한) 다음 문단을 전사하라.

Walter Raleigh's expedition of 1584 to America was the earliest from the British Isles to the New

....

World, though it did not result in a permanent settlement. The voyagers landed on the coast of

....

North Carolina near Roanoke Island, but fell into conflict with the native Indian population and

....

then mysteriously disappeared altogether. In 1607, the first permanent colonist arrived and settled

....

in Jamestown, Virginia, to be followed in 1620 by a group of Puritans and others on the

....

Mayflower. The latter group landed further north, settling at what is now Plymouth, Massachusetts, in

....

New England. Both settlements spread rapidly and attracted further migrants during the years that

....

followed. Because of their different linguistic backgrounds, there were immediately certain

....

differences in the accents of the two groups of settlers. Those in Virginia came mainly from the West of

....

England and brought with them their characteristic rhotic /r/ and voiced /s/ sounds. On the other

....

hand, those who settled in New England were mainly from the east of England, where these

....

features were not a part of the local accent.

....

제 7 장
강세와 억양

7.1 서론

강세(accent)는 음의 길이(duration), 강도(intensity) 및 높낮이(pitch)의 운율 자질들(prosodic features)을 포괄하여 쓰는 용어(cover term)이다. 따라서, 강세 음절의 탁립성(prominence)은 일반적으로 강세 음절이 그렇지 않은 음절보다 더 길고, 더 강하고, 피치가 더 높은 특징으로 나타난다. 화자의 입장에서는 이 특징을 확장하려는 노력의 양에 대응하고, 청자의 입장에서는 지각적인 탁립성에 해당한다.

제 1장에서 언급하였듯이, 영어는 변동 강세(variable stress)를 가지고 있다. 이것은 게르만 언어들(Germanic languages)의 특징인데, 그 이유는 이 언어들에서는 다음절로 된 단어(polysyllabic word)에서 어떤 음절이라도 강세를 지닐 수 있기 때문이다. 예를 들면, 세 음절로 된 명사(trisyllabic words)인 <u>article</u>, <u>tomato</u>, <u>kangaroo</u>에서, 강세는 첫음절, 두 번째 음절, 그리고 세 번째 음절로 이동을 하면서 나타날 수 있다([ɑ́ɹtɪkl̩], [təméɪɾo], [kæŋgəɹú])

변이성(variability) 외에도, 영어의 강세는 *이동적(mobile)*이라고도 말한다. 이 경우는 형태론적으로 관련된 단어에서 볼 수 있는데, 이 단어들에서 강세가 다른 음절로 이동(shift)하는 현상을 찾아 볼 수 있다.

democrat [dέməkɹ̣æt]	democracy [dəmάkɹ̣əsi]	democratic [dɛməkɹǽtɪk]
origin [ɔ́ɹ̣ədʒən]	original [ɔɹ̣ídʒənəl]	originality [ɔɹ̣ədʒənǽləɾi]
constitute [kάnstətut]	constituitional [kɑnstətúʃən̩l]	constitutionality [kɑnstətuʃənǽləɾi]
photograph [fótəgɹ̣æf]	photography [fətάgɹ̣əfi]	photographic [fotəgɹ̣ǽfɪk]
diplomat [díplәmæt]	diplomacy [dɪplóməsi]	diplomatic [dɪpləmǽtɪk]

비록 위의 토론이 매우 변동적이고 예측 불가능한 상황을 제안하는 것처럼 보이지만, 이러한 논의가 영어 강세 유형의 토대가 되는 규칙이나 원리가 없다는 것을 의미하지는 않는다. 하지만 염두에 둘 필요가 있는 점은 다음과 같다: 즉, 이 규칙들은 예외 없는 규칙(airtight rules)이라기 보다는 경향(tendencies)이라는 것이다. 영어의 특징은 단어의 문법범주(grammatical category) 혹은 형태구조(morphological structure)가 종종 강세 유형에 영향을 미친다는 것이다. 우리가 여기서 논의하는 주제는 여러 책과 논문에서 서로 다르게 취급되어 왔다. 어떤 책이나 논문은 몇 가지 예외되는 단어들까지도 포함하기 위해 아주 상세한 규칙을 만들기도 한다. 또 다른 책이나 논문에서는 본질에 있어서 좀 더 일반적인 기술을 하여서 좀 더 실용적인 면에 초점을 맞추기도 한다. 어떤 책이나 논문에서는 음절의 수를 세지만, 단어 범주(예, 동사와 명사)를 구별하지는 않는다. 어떤 책은 단어 범주를 구별하지만 음절수를 세지는 않는다. 이러한 접근법들은 각각 장단점이 있다. 이 책에서 따르는 접근법은 서로 다른 측면에서 기술된 여러 접근법들을 선택해서 영어의 강세를 설명할 것이다.

우리는 먼저 간단한 단어들을 보고나서, 접사가 있는 형태들을 살펴볼 것이다. 강세 유형 기술과 관련해서 어려움이 있는데, 이는 영어 역사상 일어났던 사건들의 결과로 인해 생겨난 예외들이 있기 때문이다. 비록 많은 단어들이 게르만어의 강세 유형을 유지하고 있지만, 또 다른 많은 단어들은 역사적인 사건에 의해 영어로 유입된 것들이다. 그러한 사건 중의 하나는 노르만 정복(Norman Conquest)인데, 이는 많은 프랑스 어휘와 로만스어 어휘 규칙들이 영어에 존재하게 된 원인이다. 이에 덧붙여, 종교와 학문은 그리스어와 라틴어에서 유래한 어휘들의 경우 본래의 강세 유형을 유지하게끔 하는데 중요한 영향력을 끼쳤다.

어떤 책에서는 특정한 예외들을 다루기 위해서 강세에 대한 기술에 특이한 형태론적 분석을 도입하는데, 이 책에서는 그러한 규약을 따르지 않도록 하겠다. 이는 특히나 소위 '접두사'들과 관련해서는 더욱 그렇다. 예를 들어, 다음에 나오는 단어들에서 밑줄 쳐진 부분들을 접두사로 다루는 책들을 보게 될 지도 모른다: *award, surprise, proposal, forget, obtain, admit, intend, compel*. 이 접두사들 중 몇 개는 게르만어에서 유래한 것이고, 다른 접두사들은 라틴어에서 유래한 것이다. 하지만, 만약 우리가 현대 영어의 기술에 관심이 있다면, 그러한 접두사의 분리가 영어사용자들에게 실재하는 것이라고 생각하는 것은 불가능하진 않겠지만 매우 어려운 일이다. 그 이유는 접두사가 아닌 부분들, 즉, (a)***ward***, (sur)***prise*** 등이 존재하는 어근(roots)으로 다루어지지 않기 때문이다. 따라서, 이 책에서는 이러한 형태들을 하나의 형태소로 다룰 것이다.

우리가 영어 강세를 설명하기에 앞서, 강세가 올 수 있는 음절들의 조건에 대해 기억할 필요가 있다. 제6장에서 지적했듯이, 음절 무게(syllable weight)는 강세 할당에서 중요한 요인으로 작용한다. 이는 무거운 음절(heavy syllable)이 강세를 유인하기 때문이다. 음절의 무게는 음절의 라임 구조(rhyme structure; 운모 구조)에 의해서 결정된다. 만약에 라임이 가지치기를 하지 않는다면 (non-branching) 즉, 짧은 모음만 있고 종성이 없다면, 이 음절은 가볍다. 반면, 만약에 라임이 가지를 친다면, 다시 말해, 슈와 [ə]를 제외한 다른 짧은 모음 다음에 간단하건 복잡하건 간에 종성이 따라 나온다거나, 혹은 긴 모음이나 이중 모음이 오면, 다음에 종성이 뒤따라 나오거나 그렇지 않건 간에 이 음절은 무겁다. 여기서 [ə]는 무게가 없고 강세를 지니지 않는다는 점을 상기하기 바란다. 다음과 같은 용어를 정의하는 것 또한 강세에 대한 기술을 매우 용이하게 한다: *ult* (마지막 음절), penult (ult 앞의 음절), antepenult (penult 앞의 음절). 이 용어들은 단어에서 음절의 위치를 나타내는데 사용될 것이다. 다음에 나오는 probability라는 단어를 사용해 이 용어들이 쓰인 예를 보도록 하겠다.

[pɹɑ.bə.bɪ.	lə.	ti]
ante-penult	*penult*	*ult*

7.2 명사와 형용사의 강세

명사와 형용사의 강세 유형사이에는 공통점이 충분히 많아서, 이 둘을 하나의 그룹으로 묶을 수 있다. 이음절단어(disyllabics)에서, 기정 강세(default stress)는 마지막 음절 앞의 음절(penult)이다. Hammond (1999: 194)에서 보고한 20,000개의 단형태 단어(monomorphemic word) 샘플에서, 두 음절로 된 단어와 형용사 모두 80%이상 penult 강세를 나타내었다. 정확히 말해서, 81.7% (즉, 3,652개 중 2,986)의 명사와 81%의 이음절로 된 형용사(1,294개 중 1,047개)가 이 유형을 따랐다. 아래에 두 범주에서 선택한 예를 제시하였다.

Noun	**Adjective**
ágent	ábsent
bálance	árid
bállad	cómmon
bóttom	flúent
bóttle	áctive
cábbage	éarly
cárrot	próper
chíckent	pérfect
cóokie	sólid
cóuntry	hónest
émpire	réady
dímple	súdden
fáther	búsy
húsband	ámple
spínach	vúlgar
zípper	yéllow

penult 규칙에 예외가 되는 단어들은 크게 두 부류로 나눌 수 있다. 첫 번째 부류는 무게 없는 즉, 강세가 올 수 없는 penult를 포함하고 있는 예들이다. 즉, penult에 [ə]를 음절핵으로 가지고 있기 때문에, 기정 규칙에 의해(by default) 마지막 음절(ult)에 강세가 오는 경우이다. 이러한 이유로 인해, 이들은 예외로 간주된다.

Noun	**Adjective**
apéal	banál
ballóon	corrúpt
canóe	corréct
Brazíl	precíse
canál	divíne
gazélle	alíve
giréffe	compléte
Japán	inténse
Tibét	seréne
machíne	secúre
paráde	sincére

두 번째 부류는 진정한 예외가 되는 단어들이다. 그 이유는 이 부류에 있는 단어들은 그들이 가지가 쳐지는 라임을 가지고 있으며 penult에 강세가 올수 있음에도 불구하고, 마지막 음절(ult)에 강세가 오기 때둔이다.

typhóon	mundáne
sardíne	obscúre
shampóo	okáy
antíque	robúst
Julý	obscéne

삼음절 혹은 그 이상되는 단어에서, 우리는 다음과 같이 공식화할 수 있다: 만약 강세를 줄 수만 있다면, 즉, 무겁고 가지치기를 하는 라임 (heavy/branching)를 가지고 있다면, 어말에서 두 번째 음절(penult)에 강세를 할당하라; 만약 강세를 줄 수 없다면, 그 다음으로 왼쪽에 나타나는 중음절(heavy syllable)에 강세를 할당하라.

우리는 다음과 같은 예들을 들 수 있다.

삼음절 단어		삼음절 이상 단어
Tomáto	ábdomen	barracúda
aróma	álgebra	aspáragus
diplóma	ánimal	apócalypse
horízon	búffalo	basílica
compúter	cómedy	thermómeter
bonánza	vítamin	harmónica
diréctor	áccident	expériment
agénda	África	astrónomy
Decémber	pólicy	cémetery
enígma	órigin	hippopótamus

가장 왼쪽 행에 있는 단어들은 penult에 강세가 온다. 그 이유는 그 penult음절이 강세를 받을 수 있는 조건을 만족시키기 때문이다. 즉, 처음 다섯 단어는 장모음 혹은 이중 모음을 음절의 핵으로 가지고 있고, 나머지 네 개의 단어는 닫힌 rhyme을 가지는 중음절(heavy syllable)이기 때문이다. 두 번째 행에 있는 세음절로 된 단어들(trisyllabic words)은 강세가 antepenultimate에 떨어진다. 그 이유는 penult의 음절들이 모두 슈와(schwa)를 음절핵으로 가지고 있어서 강세를 받을 수 없기 때문이다. 가장 오른쪽에 있는 단어들은 3개 이상의 음절을 가지고 있는 단어들이다. 하지만, 강세규칙은 똑같다. 첫 번째 단어 barracuda는 어말 두 번째 음절(penult)에 강세가 오는데, 이는 그 음절이 강세를 받을 수 있는 음절 [u]를 포함하고

있기 때문이다. 나머지 단어들은 4음절로 된 단어가 7개이고 마지막 단어는 5음절로 된 단어이다. 이 단어들은 모두 penult에 schwa가 핵이 되어 강세가 올 수 없는 음절이다. 따라서, 이 단어들은 왼쪽에 있는 끝에서 세 번째 음절(antepenultimate)에 강세가 온다. 이러한 유형의 빈도수와 관련하여, Hammond는 이 규칙성이 명사의 90% 이상을 설명할 수 있다고 한다. 즉, 42% 혹은 2,074개 삼음절 단어 중 859개가 penult에 강세를 가지고, 49.5% 즉 2,074개 중 1,027개는 penult에 강세가 올 수 없어서 antepenult에 강세가 온다고 한다. 예외가 되는 것은 10%미만인데, 이 중 몇 개는 아래에 제시되어 있다.

clarinét
cavalíer
enginéer
kangaróo
chimpanzée
serenáde
gasolíne
cigarétte
magazíne
warrantée
mayonnáise

이 예들은 거의 대부분이 프랑스어에서 유래한 차용어들인데, 원래의 말미 강세를 유지하고 있다. 대부분의 이러한 단어들은 강세가 올 수 없는 penult를 가지고 있어서, 위에서 언급한 규칙에 의하면 강세는 ult가 아니라 antepenult에 올 것이라고 예측을 한다. 마지막에 열거된 4-5단어에 대해 여러 영어모국어 화자들이 이러한 경향을 보여주고 있다.

삼음절 단어에서 다른 종류의 예외들 몇 가지는 penult에 강세가 올 수 있음에도 불구하고, antepenult에 강세를 받는다. 이 예들은 다음과 같다:

álien
árduous
galáxy
mánia
périod

다른 단어들은 삼음절이거나 그 이상이 되는 단어들인데, 주의를 기울일 필요가 있다. 이 그룹에 속하는 단어들은, 지명(place names)을 나타내는 단어들이 상당히 많은 부분을 차지하는데, penult가 무겁지 않음에도 불구하고 강세를 받는다. 이 예들은 다음과 같다:

(a) Yokoháma	(b) Vendétta	(c) Calcútta	(d) Louisiána
Milwáukee	Viénna	Kentúcky	Montána
	Venezuéla		Indiána
			Seáttle

(a)-(d)에 단어들의 강세가 온 penult는 가지를 치는 rhyme을 가지고 있지 않다. Rhyme들은 각각 /ɑ/, /ɛ/, /ʌ/, 및 /æ/이다. 역시나 지명(place-names)이 대부분이긴 한데, 무겁지 않은(non-heavy) 음절인 penult에 강세를 가지고 있는 단어들도 있다.

(e) Morócco	(f) Cincinnáti
Osáka	Havána
Chicágo	Carácas
Guatemála	Tallahássee
Granáda	Savánnah
	Alabáma

(e)-(f)에 제시된 단어들의 penult는 heavy syllable을 구성하지 않지만, 그럼에도 불구하고 강세가 있다. 하지만, 이러한 단어들은 (a)-(d)에서 관찰했던 규칙을 위반하는 단어들과는 다소 다르다. 왜냐 하면, (e)-(f)의 단어들은 penult의 왼쪽에 어떤 다른 무거운 음절도 가지고 있지 않기 때문이다. 이들은 모두 [ə] 핵을 가지고 있다. 다시 말해, 기정 규칙으로 강세가 penult에 오게 된 것이다.

삼음절로 된 형용사들은 수적인 면에서 훨씬 적기는 하지만 삼음절로 된 명사의 규칙과 유사한 규칙을 가지고 있다. Hammond는 90%의 삼음절 형용사가 예측된 방향과 일치한다. 75.3% (666개 중 502)는 penult stress를 가지고 있고, 15%(666 중 100)는 강세가 올 수 없는 penult 때문에 antepenult에 강세가 오게 된다.

7.3 동사 강세

만약 명사와 형용사들이 그 중심에 penult를 가지고 있다면, 동사는 마지막에 초점을 가지고 있다. 일반적인 경향은 다음과 같다: 만약 무거우면(즉 가지치는 라임을 가지고 있으면), 마지막 음절에 강세를 주어라. 만약 그렇지 않으면, 왼쪽에 있는 무거운 음절에 강세를 주어라. 다음의 예를 보도록 하자:

무거운 어말 강세 단어들	어말 비강세로 인한 **penult** 강세 단어들
achíeve	bálance
admít	blóssom
agrée	bóther
annoúnce	dístance
confíne	fúrnish
digést	hárvest
inténd	púnish

interfére	fígure
impórt	súrface
predíct	vísit
replý	díffer

위의 일반화를 가지고, 우리는 이음절단어(disyllabic word)의 강세를 99% 이상 설명할 수 있다. (Hammond는 47.6% (2,072개 중 987)가 무거운 어말 강세(heavy ult stressed)를 가지고 있고, 52.3% (2,072개 중 1085)는 ult가 강세를 받을 수 없는 환경에 있기 때문에 penult에 강세가 온다고 보고한다. 이러한 경향에서 예외가 되는 단어들은 다음에 예시되어 있다. 여기서 penult에 강세가 오는데, 이는 동사가 heavy ult를 가지고 있음에도 불구하고 그렇다.

cópy
díagram
wórry
árgue
réscue
stúdy
énvy

삼음절동사(trisyllabic verbs)는 그다지 많지 않다. 하지만, 삼음절 동사들도 위에서 언급한 규칙을 적용해 강세를 일반적으로 예측할 수 있다. Hammond의 데이터는 다음과 같은 분포를 보여준다. 39.5%(378개 중 151)는 마지막 음절에 강세(ult-stressed)가 온다. 40%(378개 중 157개)는 강세가 올 수 없는 마지막 음절(unstressable ult)때문에 마지막에서 두 번째 음절(**penu**lt)에 강세가 온다. 18.5%(378개 중 70개)는 강세가 올수 없는 ult와 penult 때문에 antepenult에 강세가 온다.

이 절을 끝맺기 전에, 영어는 십여 개의 철자상으로는 동일한 단어 쌍이 있는데, 이 단어짝들이 명사(penult stress)와 동사(ult stress)에 따라 강세가 달라진다는 것을 언급할 필요가 있다. 다음은 그 예들이다.

abstract	compress	conduct
address	conflict	contrast
ally	discharge	extract
combat	implant	increase
convict	project	refund
export	suspect	progress
import	rebel	transfer
insert	subject	reject
insult	retard	escort
permit	protest	refuse

비록 명사-동사 이동(noun-verb shift)이 <u>import</u>, <u>insult</u>같은 몇몇 단어에서는 강세 음절의 이동에 의해서만 달성되지만, 많은 다른 단어에서는 강세 차이는 무강세 음절의 모음약화(vowel reduction)도 함께 동반한다. 따라서 이러한 명사-동사 짝들은 비록 철자가 같지만(homographs), 소리가 같지는 (homophonous) 않다. 예를 들어

abstract	N [ǽbstɹækt]	V [əbstɹǽkt]
convict	N [kάnvɪkt]	V [kənvíkt]
protest	N [pɹótɛst]	V [pɹətɛ́st]
refuse	N [ɹɛ́fjus]	V [ɹəfjúz]

하지만, 명사와 동사를 동시에 품사로 가지는 이음절 단어라고 다 이러한 강세-전환 규칙(stress-switch rule)을 가지는 것은 아니다. 어떤 이음절 단어들은 명사든

동사든 상관없이 penult에 강세를 가지며 (예, sílence, tríumph, hárvest, prómise), 어떤 이음절 단어들은 ult에 강세를 가진다(예, surpríse, deláy, resúlt).

마지막으로 완전히 동일한 단어(즉, 글자 배열도 같고 품사도 같은 단어)가 특정한 문맥적 의미에 의해서 조정을 받아 강세를 다른 위치에 가지는 경우를 언급할 필요가 있다. "defense"라는 단어는 스포츠와 관련된 의미로 사용이 될 때는 penult에 강세를 가지지만, 법률이나 군대와 관계된 의미(예, *The Department of **Defense***, *prosecution versus the **defense***, 등)로 사용될 때는 ult에 강세가 오게된다.

7.4 제 2강세

지금까지 우리의 논의는 주강세(primary stress) (혹은 '강한 강세(strong stress)')에 관한 것이었다. 영어의 소리 패턴을 기술하는 텍스트에서, 제2강세 음절(secondary stress syllable) 혹은 약한 강세 음절(lightly stressed syllable)에 대한 언급을 자주 보게된다. 이는 많은 단어, 특히 긴 단어에서 한 음절 이상에 탁립(prominence)이 있는 현상을 언급한다. 예를 들어, photography와 photographic이라는 단어를 보면, 우리는 서로 다른 유형을 보게 된다. 첫 번째 단어인 [fətɑgɹəfi]는 탁립된 음절이 끝에서 세 번째 음절(antepenult syllable)에 하나가 있는 반면, 첫 번째 단어와 형태론적으로 관련이 있는 두 번째 단어인 [fotəgɹæfɪk]에서는 두드러진 음절이 두 군데 즉, 끝에서 네 번째 음절과 끝에서 두 번째 (pre-antepenult 와 penult) 음절에 (다시 말해, 어두에서 첫 번째 음절과 세 번째 음절에) 있다. 한 단어에서 두드러진 음절(prominent syllable)이 하나 이상 있을때, 우리는 제2강세(secondary stress)를 도입하게 된다. 이러한 경우를 photographic이라는 단어의 첫 번째 음절을 통해서 예를 든 것이다.

Ladefoged (2001a)의 강세 유형의 설명에 부합해서, 이 책은 주강세(primary stress)와 부강세(secondary stress)의 차이를 강세(stress)라기 보다는 피치(pitch)의

차이로 취급하겠다. 다시 말해서, (주강세와 부강세를 가진) 두 음절은 두드러짐 (prominence)을 가지고 있고, 이 두 음절의 차이는 피치 유형(pitch pattern)을 부여 (superimpose)함으로써 나타나게 된다는 것이다. 일반적으로 주강세(primary stress) 라고 알려진 음절이 주요 피치 변화(major pitch change)를 동반하는 음절이다.

따라서, photographic의 첫째 음절과 셋째 음절 모두 두드러짐을 가지긴 하지만, 세 번째 음절에 주요 피치 변화가 있으면, 이를 성조 액센트(**tonic accent**)라고 부른다. 따라서, 우리는 영어의 강세와 관련해 다음과 같이 진술할 수 있다. (a) 영어 음절은 강세가 있던지(+stress) 강세가 없다(-stress); (b) 만약 단어에 두드러진 음절이 단지 하나만 있다면, 그 음절은 반드시 강세 음절(stressed syllable) 이고, 성조 액센트(tonic accent)를 가진다. 반면, 만약이 두드러진 혹은 강세를 가진 음절이 하나 이상이면, 강세를 가진 음절 중 하나만 주요 피치 변화를 동반한 성조 액센트(tonic accent)를 가진 것이다; 그리고 (c) 강세를 가진 음절은 필연적으로 온모음 (full vowel)을 가지고 있다. 강세 음절에서는 모음 약화(vowel reduction)가 일어나지 않는다. 따라서, 모음 약화는 비강세 음절에 대해서만 관계가 있는 문제이다.

우리는 다음 도표를 통해 이러한 의존관계를 예시할 수 있다.

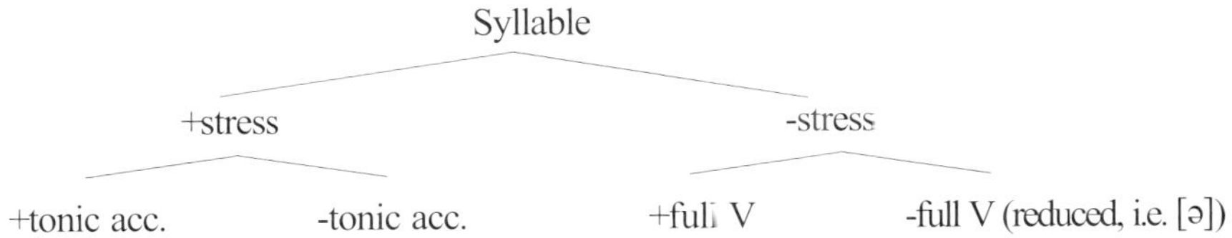

따라서, 우리는 영어 음절에 대해 다음과 같은 가능성들을 조합해 볼 수 있다.

주강세 (primary stressed syllable): +stress +tonic accent, +full V

제2강세 (secondary stressed syllable): +stress, -tonic accent, +full V

비강세 (unstressed syllable): -stress, -tonic accent, +/-full V

다음의 두 단어를 살펴보도록 하자.

	[fə . tɑ . gɹə . fi]				[fo . tə . gɹæ . fɪk]			
Stress	-	+	-	-	+	-	+	-
Tonic accent	-	+	-	-	-	-	+	-
Full V	-	+	-	+	+	-	+	-

photography에서, 우리는 두드러진 음절을 하나 가지고 있다. 이 음절은 필연적으로 성조액센트(tonic accent)를 지닌다. 이것이 강세 음절이기 때문에, 이 음절은 또한 완전한 모음(full vowel)을 가진다. 나머지 세 개의 비강세 음절에서, 단지 마지막 것만 온모음(full vowel)을 가지고 있고, 다른 음절들은 축약 모음(reduced vowel)을 가지고 있다. 두 번째 단어 photographic에서는 두드러진 음절을 두 개 가지고 있는데, 이 둘 중 두 번째 것이 주요 피치 변화 즉 tonic stress를 지니고 있다. Ladefoged가 제안한 대로, 이 체계는 전통적인 수 체계(numerical system)로 쉽게 전환될 수 있다. 세 개의 +를 가진 음절은 1을 가지고, 두 개의 +를 가진 음절은 2를, 그리고 1개의 +를 가진 음절은 3을 가진다. 그리고 +가 없는 음절은 4를 가진다. 따라서 photography에 대해 수치를 사용한 강세 표시는 4 1 4 3이 되고 photographic에 대해 수치를 사용한 강세 표시는 2 4 1 4가 된다.

주강세를 가진 음절, 즉 tonic stress를 가진 음절을 파악하는 것에는 문제가 없는 학생들 중 일부는 제2강세를 가진 음절을 파악하는데 어려움을 겪는 경우가 있다. 다음의 일반화는 제2강세를 찾아내는데 도움이 될 것이다.

(a) 영어 단어에서 약화된 모음이 가장 많이 연속해서 나와봐야 기껏해야 2개를 넘지는 않는다.

(b) 온모음은 다음의 경우가 아니라면 일반적으로 강세를 가진다.

- 온모음이 어말의 개방 음절(final open syllable)이다.
- 단어에 두드러진 음절이 이미 두 개 이상있다.
- 온모음 /i, o, u/가 [ə]와 교체하는 경우이다. (4.9절 참고)

(c) 일반적으로, 제2강세는 주강세 앞에 온다. 즉 주요 피치 변화는 가장 마지막의 강세 음절에 오는 경향이 있다.

만약 주강세 앞에 음절이 하나만 있다면, 이 음절은 일반적으로 비강세음절이다. 그 이유는 두 개의 강세 음절을 연이어서 놓는 것을 피하기 위해서이다(예, divinity [də.ví.nə.ti], urbanity [əɹ̩.bǽ.nə.tɪ]). 하지만, 예외들도 있다(예, martini [mɑ̀ɹ̩.tí.ni], rhinoceros[ɹ̩àɪnɑ́s(ə)ɹ̩əs]). 그리고 cucumber [kjú.kʌ̀m.bəɹ̩])와 hierarchy [haí(ə)ɹ̩ɑ̀ɹ̩ki]에서와 같이, 주강세가 제2강세 바로 앞에 오는 단어들도 주목할 만한다.

주 강세 앞에 음절이 두 개 이상 있을 때, 제2강세는 온모음이 있는지 없는 지에 따라 주강세보다 2음절 혹은 3음절 앞에 위치할 것이다(예, gratification [gɹ̩æ̀.tə.fə.kéɪ.ʃən], bibliography [bì.bli.ɑ́.gɹ̩ə.fi]).

지금까지 살펴본 것을 토대로 다음과 같이 pronunciation을 분석할 수 있다.

	[pɹ̩ə . nʌn . si . e . ʃən]				
Stress	-	+	-	+	-
Tonic accent	-	-	-	+	-
Full V	-	+	+	+	-

두 번째와 네 번째 음절이 두드러진 음절들이고 +stress 값을 받고, 결과적으로 +full V값도 가지게 된다. 다른 음절들은 -stress값을 가진다. 네 번째 음절은 이 외에도 주요피치변화를 동반하는 음절이므로 +tonic stress를 가지게 된다. 다른 음절들은 -tonic stress이다. -stress를 가진 음절들 중 첫째와 마지막 음절은 축약 모음 [ə]을 가지고 있고, full V에 대해 -값을 가진다. 반면에 세 번째 음절은 /i/를 가지고 있기 때문에 -stress이지만, +full V를 가진다. 이 단어는 여러가지 면에서 꽤 전형적인 형태를 보여준다: 5음절로 된 긴 단어이고 두 개의 두드러진 음절이 있다. 주강세와 제2강세가 서로 인접해있지 않다. 첫 번째 음절은 비록 축약되지 않은 온모음(full vowel)으로 발화된다고 하더라도, [ə]와 교체를 하기 때문에 제2강세로서

의 자격을 가지고 있지 않다. 음절 수가 네 개 이상되는 긴 단어(long words) 중 몇 개에서는 제2강세가 두 음절에 나타날 수도 있다(예, Afghanistan [æ̀f.gǽ.nə.stæ̀n], reconciliation [ɹɛ̀.kən.sì.li.éɪ.ʃən], excommunicate [ɛ̀k.skə.mjú.nə.kèɪt], expugnatory [ɛ̀k.spʌ́g.nə.tɔ̀.ɹi]).

마지막으로, 제2강세와 관련해 다른 무리의 단어들에 대한 언급을 할 필요가 있다. 일반적으로 제2강세를 삼음절 이상되는 긴 단어에서 볼 수 있는데, 몇몇 2음절 단어(disyllabic words)들은 두 음절 모두 강세를 가진다. 아래에서 보듯이, 모든 논리적으로 가능한 조합들을 엿볼 수 있다.

제1강세–제2강세 **(post-tonic** 제2강세**)**:

cráyòn, cýclòne, fránchìse, émpìre, áspèct, áccènt, éncòre, ássèt, hýgìene

제2강세–제1강세 **(pre-tonic** 제2강세**)**:

bàmbóo, sàrdíne, hòtél, tỳphóon, tàbóo, tràpéze, sùpréme, ràccóon, gòurmét

7.5 접사

강세의 기본적인 규칙이 다소 깔끔하지 않고 예외로 가득한 것처럼 보인다면, 접사를 수반하는 경우의 강세 규칙들은 쉽사리 단일형태 어근을 가려버려 그 형태를 더욱 인식하기 힘들게 만든다고 말할 수 있다. 접두사를 더하는 것은 단어 강세를 변하게 하지 않기 때문에, 접미사들이 단어 강세에 미치는 다양한 변화에 대해서만 논의할 것이다. 강세와 관련하여 접미사를 다음과 같이 분류할 수 있다.

(a) 강세를 지니는(유인하는) 접미사들 (stress-bearing (attracting) suffixes);
(b) 강세를 변경시키는(고정시키는) 접미사들(stress-shifting (fixing) suffixes);

(c) 강세 중립적인 접미사들 (stress-neutral suffixes).

어근에 더해졌을 때, 그룹 (a)와 (b)사이의 공통된 특징은 그들이 강세의 위치를 원래의 위치에서 바꾼다는 것이다. 강세를 지니는(stress-bearing) 접미사들은 자신들에게로 강세를 끌어당기는 한편, 강세를 변경시키는(stress-shift) 접미사들은 강세를 다른 음절로 이동시킨다. 그룹 (b)와 (c)는 강세를 지니지 않는다는 공통된 특징을 가지고 있다.

7.5.1 강세를 지니는(유인하는) 접미사들

위에서 진술한 바와 같이, 이 접미사들은 강세를 유인한다. 아래는 몇 가지 자주 사용되는 파생 접미사들이다:

-ade	lémon – lemonáde
-aire	míllion – millionaíre
-ation	réalize – realizátion
-ee	ábsent – absentée (예외: commíttee)
-eer	móuntain – mountainéer
-ese	Japán – Japanése
-esque	pícture – picturésque
-ette	kítchen – kitchenétte
-itis	lárynx – laryngítis
-ific	hónor – honoríﬁc

예상컨대, 이 강세를 지니는 접미사들은 항상 중음절(heavy syllable)로 구성되어 있다. 위의 접미사가 붙은 단어들을 동일하게/유사하게 보이는 *brigade*, *jamboree*, *grotesque*, *brunette* 등과 같은 단일형태소(monomorphemic) 단어들과 혼동해서는 안된다.

7.5.2 강세중화 접미사들

이 접미사들은 어근에 붙은 결과로 나타나는 단어의 강세 유형에 어떠한 차이도 가져오지 않는다. 그러나 접미사는 8개의 굴절 접미사들 모두 (복수형; 소유격; 3인칭 단수 현재 시제 –s; 진행의 –ing; 과거의 –ed; 과거 분사의 –en/-ed; 비교의 –er; 그리고 최상급을 나타내는 –est), 그리고 여러 파생 접미사를 포함한다.

-al	arríve – arríval
-ant	ascénd – ascéndant
-cy	célibate – célibacy
-dom	frée – fréedom
-er	pláy – pláyer
-ess	líon – líoness
-ful	gráce – gráceful
-hood	nátion – nátionhood
-ish	gréen – gréenish
-ism	álcohol – álcoholism
-ist	húman – húmanist
-ive	submít – submíssive
-ize	spécial – spécialize
-less	bóttom – bóttomless
-ly	fríend – fríendly
-ment	ainénd – améndment
-ness	fránk – fránkness
-ship	fríend – fríendship
-some	búrden – búrdensome
-wise	clóck – clóckwise
-th	grów – grówth
-ty	cértain – cértainty
-y	sílk – sílky

마지막 항목, 즉 형용사를 형성하는 접미사 –y가 명사를 형성하는 –y와 동일한 방식으로 취급되어서는 안된다는 점을 지적하고자 한다. 명사를 형성하는 –y는 homophone – homophony, photograph – photography 등에서와 같이 어말에서 세 번째 음절(antepenultimate)로 강세를 이동시킨다.

위에 열거한 접미사들이 일반적으로는 강세의 위치를 바꾸지는 않는다. 하지만, 여러 무강세 음절들이 강세의 오른쪽에 쌓이게 될 때, 우리는 강세가 어말에서 세 번째 음절로 이동하는 것을 볼 수 있다:

móment – mómentary *but* momentárily

7.5.3 강세-바꾸는 (고정시키는) 접미사들

많은 파생 접미사들은 어근에 붙을 때 강세를 원래의 위치에서 접미사 바로 앞의 음절로 이동시킨다. 이러한 무리에 속하는 접미사로 흔히 발견되는 예들이 아래에 일부 열거되어 있다:

-ean	Áristotle – Aristotélian
-ial	súbstance – substántial
-ian	líbrary – librárian
-ical	geómetry – geométrical
-icide	ínsect – insécticide
-ic	périod – periódic (예외: Árabic, lúnatic)
-ify	pérson – persónify
-ious	lábor – labórious
-ity	húmid – humídity
-ometer	spéed – speedómeter
-ual	cóntext – contéxtual
-ous	móment – moméntous
-y	hómonym – homónymy

만약 원래의 강세가 어근의 마지막 음절 (즉 접미사 바로 앞의 음절)에 있다면, 원래 있어야 하는 곳에 이미 있기 때문에 강세 위치에 어떤 변화도 없을 것이라는 것을 지적할 필요가 있다(예, divérse – divérsify, absúrd – absúrdity, obése – obésity).

접미사 바로 앞의 음절이 무겁다면 (즉 가지가 있는 라임(branching rime)을 가지고 있다면) 그 곳에 강세를 두는 접미사들도 여럿 있다. refusal, recital, accidental에서 접미사 –al이 이러한 현상의 예이다. 강세는 접미사 바로 앞의 음절에 떨어지는데, 그 이유는 이 음절이 (각각 장모음, 이중모음, 그리고 폐음절로서) 무겁기 때문이다. 하지만 해당 음절이 무겁지 않다면, 강세는 왼쪽으로 한 음절 더 이동을 한다(예, séasonal, práctical). 동일한 현상을 한편은 emérgency와 consístency같은, 다른 한편으로는 présidency와 cómpetency같은 접미사 –ency에서 관찰할 수 있다. 앞의 두 단어에서는 강세가 접미사 바로 앞의 음절(폐음절)에 오는 한편, 끝의 두 단어에서는 접미사 앞의 음절이 가볍기 때문에 왼쪽으로 한 음절 더 이동한 위치에서 강세를 받는다.

다른 접미사 유형에서 변동하는 것처럼 보이는 접사들이 있다는 것을 지적할 만한 가치가 있는데, -able이 좋은 예이다. 이 접미사는 대부분의 경우에 quéstion – quéstionable, adóre – adórable, mánage – mánageable와 같이 강세-중립형 접미사처럼 행동을 한다. 하지만, 끝에 강세를 지닌 여러 이음절(disyllabic) 어간에서, 강세가 한 음절 왼쪽으로 (즉, 어간의 첫음절로) 이동해서, admíre – ádmirable [ǽdm(ə)ɹ̣əbl], compáre – cómparable [kɑ́mp(ə)ɹ̣əbl], prefér – préferable [pɹ̣ɛ́f(ə)ɹ̣əbl]와 같은 예를 나타낸다. (하지만, 예를 들어, comparable [kəmpɛɹ̣́əbl], admirable [ædmáɪɹ̣əbl], preferable [pɹ̣ifɛ́ɹ̣əbl]처럼 최근에는 강세-중립적인 행동을 보인다는 것을 유의하라.) 문제를 더 복잡하게 만들면, -able은 강세를 한 음절 오른쪽으로 변경시킬 수도 있는데, 그 예는 démonstrate – demónstrable에서 찾아 볼 수 있다.

또 다른 흥미로운 경우는 –ive 접미사이다. 단음절 어근에 붙었을 때, 강세는 áct – áctive에서 예상하는 바와 같이 어근에 붙는다(-ive는 강세를 지닐 수 없다). 하지만, 세 음절 이상의 단어에서, 강세는 접두사 앞의 음절에 떨어지거나 (예, decísive, offénsive), 왼쪽으로 한 음절 더 이동하거나 (예, négative, sédative), 혹은 심지어 한 음절 더 왼쪽으로 이동 (예, génerative, méditative)하는 것을 볼 수 있다. decisive, offensive 등과 같은 경우 어근(root) 앞에 접두사가 온다고 기술을 함으로써 다른 예들과 분리시키려는 시도가 있었다. 그러한 설명은 통시적으로는 정당화될 수 있을 지 모르지만, 공시적인 입장에서는 매우 의심스러운 시도이며, 여기서는 그러한 설명을 따르지 않을 것이다.

우리는 또한 분류가 굴절 및 파생 접미사의 형태론적 분류와는 아무 상관이 없다는 것을 지적하고자 한다. 다음 여덟 가지의 굴절 접미사는 강세에 어떠한 영향도 끼치지 않는 반면 (다시 말해, 이러한 접미사를 붙이는 것이 강세의 위치에 변화를 가져오는 것은 아니다), 파생 접미사는 그러한 예측성(predictability)이 없다.

-s (third per. sing. present)	"she look**s** here"	(cf. "you look here")
-s (plural)	"two cat**s**"	(cf. "one cat")
-s (possessive)	"cat's tail"	(cf. "a cat tail")
-ed (past tense)	"she look**ed** here"	(cf. "you look here")
-en, -ed (past participle)	"she has eat**en**"	(cf. "eat your food")
-ing (progressive)	"she is eat**ing**"	(cf. "eat your food")
-er (comparative)	"she is short**er** than you"	(cf. "a short book")
-est (superlative)	"she is the short**est**"	(cf. "a short book")

우리가 위의 여러 예에서 봤듯이, 파생접미사는 강세에 중립적으로 있을 수도 (예, bottom–bottomless [bɑ́ɾəm]–[bɑ́ɾəmləs]), 강세를 이동시킬 수도(예, geography–geographic [dʒiɑ́gɹəfi]–[dʒiəgɹǽfək]), 아니면 자신이 강세를 지닐 수도(예, lemon – lemonade [lɛ́mən] – [lɛmənéd]) 있다.

7.6 합성어의 강세

합성어는 하나의 어근 형태소(root morpheme) 이상으로 구성되어 있고, 대부분은 두 개의 자유형태소(free morphemes)로 구성되어 있다. 합성어는 통사적 및 의미적 관점에서는 단일어(single word)처럼 기능을 한다. 문어에서의 일반적 관행은 일관적이지 않다; 합성어는 blueprint (청사진)와 같이 단일어(single word)로 쓰여 있기도 하고, fail-safe(안전보장 장치의)와 같이 사이에 하이픈(hyphen)을 넣어 적기도 하고, flower girl (꽃 파는 소녀 혹은 결혼식에 꽃을 들고가는 신부의 들러리 소녀)로 사이에 빈칸(space)을 넣어 적기도 한다. 이 세 방식 중 어떤 것을 선택해야하는 가에 대한 일관성있는 규칙은 없지만, 주강세(**primary stress**)가 처음에 오는 합성어의 경우는 한 단어로 쓰거나 사이에 하이픈을 넣어 쓰는 경향이 있다. 반대로 주강세가 두 번째 단어에 오는 합성어의 경우는 사이에 빈칸을 넣는 경향이 있다.

명사 합성어(**Noun compounds**)

명사처럼 기능을 하는 합성어는 가장 빈번한 유형의 합성어로서, 모든 합성어의 90%를 차지한다. 이 범주에서, 가장 일반적인 형식은 '명사+명사'(noun+noun)이다. 예를 들어, phónecard, mátchbox, téapot, póstman이 이에 해당된다. 다른 명사 합성어는 다음의 조합 중 하나에 해당된다.

"형용사 + 명사(adjective+noun)" (예, whíte house)
"동사 + 명사(verb+noun)" (예, stóp watch)
"분사/부사+명사(particle/adverb + noun)" (예, óverdose, únderwear)

모든 명사 합성어들은 첫 요소에 강세를 받는다. 이 규칙에 예외가 되는 것은 항상 지명이나 이름이 연루되어 있다(예, Lake **É**rie, Mount **Sí**nai, Great **Brí**tain).

형용사 합성어(Adjective compounds)

명사 합성어와 같이 형용사 합성어도 강세는 첫 성분에 온다. 우리는 다음과 같은 조합을 찾을 수 있다.

"명사+형용사"	(예, nátionwide, séasick, bédridden)
"형용사+형용사"	(예, réd hot)
"전치사+형용사"	(예, óverripe)

동사 합성어 (Verb compounds)

다음의 조합들이 동사와 같은 역할을 하는 합성어에 해당한다.

"명사+동사"	(예, báby-sit, spóon-feed, cár wash)
"형용사+동사"	(예, drý-clean)
"동사 + 동사"	(예, dróp-kick)
"분사/부사+동사"	(예, undertáke, oversléep)

처음 세 조합들의 강세 유형이 처음에 강세가 오지만, 마지막 유형에서는 두 번째에 강세가 온다.

둘 이상의 자유형태소로 구성된 합성어는 항상 처음에 강세가 온다(예, flý-by-night, forgét-me-not, jáck-in-the-box, móther-in-law).

(a) "noun + noun" "assémbly line woker"

N N

noun

(b) "adjective + noun" "hígh school student"

adj. N

noun

(c) "verb + noun"　　"píck up truck"

V　　N

noun

복합 합성어(Complex compounds)

이 합성어들은 명사 합성어를 다른 명사와 결합함으로써 형성을 하는데, 강세가 처음에 온다.

복합 합성어는 그 자체가 명사를 결합하여 더 긴 복합 합성어를 형성할 수 있는데, 이러한 경우에도 강세는 처음에 계속해서 나타난다(예, **Hígh** school student essay, **assémbly** line worker dispute).

7.7 미국영어와 영국영어의 차이점

미국영어(AmE)와 영국영어(BE)에서 강세를 서로 다르게 받는 단어들이 여럿 있는데, 이는 몇 가지 그룹으로 나누어 볼 수 있다.

(a) 첫 번째 그룹은 프랑스 어원의 이음절 명사로 구성되어 있다. 이 단어들은 미국영어에서는 마지막 음절에 강세를 받지만, 영국영어에서는 첫 음절(단어의 끝에서 두 번째 음절(penult))에서 강세를 받는다.

brochúre

ballét

café

chatéau

cliché

cornét

crochét

debrís

fillét

frontíer

garáge

plateáu

premíer

salón

soufflé

toupée

vermóuth

valét

(b) 또 다른 명사 그룹은 이와 완전히 반대이다(BE에서는 마지막 음절 강세, AmE에서는 첫음절 강세).

wéekend

pótluck

príncess

récess

résearch

áddress

ínquiry

móustache

길이가 더 길고 AmE에서는 첫 음절에 BE에서는 마지막 음절에 강세를 받는 명사들도 있다:

ártisan

Pórtuguese

cígarette

mágazine

cóntroversy (BE에서는 제2음절에 강세가 올 수 도 있음: "contróversy")

(c) -ate로 끝나는 이음절 동사는 일반적으로 AmE에서는 음절 초에, BE에서는 음절 말에 강세를 받는다.

cástrate

crémate

díctate

dónate

frústrate

gýrate

mígrate

púlsate

rótate

tránslate

stágnate

vácate

víbrate

phónate

lócate

mútate

하지만 confláte, creáte, debáte, defláte, eláte, reláte, abáte, infláte, negáte에서 AmE는 BE와 마찬가지로 마지막 음절에 강세를 두고 있다.

다음 두 그룹의 단어들은 한 가지를 공통점으로 가지고 있는데, 이는 한 변종의 영어에서는 제1강세 외에 제 2강세를 가지고 있는 반면, 다른 변종에서는 그 음절에 축약된 모음을 가지고 있다는 점에서 그렇다.

(d) [ɛɹ̩i] (철자로는 -ary/-ery)로 끝나는 형태와 [ɔɹ̩i] (철자로는 -ory)로 끝나는 형태들은 AmE에서는 끝에서 두 번째 음절에 제2강세를 받는 반면, BE에서는 동일한 음절에서 축약된 모음이 나타난다. 예를 들어, 단어 secondary는 AmE에서는 [sɛ́kəndὲɹ̩i]이고, BE에서는 [sɛ́kəndəɹ̩i]이다. 후자는 다시 축약된 모음을 생략하여 [sɛ́kəndɹ̩i]로 나타날 수도 있고, 따라서 음절의 수가 3개로 줄어든다. 다음의 목록은 그러한 단어들로 구성되어 있다.

nécessàry	cémetèry	állegòry
árbitràry	conféctionèry	cátegòry
díctionàry	dýsentèry	dórmitòry
Fébruàry	mónastèry	excúlpatòry
imáginàry	státionèry	mándatòry
líteràry		obsérvatòry
mílitàry		térritòry
órdinàry		*láboratòry
prímàry		prómissòry
sécretàry		inhíbitòry
témporàry		antícipatòry
*córollàry		refórmatòry
momentary		compénsatòry
légendàry		explóratòry
sédentàry		consérvatòry

córonàry
sanitary
vísionàry
mónetàry
contémporàry

* = 이 단어들은 제2강세가 없는 것 이외에도, BE에서 주강세를 (첫 번째 음절이 아니라) 두 번째 음절에 가지고 있다

하지만, alary, bravery, ivory, lottery, elementary, anniversary, documentary, complimentary, infirmary에서와 같이 만약 제1강세가 -ary/-ery/-ory 바로 앞에 있다면, AmE에서도 제2강세는 없는 것이 된다.

위의 목록과 유사한 패턴(AmE에서는 제2강세, BE에서는 축약 모음)이 –mony로 끝나는 단어에서도 찾아볼 수 있다.

ácrimòny	[ǽkɹ̩ɪmɔ̀ni] (AmE)	[ǽkɹ̩ɪməni] (BE)
álimòny		
céremòny		
mátrimòny		
téstimòny		

(e) 두 변종에서 차이를 보이는 마지막 그룹의 단어들은 (모두 –ile로 끝남) 정반대의 행동(즉, AmE에서는 축약된 모음, BE에서는 제2강세)을 보인다 :

ágile	[ǽdʒəl] (AmE)	[ǽdʒàɪl] (BE)
dócile		
fértile		

frágile

fútile

hostile

móbile

míssile

stérile

vérsatile

virile

하지만, <u>prófile</u>, <u>réptìle</u>, <u>sénìle</u>은 AmE와 BE 모두에서 [aɪ]에 제2강세가 있음.

위에서 언급한 AmE와 BE사이의 차이는 다른 변종들이 이 둘 사이에서 선택되어야 한다는 것을 의미하지는 않는다; 그들은 이 둘 중 하나를 복사하지 않고서 강세 유형에서 차이를 낼 수도 있을 것이다. 예를 들어, 인도 영어, 홍콩 영어, 그리고 싱가포르 영어에서는 -<u>ate</u>와 -<u>ize</u>로 끝나는 단어가 마지막 음절에 강세를 받는다. 따라서, <u>alternáte</u>, <u>educáte</u>, <u>homogeníze</u>, <u>terroríze</u> (Wells 1982)와 같이 발음된다. 한 음절 이상으로 된 단어에서의 비축약 모음과 비어두 강세는 인도 언어와 싱가포르 언어에서 찾아볼 수 있다(Wells 1982). 인도 영어에서는 접미사들이 강세를 받는 경향이 있고, 다른 변종에서는 축약되는 기능어들이 (예, <u>of</u> [əv]) 인도 영어에서는 축약되지 않는다(Trudgill & Hannah 2002). 카리브해와 아프리카 영어뿐만 아니라 하와이, 홍콩, 싱가포르, 인도에서 통용되는 영어에도 모음 축약이 더 적게 나타나는 일반적인 경향이 있다는 점도 주목할 만 한데, 이로 인해 이러한 변종의 영어에서는 좀 더 "음절-박자"에 가까운 리듬을 가져오게 된다.

7.8 억양

앞서 제1장에서, 우리는 억양을 구 혹은 문장 위에 나타나는 피치의 변이라고 정의했다. 억양 곡선은 성조 그룹(tone groups) 혹은 억양구(intonational phrases)로 기술될 수 있다. 성조 그룹은 문장에서 억양 곡선이 펼쳐져 있는 부분이다. 성조 그룹 내에서, 강세 음절 각자는 사소한 피치 증가가 있지만, 이 피치 증가가 더 현저한 음절이 하나 있다. 주요 피치 변화를 지니는 음절은 성조 음절(tonic syllable)이라고 부른다. 예를 들어, 다음의 문장에서:

(1) The 'boy gave the 'book to his *teacher

´로 표시된 요소들은 강세가 있지만, 주요 피치 증가는 teacher에 있는데, 이는 별표(* asterisk)로 표시되어 있다. 영어에서 일반적인 경우에 발화-초의 위치는 공유된 (혹은 구) 정보(shared (old) information)를 위한 자리이고 신정보(new information)는 발화-마지막 위치에 있기 때문에, 가장 평범한 유형의 문장은 강세를 가진 마지막 어휘 항목(명사, 동사, 형용사, 부사)에 성조 액센트(tonic accent)를 두는 것이다.

하지만, 이것은 단지 경향이라는 점을 주목해야 하는데, 이는 우리가 성조 액센트(tonic accent)가 앞으로 옮겨지는 경우를 쉽게 찾을 수 있기 때문이다.

(2a) He was somewhat *discouraged

(2b) He was *somewhat discouraged

(2b)에서 <u>somewhat</u> 위에 있는 성조 액센트는 강조(대립)의 결과이다. (3)에 예시되어 있듯이, 성조 액센트를 마지막 강세 어휘항목보다 앞에 놓는 경우가 모두 대립/강조와 관련된 것은 아니다.

(3) I have *a party to plan
*letters to write

성조 그룹이 통사적으로 정의된 단위라기보다는 정보의 단위라는 것을 알아 두는 것이 중요하다. 따라서, 화자가 자신의 발화를 형성하는 방식은 화자가 문장에서 중요한 점(들)이라고 여기는 것에 달려있다. (3)에서, 화자는 어휘 항목 party/letters를 가지고 있는데, 이 항목들이 보다 큰 중요성을 지니고 있다. 이와 마찬가지로, (4a)의 중화적인 표현은 (spinach(시금치)의 범주/특징에 관해 말하는 문맥으로서) 마지막 어휘 단어 vegetable에 성조강세를 할당할 것이다.

(4a) Spinach is a *vegetable

반면, 채소에 관한 논의에서 채소에 속하는데 알맞은 것이 무엇인지를 고려할 때에는 spinach에 성조 강세를 가져올 것 같다.

(4b) *Spinach is a vegetable

우리가 이 논의를 끝내기 전에, 마지막의 어휘 항목에 떨어지는 성조 어휘에의 예외가 되는 경우들을 몇 가지 더 언급하는 게 유용할 것 같다. 이 중 첫 번째는 주어가 인간이 아닌 자동사 혹은 자동사구를 가진 성조 그룹과 관련이 있다:

(5a) Our *town is on an upswing
(5b) The *bird flew away (cf.: the man *swore)

두 번째는 마지막 위치에 특정 유형의 부사들이 있는 경우이다. 문장 부사들(즉, 문장 전체를 수식하는 부사들)과 시간 부사들은 일반적으로 성조 강세를 취하지 않는다:

(6a) I don't watch *TV typically (cf. 대립: I don't watch TV *typically)

(6b) It wasn't a very nice *day unfortunately

지금까지 (1)-(6)에서 고려해 왔던 문장들은 모두 "하강 억양 곡선"의 예인데, 이는 종결(finality)을 표시하는 발화에 꽤 전형적이다. 하지만, "완전한" (혹은 "긴")과 "낮은" (혹은 "짧은") 하강을 구분하는 것이 유용할 지도 모른다. **완전 하강**(*full fall*)은 진술에서 명백한 종결이 있는 평서문(즉 더 이상 할 말이 없는 경우)에서는 무표적(unmarked)이다.

(7) I am leaving the house right now.

다음 유형은 감정의 이입정도(emotional involvement)를 표현할 때 흔히 사용된다.

(8) I'm so glad. (with genuine enthusiasm) (순수 열정으로)

하강 곡선은 또한 (what, which, where와 같은 wh-단어로 시작하는 의문문인) wh-의문문에서 전형적으로 사용된다.

(9) Which way did she go?

완전한 (혹은 "긴") 하강은 명확하고 착잡한 기분(definitive, involved mood)을 나타내는 반면, 짧은 (혹은 "낮은") 하강은 일반적으로 화자의 초연한(detached) 기분을 나타낸다. 이는 다소 중립적이고 형식적인 태도를 보인다.

(10) Whatever you say. (i.e. "I agree with it")

하강 곡선이 "종결" 혹은 "완결"을 나타낸다면, 상승 억양은 "비한정성(nondefiniteness)", "확신의 결여(lack of assurance)," 혹은 "미완(imcompletion)"을 나타낸다. 이 피치 유형은 수신인(addressee) 지향적이고, "상승"의 정도는 불확실성 혹은 미완의 정도와 맞아 떨어진다. 따라서, 우리는 이 유형을 다음과 같이 기술할 수 있다:

(a) "높은(high)" (혹은 "긴 (long)") 상승(rise), 혹은
(b) "낮은(low)" (or "짧은(short)") 상승(rise).

높은 (혹은 긴) 상승은 더 유표적인 패턴인데, 이는 당황(puzzlement) 혹은 불신(unbelieving)을 나타낸다:

- 예-아니오 의문문에서 (전형적인 순서이든 평서문의 순서이든):

(11a) Is this a joke?

(11b) This is a joke?

화자는 "당신이 무슨 말을 하는 지 아는게 확실합니까?"("are you sure you know what you are saying?")라고 묻거나 혹은 "이건 믿기 어려운데"("this is hard to believe.")라고 말하는 듯한 태도를 가진다.

반면에 낮은 상승은 보다 흔하며 다양한 상황에서 사용된다:

- 예-아니오 의문문에서 (전형적인 순서이든 평서문의 순서이든):

(12a) Has your uncle left already?

(12b) Your uncle has left already?

● 반향 의문문에서:

(13) Where will I work? I haven't thought of yet.

● 반복 의문문에서

(14) What are you doing? (I haven't heard you)

이 의문문이 (9)와는 다르다는 점에 주의하기 바란다. (9)의 의문문은 정보를 추구하는 의문문이다.

● 개방 선택 대안 의문문(open-choice alternative question)에서

(15) Would you like a paper or magazine? (something to read)

"폐쇄 선택" 대안에서의 하강 곡선을 주목하기 바란다.

Paper or magazine?

불확신을 나타내는 특정 부가 의문문에서

(16) She usually comes at ten, doesn't she?

상승 억양을 나타낸다. 하지만, 동의(agreement)라든지 확답(confirmation)을 위해 문장이 발화되었다면, 그 문장은 하강 곡선으로 끝날 것이다. 이 경우는 어떠한 대답을 원하는 것도 아니기 때문에, 이 발화는 수사적인 의문문(rhetorical question)이 된다.

마지막 항목 앞의 목록에 있는 항목들:

(17) I need to buy a shirt, a jacket, and a tie.

신정보(new information)를 제공할 준비가 되어있음을 표시하는 의문문

(18) Do you know when the first kindney transplant was?

만약 이 문장이 중화적인 "정보를 추구하는" 의문문으로 발화된다면, 이는 하강 피치로 끝날 것이다.

지금까지 논의해온 하강과 상승 억양 외에, 이 둘을 조합한 두 개의 다른 유형이 있다. 하강-상승(*falling-rising*) 억양은 거리낌을 가지고 동의하는 것을 가리킨다.

(19) You can do it that way.

화자는 청자가 제안한 방식으로 그것이 행해질 수 있다는 것을 받아들이고, 그와 동시에 약간의 거리낌(reservation) 혹은 주저함(hesitation)을 표현한다(예, "I don't think you should").

정반대의 상승-하강(*rising-falling*) 억양은 강한 찬성(approval) 혹은 불만(disapproval)의 감정을 드러낸다.

(20a) That's wonderful.(cf. "That's wonderful" with simple fall)

(21b) You can't do that. (cf. "you can't do that" woth simple fall)

마지막으로, 수평 억양(level intonation)에 대해 언급을 해야 하는데, 이 수평 억양은 싫증난(bored) 혹은 빈정거리는(sarcastic) 태도를 표시한다.

(21) A: John will be at the party.

B: Great.

이 모든 것을 종합해보면, 우리는 화자에 의해 의도된 메시지를 명백히 해석할 수 있다.

(22a) All right (short fall) "I agree with it"(factual)

(22b) All right (long fall) enthusiastic acceptance

(22c) All right (sharp rise) "No, that is not acceptable"

(22d) All right (low rise) "I am listening, go on," "Is it all right"

(22e) All right (fall-rise) "Yes, but I am doubtful" (with reservation)

(22f) All right (rise-fall) more dramatic than (22b), great enthusiasm, emphatic

(22g) All right (level) "How uninspiring!"

7.9 영어 변종들 사이의 변이

마지막으로 영어 변종들 사이의 변이에 대해 간단한 언급을 할 필요가 있다. 가장 중요한 유형 중에 다음을 열거할 수 있을 것이다. 예-아니오 의문문에서 전형적인 말미 고상승(terminal high rise)은 하와이에서 초기 상승(early rise)과 뒤따르는 하강(a fall)으로 대체된다(예, “Would you like some tea?”). 웰시 영어(Welsh English)에서 부가 의문문(tag questions)은 “상승-하강(rise-fall)”의 패턴을 보이는데, 이는 좀 더 강조하는 인상을 준다.

미국영어 내의 괄목할 만한 차이는 아래에서와 같은 미국 남부 영어에서 상승 피치의 빈도수(frequency)이다(여기서 피치는 강세 표시에서 올라감).

We played gámes and went for híkes and had the most wónderful tíme. (Bolinger 1998: 55)

이러한 상승 피치는 화자가 청자가 화자 자신에게 주의를 기울여서 화자 자신이 안심하고 말할 수 있도록 해 달라고 요구하는 것으로 이해할 수 있다. 이 유형은 심지어 더 일상적인 발화로 확대되기도 한다. 예를 들면 "where are you from?"에 대한 대답을 "from Texas"로 대답하는 발화로까지 말이다(Bolinger 1998: 55). 동일한 경향이 호주 영어(Australian English)에서도 관찰되었다.

미국 영어와 영국 영어의 주된 차이점은 후자의 경우 초기의 높은 피치를 덜 자주 사용한다는 것과 예-아니오 의문문에서 마지막 높은 피치를 더 자주 사용한다는 것이다. 미국영어에서는 다음을 예측하게 되지만,

"Would you like some coffee?"

영국영어에서, 우리는 다음의 유형 아니면,

"Would you like some coffee?"

마지막에 상승이 없는 아래의 유형을

"Would you like some coffee?"

을 관찰하게 된다.

억양은 감정(affect)과 태도(attitude)를 전달하기 때문에, 여러 종류의 영어에서 생기는 차이로 인해 잘못된 인상을 야기시킬 지도 모른다. 예를 들어, 예-아니오 의문문에서 전형적인 미국영어(AmE)의 상승 억양(rising intonation)은 영국사람들에 의해 너무 사무적이라고 해석될 수도 있고, 반면에 미국사람들은 영국 영어에서 해당 억양을 "지나치게 진심어리"고 "지나치게 관심을 갖는"것으로 여길지도 모른다(Bolinger 1998).

Bailey (1983: 16-17)는 다음을 예를 들어서 네 방언의 영어를 대조하고 있다:

(1) British E, "Is your mother feeling all right?"

(2) Irish E. "Is your mother feeling all right?"

(3) Northern US "Is your mother feeling all right?"

(4) Southern US "Is your mother feeling all right?"

그리고 그는 외부인들에게 주는 인상을 위해 각 유형에 (1) 생색내는 듯한(condescending), (2) 무례할 정도로 의심하는 듯한(insultingly incredulous), (3) 반복적인(repetitive), (4) 설명할 수 없을 정도로 놀란 듯한(unaccountably surprised)라는 명칭을 붙였다. (영어 억양의 상세한 연구와 여러 언어와의 비교를 위해서는 Bolinger 1989를 참고하기 바람.)

요약

이 장에서 우리는 영어 강세와 억양의 기본적 유형을 몇 가지 살펴보았다. 영어 강세가 변이적(variable)이고 유동적(mobile)이긴 하지만, 강세의 예측성과 관련해 몇 가지 중요한 일반화가 있는 것처럼 보인다. 소위 '전자 무게(front weighting)' 즉 끝에서 두 번째 음절(penultimate syllable)에 강세 할당하기가 이음절 명사와 형용사(disyllabic nouns and adjectives)에서 규칙인 것처럼 보인다. 왜냐 하면, 이 일반화로 80%이상의 이음절 명사와 형용사의 강세 유형을 설명할 수 있기 대문이다. 삼음절 혹은 그 이상의 음절로 된 명사와 형용사에서, 초점은 여전히 penult(끝에서 두 번째 음절)에 놓여있다. 하지만, penult가 두 타이밍 슬롯(timing slot)보다 적게 포함되어 있으면, 강세는 왼쪽에 있는 타이밍 슬롯이 두 개 포함된 음절에 나타난다. 동사의 경우 음절의 개수와는 상관없이 강세가 마지막 음절에 떨어진다. 하지만, 마지막 음절이 두 개의 타이밍 슬롯보다 적을 경우, 강세는 두 개의 타이밍 슬롯이 있는 왼쪽의 음절에 떨어진다. 복합형에서 접사는 강세에 관해 다양한 효과를 가진다. 어떤 접사들은 그 자체에 강세를 유인한다. 어떤 접사들은 강세가 이동하도록 야기시킨다. 그리고 어떤 접사들은 강세에 중립적이다. 보다 긴 단어에서 약한 강세를 받는 (즉, 제2강세를 받는) 음절을 찾는 것 또한 일반적이다. 그러한 음절들은 두드러지긴 한데, 주된 강세를 받는 음절에서 볼 수 있는 주요 피치 변화의 효과는 없이 두드러진다. 그리고 제2강세를 받는 음절들도 대부분 예측을 할 수는 있다.

우리는 또한 억양도 살펴보았다. 억양은 구 혹은 문장을 범위로 하는 피치의 변화(pitch variation)를 일컫는다. 우리는 성조 그룹(tone groups) 혹은 억양 구(intonational phrases)의 배열이 화자의 의도가 무엇인지와 많은 관련이 있고, 따라서 그 의도에 따라 변화할 수 있다는 것을 보았다. 하지만 동시에, 우리는 다른 억양 유형과 관련하여 특정한 일반 원칙을 기술하였다. 하강 억양 유형(상승-하강 유형을 포함해서)은 단언적(assertive)이고 결론적(conclusive)이다. 종결성(finality)의 정도는 하강의 정도에 따라 변한다. 즉, 더 급격하고 완전한 하강은 더 큰 정도의 궁극성을 나타낸다. 반면, (하강-상승 곡선을 포함해서) 상승 곡선은 지속적(continuative)이고 비한정적(non-definitive)이다. 마지막으로, 우리는 미국영어와 영국영어의 강세 유형에서 몇 가지 확연한 차이점들을 살펴보았다. 물론 다양한 유형의 영어에서 발견되는 억양의 변이도 살펴보았다.

연습문제

1. 다음에서 단어 (a)-(k)에 대해 빠른 발화에서 슈와(schwa) 생략을 관찰할 수 있다; 동일한 것이 단어 (l)-(v)에서는 가능하지 않다. 일반화를 진술하시오. 형태론적으로 관련된 단어들, 예를 들면 (f)와 (s), (g)와 (v), (h)와 (u), (i)와 (t), (j)와 (q), (k)와 (r)에 특별한 주의를 기울이시오.

	Careful speech	Fast speech
(a) camera	[kæmə.ɪə]	[kæm.ɪə]
(b) veteran	[vɛtə.ɪən]	[vɛt.ɪən]
(c) aspirin	[æspə.ɪən]	[æsp.ɪən]
(d) temperature	[tɛmpə.ɪətʃɚ]	[tɛmp.ɪətʃɚ]
(e) reasonable	[.ɪizənəbl]	[.ɪiznəbl]
(f) imaginative	[ɪmædʒənətɪv]	[ɪmædʒnətɪv]
(g) principal	[p.ɪɪnsəpəl]	[p.ɪɪnspəl]
(h) management	[mænədʒmənt]	[mændʒmənt]
(i) testament	[tɛstəmənt]	[tɛstmənt]
(j) general	[dʒɛnə.ɪəl]	[dʒɛn.ɪəl]
(k) opera	[ɑpə.ɪə]	[ɑp.ɪə]
(l) famous	[feməs]	[feməs] not [fems]
(m) vegetarian	[vɛdʒətɛ.ɪiən]	[vɛdʒətɛ.ɪiən] not [vɛdʒtɛ.ɪiən]
(n) motivate	[motəvet]	[motəvet] not [motvet]
(o) pathology	[pæθɑlədʒi]	[pæθɑlədʒi] not [pæθɑldʒi]
(p) facilitate	[fəsɪlətet]	[fəsɪlətet] not [fəsɪltet]
(q) generality	[dʒɛnə.ɪæləti]	[dʒɛnə.ɪæləti] not [dʒɛn.ɪæləti]
(r) operatic	[ɑpə.ɪætɪk]	[ɑpə.ɪætɪk] not [ɑp.ɪætɪk]
(s) imagination	[əmædʒəneʃən]	[əmædʒəneʃən] not [əmædʒneʃən]
(t) testimony	[tɛstəmoni]	[tɛstəmoni] not [tɛstmoni]
(u) managerial	[mænədʒɛ.ɪiəl]	[mænədʒɛ.ɪiəl] not [mændʒɛ.ɪiəl]
(v) principality	[p.ɪɪnsəpæləti]	[p.ɪɪnsəpæləti] not [p.ɪɪnspæləti]

2. 다음 단어들의 강세 유형을 세 가지 매개변인분석(강세(Stress), 성조 액센트(tonic accent), 완전 모음(full vowel))하고, 전통적인 수를 적으시오.

예, mineralogy

[mɪ.nə.ˈɹɑ.lə.dʒi]

강세	+ − + − −
성조액센트	− − + − −
완전 모음	+ − + − +
	2 4 1 4 3

	(a) choreography	(b) discretional	(c) mythical
	[ ]	[ ]	[ ]
강세			
성조액센트			
완전 모음			

(d) gratification	(e) autograph	(f) modality
(g) conciliation	(h) punishable	(i) phonological
(j) profundity	(k) consumptiveness	(l) resumption
(m) diagnosis	(n) neutralize	(o) resignation
(p) eccentricity	(q) recessional	(r) protestation
(s) assassination	(t) agriculture	(u) macaroni

3. 다음에 제시된 단어들 중 어느 것이 명사와 동사에 대한 주강세 규칙(main stress rule)을 따르는가? 일반화를 기술하고 이 규칙을 따르지 않는 단어들을 설명하시오.

tobacco, reject, telephone, recognize, afternoon, include, pedigree, withhold, analysis, realize, persuade, cashier, movement

4. 7.8장에서 억양구조와 관련했던 내용에 비추어, 성조 액세트가 다음의 (중립적이고, 비대조적으로 읽히는) 대화에 있을 것인지 결정하시오?

(a) A: Are you coming to the movie?
B: I have exams to grade.
(b) The dog barked.
(c) The building's falling down.
(d) I go to Boston, usually.

5. 아래 문장의 억양 유형을 밑에 제시한 6가지의 유형과 짝지으시오.

(a) low rise, (b) high (long) rise, (c) low fall, (d) long (full) fall, (e) fall– rise, (f) rise–fall

(i)	I am so happy for you. ____
(ii)	Would you like to have coffee or tea? (open choice reading) ____
(iii)	Would you like to have coffee or tea? (closed choice) ____
(iv)	Where will the meeting be held? (information seeking) ____
(v)	Where will the meeting be held? (I couldn't hear you) ____
(vi)	What am I doing? I am trying to fix the TV. ____
(vii)	Her predictions came true. (clear finality) ____
(viii)	Who was at the meeting? ____
(ix)	Whatever you say. ____
(x)	We should look for him, shouldn't we? ____
(xi)	You can take the old route. (agree with reservation) ____
(xii)	Are you out of your mind? ____
(xiii)	Did you wash the car yet? ____
(xiv)	I would have done it the same way, wouldn't you? ____

6. 다음을 전사하고, 자음군, 양음절성 자음, 그리고 개방 음절(open syllable)의 수를 적으시오.

(a) The trouble with the world is that the stupid are cocksure and the intelligent are full of doubt.

(Bertrand Russell)

(b) We can easily forgive a child who is afraid of the dark; the real tragedy of life is when men are afraid of the light.

(Plato)

7. J. Jenkins, *World Englishes* (London: Routledge, 2002)에서 발췌한 (앞장에서 계속된 "미국에서의 영어"에 관한) 다음의 내용을 전사하시오.

During the seventeenth century, English spread to southern parts of America and the

....

Caribbean as a result of the slave trade. Slaves were transported from West Africa and

....

exchanged, on the American coast and in the Caribbean, for sugar and rum. The Englishes

....

which devel- oped among the slaves and between them and their captors were initially

....

contact pidgin languages but, with their use as mother tongues following the birth of

....

the next generation, they developed into creoles. Then, in the eighteenth century, there

....

was large-scale immigration from Northern Ireland, initially to the coastal area around

....

Philadelphia, but quickly moving south and west. After the Declaration of American

....

Independence in 1776, many loyalists (the British settlers who had supported the British

....

government) left for Canada.

....

제8장

제2언어 음운론의 구조적 요인들

8.1 서론

외래어 액센트(foreign accent)는 외국어 학습자의 모국어(L1)와 학습대상이 되는 목표어(L2)사이에 음운 불일치(phonological mismatch)가 있을 때 생긴다. 모국어가 서로 다른 사람들은 주어진 외국어에 두드러질 정도로 다른 발음을 한다. "스페인어 화자들은 그걸 ____라고 하는데, 일본 화자들은 그걸 ____라고 말해." 등과 같은 코멘트를 듣는 것은 흔한 일이다. 그렇게 분명한 차이점들은 스페인어와 일본어 같이 관련이 서로 없는 언어들에만 국한이 된 것은 아니고, 서로 밀접하게 관련이 있는 언어들을 사용하는 화자들 사이에서도 관찰된다. 예를 들어, 이 장의 후반부에서 자세히 설명이 되겠지만, 포르투갈 화자와 스페인 화자들이 영어 발음하는 걸 들어보면, 이 두 화자들을 구별하는 게 별로 어렵지 않다는 걸 알 것이다. 그 이유는 L1인 스페인어와 L2인 영어 사이에 존재하는 불일치는 L1인 포르투갈과 L2인 영어 사이에 존재하는 불일치와 아주 다르기 때문에, 이 두 언어가 불일치를 서로 다르게 처리하여 외래어 액센트(foreign accent)를 서로 다르게 만들어내기 때문이다.

학습자들의 목표어인 영어 발음은 부분적으로 그들의 모국어 소리 유형에 의해 지배받는다. "간섭(interference)" 혹은 "전이(transfer)"와 같은 용어들은 오랫동안 모국어가 목표어의 음운 유형에 대해 가지는 영향을 지칭하는 것으로 사용되어 왔다. 목표어와 모국어 사이의 불일치는 형태를 서로 다르게 취하는 것도 있다. 자주 나타나는 상황 중 하나는 모국어에서는 목표어의 소리가 없을 때 나타나는 상황이다. 예를 들어, 영어의 치간 마찰음 /θ/와 /ð/는 세계의 많은 언어에서는 존재하지 않는 소리이다. 이 마찰음들은 일반적으로 각각 /s, z/ 혹은 /t, d/에 의해 대체된다. 흔히 관찰되는 L1과 L2 사이의 또 다른 불일치는 목표어 음소의 불충분한 구분(under-differentiation)에 의해 만들어진다. 예를 들어, 영어의 /tʃ/와 /t/ 사이의 대립(예, chip - tip)이 포르투갈어에서 똑같은 방식의 형태를 취하는 것은 아니다. 이 두 소리는 동일한 한 음소 /t/의 이음이다. 음소 /t/가 포르투갈어에서는 /i/ 앞에서 [tʃ]로 발음된다. 따라서, 포르투갈 화자들이 teacher [titʃəɹ]와 같은 목표 단어들을 포르투갈어 필터(Portuguese filter)를 통해 [tʃitʃəɹ]로 발음되는 것은 전혀 이상한 일이 아니다.

외래어 액센트(foreign accent)는 목표어의 음소가 완전히 결핍되었을 때만 나타나거나, 목표어의 음소 구분에 대해 완전한 구별을 하지 못할 때만 나타나는 것은 아니다. 오히려, 문제의 원인(culprit)은 동일하게 정의되는 목표음과 모국어의 음소 사이에 음성학적인 차이가 종종 있어 생길 수도 있다. 예를 들어, 유음(liquids)은 이에 대한 좋은 사례를 제공한다. 미국 영어의 비측음 유음(non-lateral liquid)의 음성학적인 자질은 다른 많은 언어에서 관찰되는 r-소리들 (예를 들어, 설탄음(taps), 전동음(trills))과는 아주 다르다. 또 다른 예는 여러 언어에 있는 설측 유음(lateral liquids)에서 찾아볼 수 있다. 소위 '맑은(clear)' 유음과 '어두운(dark)' 유음 사이의 차이는 쉽게 관찰될 수 있다. 이는 동종어(cognate word)인 animal의 영어 발음 [ænɪməl] ('dark l')과 스페인어 발음 [animal] ('clear l')을 비교해 보면 쉽게 알 수 있다. 비록 모국어와 목표어 사이에서 음성적으로 매우 다른 소리들의 대체가 예를 들어 tip-chip과 같이 단어의 의미를 바꿔 의사소통의 장애를 만들어 낼 정도는 아니지만, 이들은 *쉽게 인식될 수 있는* 외래어 액센트(foreign accent)를 만들어 낸다.

음소배열(phonotactic) 유형의 불일치 또한 중요한 문제점들을 만들어 낸다. 예를 들어, 영어는 음절 초성에 세 개(triple onsets), 음절 종성에 세 개(triple codas)까지 음소들이 배열되는 것을 허용한다. 반면, 일본어와 같은 경우는 그러한 음소들의 무리(clusters)를 허용하지 않는다. 더우기, 음절의 초성이나 종성에 들어가는 음소의 수가 유일한 문제인 것은 아니다. L2에 의해 요구되는 소리의 유형이나 소리 조합의 유형이 L1에서 허용되는 것과 일치하지 않기 때문에, 종종 문제가 발생하기도 한다. 예를 들면, 영어와 스페인어에 두 음소가 음절의 초성을 차지하는 것이 허용이 되지만, 영어에서의 두 음소의 조합이 스페인에서의 두 음소의 조합보다 훨씬 더 많다. 충분히 예측컨데, 그러한 상황은 스페인어 화자들에게 어려움을 야기시킨다. 이와 같은 점과 관련된 구체적인 예들은 대립 유형(contrastive patterns)을 다루는 다음 장에서 주어질 것이다.

위에서 논의한 분절음과 음운 연쇄의 불일치 외에도, 외래어 액센트가 분명하다고 만드는 초분절적 (운율적) 불일치(suprasegmental (prosodic) mismatches)가 있을 수도 있다. 두 언어 사이의 리듬 차이의 영향, 즉, 강세와 억양의 차이에서 오는 영향은 잘 알려져 있다. 두 언어의 강세 시간 대 음절 시간의 본질이 눈에 띄는 비-모국어 발화를 만들어 낸다는 것 또한 언급할 가치가 있다.

L1과 L2사이의 이러한 충돌이 결과적으로 외래어 액센트를 만들어낸다는 관찰은 1950년대와 1960년대에 대조 음운 연구(contrastive phonological studies)가 널리 행해지는 계기가 되었다. 이러한 대조 음운 연구들은 교사와 치료사들에게 아주 귀중한 자료를 제공해왔다.

다음 절에서, 스페인어와 영어 사이의 미니 대립 음운 사례를 제시하고, 그러한 분석들로부터 얻어질 수 있는 통찰력을 지적할 것이다. 부록 A에는 부가적인 5개의 언어들을 사용한 사례를 제시할 것이다. (영어와 다른 언어들 사이의 중요한 차이점은 부록 B에 일부 요약되어 있다.). 이 분석들이 '미니' 분석이라는 것을 강조하는 것이 중요하다. 왜냐하면, 이 분석들의 각자가 한 학기동안에 다뤄질 수도 있는 책-분량 정도의 프로젝트일 수 있기 때문이다. 이 책에서 저자가 가지는 목표는 단지 흥미를 불러 일으킬 수 있는 사례를 제시하고, 관심이 있는 학생과 연구자들이 보다 자세한 조사를 하도록 격려하는 것이다.

예를 들면 통사론과 같은 영역에서의 대립 분석과 대립 음운론간의 차이는 화자의 의사 소통 능력에 놓여 있다. 통사론에서 모국어의 간섭(interference)을 관찰하는 것이 보통이다. 예를 들면, 원어민의 영어인 "I am twenty-five years old." 대신 "I have twenty-five years" (나는 25살을 가지고 있다)는 스페인어 혹은 포르투갈어 화자들에 의해 발화되면, 이는 명백히 L1을 직접 영어로 옮긴 결과이다. 하지만, 통사 영역의 여러 다른 측면에서의 문제가 언제나 분명한 것은 아니다. 예를 들어, 만약 한 화자가 '단순과거'와 '과거완료'의 사용에서 차이가 있다는 사실에 대해 충분한 지식을 가지고 있지 않더라도, 그 화자는 '단순과거' 하나만 사용해서 의사소통을 할 수도 있다. 또 다른 예를 들자면, '의무'(obligation)를 의미하는 서법동사(modal verb)를 살펴볼 수 있다. 영어는 특정한 뉘앙스를 가진 많은 형태의 서법동사를 가지고 있다. 예를 들면, <u>must</u>, <u>have to</u>, <u>should</u>, <u>ought to</u>는 모두 '의무'를 나타내지만 뉘앙스가 조금씩 다르다. 하지만, 여러 다른 언어에서는 하나 혹은 많아야 두 개의 형태로 영어에 대응되는 여러 의미들을 기술할 수 밖에 없다. 따라서, 그러한 언어를 사용하는 사람들이 영어를 배울 때 문제에 직면하게 된다. 다양한 영어의 형태들이 가지고 있는 뉘앙스를 제대로 익히지 않은 학습자들도 그다지 문제없이 영어를 구사할 수 있다. 예를 들어, 어떤 학습자가 <u>ought to</u>에 대한 제한된 능력을 가지고 있다고 하면, 그 사람은 단 한번도 <u>ought to</u>를 사용하지 않고 영어를 구사하면서 지낼 수도 있다. 어느 누구도 이 사람이 한 발화체들 중 어느 곳에서는 반드시 <u>ought to</u>가 필요한 곳이었는데 이 서법동사를 적절히 사용하지 않았으므로 이 사람은 네이티브가 아니게 들리는구나하고 생각하지는 않을 것이다. 하지만, L2 음운론에서는 그러한 기피가 가능하지 않다는 것을 깨닫게 된다. 영어의 치간 마찰음에 대해 문제가 있는 학습자들은 단순히 /θ/나 /ð/가 들어가 있는 단어들을 회피하는 전략을 이용할 수는 없다. 정관사 <u>the</u>, 지시 대명사 (예, <u>this</u>, <u>that</u> 등), 인칭 대명사의 격형태(예, <u>them</u>), 그리고 여러 흔한 부사(예, <u>then</u>, <u>thus</u>) 같은 문법형태소에서 /ð/의 빈도는 재난과 같은 상황을 만들기에 충분할 정도로 넘쳐난다.

위의 모든 논의는 대립 음운론을 위한 특별한 상황을 만들기에 충분하다. 언어의 다른 영역에서와 달리, 중간언어 음운론(interlanguage phonology)에서 학습자는 그의 한계를 숨길 곳이 전혀 없이 완전히 노출된 상태에 놓여 있다. 따라서, 모국어와 목표어 사이에 존재하는 불일치는 언어 치료(remediation)를 다루는 전문가들이 관심을 기울이기에 적절한 요인이다. 그러한 요인들은 외래어 액센트가 훨씬 더 명백하고 훨씬 더 지속되는 사춘기 후기의 학습자들을 다룰 때 더욱 더 적절하다. 따라서, 대립적 구조들(contrastive structures)의 예를 들기 전에, 연령과 모국어/비모국어 L2 음운론에 대해 몇 가지 언급하는 것이 적절할 것 같다.

왜 특정한 사람들은 제2언어의 모든 면들을 원어민처럼 습득할 수 있는데, 음운론만 예외인가라는 질문을 다룸에 있어서, 한 가지 요인, 즉 학습 연령이 두드러지게 보인다. 자주 언급되는 주된 요점은 유사한 상황에서 살지만 제2언어에서 음운 유형이 (모국어/비모국어로서) 서로 다르게 나타나는 개인들을 비교하는 것과 관련이 있다. 많은 이민자 가족들에게서 살펴볼 수 있듯이, 비록 부모들이 영어에 매우 유창하게 될 수는 있을 지언정, 그들의 음운적 측면은 언제나 비모국어인 것으로 남아 있다. 반면에, 그 가족의 아이들은 동일한 거주 기간을 지니고 있지만, 그들의 학습 연령이 사춘기 전이었다면 모국어 음운론을 습득할 수 있고 실제 그렇게 습득하고 있다. 이러한 사실들로 인해, 연구자들은 L2 발음을 배움에 있어서 결정 연령(critical age)이 있음을 제안했다. 간단히 말해서, 제2음운체계을 모국어와 같이 학습하는 것이 가능한 민감한 시기가 태어날 때부터 사춘기 사이에 존재한다는 것이다. 이러한 능력은 사춘기 이후에는 악화되어, 결과적으로 다른 (환경적 및 개인적) 요인들은 아무리 L2 음운습득에 우호적이라고 할 지라도 학습자의 L2 발음에 액센트가 없을 수 있게 하기에는 충분하지 않다. 따라서, 이 결정시기가 끝나기 전에 제2언어를 습득하는 사람은 그보다 나중에 습득하는 사람보다 음운론적인 측면에서 훨씬 유리한 입장에 있을 것이다. 이러한 관계는 Scovel (1988)에서 가져온 그림 8.1을 통해 볼 수 있다.

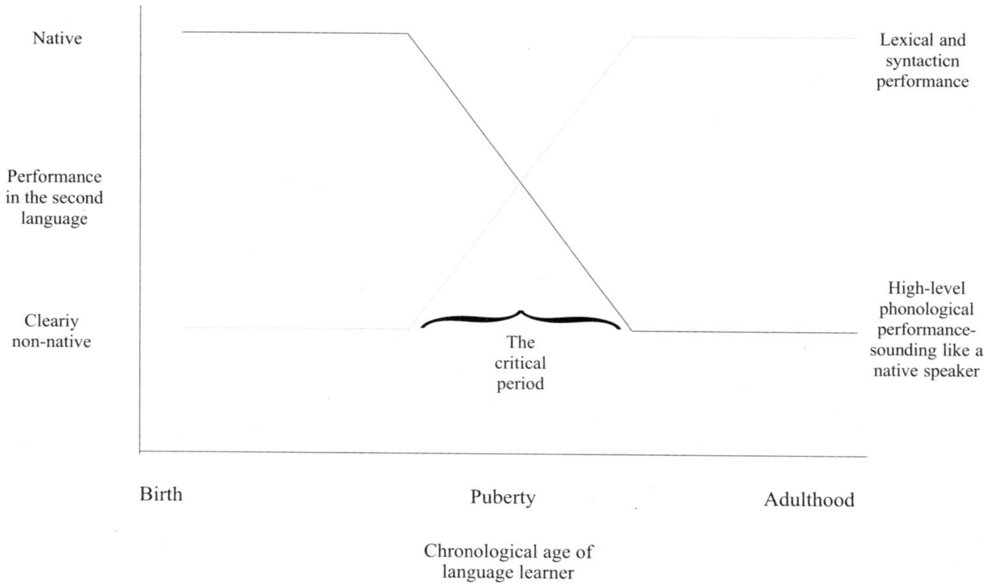

그림 **8.1** 연대순으로 본 음운 학습과 다른 언어 기술사이의 성공 대립
(출처: T. Scovel (1988) *A Time to Speak: A Psycholinguistic Inquiry into Critical Period for Human Speech*. 저자의 승인 하에 수록됨.)

여러 연구들은 L2음운론에서 학습 연령의 중요성을 지지해 왔다. Asher와 Garcia (1969)는 71명의 쿠바 영어 학습자들의 액센트를 연구했는데, 그 연구를 통해 6세 이전에 미국에 들어온 학습자들이 영어 모국어 화자로 판단될 확률이 가장 높다는 것을 발견했다. Oyama (1976)는 미국에서의 거주 기간과 미국에 이민한 연령이 다양한 60명의 이탈리아 이민자들의 발음 능력을 살펴 보았다. 그 결과는 비록 거주 기간이 외래어 액센트(foreign accent)와는 관련이 없지만, 그러한 액센트와 조사대상자들이 미국에 이민한 연령과는 상관관계가 높다는 것이었다.

L2 음운을 습득하는 능력과 학습 연령 사이의 관계가 점진적인 하강 관계에 있다는 생각도 여러 대규모 연구에서 지지를 받고 있다(Flege and Fletcher 1992; Flege, Munro, and MacKay 1995; Flege, Yeni-Komshian, and Liu 1999; Thompson

1991; Patkowski 1990; Piske, MacKay, and Flege 2001).

결정시기 가설에 대한 일반적 지지와 "더 빠르면 빠를수록 더 좋다"라는 인식에도 불구하고, "결정 시기"(critical period) 가설이 논란의 여지가 없는 것은 아니다. 이 논란의 주된 이유는 액센트는 물리적이며, 신경근육적 프로그래밍을 필요로 하는 언어의 일부일 뿐이라는 Scovel의 제안에 있다. 그는 음운적인 연령 효과(phonological age effect)도 두뇌의 성숙과 관련된 변화의 결과라고 기술했다. 하지만, "결정 시기"를 부인하는 여러 논증 또한 제시되어 왔다. 이러한 논증에는 생물학적 본성에 대한 명백한 인과적 기제의 결여와 "결정 시기"에 대한 명확한 시작 및 종결점에 대한 합의가 없다는 것을 포함한다. 또한 여러 연구자들은 학습 연령(age of learning)과 혼합되어 있긴 하지만, L2 액센트의 질에 영향을 주는 개별적 변수들도 지적해 왔다(Piske, MacKay, and Flege 2001; Moyer 2004). 이러한 변수들은 L1 사용량, 원어민 화자의 입력양, 교육/훈련, 거주기간, 태도, 동기, 그리고 인지적 변수들을 포함한다. 우리는 여기서 "연령" 문제를 더 이상 살펴보지는 않을 것이다. 단지 이 문제를 매우 간결하게 표현한 Ioup의 다음 논평으로 연령에 대한 논의를 끝맺고자 한다.

> L2 음운 습득에서 결정 가설에 대한 진정한 테스트는 L2를 뒤늦게 배운 학습자들이 말씨에서 원어민처럼 될 수 있는지를 살펴보는 것이다. 일단 예외적으로 액센트가 없는 사람처럼 보이는 학습자들을 찾게되면, 평가자들이 흔히 행하는 피상적이고 주관적인 판단에 의존해서 그 사람이 얼마나 원어민 같은 지를 알아볼 수는 없게 된다. 훈련받지 않은 귀를 가진 이들에게 원어민으로 판단될 수 있다는 사실이 그들이 악센트가 없는 L2 음운을 습득했다는 것에 대한 증거가 되지는 않는다. 귀가 감지할 수 없는 차이점을 밝혀내기 위해 음향 측정을 사용하여 시험이 된다면야 우리는 L2에서 원어민같은 음운 체계를 습득할 수 있는 성인 학습자들이 존재할 수 있다고 확신할 수 있을 것이다. (Ioup 2008: 53)

8.2 스페인어-영어 미니 대립 분석

이 절에서 우리는 목표어인 영어와 스페인어 사이의 음운론상의 대립을 간단히 살펴볼 것이다. 앞서 진술한 바와 같이, 우리는 완전하게 기술된 것을 살펴보기 보다는 요약된 진술을 살펴볼 것이다. 우선 L1 자음과 모음의 음소 목록들을 제공함으로써 기술을 시작하고자 한다:

스페인어의 자음 목록(Consonants of Spanish)

	Bilabial	Labio-dental	Dental	Alveolar	Palatal	Velar	Glotal
Stop	p b		t d			k g	
Fricative		f		s		(x	h)
Affricate					tʃ		
Nasal	m			n	ɲ		
Liquid				l r ɾ	ʎ		
Glide					j	w	

스페인어의 모음 목록(Vowels of Spanish)

	Front	Central	Back
High	i		u
Mid	e		o
Low		a	

불일치를 다루기 전에, 우리는 스페인어에 대한 몇 가지 사실들을 언급해야 하겠다. 모음의 지위가 여러 부류의 스페인어에 걸쳐 다소 일관되어 있지만, 자음은 상당한 변이를 보여준다. 예를 들어, /θ/는 위의 표에는 포함되어 있지 않지만, 스페인어의 여러 방언들에 쓰인다. 무성 연구개 및 성문 마찰음(voiceless velar and glottal fricatives)은 원이 그려져 있는데, 이는 둘 다가 아니라 둘 중 하나가 주어진 스페인 방언에서 일어난다는 것을 나타나기 위해서이다. 구개 설측 유음(palatal lateral liquid) /ʎ/은 어떤 방언에서는 치경 설측음 /l/과 대립되는데, 점점 상실되어 가는 있는 중이라는 사실 또한 주목할 만하다. 논의의 시작부터 다음의 사실에 대해 언급하는 게 도움이 될 것 같다. 즉, 저자가 상당히 익숙하다는 이유로 인해 이 책에서 주로 기술하고 있는 스페인어는 "카리브(Caribbean)"식 스페인어이다. 이 카리브식 스페인어에는 도미니칸 공화국, 쿠바, 푸에르토 리코, 파나마, 베네수엘라와 콜롬비아 연안에서 사용되는 스페인어를 포함하고 있다. 이러한 종류의 스페인어는 라틴아메리카식 스페인어 중에서도 가장 "혁신적" 혹은 "급진적"이라고 여겨지고 있다(Hualde, 2005).

위에서 주어진 L1(스페인어)의 목록은 목표어인 영어에서 결여된 음소들을 나타내는데 효과가 있다. 이 목록에 따르면, 우리는 목표어의 음소들 중 /v, θ, ð, z, ʃ, ʒ, dʒ, ŋ/이 스페인어의 화자들에게 문제가 된다는 것을 쉽게 알 수 있다. 왜냐하면, 스페인어에는 이러한 음소들이 없기 때문이다. (음성적으로 [ŋ]는 cinco 에서 나타나지만, 스페인에서는 영어에서와는 달리 [ŋ]가 다른 음소들과 대립을 이루지는 않는다.) 이 예측들이 옳다는 사실은 증거로 자주 사용되는 다음의 예들을 통해 알 수 있다. 이 예들에서는 목표어에 없는 음소들이 모국어 L1의 음소 목록에서 이용할 수 있는 가장 근접한 소리들로 대체되고, 이는 여러 음소 위반 (phonemic violations)을 야기시키다.

/θ/ → [t/s]	(예, thin/tin	→ [tɪn] or [sɪn])
/ð/ → [d/z]	(예, they/day	→ [de])
/v/ → [b]	(예, vowel/bowel	→ [baʊl])
/z/ → [s]	(예, zeal/seal	→ [sil])
/ʃ/ → [tʃ]	(예, shop/chop	→ [tʃɑp])

위의 음소들 중 영어 음소 [ð]의 경우는 다른 소리들과 다르다는 것을 언급할 필요가 있다. 이 소리는 영어와 스페인어 두 언어 모두에 음성학적으로 존재하는 소리이긴 하지만, 서로 다른 음소로의 사상(phomemic mappings)을 가진다. 앞서 제 2장에서 언급했듯이, /ð/는 영어에서 별개의 음소이며, /d/와 대립을 이룬다. (예를

들어, they vs. day); 하지만, 스페인어에서는 [d]와 [ð]는 동일 음소의 이음이다.

비록 이러한 목록들이 위에서 언급한 문제들을 보여줄 수는 있지만, 그 범위에 있어서 다소 제한되어 있다. 그 이유는 두 언어에서 동일하게 기술된 음소라고 할 지라도, 이 음소들이 별개의 이음 규칙을 가질 수 있는데, 이 또한 외래어 액센트(foreign accent)가 발생하는 원인이 될 수도 있기 때문이다. 예를 들어, 문제의 두 언어가 동일한 폐쇄음 음소들을 가지고 있다는 사실에도 불구하고 문제가 없는 것은 아니다. 스페인어에서는 무성폐쇄음(voiceless stops)이 항상 무기식음(unaspirated)으로 나타난다. 반면, 영어에서는 이러한 무성폐쇄음 (voiceless stops)이 문맥적으로, 즉, 강세를 받는 음절의 초에서는, 기식음(aspirated)으로 나타난다. 따라서, 영어 발음에 있어서, 스페인 화자들은 예를 들어, ton, pay, car와 같은 단어들에서 폐쇄음들을 무기식 폐쇄음(unaspirated stops)으로 발음하리라고 예상할 수 있다. 또한, 유성 폐쇄음들 /b, d, g/는 스페인어에서는 마찰음 [β, ð, ɣ]을 각각의 이음들로 가지고 있다. 폐쇄음의 변형들은 휴지(pauses) 뒤, 비음 뒤, 그리고 /l/ 뒤에서 나타난다. 마찰음 변형들은 다른 환경들에서 나타난다. 따라서, 스페인 화자들은 adore, aboard 등과 같은 단어들에서 목표가 되는 유성 폐쇄음들을 마찰음으로 발음할 가능성도 있다.

분포상의 제약 또한 L2 음운론에서 문제의 원인이 된다. 스페인어는 음절 말 자음에 대한 다소 엄격한 제약이 있다. 이 언어는 단지 /s, n, r, l/ (그리고 아마도 /d/)만이 음절 말에 나타나는 것을 허용하기 때문에, 우리는 음절말 자음 생략(final consonant deletion)의 예들을 마주치게 될 지도 모른다. 왜냐 하면, 영어는 (/h/를 제외한) 모든 자음들이 음절 말에 나타나는 것을 허용하기 때문이다. 스페인 비음 /m, n, ɲ/은 음절 초성위치에서 대립 관계에 있지만, 음절말에는 /n/으로 중화(neutralization)된다. 카리브식 스페인어(Caribbean Spanish)에서는 어말의 /n/은 comen [komeŋ]에서와 같이 연구개로 실현된다(심지어 이 비음은 생략되고 선행하는 모음이 비음화된 모음으로 실현될 수도 있다(예, [komẽ] “they eat”)). 따라서, from과 같은 목표단어는 양순 비음을 가지고 있지만, 스페인어에서는 음절말에서 [n] 또는 [ŋ]으로 실현될 지도 모른다.

또한, 카리브식 스페인어에서 /s/의 약화(기식음화와 생략)는 자음 앞에서 (pastel

[pahtel] "cake") 그리고 휴지(pause) 앞에서 (vamos [bamoh] "let's go") 더 두드러지는데, 이러한 현상들이 잘못 전이되어 영어에서 사용되는 경우들도 있다.

외래어 액센트가 생기게 되는 또 다른 근원(source)은 특정 소리들이 두 언어 사이에서 가지는 두드러진 음성적 이화(salient phonetic dissimilarities)이다. 이는 유음(liquids)을 비교함으로써 가장 쉽게 알 수 있다. 스페인어와 영어 모두에 설측 및 비설측 유음들이 있고, 이 유음들은 동일한 단어의 위치에서 사용될 수 있다. 하지만, 두 언어에서 분명히 인식할 수 있는 음성학적인 차이점들이 있는데, 이러한 차이점으로 인해 외래어 액센트를 쉽게 알아차릴 수 있게 된다. 치경 설측음(alveolar lateral)은 스페인어에서 항상 '밝은 l' (즉, 비연구개음)로 실현된다. 반면, 미국영어에서는 그것이 거의 '어두운 l' (즉, 연구개음)로 실현된다. 예를 들어, r-소리와 같이 설측음이 아닌 유음(non-lateral liquids)도 또한 이 두 언어에서 상당한 음성적 이화를 보여주고 있다. 영어에서 r은 반전 근접음(retroflex approximant)고, 스페인어에서의 두 r-소리는 전동음(trill)과 설탄음(flap)이다. 따라서, 우리는 다음과 같은 불일치를 가진다:

스페인어				영어
		[ɹ̣]	-------------	/ɹ̣/
/ɾ/	--------------	[ɾ]		
/r/	--------------	[r]		

이에 더하여, 카리브식 스페인어에서는 자음 앞 혹은 단어말에서 /l/과 /ɾ/사이의 대립이 중화되는 경향이 있다는 언급을 할 필요가 있다; 따라서 mar "sea"과 mal "evil"은 발음상 구분이 되지 않는다. 쿠바식 스페인에서는 자음 앞의 유음들이 보통 후속하는 자음과 동화된다(예, el verde [ebberde] "the green one.").

이상에서 우리가 살펴본 것을 다음 그림으로 요약할 수 있는데, 이 그림은 L1 목록을 목표어인 영어 목록에 겹쳐서 보여주는 것이다. (불일치와 관련이 없는 /ʎ, x, ɲ/과 같은 스페인어의 음소들은 여기에서 고려하지 않았다.)

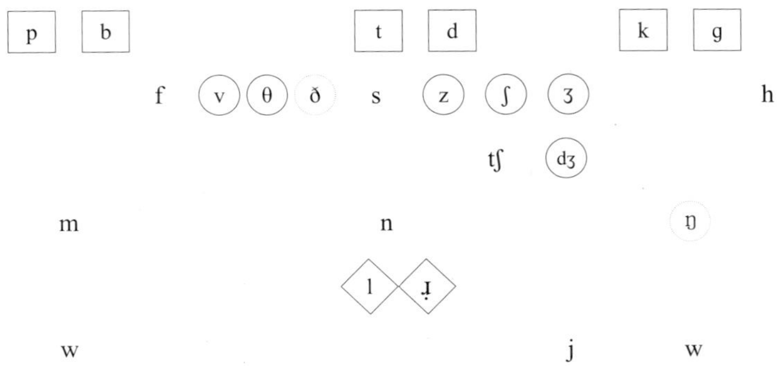

다음의 기호들이 목표어 (영어)와 다양한 제1언어 사이의 비교에 사용된다.

○ L1에서는 없는 목표 음소

○ L1에서는 또다른 음소의 이음으로만 존재하는 소리

□ L1과 L2에서 서로 다른 이음/분포 유형을 보여주는 소리

◇ 목표어와 L1사이에 두드러진 음성학적 차이를 보여주는 소리

모음 체계도 비교해보면 특정한 문제가 되는 면들이 다소 명확하게 드러나게 된다. 스페인어에서 모음들이 단어의 모든 위치에 나타날 수 있어서, 모음에서 분포상의 문제가 있지는 않지만, 스페인어는 영어보다 훨씬 더 적은 수의 모음을 가지고 있다. 즉, 스페인어에는 5개의 모음 밖에 없다. 그리고 이렇게 모음의 수가 적은 것이 자주 목표어의 음소가 불충분하게 구분(under-differentiation)이 되게 하는 중요 원인이 된다. 그 결과로 자주 목격되는 대립의 결핍(즉, 동음이의어들(homphonies))은 /i/- /ɪ/ (e.g. greed - grid), /u/-/ʊ/ (e.g. fool - full), /ʌ/-/ɑ/ (e.g. buddy - body), /ɛ/-/æ/ (e.g., mess-mass) 등을 포함한다. 다음의 차트가 이렇게 정적으로 혼동이 되는 음소들을 요약해서 보여주고 있다:

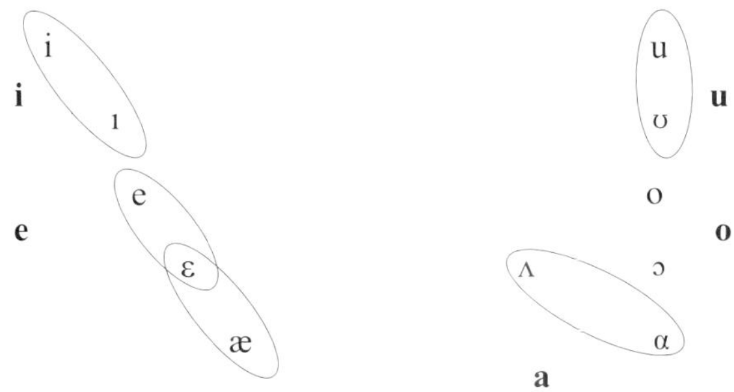

다음의 관례을 사용해서 L1과 L2의 모음 체계를 비교하는데 사용하도록 하겠다.

○	모음에 원이 그려진 것은 이 목표 대립들이 특정 L1을 사용하는 소유자들에 의해 간과된다는 것을 가리킨다.
i a ε	진하게 표시된 모음 기호들은 목표음을 발화하는데 사용되는 것으로 예상되는 모국어 모음들을 가리킨다.

우리가 위에서 지적했듯이, 주의해야 할 점은 진하게 표시된 L1 모음의 음성기호가 L2모음에도 동일하게 사용되었다는 것이 이 모음이 L2 (영어) 목표 모음과 음성적으로도 동일하다는 것을 나타내는 것은 아니라는 점이다. 예를 들어, 영어의 전설 고모음에 /i/와 /ɪ/를 사용한다. 스페인 화자들의 /i/ 발화는 그들이 영어의 /i/는 성공적으로 하지만, /ɪ/는 성공적으로 발음하지 못한다는 것이 아니다. 스페인 화자들이 대체해서 발음하는 /i/는 영어의 이 두 발음 어느 것과도 동일하지 않다. 독자들은 모음 차트를 비교할 때 이러한 점을 명심하야 한다.

위에서 언급한 차이점들 외에도 언어들 사이에는 모음 축약과 관련해 아주 중요한 차이점들이 있다: 이 음운과정([ə]로의 축약)이 photograph [fótəgɹæf] – photography [fətágɹəfi]에서 볼 수 있듯이 강세 음절 대 비강세 음절이라는 구분으로 인해 영어에는 널리 퍼져있지만, 이 음운과정은 스페인어에서는 존재하지 않는다; 모음이 강세 음절과 비강세 음절 사이에서 거의 사소한 차이만을 드러낼 뿐이다 (예, numero [número] "number" vs. numero [numeró] "I number.")

이중모음들은 스페인화자들에게 문제를 일으키지 않을 것으로 예상된다. 왜냐하면, 스페인어에는 영어에서 나타나는 것들을 포함해서 광범위한 이중모음(diphthongs)들을 가지고 있기 때문이다.

음소배열제약(phonotactics, sequential patterning)은 두 언어를 비교할 때 고려해야 하는 또 다른 측면이다. 현재 스페인어와 영어가 다소 상이하다.

음절 구조

(L1) 스페인어	(L2) 영어
(C)(C)V(C)(C*)	(C)(C)(C)V(C)(C)(C)(C**)

* 단어 내의 음절말이 폐쇄음/공명음 + /s/ 일 때만 가능

** 접사(affix)일때만 가능

영어는 음절 초성과 종성에 각각 세 개의 자음을 허용하는 반면, 스페인어에서 이 위치들에 나타나는 최대의 자음 수는 2개이다. 자음군에서의 자음의 숫자는 전체 그림의 일부만을 말해준다. 일단 우리가 다른 관련된 영역, 다시 말해, 가능한 조합들을 조사해보면, 불일치의 경우는 더 많아진다. 예를 들어, 영어는 다양한 이중 종성(double codas)을 가지고 있는 반면 (제 6장 참조), 스페인어는 단지 어중 위치(word-internal position)에 제한된 제약 (stop/sonorant + /s/)만 가지고 있다. 이중 초성(double onsets)에도 차이가 있다. 스페인어가 허용하는 조합의 종류는 폐쇄음 + 유음(stop + liquid)과 /f/+유음(/f/ + liquid)으로 제한되어 있다. 이를 제외한 영어의 다른 목표 음절군들은 영어를 배우는 화자들을 상당한 어려움에 처하게 할 수 있다.

마지막으로, 초분절 효과(suprasegmental effects)에 대해 언급할 필요가 있다. 첫째, 강세-박자(stress-timed) 언어인 영어와 음절-박자(syllable-timed) 언어인 스페인어의 차이를 언급할 수 있다. 영어에서는 필수적인 모음 축약(vowel reduction)이 스페인어에서는 결핍되어 있기 때문에, 강세-박자 언어와 음절-박자 언어의 차이로 만들어지는 다소 명백한 결과를 리듬(rhythm)에서 찾아볼 수 있다. 억양 차이(prosodic differences)로 인해 나타나는 또 다른 불일치는 강세 유형(stress patterns)이

서로 다르다는 것이다. 그러한 불일치는 동족어(cognates)의 경우 특히 두드러진다. L2 학습자들은 두 언어 사이의 '동일/유사 형태 및 의미'의 함정('same/similar form and meaning' trap)에 빠질 수도 있다(그리고 실제 빠지기도 한다). 이는 스페인어의 단어들이 마지막 음절에 강세를 가지는 경우에 특히 그런데, 영어에서는 마지막 음절에 강세가 오는 것을 피하는 경향이 있기 때문이다. 다음은 이러한 충돌을 보여주는 예들이다:

- 이음절(disyllabic)
  - 스페인어에서는 마지막(ult) vs. 영어에서는 마지막에서 두 번째(penult)
    color, labor, honor, fatal, accion/action;

- 삼음절(trisyllabic)
  - 스페인어에서는 마지막(ult) vs. 영어에서는 마지막에서 세 번째(antepenult)
    animal, general, cultural, natural;
  - 스페인어에서는 마지막(ult) vs. 영어에서는 마지닥에서 두 번째(penult)
    decision, informal, profesor/professor;

- 사음절(four syllabic)
  - 스페인어에서는 마지막(ult) vs. 영어에서는 마지막에서 두 번째(penult)
    artificial, horizontal, education/educacion;
  - 스페인어에서는 마지막(ult) vs. 영어에서는 마지막에서 세 번째(antepenult)
    particular, original, opinion
  - 스페인어에서는 마지막(ult) vs. 영어에서는 마지막에서 네 번째(pre-antepenult)
    (영어의 경우, 세 번째 음절에 강세를 받지 않는 [ə]를 가지는 경우임)
    calculador/calculator, operador/operator, navegador/navigator

다음은 이상 학습에 어려움을 주는 주요한 것들을 요약한 것이다.

- 완전히 결핍된 목표음들: /v/ → [b], /θ/ → [t], /ð/ → [d], /ʃ/ → [tʃ], /z/ → [s];
- 분포: 단지 /s, n, l, ɾ/만이 L1에서 말에 나타남;
- 목표음 /p, t, k/의 기식(aspiration);
- 모음간 L1 유성 폐쇄음의 마찰음 변이 (예, adore → [aðɔɾ]);
- 심각한 음성학적인 위반(phonetic violations): 유음들;
- 자음군들(consonant clusters);
- 여러 목표 모음 대립들의 불충분한 구별;
- 강세;
- 리듬.

8.3 불일치에 대한 차별적 처리

앞장에서 많은 음성상의 불일치(phonetic mismatches) 이외에도 화자의 L1과 L2 사이에 존재하는 음소상의 불일치(phonemic mismatches)의 여러 예들을 살펴보았다. 비록 이러한 음소상의 불일치에서 야기된 어려움이 실질적인 어려움이기는 하나, 불일치의 본질(quality)상 겪게 되는 어려움 사이에도 차이가 있으며, 불일치의 유형이 서로 다름으로 인해 야기되는 어려움의 정도도 다르다.

두 체계 사이의 음소 불일치의 한 유형은 L2에서 대조였던 두 소리가 L1에는 존재하지 않음으로 인해 나타나는 상황의 결과이다. 이는 영어의 /θ/-/ð/ 대립으로 예시되었다(예, ether [iθəɹ̩] ((화학)에테르; (시) 하늘, 창공) vs. either [iðəɹ̩]). 위에서 봤던 것처럼, 아라비아어, 프랑스어, 독일어, 한국어, 터키어, 페르시아어, 포르투갈어, 그리고 러시아어를 비롯한 많은 언어에서 영어의 이 두 음소는 완전히 결여되어 있다. 따라서 목표어의 대립 위반이 다른 소리로의 대체가 가능하도록 만들었다.

음소 위반(phonemic violations)을 가져오는 두 번째 불일치는 L2에서 대립관계에 있는 두 소리가 L1에서는 한 소리의 이음으로 존재할 때이다. 앞에서 언급한 바와 같이, 영어에서 /t/와 /tʃ/ 사이의 대립(e.g. tip /tɪp/ vs. chip /tʃɪp/)이 모국어가 포르투갈어인 학습자들에 의해 불충분하게 구분(under-differentiated)된다. 이는 왜냐하면 이 두 소리가 L1에서는 동일한 음소의 이음들이기 때문이다. 이를 도식화하면 다음과 같다:

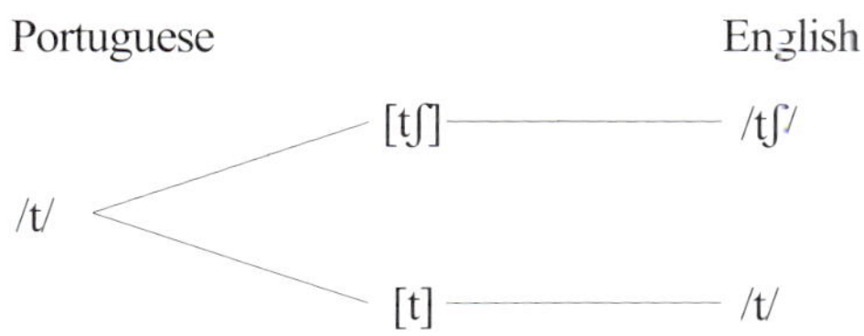

첫 번째 상황은 새로운 음소(들)을 습득하는 것과 관련이 있고, 두 번째 유형은 모국어에 이미 존재하는 이음 변이(allophonic variation)에서 음소분할(phonemic split)을 새롭게 만들어 내는 것과 관련있다. 아마 동일 음소의 이음으로서 존재하는 두 개의 소리를 다시 배열하여 새로운 음소들을 만들어 내는 것보다 새로운 음소를 습득하는 것이 더 어려울 것이라고 생각을 할 수도 있을 것이다. 하지만, 기존의 연구들은 이와는 반대의 결과를 보여준다. 즉, L1과 L2에서 구조나 소리가 유사할 때가 이 소리들이 다를 때보다 학습이 더 힘들다는 것을 이전 연구들은 보여주고 있다(Oller and Ziahosseyni 1970; Flege 1987, 1990; Major and Kim 1999).

8.3.1 기본 문맥과 도출 문맥

L1에서 존재하는 이음변이로부터 L2에 대한 음소분할(phonemic split)에 이르는 어려움의 정도는 여러 문맥에서 상관관계를 가지고 있다. 이 문제에 대한 심도 깊은 조사에서, Eckman et al. (2003)은 위에서 언급한 문제와 관련해 (다시 말해, L2에서는 두 소리들이 대립을 이루지만, L1에서는 한 형태소의 이음인 환경에서) L1과 L2 사이에 충돌이 있을 때는 언제나 목표어의 음소 대립은 기본 문맥에서(즉,

동일형태소 내의(tautomorphemic) 문맥에서) 먼저 습득되고, 그 후에 도출 문맥에서(즉, 서로 다른 형태소 사이의(heteromorphemic) 문맥에서) 습득된다고 주장하였다. 영어의 /t/-/tʃ/ 대립과 관련한 포르투갈-영어의 불일치로 다시 돌아가, 영어를 학습하는 포르투갈 학습자들의 초기 학습단계에서 tea와 betting이라는 영어단어의 예상되는 발음은 각각 [tʃi]와 [bɛtʃɪŋ]일 것이다. 이는 목표음의 대립 관계를 구분하지 못한 발음상의 에러이다. Eckman et al.은 이를 "1단계 (Stage I)" (즉 "무 대립 관계(no contrast) 단계")라고 기술한다. 이 단계에서는 모국어의 이음 규칙이 기본 문맥과 도출 문맥에서 모두 적용된다. 여기서, 기본문맥(basic context)은 동일형태소 내의 상황(tautomorphemic situation)을 일컫는데, [tʃ]로 되는 영향을 받는 /t/와 관련된 환경, 즉 뒤따르는 모음 /i/가 동일한 형태소에 있다는 것을 말한다. 도출환경(derived context)은 서로 다른 형태소 환경(heteromorphemic context)에 있다는 것을 일컫는다. Eckman et al.은 그 다음 단계인 "2단계(Stage II)"는 모국어 규칙이 도출된 (즉, 서로 다른 형태소에 있는) 환경에서만 적용하는 방식으로 부분적인 대립 관계(partial contrast)를 보일 것이라고 예측한다. 즉, 고모음(high vowel)에서 /t/가 규칙의 영향을 받아 [tʃ]가 되는데, 이는 서로 다른 형태소에 속하는 betting이라는 단어에서는 [bɛtʃɪŋ]으로 되지만, tea는 [ti]로 실현되지 *[tʃi]로 실현되지는 않는다는 것이다. 마지막 단계인 "3단계(Stage III)"는 목표 대립관계(target contrast)가 기본 문맥과 도출 문맥에서 모두 습득되는 단계를 일컫는다. 즉, 동일형태소 내에서도 형태소 사이에서도 대립 관계가 습득된다는 것이다. 따라서, 다음과 같은 함축관계(implicational relation)가 성립된다: 만약 목표 유형이 형태소들 사이의 문맥에 습득이 된다면, 이는 동일한 유형이 동일형태소 환경에서도 습득된다는 것을 함축하지만, 그 반대는 성립하지 않는다. (*If a target pattern is acquired in a heteromorphemic context, it implies that the same is acquired in a tautomorphemic context, but not vice versa.)*

이 함축관계는 학습자가 (예를 들어 betting을 [bɛtɪŋ]으로 발음하여) 도출환경에서는 성공적이지만, (tea를 [tʃi]로 발음하여) 기본환경에서는 실패하는 상황을 배제한다. 이 가설은 습득 유형(acquisition patterns)이 그러한 순서, 즉, 도출환경에서보다 기본 환경에서 학습이 더 빨리 이루지는 순서로 이루어진다는 여러 연구들을 통해 지지를 받고 있다.

Eckman and Iverson (2013)은 위의 모든 내용을 더 발전시켜 두 언어 사이의 음운론적 차이가 동일한 목표어의 음소적 대립들을 학습할 때 서로 다른 출력형을 결정한다는 사실을 보여 주었다. 그들이 다룬 사례는 일본어와 한국어를 모국어로 하는 화자들이 영어의 /s/와 /ʃ/를 습득하는 것에 초점을 맞추고 있었다. 이 언어들은 둘 다 음성 목록에 [s]와 [ʃ]를 가지고 있었고, 두 언어 모두 고위 전설 모음 [i] 혹은 구개 활음[j] (즉, 고위 전설 모음성음(vocoids)[17]) 앞에서 /s/를 [ʃ]로 실현하는 음운 규칙도 가지고 있었다. 하지만, 유사성은 여기서 끝난다. 한국어에서 [ʃ]는 /s/의 이음이고, 단지 /i/앞에서만 나타난다([s]는 /ɛ, ə, a, o, u, ɨ/ 등 모든 모음 앞에서 나타난다). 반면, 일본어에서는 이 두 마찰음이 개별 음소에 속한다. 이 두 마찰음이 [a, o, u]앞에 ([sakai] "boundary" vs. [ʃakai] "society") 그리고 근래의 차용어에는 [e]앞에서도 대립관계를 가지기 때문이다. 다시 말하면, 구개음화 규칙은 두 언어에서 모두 /i/앞에서 유효하게 적용된다. 하지만, 차이점은 한국어에서는 구개음화 규칙이 이음 규칙(allophonic rule)인 반면, 일본어에서는 이것이 중화규칙(neutralization rule)이라는 점이다. 두 언어의 이러한 구조적 차이점은 영어의 /s/와 /ʃ/ 사이의 대립을 습득하는데 중요한 반향을 가진다. 한국어의 경우는 위에서 논의한 포르투갈의 예와 유사한데, 이는 모국어는 구개음화라는 이음 규칙을 가지고 있고 예측상 동일한 패턴의 세 가지 단계를 따른다는 점에서 그렇다: 이 세 단계는 (1) 어떤 환경에서도 대립이 없는 단계; (2) 부분적 대립 관계를 가지는 단계(목표음이 기본 문맥(예, 단일 형태소인 문맥)에서는 정확하게 실현되며, 구개음화 규칙은 단지 도출환경에서만 적용됨); 그리고 (3) 대립 관계가 모든 환경에서 실현되는 단계이다. 반면에, 일본어에서 /s/와 /ʃ/가 대립 관계에 있으며, /s/를 고위 전설 모음 앞에서 [ʃ]로 구개음화하는 규칙은 이음적이라기 보다는 중화적인 규칙이다. 그 결과, 일본어를 모국어로 사용하는 화자들은 [s]와 [ʃ]를 고위 전설 모음 앞에서 가지는 영어 단어를 발화하려고 하는 시도에서 한국 학습자들과는 다른 에러 형태를 만들어 낼 것이다. 일본어가 L1인 화자들에게서 관찰된 것처럼 보이는 것은

17 성도 내에서 공기의 흐름을 막거나 방해하지 않고 나는 소리를 모음성음(vocoids)이라고 하며, 모음과 활음이 모두 포함됨. -역자주.

washing [wɑʃɪŋ]이 [wɑsɪŋ]으로 실현되는 과잉 정정 에러(hypercorrection errors)가 더 많다는 것이다. 이러한 에러 형태에 대한 설명은 일본인 학습자들이 과거에 [ʃ]+고위전설 모음 연쇄를 발화한 것이 에러를 만들어 냈다는 자각이며, 따라서 이러한 일본인 학습자들은 목표 언어에서 이 연쇄를 지나치게 수정하여(overcompensate) [ʃ]대신에 [s]를 만들어 낸다는 것이다. Eckman과 Iverson은 그러한 과잉 수정(hypercorrections)이 한국인들에게는 그렇게 일찍 나타나지 않는다고 주장하는데, 그 이유는 그러한 에러들은 일단 문제가 되는 음들이 대립관계에 있도록 습득되어 있어야 한다는 것을 필요로 하기 때문이다. 일본어는 [s]와 [ʃ] 사이에 음소적 대립을 가지고 있기 때문에, 그러한 에러는 예측될 수 있다. 똑같은 현상이 한국어 화자들에게도 나타나지만, 그러기 위해서는 대립 관계가 먼저 성립되어야한다. 이 예는 시사하는 바가 매우 큰데, 중간언어의 수행상의 차이점은 음성적이라기 보다는 (다시 말해, 표면상의 음성적인 특징에 기반을 두었다기 보다는), 오히려 추상적인 음소 대립에 기반을 두고 있다는 점에서 그렇다.

8.3.2 굴절된 대립

Eckman et al.(2003)은 L1과 L2 사이의 일부 음소 불일치는 결과적으로 중간언어(interlanguage)에서 두 교체음이 생기는 상황에서, 한 교체음이 체계적으로 차단되는 상황을 논의하였다. 포르투갈 화자들의 영어 치간음 /θ, ð/ 구현은 이 상황에 대한 좋은 사례이다. 포르투갈 화자들은 /θ/를 전형적으로 [t]로 대체한다. 예를 들어, thank는 [tænk]로 실현된다. 앞서 보았지만, 포르투갈어는 또한 영어 /t/-/tʃ/ 대립에 대한 불충분한 구분(under-differentiation)[18]도 가지고 있다. [t]와 [tʃ]가 포르투갈에서는 한 음소의 이음들이기 때문에, 학습자들은 목표음인 tip과 chip을 동음이의어 (homophonously)처럼 발음한다. 학습자들이 영어의 목표음 /t/가 전설 고위 모음(high front vowel) 앞에서 [tʃ]로 발음하는 한편, 목표 단어들이 /θ/를 전설 고모음 앞에 가지고 있을 때는 그러한 경향을 보이지 않는다. 따라서, think [θɪŋk]

18 under differentiation을 '불충분한 구별'; over differentiation을 '과잉 구별'로 번역함. – 역자주.

와 같은 단어들은 [tʃɪŋk]로 구현되는 것으로 예상되기 보다는 오히려 [tɪŋk]로 예상된다. 다시 말해서, 학습자들은 [t] 소리가 두 개의 서로 다른 운명을 가지고 있는 것을 구별할 수 있다. 모국어의 이음 규칙은 /t/를 전설 고모음 앞에서 [tʃ]로 바꾸는 반면, 목표음 /θ/의 대체음인 [t]는 동일한 경로를 따르지 않는다. 이러한 방식으로, 학습자들은 목표어에 있는 세 개의 음소 /θ/, /t/ 및 /tʃ/를 구별하고, 이 대립 관계들 간의 중화(neutralization)를 방지한다. Eckman et al.은 한국어와 일본어 화자들을 대상으로 한 그들의 연구 또한 목표어의 대립들을 유지함으로써 이러한 경향을 확인하였다고 진술한다.

8.3.3 과잉 대립

언어 학습자들은 새롭게 습득된 대립 관계에 대해 어려움을 가지고 있으며, 음소 쌍에서 음소를 잘못 대체할 지도 모른다. Eckman et al.(2003)은 이러한 현상을 "과잉 대립(hypercontrast)"이라고 부르고, 이는 과잉 일반화(over-generalization) 혹은 과잉 교정(hypercorrection)의 결과라고 진술한다. 과잉대립은 화자들이 L1 간섭(L1 interference)을 통해 그들이 만들었던 예전의 실수들을 인식하는 것이 그 동기가 된다고 한다. 예를 들어, 스페인 화자들은 영어의 /d/와 /ð/ 대립에 어려움을 겪는다. 그 이유는 L1에서 이 두 소리들이 한 음소의 이음들이기 때문이다. 하지만, 일단 스페인 화자들이 이 대립을 습득하면, 그들은 모음 사이에서 올바른 [ð] 대신 잘못된 [d]를 발음하는 경우도 있다. 또 다른 예는 다음과 같다: 어두 위치(initial position)에서 /d/ 목표음을 가지고 있는 어휘 항목을 새로 습득했다면, 비록 이 어휘 항목이 L1 유형에 따르고 있지만, 과잉대립의 영향으로 [ð]로 잘못 발음되는 경우도 있다.

8.4 유표성

위에서 논의한 세 가지 유형의 음소 불일치는 학습자들이 L2 음운 습득에서 경험하는 서로 다른 어려움의 정도를 분류하는데 도움이 될지도 모른다. 하지만, 이들이 전체적인 그림을 보여주는 것과는 거리가 멀다. 그 이유는 유표성(markedness)과 관련해 구조적인 요소들이 가지고 있는 다양한 특징들 때문이다. 한 구조의 유표성(*markedness*)은 여러 언어들에서 그 구조가 공통적으로 나타나는 것과 관련이 있다. 간단히 말해서, 만약 범언어적으로 한 언어에서 A의 존재가 B의 존재를 함의하지만, 그 반대는 아니라면, 한 구조 (혹은 제약) A는 다른 구조 B보다 더 유표적(marked)이다. 하지만, 그 반대의 관계는 성립하지 않는다. (Eckman 1977, 1985; Eckman and Iverson 1994). 따라서, 두 구조 A와 B는 A가 B보다 더 유표적일 때 L2 학습자들에게 정도에 있어서 차이를 보이지만 어려움을 안겨준다. 빈번하게 논의되는 고전적인 예는 장애음의 유-무성 대립과 관련하여 (a) 독일어-영어 및 (b) 영어-프랑스어의 불일치이다. 유무성 폐쇄음 시리즈인 /b, d, g/와 /p, t, k/는 영어와 독일어의 음소 목록의 일부이다. 두 언어 모두 단어의 처음과 중간 위치에서 유성 및 무성 폐쇄음의 대립을 보이지만, 단어의 끝에서는 영어만 대립이 있다. (예, <u>back</u>-<u>bag</u>); 독일어는 무성을 선호하여 대립을 중화시키고, 유성을 이 위치에서는 허용하지 않는다. 이 위치에서 만들어진 불일치(mismatch)로 인해, 우리는 독일어 화자들이 영어의 어말 유성 폐쇄음(final voiced stops)을 배우는데 어려움을 겪을 것이라는 것을 쉽게 예측할 수 있다. 이들은 <u>cab</u> [kæb] → [kæp], <u>bed</u> [bɛd] → [bɛt] 등과 같이 유성 폐쇄음을 단어의 끝에서 무성 폐쇄음으로 대체하는 것을 우리는 흔히 관찰할 수 있다.

동일하게 기술될 수 있는 두 번째 상황은 L2에서는 단어의 모든 위치에서 존재하는 대립인데 L1에서는 단어의 한 위치에서 중화되는 대립이다. 이를 위해, 우리는 영어와 프랑스어에서 /ʃ/ vs. /ʒ/ 대립을 고려할 것이다. 두 언어 모두 단어의 중간과 끝 위치에서 이 두 소리들이 대립을 이룬다. 하지만, 단어의 첫 위치에서의 대립은 프랑스어에서만 있다. 이 불일치(discrepancy)를 통해 우리는 프랑스어를 배우는 영어 화자들이 단어의 첫 위치에서 앞서 얘기한 대립을 이루는데 어려움을 겪을 것이라고 예측할 수 있다. 이는 영어를 배우는 독일어 화자들이 단어의 끝에서 영어의 유성 폐쇄음에 대해 어려움을 겪는 것과 유사한 상황이다.

	/ʒ/				유성 폐쇄음		
	어초	어중	어말		어초	어중	어말
L1(영어)	-	+	+	L1(독일어)	+	+	-
L2(프랑스어)	+	+	+	L2(영어)	+	+	+

이 두 경우 모두 기술적인 면에서는 동일한 상황이다. L2는 단어의 어떠한 위치에서도 목표음이 나타나는 것에 대한 제약이 없다. 반면, L1은 위치상의 제약(positional restriction)이 있다. 즉, 영어는 단어의 첫 위치에서 /ʒ/를 허용하지 않고, 독일어는 단어의 마지막 위치에서 유성 폐쇄음을 허용하지 않는다. 이 두 개의 동일하게 기술되는 불일치를 관찰한 음운론 학자들은 이 두 상황에서 경험하게 되는 학습상의 어려움이 아주 다르다는 것을 재빨리 지적할 것이다. 그들은 독일어 화자들에 의한 어말의 유성 폐쇄음 습득은 영어 화자들의 프랑스 어두의 /ʒ/를 습득하는 것보다 훨씬 더 힘겹다고 지적할 것이다. 비록 앞서 기술된 두 상황이 장애음에서의 유무성 대립 (마찰음의 /ʃ/- /ʒ/ 및 폐쇄음의 /p, t, k/-/b, d, g/)을 다루고 있지만, 단어 끝의 유무성 대립을 습득하는 것은 단어 첫머리에서 유무성을 습득하는 것 보다 훨씬 더 힘들다. 범어적으로, 어말 위치에서의 유무성 대립은 어두 위치에서의 유무성 대립을 함축하고 있다. 하지만, 그 반대의 경우는 사실이 아닌 것으로 알려져 있다. 이에 따라, 유성 폐쇄음(voiced stops)을 습득하는 어려움은 어말 위치에서 유무성 대립의 보다 더 유표적인 본질(more marked nature)의 결과이다. 따라서, 단순한 대조 분석(contrastive analysis)은 L1과 L2사이의 불일치를 기반으로 예측을 할 수 있지만, 그 이상의 설명을 할 수는 없다. 구조의 상대적인 유표성을 언급하고서야 우리는 겉보기에는 동일한 상황에서 학습자들이 서로 다양하게 수행하는 것을 설명할 수 있게 된다.

유표성 관계(markedness relations)를 좀 더 살펴보면, 우리는 교정(remediation)을 위해 다른 요소들이 관련되어 있음을 알게 된다. 예를 들어, 학습자들이 치경(즉, /t/ vs. /d/)보다는 연구개(즉 /k/ vs. /g/)에서 유무성의 대립을 습득하는데 어려움이 더 많고, 양순음을 가장 덜 힘들어 한다는 것이 관찰되었다. 다시 말해서, 무성음화(devoicing)에 의해 대립을 중화시키는 경향은 조음 위치가 뒤쪽으로 이동할수록 더 커진다. 조음 위치에 기반한 그러한 차이점에는 공기역학적(aerodynamic) 설명이 있다. 폐쇄음의 경우, 성문하부 영역(subglottal area)이 더 크면 더 커질 수록, 그것은 구강 압력(oral pressure)이 성문 하부 압력(subglottal pressure)보다 더 높아지게 만들어, 성대 진동이 멈추기 전 일정한 시간동안 공기의 성문 흐름(glottal flow)을 더 잘 수용할 수 있게 한다는 것이다. 조음 위치가 양순음 /b/에서 치경 /d/로, 그리고 연구개 /g/로 움직여 감에 따라, 성대 크기가 점점 더 작아진다. 따라서, 연구개가 성문 흐름을 유지할 수 있는 기회가 가장 작아지며 따라서 가장 빨리 무성화된다.

어말 유성 폐쇄음을 선행하는 모음의 높이가 어말 무성음화(final devoicing)에 대한 중요한 요인일 수 있다는 것 또한 제안되었다(Yavaş, 1997). 구체적으로 말해, 모음의 높이가 증가함에 따라, 즉, 공명 수치(sonority index)가 낮아짐에 따라, 어말 유성 폐쇄 목표음의 무성음화에 대한 환경이 더 우호적으로 된다는 것이다. 이를 위해 제안된 이유는 고모음 (high vowels)은 더 낮은 공명성 모음을 가지고 있는데, 이는 혀를 들어올려 다른 모음들보다 협착을 더 만듦으로써, 보다 높은 성문상위 압력을 만들어 내어 무성음화가 더 일어나게 한다는 것이다(Jaeger, 1978). 이 무성음화에 대한 취약성(vulnerability)은 다음의 어말 유성 폐쇄음에 영향을 미치는 것처럼 보인다. 따라서, 모든 것을 종합해 보면, 우리는 예를 들어, 서로 다른 유표성(markedness)이 서로 다르게 조합된 것들에 대해서 다양한 성공률(success rate)을 찾을 수 있을 것이다.

pig [pɪg] (연구개 폐쇄음 앞에 고위 V가 선행)	가장 유표적
bag [bæg] (연구개 폐쇄음 앞에 저위 V가 선행)	↕
bib[bɪb] (양순 폐쇄음 앞에 고위 V가 선행)	
cab [kæb] (양순 폐쇄음 앞에 저위 V가 선행)	가장 덜 유표적

단순 대조 분석(simple contrastive analysis)의 불충분성과 유표성 고려의 필요성을 보여주는 또 다른 예는 음절 종성 자음(coda consonants)에서 찾을 수 있다. 언어에서 CV는 보편적으로 무표화된 음절 구조이지만, 즉, CV음절이 없는 언어는 찾을 수 없지만, 이 음절구조에 무언가를 첨가하는 것은 정도가 다르기는 하지만 유표성을 더하는 것이다. CVC 음절은 비록 매우 유표화된 구조는 아니지만 어떤 언어에서는 완전히 결여되어 있을 수도 있다. 또는 그 대안으로 어떤 종류의 자음들이 종성 위치를 차지할 수 있는 지에 대한 제약을 가지고 있을 수도 있다. 예를 들어, 일본어와 같은 언어에서, 단지 /n/만이 하나의 종성으로 허용된다. 단순 대조 분석(simple contrast analysis)은 목표가 되는 영어 단어에서 비음을 제외한 (예를 들어, 장애음이나 비음과 같은) 어떠한 종성도 일본어화자들에게는 문제가 될 것이라고 예측할 것이다. 일반적인 의미에서 이 예측이 올바르긴 하지만, 학습자들이 다른 종류의 소리들에서 경험하는 어려움의 정도는 상당히 다르다; 예를 들어, 장애음 종성(obstruent codas)이 유음 종성(liquid codas)보다 훨씬 더 큰 어려움을 준다. 이러한 상황은 대조 분석(contrastive analysis)으로는 설명할 수 없지만, 종성 위치에서 특정한 무리의 소리들이 가지는 상대적인 유표성을 가지고 설명을 한다면 실제적으로 꽤 예측할 만한 것들이다. 보편적으로 말해서, 장애음들이 단일 종성(singleton coda)으로서는 더 유표적이다. 즉, 덜 기대되는 소리라는 의미이다. CVC 음절을 가진 언어에서, 종성 위치는 일반적으로 공명음(sonorants)들에 의해 차지된다. CVC 음절을 허용하는 언어들에서 관찰되는 유형에는 2가지 유형이 있다:

(a) 장애음과 공명음을 모두 종성에 허용 (예, 영어)
(b) 단지 공명음만 종성에 허용 (예, 일본어)

장애음 종성은 허용하는데, 공명음 종성은 허용하지 않는 언어는 없다. 이는 공명음이 종성으로서는 장애음보다 더 자연스럽다는, 즉 더 무표적(unmarked)이라는 것을 가리킨다. L2 학습 상황에서의 실제 예들은 이 견해를 강하게 지지한다. 예를 들어, 몇몇 장애음과 공명음이 종성에 허용되는 언어들의 화자들에게서, 즉, 한국어, 일본어, 광둥어(Cantonese) (Eckman and Iverson 1994), 그리고 포르투갈어

(Baptista and DaSilva Filho 1997) 화자들에게, 영어의 단일 종성을 학습하는데에서 경험한 어려움은 위에서 언급한 것과 동일한 위계의 어려움을 반영한다. 즉 장애음이 공명음보다 더 어렵다는 뜻이다.

영어 유음의 습득 패턴도 유표성 조건(markedness conditions)과 관련해 아주 좋은 예이다. 영어는 /l/과 /ɹ/ 사이의 대립을 모든 단어 위치에서 만든다. 북경어(Mandarin)와 같은 언어는 이 유음들 사이의 대립을 단어의 초성위치로 제약하고 있다; 음절성 유음도 없으며, 단지 /r/만이 종성 위치에서 발견된다. 단순 대조 분석은 북경어 화자들이 영어의 목표음이 된 유음을 초성 위치에서는 성공적으로 실현하지만, 다른 위치에서는 어려움을 겪을 것이라고 예측한다. Paolillo (1995)는 영어 유음의 구현을 다섯 개의 다른 환경에서 조사했다: 어두 (word initial) (예, rain, leaf), 자음 뒤(postconsonantal) (예, play, free), 모음 사이(intervocalic) (예, around, polar), 음절핵(syllabic nucleus) (예, razor, apple), 모음 뒤(postvocalic) (예, fall, cart). 결과는 영어의 목표가 되는 유음사이의 대립을 성공적으로 구현하는 데는 환경들의 위계가 있다는 것이다. 우호적인 환경을 먼저 언급하는 순서로 나열하면, (1) 어두 (word initial), (2) 음절 핵 (syllabic nucleus), (3) 모음사이 (intervocalic), (4) 자음뒤 (postconsonantal), 그리고 (5)모음 뒤(postvocalic)의 순이었다. 만약 학습자가 하나의 환경에서 성공적이지 않다면, 그들은 이 순서의 뒤에 오는 환경(들)에서도 성공적이지 않다는 것을 함축한다. 예를 들어, 만약 학습자들이 모음 사이의 환경에서 문제가 있다면, 그 학습자는 자음 뒤와 모음 뒤의 환경에서도 문제가 있을 것이다. 이에 대한 설명은 서로 다른 환경에서 유음이 가지는 상대적 유표성에서 찾을 수 있다. 이는 다시 이러한 각각의 환경에서 가지는 상대적 음향적 두드러짐과 관련이 있다. 구체적으로 말해, 상대적 두드러짐이 어두 혹은 음절 핵 위치에서가 다른 전이적 위치 혹은 무리들 사이에서보다 더 높다. 이 예는 학습자들의 어려움이 L1과 L2사이의 단순 대조 분석상의 불일치로는 설명될 수 없고, 서로 다른 환경에서 목표음이 가지는 상대적 유표성이 고려되어야 한다는 것을 보여준다.

유표성으로부터 우리가 얻을 수 있는 귀중한 통찰력의 한 예를 위해서, 우리는 우리의 관심을 영어와 다른 여러 언어 사이에서 발견되는 기식(aspirated) vs. 무기식(unaspirated) 폐쇄음의 불일치로 돌리도록 한다. 이 불일치는 상당한 곤란의 원천이다. 영어는 음절 초(syllable-initial) 위치에서 기식 폐쇄음을 가지고 있지만, 스페인, 포르투갈 등과 같은 언어에서는 폐쇄음이 기식되지 않는다. 따라서, 이러한 언어를 사용하는 화자들이 영어를 배우려고 시도를 할 때 많은 어려움을 겪는 것은 흔히 발견되는 일이다. 그들은 목표가 되는 기식 폐쇄음 [pʰ, tʰ, kʰ]를 무기식 폐쇄음 [p, t, k]로 대체한다. L1과 L2사이의 대조 분석이 이 불일치가 어려움을 야기시킨다는 것은 예측할 수 있지만, 서로 다른 목표음 사이의 서로 다른 정도의 어려움에 대해서는 아무런 설명을 할 수가 없다. 여러 연구들(Laeufer 1996; Port and Rotunno 1978; Thurnburg and Ryalls 1998; Major 1987; Yavaş 1996, 2002)은 양순음에서 치경으로, 치경에서 연구개로 갈수록 기식 폐쇄음을 습득하는데 학습자들이 어려움을 덜 겪는다는 것을 발견했다. 다시 말해, 우리는 [pʰ, tʰ, kʰ]사이의 상대적 유표성을 다루고 있으며, 그 중 첫 번째가 가장 유표화되었으며, 마지막 음이 가장 덜 유표화되었다. 다른 정도의 용이성 혹은 어려움(즉, 유표성)의 이유는 폐쇄음의 개방에 따른 기압 하락의 갑작스러움(abruptness) 정도와 관련이 있다. 기압 하강이 더 갑작스러울수록, 다음 분절음(모음 혹은 유음)의 유성이 더 빨리 시작한다. 다른 조음 위치에 경우, 폐쇄와 관련된 조음자들 간의 이동성의 차이가 압력 하강의 갑작스러움에 있어서의 종류가 서로 다름에 대한 이유가 된다. 설배(tongue dorsum)는 더 천천히 떨어져 나온다(다시 말해, 설단이 치경으로부터 떨어지는 /t/ 혹은 두 입술이 서로 떨어지는 /p/의 경우보다 연구개로부터 떨어지는 연구개음 /k/가 훨씬 덜 갑작스럽다). 더 느린, 그래서 더 긴 개방은 다음에 나오는 분절음이 유성을 시작하기 위한 적절한 압력차를 연기시킨다. 그래서 연구개음이 치경음과 양순음보다 더 긴 지연(기식)을 가지는 것이다.

뒤따르는 분절음의 공명성이 폐쇄음의 기식 정도에 영향을 미칠 지도 모른다는 점 또한 제안되었다(Weismer 1979; Flege 1991; Klatt 1975; Yavaş 2002, 2009). 어두의 폐쇄음은 고위 모음과 같이 더 좁은 개방(즉, 더 낮은 공명성 지수)을 가진 분절음 앞에서가 저위 모음과 같이 더 큰 개방 조음(즉, 더 높은 공명성 지수)을 가진 다른 분절음보다 시간 지체를 더 길게 가지는 것처럼 보인다. 이에 대한 이유는 보다 낮은 공명성을 가진 항목들(예, 고위 모음)은 높은 공명성을 가진 항목들(예, 저위 모음)보다 구강에서 기류에 대한 더 많은 장애를 받기 때문이다. 폐쇄음의 폐쇄 기간 동안 다음에 따라 나올 고위 모음을 예상해서 취하고 있던 높은 혀의 위치는 덜 갑작스러운 압력의 하강을 가져올 것이기 때문에, 그렇게 만들어진 폐쇄음은 저위 모음에서보다 시간 지체를 더 길게 가져 올 것이다.

이 모든 것을 종합해 보면, 우리는 다음의 상대적 유표성을 보여줄 수 있다:

가장 덜 유표적	kit	(연구개음와 고위 모음)
	cat	(연구개음과 저위 모음)
↕	tit	(치경음과 고위 모음)
	tat	(치경음과 저위 모음)
	pit	(양순음과 고위 모음)
가장 유표적	pat	(양순음과 저위 모음)

유표성의 효과는 아마 다른 어떤 영역보다도 음절 구조에서 가장 흔히 연구되어왔을 것이다. 첫 번째 예는 연쇄 관계(sequential relationship)에서 오며, 첫 번째 요소가 /s/인 영어의 이중초성에서 살펴볼 수 있다. 가능한 관계들을 기술해 보면, (a) /s/ + 폐쇄음 (예, speak, stop, skip), (b) /s/ + 비음(예, small, snail), (c) /s/ + 설측음(예, sleep), 그리고 (d) /s/ + 활음(예, swim)이 있다. 이중 초성을 허용하는 언어 중 여러 언어가 위에서 열거한 조합을 가지고 있지는 않다. 그리고 스페인어는 그러한 언어 중의 하나이다. 따라서, 스페인어 화자들은 영어를 배울 때 어두의 /sC/ (여기서 C=자음) 목표음에서 어려움을 겪을 것이라고 예상되며, 실제 그들은 어려움을 겪는다. 하지만 흥미로운 점은 위에서 열거한 s-무리들인 (a), (b), (c), 그리고 (d)의 서로 다른 조합들과 관련하여, 학습자들이 겪는 어려움이 같지는 않다는 점이다. (a)-(d)에서 영어를 학습하는데 있어서 어려움의 정도가 점점 감소한다는 점이 관찰되어 왔다: 다시 말해, /s/+폐쇄음이 가장 어렵고, /s+w/가 가장 덜 어려웠다.

두 언어 사이의 대조 분석이 영어의 어두 /sC/무리들이 (스페인어는 그러한 자음군을 가지고 있지 않기 때문에) 스페인어 화자들에게는 어려울 것이라고 예측할 수 있지만, 관찰되는 서로 다른 정도의 어려움을 겪을 것이라는 예측을 뛰어 넘어 설명할 어떤 수단도 가지고 있지 않다. 여기서 다시 한 번 목표음의 상대적 유표성에서 그 설명을 찾을 수 있다. 제 6장에서 언급했듯이, 무리들의 상대적 자연성(relative naturalness of clusters)은 음절의 가장 자리에서 꼭대기(peak)(nucleus(핵))로 옮겨갈수록, 공명성의 값이 증가해야 한다고 하는 공명성 연쇄(sonority sequencing)의 원리와 가깝게 연결된다. 논의 중인 목표음에서 그 중의 하나인 (a) /s/+폐쇄음은 이 원리를 어기는데, 그 이유는 초성군의 첫 번째 요소인 /s/는 무성 마찰음으로서 공명성 수치 1을 가진 두 번째 요소인 /p, t, k/보다 공명성 수치 3으로서 더 높은 공명성을 가지고 있기 때문이다. 따라서, C_1에서 C_2로 이동할 때, 기대되는 공명성의 상승보다 오히려 하강이 일어나고 있다.

보편적인 면에서 매우 기대치 못한 (유표적인) 조합이나, 습득하기 매우 어려운 목표음이라는 것을 증명하는 것은 그다지 놀랄만한 일이 안니다. 남은 목표음 (b) /s/+비음, (c) /s/+설측음, 그리고 (d) /s+w/는 모두 공명음 연쇄 원리를 충족하고 있는데, 이는 C_1에서 C_2로 이동해 감에 따라 공명성에서의 상승이 있기 때문이다(/s/+비음: 3에서 5; /s/+설측음: 3에서 6; /s+w/: 3에서 8). 우리가 앞서 주목했듯이, 이 세 목표음들 사이에는 점점 감소하는 정도의 어려움이 있고, 이는 또한 그 소리들의 상대적 자연스러움을 사용하면 설명될 수 있다. 설측음이 비음보다 공명성이 더 높고, 활음은 설측음보다 더 높다는 사실은 C_1과 C_2사이의 공명성 점프에 있어서 서로 다른 정도의 갑작스러움이 있음을 야기시킨다. 이는 /sw/(공명성 차이 5)가 /sl/(공명성 차이 3)보다 훨씬 더 배우기 용이한 이유가 되는 것처럼 보인다. 이와 유사하게, /sl/은 /s/+ 비음(공명성 차이 2)보다 더 큰 차이를 보이며, 따라서 예측컨데 배우기가 덜 어려울 것이다.

Carlisle (1991, 1992, 1997, 2006)이 행한 스페인어 화자들의 영어 /sC/ 초성 발화에 관한 일련의 연구에서, 유표성은 공명성과 관련하여 발견된 유형에 대한 최선의 설명을 제공했다. Rebello and Baptista (2006)은 브라질식 포르투갈 모국어 화자들에 의한 이 초성 무리의 습득을 조사했는데, 정확성 위계에서 부분적으로나마 공명성을 지지하는 증거를 발견했다.

Cardoso (2008)과 Cardoso & Liakin (2009)는 C가 치경인 경우의 /sC/ 초성군(/st, sn, sl/)의 브라질 ESL 학습자들에 의한 습득을 조사했다; 그들은 어휘 빈도수와 공명 연쇄 원리(Sonority Sequencing Principle; SSP)의 효과를 비교해 보기를 원

했다; SSP는 유표성 위계가 /st/ > /sn/ > /sl/이라고 예측하는데, 이는 /st/가 가장 늦게 습득될 것이라는 의미이다. 하지만, 코퍼스 분석은 /st/가 /sl/보다 그리고 /sl/은 /sn/보다 훨씬 더 높은 빈도수를 가지고 있다는 것을 보여줬다; 따라서 빈도수의 예측에 따라 /st/는 L2에서 /sl/과 /sn/ 전에 발달되는 것처럼 예측된다. 결과는 /sC/ 군의 발달이 빈도수 효과가 아니라 유표성(SSP) 효과에 의해 예측되는 것과 유사한 길을 따른다는 것을 보여준다.

보다 최근에 Carlisle & Cutillas-Espinosa (2015)는 종적 데이타(longitudinal data)를 통해 영어에서 C가 치경인 /#sC/ 연쇄가 스페인 L1 화자들에 의해 습득되는 것 또한 살펴보았다. 이 연구의 목적은 입력형 빈도수 그리고/혹은 유표성에 기반을 둔 공명성이 관찰되는 유형을 설명할 수 있는지를 살펴보는 것이었다. 이 연구는 중간 정도의 학습자(intermediate-level learners)에게서 자음군의 정확한 조음을 일 년을 사이에 두고 두 시점에서 비교하였다. 두 시점에서, 덜 유표적인 초성들이 더 유표적인 것들보다 덜 빈번하게 수정되었다.

Edwards (2015)는 북경 중국어, 베트남어, 그리고 광둥어(Cantonese)를 모국어로 하는 화자들에 의해 /sl, sn, st/ 초성의 습득에서 입력형 빈도수와 L1 전이 뿐만 아니라 유표성의 역할을 조사하였다. 그녀의 연구는 이 세 제약들의 가장 유력한 역할이 정확성 순서(accuracy orders)와 참가자들이 사용하는 조음 수정(production modifications) 모두에서 역할을 한다는 것을 밝혔다; 즉, 베트남어에서는 유표성, 광둥어에서는 L1 전이, 그리고 북경 중국어에서는 입력형 빈도수가 주된 역할을 하였다.

하지만, 마지막으로 Enochson (2014)는 일본어, 광둥어, 북경 중국어 화자들에 의한 동일 영어 목표음의 습득에 초점을 맞추었는데, 그녀는 공명성이 참가자들의 정확성 순서인 /st/ > /sn/ > /sl/을 결정하는 요인이 아니라, L1 전이(L1 transfer)의 탓이라는 것을 밝혔다.

초성군을 허용하지 않는 언어를 사용하는 화자들은 접촉 상황(contact situations)에서 영어의 다른 유형의 무리(clusters)에 관해 다른 변형을 밝힌다는 것을 언급할 필요도 있다. 이집트 아랍어(Egyptian Arabic), 신디어(Sindhi), 벵골어(Bengali) 화자의 에러 유형들은 공명성 연쇄를 어기는 /s/+폐쇄음군은 어두모음(prothetic vowel)(즉, 초성군 앞에 삽입되는 모음)을 가지고 변경되는 반면, 공명성 연쇄를 어기지 않는 초성군들은 삽입 모음(epenthetic vowel)(즉, 초성군 요소들 사이에 삽입된 모음)을 받는다(Broselow 1993). 이는 보다 발화 속도가 빠른 모국어 같은 유형을 가져온다:

이집트 아랍어(Egyptian Arabic)

street	→[istirit]	sweater	→ [siwetar]
study	→ [istadi]	slide	→ [silajd]

신디어(Sindhi)

school	→ [ɪskul]	please	→ [piliz]
spelling	→ [ɪspelɪŋ]	slipper	→ [siliper]

벵갈어(Bengali)

stamp	→ [istamp]	glass	→ [gelas]
school	→ [iskul]	slate	→ [selet]

공명성 지수를 사용하여 초성군 습득이 쉽거나 어려움과 관련한 또 다른 사례는 Browselow와 Finer (1991)에서 보였졌다. 이들은 24명의 한국어 모국어 화자들과 8명의 일본어 모국어 화자들이 영어 목표음 /pɹ, bɹ, fɹ/, /pj, bj, fj/의 발화와 관련하여 얻은 자료를 살펴봤다. 가설은 C_1에서 C_2로의 보다 큰 공명성 점프를 가진 무리들(예, /pj/는 1에서 8로 점프)이 보다 작은 공명성 차이를 가진 무리들(예, /fɹ/은 3에서 7로 점프)보다 문제가 덜하다는 것이었다. 일반적으로, 참여자들의 에러율은 그 예측을 지지했다.

공명성원리에 의해 지배되는 음운 과정 중 음절 종성에 대한 증거는 Hansen (2001)에 의해 제공되었는데, 그는 중국어 화자들에 의한 영어 종성의 습득을 조사했다. 영어 목표음 중 삼종성(triple codas)을 다룸에 있어, 학습자들은 핵에서 종성군을 이루는 음소들로 이동할 때 공명성이 점점 낮아져야 한다는 요구를 어기는 종성군이 가장 어려움을 겪었다. "유음+폐쇄음+마찰음"(예, /lps/ alps, /ɹdz/ words) 및 "비음+폐쇄음+마찰음" (예, /nts/ prints, /ndz/ bands)과 같은 삼종성(triple codas)은 V_1에서 C_1으로, 그리고 C_1에서 C_2로의 공명성 감소를 가지지만, C_2에서 C_3으로는 상승을 가진다. 화자들은 그러한 목표음을 점진적인 공명성 하락을 가진 무표적인 종성 (예, /ɹ̩st/ first, /ɹ̩ld/ world)보다 훨씬 더 자주 수정했다. 화자들이 자음들 중 하나를 생략함으로써 목표음 CCC#를 축소할 때, 그 결과로 나타나는 이중 종성이 공명성 연쇄 제약을 지키는지도 중요하게 작용했다; 결과로 나타나는 이중 종성은 모두 C_1이 C_2보다 공명성에서 더 높다는 점에서 공명성 연쇄 제약의 요건을 만족시켰다.

지면 상의 이유로, 우리는 유표성의 중요성을 증명하는 다른 예들을 더 들지는 않겠지만, 유사한 예들은 다른 많은 음운 구조에서 찾아볼 수 있다. 이 모든 논의에서 나오는 중요한 메시지는 유표성이 다양한 사례를 설명할 수 있는 중요한 개념이며, 따라서 언어 치료사(remediators) 혹은 교사는 그러한 개념의 필요성에 주의를 기울여야 한다는 점이다. 고도로 구조화된 사건의 본질을 더 많이 꿰뚫어 볼 수 있으면, 더 훌륭한 언어치료사 혹은 교사가 될 수 있을 것이다.

8.5 개체발생과 계통발생 모델

위의 논의들은 모두 중간언어 음운론이 세 요소인 L1, L2, 그리고 보편 원리들(유표성)에 의해 지배된다는 것을 명백히 보여준다. 비록 이 세 요소 모두가 학습자의 발화에 영향을 미치기는 하지만, 각 요소들의 역할은 중간언어 발달 단계 마다 서로 다를 수도 있다. Major (2012)가 제안한 개체발생-계통발생 모델(Ontogeny Pylogeny Model; 이후 OPM이라 칭함)은 바로 그런 점을 다루며, L2습득의 초기 단계에서 L1 간섭(interference)이 지배적 요인이라고 진술한다; 보편 원리들의 역할은 최소한이다. 점진적으로, L2와 보편 원리들의 역할이 증가하며, L1의 역할이 감소한다. 습득의 후기단계에서, 증가하는 유일한 요소는 L2의 영향이며, 이와 동시에 L1과 보편원리의 역할은 감소한다. 이는 그림 8.2에서 볼 수 있다.

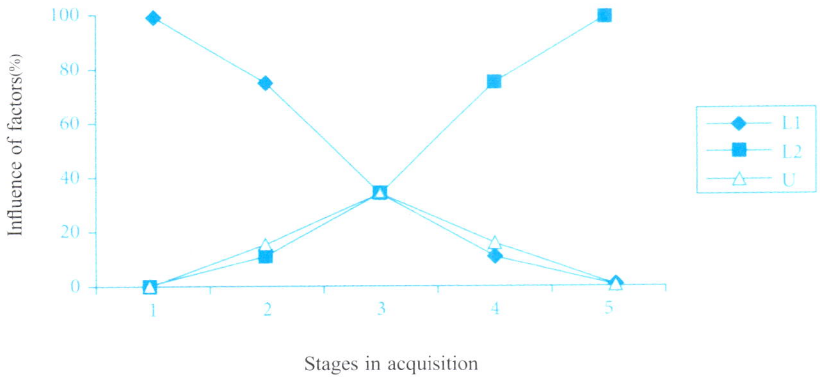

그림 8.2 개체발생-계통발생 모델: 정상적 현상.
(출처: R.C. Major (2001) Foreign Accent: The Ontogeny and Phylogeny of Second Language Phonology. Lawrence Erlbaum Associates의 허락을 받고 실었음.)

비록 이 일반적인 설명은 정상적인 현상에서는 충분할 지 모르지만, Major는 현상에 따라 세 요인들의 구성 비율이 달라질 수 있다는 점을 조심스럽게 지적한다. 예를 들어, 유사한 환경에서, L2는 위보다 더 천천히 증가하고, L1 또한 천천히 감소한다. 보편 원리들의 증가와 뒤따르는 감소 또한 더 느려진다. 유사한 환경에 대한 예를 들자면, 우리는 치경 폐쇄음인 영어 /t, d/와 치경보다 약간 앞쪽에서 발음되는 폐쇄음, 즉 스페인어와 포르투갈어에서의 치폐쇄음(dental stop)의 관계를 생각할 수 있다. 그러한 최소한의 차이점은 학습자들에 의해 인식될 가능성이 낮기 때문에, 스페인 화자들의 경우 예를 들어 목표음이 되는 영어의 권설 근접음(retroflex approximant) 대신 치경 전동음(alveolar trill)을 사용하는 경우보다는 목표음이 되는 치경 폐쇄음을 습득하려는 시도에 있어서 L1 간섭이 더 오래 동안 지속될 가능성이 많다. 이와 유사한 현상에 대한 Major의 설명이 그림 8.3에 주어져 있다.

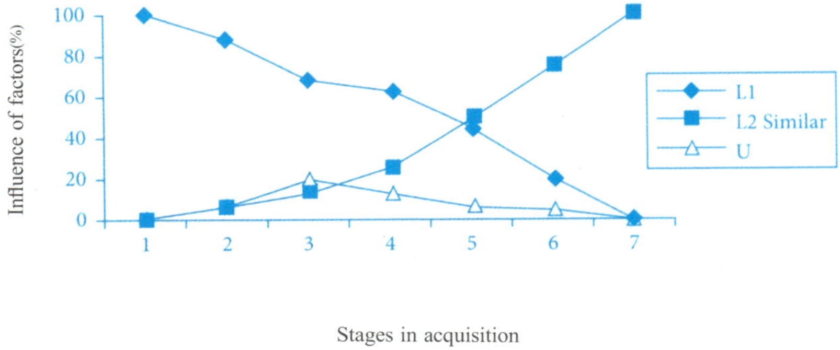

그림 8.3 개체발생-계통발생 모델: 유사 환경.
(출처: R.C. Major (2001) Foreign Accent: The Ontogeny and Phylogeny of Second Language Phonology. Lawrence Erlbaum Associates의 허락을 받고 실었음.)

유표 현상을 습득하는데 있어서, 초기 단계들은 다시 한번 L1의 영향에 의해 지배를 받는다. 그리고 L2의 습득도 다시 한번 정상적인 현상들에서는 느리다. 하지만, L1과 보편 원리들의 영향은 후속 단계에서는 서로 다르다; L1 효과는 여기서 더 빨리 감소하며, 보편 원리의 효과는 더 빠르게 증가한다. 더 이후의 단계에서, L1과 보편 원리들의 감소는 유사 현상과 비슷하게 느리다. Major는 이를 그림 8.4에서 보여주고 있다.

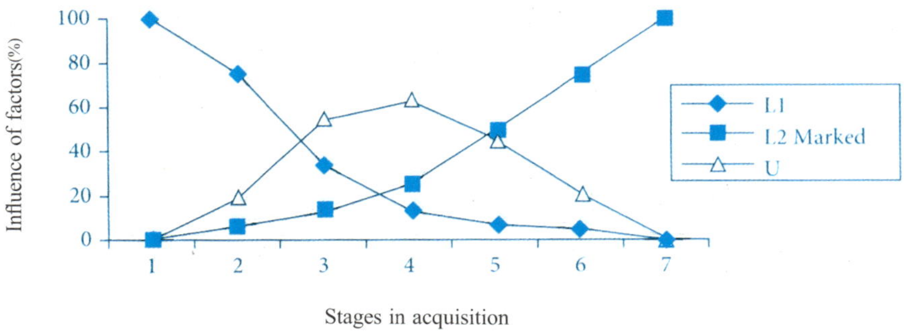

그림 8.4 개체발생-계통발생 모델: 유표 환경.
(출처: R.C. Major (2001) Foreign Accent: The Ontogeny and Phylogeny of Second Language Phonology. Lawrence Erlbaum Associates의 허락을 받고 실었음.)

Major는 그의 OPM 모델이 중간언어 음운 발화에서 문체적 변이(stylistic variation)도 설명할 수 있다고 한다. 그에 따르면, 문체가 더 형식적으로 됨에 따라, L2는 증가하고, L1은 감소한다. 그리고 보편 원리들은 증가한 후 감소한다. 일반적으로는 이 진술이 사실이라 할지라도, 우리는 학습자의 단계에 따라 다른 요인들의 비율이 동일한 문체에 대해서도 화자마다 변할 수 있다는 것 또한 상기하고 있어야 하겠다.

8.6 최적성 이론

시간에 따라 중간언어의 부분들에 차별화된 영향들의 상호 작용에 관한 설명, 그리고 학습자 언어의 변화하는 본질은 최적성 이론(Optimality Theory; OT)이라고 불리는 최근의 이론에 의해서도 분석되어 왔다. 다음에, 우리는 OT의 원리들을 간단하게 기술하고, L2 음운론에 적용된 예들을 몇 가지 제시할 것이다.

OT는 언어를 상충하는 보편제약들의 집합이라고 보며, 음운 체계가 다르게 나타나는 현상은 이러한 제약들의 위계가 다르기 때문에 나타난 결과라고 본다. 다시 말해, 언어는 음운체계가 다를 수 있는데, 그 이유는 다음과 같기 때문이라는 것이다.

(a) 언어는 여러 제약에 부여하는 중요성(즉, 제약 위계)에 있어서 차이가 난다.
(b) 제약은 모순될 수도 있고, 따라서 어겨질 수도 있다; 만약 두 제약이 모순된다면, 상위의 제약이 우선권(priority)을 가지게 된다.

OT는 "입력형(input)"(기저 구조)과 "출력형(output)"(표면 음성 구조)으로 알려진 두 층위(level)을 가진다. 이 이론은 주어진 입력형에 대한 가능한 출력 형들이 GEN(출력자 ("Generator"))이라고 불리는 기제에 의해 만들어지고나서 EVAL(평가자; Evaluator)이라고 불리는 기제에 의해 평가된다고 가정한다. 최적의 음성 출력형에 대한 평가는 제약을 통해서 후보형들을 선별작업(screening) 하는데, 최소의 제약을 어기는 후보형이 올바른 출력형으로 선택된다. 이는 다음의 도식에서 볼 수 있다(Archangeli 1999):

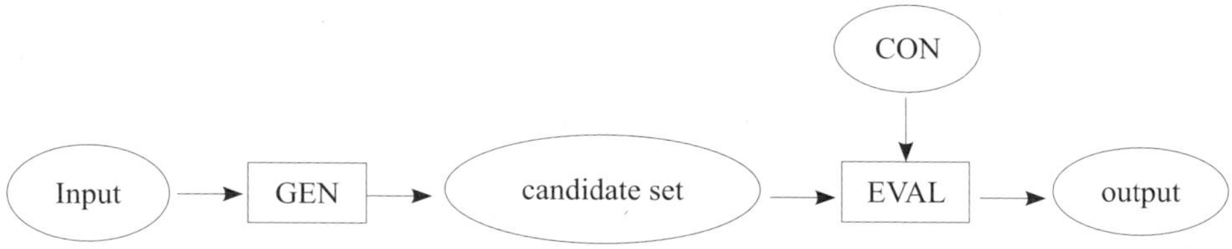

제약들은 다음의 상충되는 두 유형이 있다:

(a) *유표성 제약(Markedness constraints).* 여러 언어에서 흔히 혹은 흔치않게 나타나는 ("무표적(unmarked)" 혹은 "유표적(marked)") 언어 구조에 대한 일반화를 포착할 수 있는 제약이다. 무표적 구조(unmarked structures)는 보변적이며 타고난(innate) 구조이며, 학습될 필요가 없는 반면, 유표적 자질은 특정 언어에 제한되어 있으며 학습해야만 한다. 유표성 제약들은 "NO CODA. 음절은 종성을 가지고 있으면 안된다"; "COMPLEX. 무리(clusters)는 허용 안됨", "*V NASAL. 모음은 비음이면 안됨." 등을 예로 들 수 있다.

(b) *충실성 제약(Faithfulness constraints).* 입력형과 출력형은 입력형의 특징이 출력형의 특징과 정체성에 있어서 대응되어 짝이 맞아야 된다는 제약. 세 종류의 충실성 제약이 있다:

MAX-IO: 입력형 분절음이 출력형 분절음과 대응해야 함을 (다시 말해, 입력형이 출력형에 최대한 표시되어야 함을) 요구한다; 따라서 생략(deletion)이 있어서는 안된다.

DEP-IO: 출력형 분절음이 입력형 분절음에 일치해야 함을 (다시 말해, 출력형이 입력형에 전적으로 의존해야 함을) 요구한다; 따라서, 삽입(insertion)이 있어서는 안된다.

IDENT-IO(F): 조음 위치, 방법 및 유무성 자질들의 입력형에서의 표시가 출력형에서도 나타나야 함을 요구한다; 따라서 자질 변화 혹은 자질 대치가 있어서는 안된다.

모든 문법에서 제약들은 충돌하고 있어서 (Kager 1999), 모든 제약을 동시에 만족시키는 것은 가능하지 않다. 제약들 간의 충돌은 개별 언어 특유의 방식으로 제약에 서열을 매김(제약 위계)으로 해결될 수 있다. 예를 들어, 유표성 제약 중의 하나인 *COMPLEX ONSET은 "초성 무리(onset cluster)는 허용안됨"을 뜻하는데, 초성무리가 없는 터키어에서는 초성무리가 있는 영어에서보다 서열이 상위에 자리 매겨져 있다. 최적의 출력형(음성 형태)은 서열이 매겨진 제약들로 구성된 집합에서 가장 심각하지 않은 위반을 초래하는 것이 최적의 출력형일 것이다. 결과적으로 서열이 보다 높은 제약을 어기는 출력형 후보는 어떤 것이 되던 살아남지 못할 것이다.

제약들 사이의 "우세(domination)" (혹은 "우위(precedence)")의 표현은 OT에서 좌에서 우로의 순서로 주어진다. 여기서 가장 서열이 높은 제약은 왼쪽에 위치해 있다. 말로 풀어 쓰면, 서열 매김은 이중 화살 촉을 사용하여 표현된다: A >> B (제약 A가 제약 B보다 서열이 높다). 이에 대한 예시를 다음의 간단한 테이블(혹은 프랑스어로 떼블유(tableau)), 즉 제약들이 위의 선에 열거되어 있고, 후보형들이 왼쪽 가장 자리에 열거되어 있는 이차원의 표를 사용하여 하도록 한다.

/plet/ "plate"	MAX	DEP	*COMPLEX
☞ (a) plet			*
(b) pet	*!		
(c) pəlet		*!	

평가를 받는 입력형은 왼쪽 가장 위에 위치한다. 칸에 있는 별표(*)는 그 열의 그 형태가 그 행에 있는 제약을 어긴다는 것을 가리키고, *!은 그러한 위반이 치명적이어서 그 형태는 더 이상의 고려를 하지 않고 제외한다는 것을 가리킨다. 최적

의 (즉, 우승한) 형태는 작은 손 ☞으로 표시된다. 이 테이블에서, 최적의 출력형은 입력형에 충실한 [plet]인데, 그 이유는 이 형태가 위반하는 유일한 제약이 서열에서 아래에 위치한 유표성 제약인 *COMPLEX이기 때문이다. 두 번째 후보 [pet]은 생략을 금지하는 제약인 MAX를 위반하고 있다. 그리고 세 번째 후보 [pəlet]는 삽입을 금지하는 제약인 DEP을 어기고 있다. 이 두 제약은 모두 *COMPLEX보다는 서열상 상위에 위치해 있지만, MAX와 DEP의 상대적 서열이 중요한 것 같지는 않다.

반면에, 만약 출력형이 아동 말소리에서 무리 축약 과정(cluster reduction process)으로 일반적으로 입증되는 [pet]이라면, 우리는 다음을 가질 것이다:

/plet/ “plate”	*COMPLEX	DEP	MAX
(a) plet	*!		
☞ (b) pet			*
(c) pəlet		*!	

*COMPLEX >> DEP >> MAX

여기에서 *COMPLEX는 서열이 가장 높은 제약이어서 가장 왼쪽에 위치해 있다. 후보형 (a)는 가장 높은 서열을 어기며 따라서 고려의 대상에서 제거된다. 두 남은 충실성 제약사이에서, 후보 (c) [pəlet]는 모음을 삽입하여 DEP를 위반하니 선택되지 않는다. 후보 (b)는 입력형에 있는 자음을 삭제하여 서열이 가장 낮은 MAX를 위반하고 있으며, 따라서 결과적으로 선택된다.

L2 음운론과 OT

다음에 우리는 L2 음운론에서 관찰되는 몇 가지 현상들에 대한 OT 접근법의 예를 몇 가지 보여주도록 하겠다. 우리의 첫 번째 예는 치간 마찰음이 결핍된 언어에서 영어 /θ/를 [s] 혹은 [t]로 바꾸는 분절음 대체의 예이다(Lombardi 2003). 여기서 흥미로운 점은 모든 L1 언어들이 [s]와 [t] 두 분절음을 모두 가지고 있다는 사실에도 불구하고, 어떤 언어들은 [s]를 다른 언어들은 [t]를 사용한다는 점이다. 롬바르디(Lombardi)가 제안한 아이디어는 대체 분절음 [s]를 사용하는 언어들(예, 독일어, 프랑스어, 일본어)은 모국어 전이 때문에 그렇게 하는 반면, 대체 분절음 [t]를 사용하는 언어들(예, 터키어, 페르시아어, 러시아어)은 보편적 유표성 제안(마찰음이 폐쇄음보다 더 유표적이어서 *[continuant] >> *[stop])때문에 그렇다는 것이다. 유표성 제약 *θ도 또한 관련되어 있는데, 이 제약은 목록에서 치간음이 나타나지 않도록 공모한다. 마지막으로, 이러한 대체와 관련된 충실성 제약은 IDENT-manner인데, 이는 조음 방식 자질 [stop], [continuant], 그리고 [strident]에 의해 정의된다. 유표성 제약에 상대적으로 조음 방식의 충실성 제약을 서열매김함으로써 이를 설명할 수 있다. 우리는 서로 다른 두 개의 대체를 위해 다음의 떼블유를 보여준다. 첫째, 우리는 /θ/가 [t]에 의해 대체되는 상황을 살펴본다.

/θ/	*θ	*cont	*stop	IDENT-manner
θ	*!	*		
s		*!		
☞ t			*	*

*θ 〉〉 *cont 〉〉 *stop 〉〉 IDENT-manner

여기서, 유표성 제약은 IDENT-manner보다 상위에 있고, 서열이 보다 낮게 매겨진 제약을 위반하는 후보형이 선택된다.

두 번째, 우리는 /θ/가 [s]에 의해 대체되는 것을 살펴본다.

/θ/	*θ	IDENT-manner	*cont	*stop
θ	*!		*	
☞ s			*	
t		*!		*

*θ 〉〉 IDENT-manner 〉〉 *cont 〉〉 *stop

충실성 제약(IDENT-manner)의 재서열화때문에, [s]는 보다 낮게 서열화된 유표성 제약을 위반하고, 대체분절음이 된다.

다음의 예는 복합 초성(complex onsets)의 모국어 전이 영향에 관한 것이다. 터키어는 복합 초성(complex onsets)을 허용하지 않는다. 터키어 화자들이 영어를 배울 때, 목표음의 복합 초성은 삽입 모음과 함께 실현된다(예, group [grup] → [gurup], speak [spik] → [sipik]). 이 상황은 다음과 같이 기술될 수 있다.

/spik/	*COMPLEX	MAX	DEP	IDENT-VH
(a) spik	*!			
(b) pik		*!		
☞ (c) sipik			*	
(d) supik			*	*

가장 왼쪽에 위치한 제약 *COMPLEX는 초성군을 허용하지 않는 유표성 제약이다. 두 번째와 세 번째는 초성 생략과 모음 삽입을 허용하지 않는 충실성 제약이다. 마지막은 모음 조화(vowel harmony)와 관련이 있다. 후보형 (a)는 서열이 가장 높은 *COMPLEX를 어기고 있어서, 더 이상 고려되지 않는다. 남은 세 후보형은 *COMPLEX를 어기는 것을 피하고 있다; 하지만, 이 후보형들은 다른 제약들을 희생하면서 *COMPLEX 제약 회피를 한다. 후보형 (b)는 MAX(생략 금지)를 어기고, 후보형 (c)와 (d)는 DEP(삽입 금지)을 어기고 있다. 터키어에서, DEP은 MAX보다 더 쉽게 어겨지니, 위계 상 아래에 위치해 있다. 터키어의 삽입 모음은 네 개의 고위 모음 /i, y, ɯ, u/에서 선택되는데, 이는 다른 모음 /i/와 후설성(backness; 따라서 /ɯ/와 /u/가 제거됨)과 원순성(rounding; 따라서 /y/가 제거됨)에서 일치를 요구하는 모음 조화 규칙을 따른다. 결과적으로 /i/가 삽입되고 후보형 (c)가 살아남는다.

마지막 예는 어말 장애음 무성음화(final obstruent devoicing)이다. 이 장에서 앞서 언급한 바와 같이, 이 무성음화는 독일어, 러시아어, 터키어, 네덜란드어, 그리고 불가리아어 등과 같은 여러 언어를 모국어로 하는 영어 학습자들에게서 많이 찾아 볼 수 있는 흔한 음성 과정이다. 이 학습자들의 모국어에서 어말 위치에 유성 장애음을 허용하지 않기 때문에, 모국어 간섭(native language interference)에 기반을 둔 설명을 한다. 하지만 어말 무성음화는 어말에 (유성이든 무성이든) 어떠한 장애음도 허용하지 않는 언어를 모국어로 사용하는 영어학습자들에게서도 관찰되어 왔다. Broselow el al. (1998)은 영어를 배우는 북경어 L1 화자들에게서 그러한 경우를 분석한다. 영어는 어말 위치에 유성과 무성 폐쇄음을 모두 허용하지만, 북경어(Mandarin)에서는 이 위치에서 유무성 폐쇄음 모두 결여되어 있다. 북경어 화자들이 영어를 배울 때, 위에서 언급한 블일치로 야기된 충돌은 삽입(예, bag → [bægə]), 삭제(예, bag → [bæ]), 그리고 어말 무성음화(예, bag → [bæk])를 포함한 서로 다른 여러가지 전략들에 의해 해결된다. 다지막 선택사양은 모국어에서는 그러한 규칙이 존재하지 않기 때문에 우리가 예상하지 못 했던 것이다. 따라서 출력형은 간섭(interference)의 결과가 아니고 목표어(target language)에서 온 것도 아니다.

이 상황을 Broselow et al.은 다음의 두 유표성 제약과 세 개의 충실성 제약을 가지고 분석한다.

유표성 제약(markedness constraints)

- NO VOICED OBS CODA: 음절의 종성을 유성 장애음을 포함할 수 없다(syllable codas may not contain voiced obstruents);
- NO OBS CODA: 음절은 장애음의 종성을 포함할 수 없다(syllables may not contain obstruent codas);

충실성 제약(faithfulness constraints)

- MAX (자음 생략 금지 (no deletion of consonants));
- DEP (모음 삽입 금지(no vowel insertions)); 그리고
- IDENT (VOI): 출력형 분절음은 대응하는 입력형 분절음과 유성성(voicing)이 같아야 한다(an output segment should be identical in voicing to the corresponding input segment).

처음에 북경어의 제약 위계는 어떠한 장애음 종성도 허용을 하지 않기 때문에 다음과 같을 것이다: NO OBS CODA, NO VOICED OBS CODA >> MAX, DEP, IDENT (VOI).

목표어의 어말 폐쇄음을 무성음화하는 학습자들은 (폐쇄음을 삭제하거나 폐쇄음 다음에 모음을 삽입하는 대신에) 북경어에도 영어에도 어울리지 않는 무표적인 형태를 만들어 낸다. Broselow el al.은 이러한 학습자들이 NO VOICED OBS CODA에 상대적으로 NO OBS CODA를 다시 서열화 한다고, 즉 NO OBS CODA를 위계에서 가장 아래로 이동한다고 제안한다. 이 상황의 특징은 아래의 표에 제시되어 있다:

/vɪg/	NO VOICED OBS CODA	MAX (C) DEP (V)	IDENT (VOI)	NO OBS CODA
☞ (a) vɪk			*	*
(b) vɪg	*!			*
(c) vɪ		*!		
(d) vi.gə		*!		

이와 같이 제약들을 재서열화함으로써, 목표어인 영어의 유성 폐쇄음을 무성음화하는 북경어 화자들은 목표가 되는 영어의 어말 폐쇄음 (유성과 무성) 모두를 무성폐쇄음으로 발화하는 독일어 화자들에 필적할 만한 상황에 처해 있다.

8.7 지각

학습자의 발화(production)는 목표음들을 어떻게 지각하는가에 부분적으로 기반을 두고 있다. L2 음운 학습에 관한 문헌들은 20여년 전까지만 하더라도 발화에 관한 연구가 대다수를 이루었다. 하지만, 그 이후로 중간언어의 발화(interlanguage production)를 형성하는데 있어서, 지각의 중요성에 관한 연구들이 많이 이루어졌다. 지각과 발화 사이의 관계는 복잡한 관계이다. "무엇이 외래 소리(foreign sounds)의 지각을 결정하는가? (What determines the perception of foreign sounds?)"와 "L2에서의 경험이 어떻게 변화를 만들어 내는가? (How do things change with the experience in L2?)" 같은 질문들은 여러 연구에서의 주제가 되어 왔었다. 본 절에서는 L2 소리 지각에 대한 설명을 제공해 왔던 모델 중 세 가지 널리 논의되어 왔던 모델에 관해 간단히 살펴보려고 한다.

모국어 자석 이론 (Native Language Magnet theory)

Kuhl (1991, 1993, 2000)에 의해 발전된 이 이론은 유아기부터 성인에 이르기까지 음성지각이 발전하는 양상을 설명하는 것을 목적으로 한다. 이 이론의 주된 초점은 지각의 주어진 표상(given representation)에 대한 의존, 그리고 그 의존이 발화에 대해 가지는 결과(consequence)에 있다. 모국어 자석 이론(NLM)은 모국어의 범주들이 원형(prototypes), 즉, "주어진 언어의 성인화자들에 의해서 주어진 음소 범주의 이상적인 표상으로서 받아들여지는" (Kuhl et al. 1992) 소리들이라고 주장한다. 이 음소 범주들은 한정되는 공간에서 각각의 특정한 음성 자질에 의해 특정한 위치를 차지한다. 예를 들어, 포먼트 주파수에 의한 모음들이 특정위치를 차지하는 것과 같이 말이다. 이 원형들은 지각 공간을 변형(warping)하는 지각 자석(perceptual magnet)의 역할을 한다. 일단 이러한 언어-특정적인 지각 자석들이 생기면, 유아들은 이전에는 분별할 수 있었던 소리들을 분별할 수 있는 능력을 잃어버린다. 왜냐하면 지각적인 자석들이 지각 공간을 비틀어버려서, 특정한 음성학적 경계선이 사라지게 하기 때문이다. 따라서, 언어-일반적 지각 유형(language-general pattern of perception)에서 언어-특정적 지각 유형(language-specific pattern of perception)으로 지각적인 재구성이 일어난다.

이는 어린 아이들이 점점 자라면서 소리 지각에서 변화를 보이는 능력과 관련된 사실들을 설명하는 것처럼 보인다. 매우 어린 유아들은 인간 언어에 있는 소리들 사이의 차이점을 모두 들을 수 있다. 반면에 성인들은 자신들의 모국어가 아닌 소리들에 대해 감소된 식별 감수성(reduced discrimination sensitivity)을 보인다. 언어에의 노출이 음향적 공간에서 지각되는 거리(perceived distance)에 변화를 만들어내는데, 이것이 음성적 구분(phonetic distinctions)의 기저에 깔려있는 것이다. 유아들의 모국의 소리 범주에의 조숙한 적응과 성인들의 비모국어 음소 대조의 식별에 있어서의 어려움은 여러 연구에서 이미 보여졌었다. Werker et al. (1981)에 의하면, 영어를 모국어로 하는 성인들이 힌두어(Hindi)의 두 치음 폐쇄음과 권설 폐쇄음(/t̪/ 대 /ʈ/)를 식별하는데 어려움을 겪는다. 물론 힌두어를 모국어로 하는 성인들은 구분을 잘 할 수 있을 것이라고 예측을 하지만 말이다. 하지만 영어를 모국어로 하는 6에서 8개월사이의 유아들은 이 힌두어의 두 소리들을 모두 식별할 수 있다. Werker & Tees(1994)는 영어 학습자들이 위에서 언급한 힌두어의 대립되는 소리뿐만 아니라, Nthlakampx[19] (Thompson Salish)언어의 연구개 방출음(velar ejective)와 구개수 방출음(uvular ejective) (/k'i/ 대 /q'i/)을 식별할 수 있는 능력이 줄어든다는 것을 보여주었다.

이 두 외국어에서의 두 대립에 대해, 6에서 8개월된 유아들은 일반적으로 기준에 맞게 수행하였는데, 8에서 10개월된 유아들은 단지 약 60%만이 성공했고, 10에서 12개월된 유아들은 거의 성공하지 못하였다; 따라서, 이 두 언어를 학습하는 유아들을 제외하고, 식별 능력의 감소는 실제 10에서 12개월 사이에 끝나는 것으로 결론이 내려졌다.

지각적인 사상(mapping)은 서로 다른 언어를 사용하는 화자들에게서 다르게 구현되기 때문에, 제1언어의 지각은 다른 언어에 의해 요구되는 지각과 완전히 다르다. NLM에 있어서, L1 언어에 특정한 지각적 여과 장치(perceptual filter)가 존재하는 것이 L2 학습을 어렵게 만드는데, 이는 초기의 사상(mappings)이 이후의 학습에 영향을 주기 때문이다. 외국어의 소리들은 음성 공간에서 이 소리들이 모국어로의 거리에 대한 함수(function) 관계로서 모국어 원형에 이끌린다. 보다 멀리 떨어진 외래어의 소리들은 만약 또 다른 원형에 더 가깝다면 그 원형에 동화하거나 만약 이웃하는 원형이 없다면 동화하지 않을 것이다. 모국어 원형으로부터 음성 공간에서 동일한 거리에 있는 두 외래어 소리들은 또 다른 원형에 더 가깝게 위치

19 미국의 워싱턴 주와 캐나다의 브리티시 콜롬비아 주의 서부 연안에서 거주하는 원주민들의 언어중 하나. 톰슨 셀리시어(Thompson Salish)라고도 함.– 역자주.

해 있지 않는 한 그 원형에 동일하게 동화하는 것으로 예측된다.

NLM은 모국어 원형에 상대해 외래어 소리의 분별성 (discriminability) 정도에 대한 시험가능한 예측을 한다: 더 잘 구별되는 원형들에 대한 동화가 잘 구별되지 못하는 원형에 대한 동화보다 더 성공적일 거라고 예측한다(Kingston 2003). 예를 들어, /y/대 /u/와 같이 후설성에 있어서 대립을 이루는 고위 원순 모음의 원형들은 중위 원순 모음 /ö/ 대 /o/보다 더 멀리 떨어져 있는데, 이는 모음들이 모음 공간에서 더 고위에 위치해 있을수록 더 분산해 있기 때문이다. 그 결과 고위 모음에 동화하는 외래어 모음들은 중위 모음에 동화하는 외래어 모음보다 식별이 더 잘 될 것이라고 예측할 수 있다.

비록 이러한 흥미로운 주장에도 불구하고 문헌에서 NLM의 여러 단점들이 지적되어 왔다. 예를 들어 Mack (2003)에 의해 지적되었듯이, 지각적 자석 효과 (perceptual magnet effects)는 일부 초기 이중언어 사용자들이 두 개의 변별적인 VOT 체계를 가지고 있는 반면, 명백히 유사한 이중-언어 경험을 가지고 있어서 추정컨대 원형과 비원형 모음에 유사한 양의 노출 정도를 가진 다른 초기 이중언어 사용자들은 그렇지 못하다는 사실을 설명하지 못하는 것처럼 보인다. 따라서 학습자 특유의 원형이 존재한다는 것을 상정할 필요가 있는 지도 모르겠다. 그러한 경우에 우리는 어떤 학습자 특유의 변수들이 원형이 형성되는 방법을 결정하는 지 확인할 필요가 있을 것인데, 이는 매우 중요한 작업임이 명백해 보인다.

친숙하지 않은 음성 대립이 막대한 자연적 경험, 집중적 실험 훈련 또는 과업 기억력 요구를 감소하는 실험 조작 등을 통해 심지어 성인에서도 증진될 수 있다(Logan *et al.* 1991; Lively *et al.* 1993; Pisoni *et al.* 1982)는 것 뿐만 아니라 지각적 자석 효과에 청자 그룹들에 걸쳐서는 그다지 크지 않을 수도 있다(Frieda *et al.* 1999)는 사실이 보여져 왔다. 마지막으로 12달 이상의 아이들이 새로운 나라로 이사하여 모국어 음운론을 습득하는 여러 사례들도 있다.

지각 동화 모델(Perceptual Assimilation Model: PAM)

이 모형은 Best (1995)에 의해 개발되었는데, L1과 L2 소리들의 관계에 대한 지각을 설명함으로써 L2 소리 습득에 있어서 화자 행위를 설명하려는 것을 그 목적으로 한다. 중심 전제는 화자들이 가장 비슷하게 지각하는 모국어 소리에 비모국어 소리를 동화하는 경향이 있다고 하는 것이다. "지각적 유사성(perceptual similarity)"을 정의할 때, PAM은 조음 음운론(articulatory phonology; (Browman & Goldstein 1986, 1989, 1992))을 이용하는데, 이는 화자들이 음성에서 포착하는 것이 신호를 생성하는 조음 제스처와 관련한 정보라고 제안한다는 점에서 그렇다. 제스처는 조음 기관(articulatory organs), 협착 정도(constriction degree), 그리고 협착 위치(constriction locations)에 의해 정의된다. 범주화될 수 있는 L2 음성의 분절들은 이들의 L1 음성의 분절과의 제스처상의 유사성에 기반해서 L1음운의 범주들로 지각적인 동화를 겪는다. 단 이들은 범주화될 수 없거나 (즉 새로운 범주를 낳게 될 정도로 지각될 수 없는 음성 소리로 동화되거나) 동화될 수 없다거나 (즉 음성이 아닌 소리로 들리거나) 하지는 않아야 한다는 조건이 있다.

PAM은 L2 소리 하나의 지각보다는 L2 학습자들에 의한 L2 대립의 지각 (동화)에 강조를 두고 있다. 비모국어의 대립되는 소리들이 모두 범주화될 수 있을 때, 모국어 체계로의 지각적 동화는 어려움의 정도가 다를 것이라고 예측된다. 비모국어 소리들은 두 개의 다른 모국어 음소와 음성학적으로 유사하여 개별적인 L1 범주들로 지각적 동화가 될 수 있는데, 이를 "두 범주 동화(two category assimilation)"(TC)라고 한다. 그러한 경우에, 분별(discrimination)이 뛰어날 것으로 예상된다. 만약 비모국어의 두 소리가 하나의 L1 범주로 동화된다면, 이는 "한 범주 동화(single category assimilation)"(SC)를 만들어 낼 것이고, 분별에 어려움을 줄 것으로 예상된다. SC 동화는 더 분류되어 두 외래어 소리가 균등하게 모국어의 한 범주로 동화되는 동화와 외래어의 두 소리 중 한 소리가 다른 한 소리보다 훨씬 더 많이 모국어의 한 범주에 동화되는 유형으로 분류된다. 후자의 경우, 두 외래어 소리는 모국어 범주와 관련한 "범주 양호성(category goodness)"(CG)에 있어서 다르고, 이 소리들은 분별되는 정도까지만 분별될 수 있는 것으로 예측된다. 그러한 CG 동화의 구성요소들은 TC 동화의 구성요소들보다 구별이 훨씬 덜 되는데, 이는 그들이 모두 단지 하나의 모국어 범주에 동화하기 때문이다. 따라서 우리는 연속성(continuum)을 가지고 외래어의 소리를 구별할 때 청자가 성공하는 지를 예측할 수 있다: TC > CG > SC, 여기서 CG의 경우는 TG와 SC사이에서 있는데, 외래어 소리들 사이의 CG 차이가 큰 지 작은 지에 따라 변한다.

PAM 예측을 지지하는 증거들이 문헌에서 종종 발견된다. 미국 영어 /w/와 /j/는 일본어의 대응음인 /w/와 /j/에 동화되는 것처럼 보인다. 이는 TC 동화의 사례이다. 영어의 /ɹ/과 /j/는 일본어에서 하나의 소리인 /r/로 동화하는데, 이는 SC 동화의 한 예이다(Best and Strange 1992). Polka (1991)는 영어 청자들이 페르시아어(Farsi)의 유성 연구개 대 구개수 폐쇄음 (/g/ - /ɢ/)은 CG 대립으로 동화하는 경향이 있고, Nthlakampx어의 연구개 대 구개수 방출음(ejectives)(/k'/ – /q'/)은 SC 대립으로 동화되는 경향이 있는데, 전자의 쌍을 구별하는 것이 더 잘 되는 경향이 있으며, 이는 PAM이 예측하는 것과 일치한다고 기술한다.

Mack (2003)이 지적하였듯이, 두 언어의 동시 습득 혹은 L2의 매우 이른 습득이 일어나고 있을 때, PAM이 두 음성 체계의 형성에 관해 어떤 예측을 할 지가 명확하지는 않다. 이는 이 모형이 주로 적용되는 사례들이 L1 체계가 이미 완전히 형성된 후 L2 체계로의 노출이 일어날 때의 사례들을 설명하려는 이론이기 때문이다. 이에 덧붙여, 이 모형은 외래어의 소리 지각에 있어서 L1의 역할에 관심을 주로 가진 모형인데, 본질적으로 정적인 모형이며, L1에 존재하는 음소 시스템이 비모국어 분절음 대립에 노출됨으로써 수정될 수도 있는 상황을 설명하는데 필요한 방안은 포함되어 있지 않다.

소리 학습 모델(Speech Learning Model; SLM)

Flege(1995)의 소리 학습 모델(Speech Learning Model)은 음운 습득을 지각 판단(perceptual judgments)에 기반을 둔 음성학적 근접과 간섭(phonetic approximation and interference)이라는 관점에서 다루고 있다. 이 모델은 '궁극적 달성(ultimate attainment)'에 관심을 가지고 있으며, 따라서 초기의 L2 학습자가 아니라 장기적인 이중언어구사자(long-term bilinguals)에 초점을 맞추고 있다. SLM은 학습자들이 L2 소리에 어떻게 반응하고 궁극적으로 학습하는 지를 결정하는데 있어서, 범주 지각(categorical perception)과 동등 분류(equal classification)라는 개념에 바탕을 두고 만들어졌다. L2 소리의 음성 지각은 L2 소리를 학습자의 L1 체계내의 모든 소리들과 비교하는 것을 필요로 한다. SLM은 두 하부 음성체계(L1과 L2)가 하나의 음운 공간(single phonological space)으로 인지적으로 표상되어 있으며, 서로에게 상호영향을 미친다고 주장한다. 학습자들은 L2 소리를 L1의 위치적 이음(positional allophones)에 연관시키고, L1 음운 체계가 L2 소리의 변별자질(distinctive features)을 여과해 버리면 L2에 있는 소리를 지각하지 못하게 된다. L1과 L2 음성 분절음은 하나의 연속체를 따라 연관지어질 수 있다; 소리들은 L2 소리와 L1에 존재하는 소리 사이의 차이점에 기반하여 "새로운(new)", "유사한(similar)", 혹은 "동일한(identical)" 것들로 분류되며, SLM은 학습자가 소리들에 어떻게 반응하는 지를 예측한다. 범주화는 음향적 유사성 혹은 지각된 교차 언어 유사성과 관련하여 만들어진다. 만약 L2 소리들이 "유사한" 것으로 범주화된다면, L1에 존재하는 음성 범주에 그 소리들이 동화하는 것은 등가분류(equivalence classification)의 과정을 통해서 일 것이고, (순수한 L2 소리는 결코 아닌) L1 소리로 만들어 질 것이다. 덜 유사한 "새로운" L2 소리들에 대해서는 새로운 범주들이 형성될 것이다.

L2 대립의 지각에 적용될 때, SLM은 다음과 같은 예측을 만든다: "동일한(identical)" 소리들은 이미 모든 필요한 지식들이 L1에서 이용할 수 있기 때문에(PAM의 CT 참조), 학습자에게 문제가 되지 않을 것이다. 만약 L2의 대립되는 두 소리가 "유사한(similar)" 것으로 지정되어, 두 소리가 모두 동일한 L1 범주로 동화된다면, 구분은 어렵게 될 것이다(PAM의 SC 혹은 CG 참조). 예를 들어, 우리가 8.2절에서 보았듯이, 영어의 /ɑ/ – /ʌ/ 대립(예, <u>body</u> [bɑdi] 대 <u>buddy</u> [bʌdi])은 (스페인어, 터키어, 그리스어, 아랍어, 그리고 러시아어 등) 여러 언어 화자들에게 많은 문제를 만드는데, 그 이유는 이 소리들이 L1에서 [a]로 지각적으로 동화되어, 이 두 영어 모음 모두에 대한 외래어 말투로 발음할 뿐만 아니라, 이 두 모음의 대립을 변별하는데 어려움을 가져올 것이기 때문이다. 반면 L2와 L1 소리들 사이에 차이점이 크다면, 소리는 "새로운(new)" 것으로 판단 될 것이고 (참조: PAM의 "범주화될 수 없는(uncategorizable)" 소리), L1 범주로는 동화되지 않을 것이다. 예를 들어, 프랑스어를 제 2언어로 배우는 영어 화자들은 (영어 화자들에게는 "새로운(new)" 모음인) 프랑스어의 /y/를 프랑스어의 /u/보다 더 정확하게 발음할 수 있는데, 그 이유는 프랑스어의 /y/가 프랑스어의 /u/보다도 가장 근접한 영어 모음에서 지각적으로 더 멀리 떨어져 있기 때문이다. 프랑스어의 /u/는 (동일하지는 않지만) 지각적

으로 가까운 영어 모음 /u/가 있다.

SLM은 결정시기(critical period)를 인정하지 않아, 이 시기 이후에는 학습자들이 L2 소리 체계를 습득할 수 없다는 견해를 믿지 않는다; 다시 말해, 성인들은 L2 대립의 정확한 지각을 할 수 있는 능력을 보유할 수 있다. 하지만, 이 모형은 L2 발달(development)이 학습 연령에 의해 제약을 받는다고 기술하고 있다. 학습자들이 이른 학습 연령(사춘기 이전)에 모국어 같은 지각을 가질 가능성이 더 많다고 예측된다. 학습 연령이 더 늦어지면 늦어질수록, 학습자들은 L1과 L2 소리들 사이의 차이를 들을 가능성이 더 낮아졌을 것이다. 그 이유는 화자의 L1 범주가 더 발달되어 L2 소리에 대한 새로운 범주의 형성을 방해할 가능성이 더 커졌을 것이기 때문이다. 이 모형은 또한 L2 발달이 L1 사용양에 의해 더 제약을 받는다고 기술하고 있다. L1의 빈번한 사용과 모국어 같은 L2 지각의 달성 사이에 역관계가 있다고 예측한다. 다시 말해, L1을 자주 사용하는 L2 학습자들은 모국어 수준의 L2 지각을 가질 가능성이 더 낮을 것이라고 예측하는 것이다.

비록 SLM은 정확한 지각이 없다면 정확한 L2 분절음의 조음이 나타날 수 없다고 진술하지만, Flege(1995)는 외국어 말투가 모두 지각적으로 설명되는 것이라고 주장하지는 않는다. 예를 들어, <u>school</u>을 [ɛskul]이라고 하는 전형적인 스페인어식 영어 발음은 음소배열제약(phonotactic constraints)을 이용해야만 설명이 가능하다는 것을 인정하고 있다.

SLM을 상당히 지지하는 증거를 보여주는 여러 연구들을 문헌에서 찾을 수 있다(Bohn and Flege 1990; Flege *et al.* 1994, 1997; Fox *et al.* 1995; Rochet 1995). 보다 최근의 연구(Aoyama *et al.* 2004)는 일본어 화자들의 영어 /ɹ/과 /l/의 조음에서 L1의 역할과 L1 (일본어)과 L2(영어) 소리들 사이의 인식된 음성적 유사성(차별성)을 조사했다. 영어 /l/은 지각적으로 영어의 /ɹ/보다 일본어의 /r/에 더 가깝기 때문에, 영어를 배우는 일본어 화자들은 비설측 유음보다 L2 (영어) 설측 유음을 습득하는데 더 큰 어려움을 겪을 것이라고 가설이 세워졌다. 이 연구는 일년의 기간을 두고 두 번에 걸쳐 일본 어린이들과 성인들이 영어의 L2 유음을 지각하고 조음하는 것을 살폈다. 결과는 일반적으로 그 가설을 지지했다. 일본 아이들의 영어 /l- ɹ/과 /ɹ-w/ 대립의 지각은 일 년 후 상당한 발전을 보였지만, 성인들은 시간이 지나도 발전을 보이지 않았다. 또한 아이들은 시간에 따른 상당한 발전을 영어의 /l/보다 영어의 /ɹ/의 조음에서 보여주었다. /l/에 대해서는 아이들도 성인들도 상당한 수준의 증진을 보여주지는 못했다. 이러한 발견은 SLM의 예측을 지지하는데, 이는 그들이 더 차이나는 L2 소리 (영어의 /ɹ/)의 습득을 유사한 L2 소리(영어의 /l/)보다 더 잘 습득하는 것을 보여준다는 점에서 그렇다. 또한 단지 아이들만이 시간에 따른 상당한 습득을 보여주었다는 점에서 습득 속도에 있어서 연령과 관련된 차이는 명백했다.

하지만 SLM의 주장과 맞아 떨어지지 않는 결과를 발표한 연구들도 여럿 있다. 예를 들어, Zampini (1998; Zampini & Green 2001)는 스페인어와 영어의 /p/와 /b/가 가지는 VOT를 조사했는데, 대학교 고학년을 위한 스페인어 음성학에 등록한 학생들은 발음과 지각 모두에서 (영어 /p/에 대해서는 좀 더 짧은 시간 간극을 만들려고 하는) 스페인어같은 범주에 대한 상당한 변화를 보여주었지만, 발음과 지각 사이에 거의 관계가 없었다는 것을 발견했다. Sheldon and Strange (1982)는 일본인 영어학습자들에게서 /ɹ/과 /l/이 지각보다는 발음이 더 잘된다는 것을 발견했는데, 이는 정확한 L2 분절음의 발음은 정확한 지각이 없다면 나타날 수 없다는 SLM의 주장과 명백히 상반되는 발견이다. De Jonge (1996)는 일본어 화자들에게서는 /ɹ/과 /l/, 그리고 아랍어 화자들에게서는 /b/와 /p/의 발음과 지각을 조사했다. 그녀는 아랍어 화자들이 능숙도의 초기 단계에서 그 대립을 익혔지만, 일본어 화자들은 높은 수준의 능숙도 단계에서 조차도 그러지 못했다는 것을 발견했다. 그녀는 그 결과를 이용하여 SLM (그리고 PAM)의 주장을 평가하였는데, 이 두 모델 중 어느 것도 그녀의 자료를 완전히 설명하지는 못하다는 것을 발견했다. "새로운 범주(new category)"에 관한 SLM의 주장 또한 문제점이 있다. 예를 들어, 프랑스어의 전설 원순 모음 /y/는 "새로운 범주"인데, 이 모음은 영어 모음 뿐만 아니라 프랑스어의 후설 원순 및 전설 비원순 모음들로부터 지각적으로 정확하게 구별되어야 할 것이다. 하지만, 선행 연구들(Strange *et al.* 2004, 2005; Levy 2004)은 이 모음의 미국 영어 청자들에 의한 지각 실험에서 상충되는 결과들을 보여주었다.

여기에서 살펴봤던 세 모형들(NLM, PAM, and SLM)은 비모국어 대립이 한결 같이 형편없이 지각되는 것은 아니라는 중요한 통찰을 포착한다. 특정 L1 배경의 청자에 의해 지각되는 특정 비모국어 대립이 가지고 있는 어려움은 L1의 소리들과 문제가 되는 L2의 소리들 사이의 관계에 달려있다. 지각-발음 관계가 복잡한 것이라는 것도 보았다. 청자들은 매우 정확한 지각적 능력을 가지고 있을 수 있지만, 상대적으로 부정확한 조음 능력을 가질 수도 있다. 청자들은 목표음에 대해 자신들의 지각 능력보다 더 좋은 조음 능력을 가질 수도 있다. 학습자의 지식을 이해하는데 지각이나 조음에서 이용되는 단서와 이에 대한 기술이 필요한데 이는 아직 해결해야 할 난제로 남아 있다.

8.8 이중언어 음운론

단일 언어 환경에서 사는 사람들은 이중언어능력이 이국적인 개념일 거라고, 아마 캐나다, 스위스, 그리고 파라과이 같은 일부 국가에만 한정된 현상일 거라고 생각할지 모른다. 하지만 현실은 이와 완전히 다르며, 이중언어능력은 정도의 차이는 있지만 거의 모든 곳에 존재한다. 지난 몇 십년 동안, 학자들은 이중언어능력의 정의를 두고 고심을 해왔는데, 이는 이중언어능력이라는 용어가 한계를 설정하는 것을 허용하지 않고, 다양한 기술과 해석을 받을 가능성을 열어두고 있기 때문이다. Grosjean (1982)을 따라, 우리는 두 언어를 규칙적으로 사용하는 개별 이중 언어자를 고려할 예정이다. 비록 두 언어에의 유창성, 두 언어의 동시 학습 혹은 순차적 학습, 각 언어의 습득 연령 등과 관련하여 차이점이 있지만, 모든 이중언어사용자들은 두 언어를 수용하는 문제를 다루야 한다. 두 언어의 상호작용은 언어의 모든 부문에서 이중언어능력 연구의 초점이 되어 왔었다. 이중언어 음운론 영역에서, 두 언어의 상호작용과 관련하여 네 가지의 가능한 결과물이 있는 것처럼 보인다: (a) L1이 L2에 단일 지향적인(unidirectional) 영향을 드러낼 수도 있다; (b) L2가 L1과는 독립적으로 작용할수도 있다: (c) L1과 L2가 서로에게 영향을 미칠 수도 있다; 그리고 (d) 이중언어자의 음성 발화에서 L1과 L2사이에 명백한 관계가 없을 수도 있다.

첫 번째 (a)에서 우리는 L1 체계가 L2 조음에 강한 단일 지향적 영향을 가지는 것을 본다. 기본적인 생각은 언어들이 동시에 습득되지 않을 때, L2가 L1의 여과장치(filter)(다시 말해 간섭(interference))를 통해 습득될 것이라는 것이다. 여기서 화자가 L2에 대해 가진 경험의 양에 따라, 우리는 L2와 같은 발화 혹은 가치를 타협하는 것을 보게 될지 모른다. 이 상황은 여러 연구에서 지지를 받는다. (Caramazza *et al.*, 1973; Flege 1987, 1991; Flege and Eefting, 1987; Flege and Liu, 2001). 지각에 관한 몇몇 연구에서도 지지를 받아왔다. (Pallier, Colome, and Sebastián-Gallés 2001; Sebastián-Gallés and Soto-Faraco 1999). (b)에서 L2 우세 이중언어자들(L2 dominant bilinguals), 즉 L2에 진정으로 몰두하고 첫 번째 언어를 제한되게 사용하거나 아예 사용하지 않는 사람들은 L1 간섭이 없는 발화를 하게 될 것이라고 (Flege *et al.* 2002; Flege and MacKay 2004; Guion, Flege, and Loftin 2000) 그리고 L1에 L2의 영향을 경험하게 될 것이라고 예측할 수 있다. 이중언어 음성 조음에서 중간언어의 영향을 측정할 때, L1 혹은 L2가 지각되는 비모국어 말투에 전적으로 책임이 있는지를 결정하는 것은 필요하지 않다. 언어들이 서로 영향을 미치는 상호 관계를 가지고 있는 것이 가능하다. 세 번째 가능성 (c)는 양방향적인 L1-L2 상호작용을 꾀하는 그러한 상황과 관계가 있다. 앞서 음성 학습 모형(SLM)에 관한 논의에서 언급한 바와 같이, 이중 언어사용자들의 언어 특정적인 음성 범주들은 공통의 음운론적 공간 내에 저장되어 있다. 이러한 범주들은 다양한 합병과 이화 과정을 통해 서로에게 영향을 미친다(Flege 1991). 이에 따라, 만약 새로운 언어에서 유사한 소리들이 습득된다면, 심지어 L1의 음성 범주들도 수정될 지 모른다. 따라서, 또 다른 언어의 습득은 화자의 음성 목록에 양방향적인 영향을 드러낸다. 예를 들어, 두 소리들은 L1과 L2 소리 사이의 대립을 유지하기 위해 서로에게서 멀리 떨어져 "굴절될(deflected)" 지도 모른다. 결과적으로 이중언어 사용자들의 L1과 L2 발음은 두 언어 중 어느 하나만을 사용하는 단일언어사용자의 그것과 같지 않을 수도 있을 것이다.

네 번째 상황인 (d)는 매우 유창한 혹은 "균형잡힌" 이중언어 구사자들의 발음에서 L1과 L2가 서로 독립적으로 작용하는 것을 그리고 있다(Grosjean and Miller 1994; Magliore and Green 1999). 다시 말해, 그러한 이중언어 구사자들은 중간언어 음성 간섭(interlanguage phonetic interference)에서 완전히 자유로이 언어들을 바꿀(switch) 수 있다는 믿음이 있다. Olson (2013)은 이중 언어자들의 음성 범주들이 두 단일언어 구사자들의 음성 범주와 동일하지는 않을지 모르지만, 이중언어 구사자는 L1과 L2에 대한 두 개의 변별적인 음성 범주 집합을 지속적으로 소유할 수 있다고 기술하고 있다. 다시 말해, L1과 L2는 서로에 영향을 끼치지 않는다. 그러한 상황들은 균형잡힌 이중언어 동시구사자들(balanced simultaneous bilinguals)에게서 찾아 볼 수 있다. Sundara, Polka, & Baum (2006)은 그러한 프랑스-영어 이중영어구사자들의 음성을 조사해서, 그들이 두 언어를 각각 구사하는 단일언어구사자들과 유사하게 언어 특정적인 차이점을 유지하는지 살펴보았는데, 그 결과는 긍정적이었다. 이를 지지하는 더 많은 증거들은 MacLeod & Stoel-Gammon (2009)에서도 또한 찾아볼 수 있는데, 이들은 성인의 프랑스-영어 이중언어 동시 구사자들(simultaneous bilinguals)을 조사했다.

부호 전환(code-switching)

이중언어구사자들이 두 언어 중 하나만을 사용하는 단일언어모드에서의 발화를 분석하는 것이 우리에게 통찰을 줄 수는 있지만, 그러한 상황이 필연적으로 두 언어가 완전히 활성화되도록 강요하는 것은 아니다. 부호 전환(code-switching)은 두 언어의 상호작용을 더 잘 이해할 수 있는 흥미로운 기회를 부여한다. 이 용어와 관련하여 용어상의 혼선이 약간 있어 왔는데, 이는 한 단어가 다른 언어에서 삽입되는 상황에 대해 여러 사람들이 이 용어를 사용한다는 점에서 그렇다. 부호 전환이 이중언어구사자들만의 독특한 행동이 아니고, 단일언어구사자들에 의해서도 빈번히 행해지고 있다는 사실을 "차용(borrowing)"이라고 일반적으로 알려진 현상을 보면 알 수 있다. 여기서 차용은 다음 절에서 "차용어 음운론(loanword phonology)"을 다룰 때 다시 살펴볼 것이다. 우리는 부호 전환을 이중언어구사자들이 두 언어 체계를 실시간으로(on-line) 번갈아 바꾸어 사용할 수 있는 능력이라고 고려할 것이다. 이에 대한 예시는 다음과 같다:

영어에서 스페인어로: *Today's quiz* era sobre la politica.

[오늘의 퀴즈는 정책에 관한 것이었어(era sobre la politica)]

스페인어에서 영어로: Despues de los quarto, *I will take my pills.*

[15분 후에(after a quarter), 약을 먹겠다]

부호 전환의 효과에 관해 더 빈번하게 묻는 질문은 "단일언어 구사자의 문장과 부호 전환된 문장 사이에 언어 내적인 차이가 있는가?" "부호 전환은 발화와 지각에서 효과가 유사한가?" "한 언어가 다른 언어보다 더 많은 영향을 받는가?" "부호 전환의 방향(A에서 B, 혹은 B에서 A)은 차별화된 효과를 가지는가?" 위의 문제 일부 혹은 모두를 살펴 본 학자들은 상충하는 답을 내 놓았다. Williams (1977)는 스페인어-영어 이중언어 구사자를 대상으로 한 그의 연구에서 선구자 언어(precursor language)[20]가 청자들의 유성 구분에 대한 지각에 영향을 미치지 않는 것을 발견했다. 반면에 Elman et al. (1977)은 (역시 스페인어-영어) 이중언어 구사자들이 선구자 언어에 대응하여 그들의 지각적 경계선(perceptual boundary)을 옮긴다는 것을 발견했다. 여러 후속 연구들(Soares & Grosjean 1984; Grosjean & Soares 1986; Grosjean 1988)은 지각에 다양한 – 구조적 그리고 심리적 – 요소들이 있을 수도 있다는 점을 인정하는 반면, 지각에서 토대 언어(base language)의 우세성을 지지했다.

반면 발화에 관한 연구들은 일반적으로 토대 언어의 영향이 없다고 제안해 왔다(Caramazza *et al.* 1973; Grosjean & Miller 1994). 그러한 결과는 지각과 발화 사이에 명백한 차이를 보이는 것으로서, 이중언어구사자들은 발화에서 그들의 토대 언어 효과를 억제할 수 있다고 주장하는 것처럼 보인다. 하지만 위에서 언급한 연구들을 좀 더 자세히 살펴보면, 자료가 문장 내 부호 전환(intra-sentential code-switching)에서 온 것이 아니라 기생 언어(guest language) 단어가 삽입되는 토대 언어 운반 구(carrier phrase)를 활용한 것이라는 것을 알 수 있다. Bullock *et al.* (2006)

20 운반구(carrier phrase)를 일반적으로 "토대 언어(base language)" 혹은 "선구자 언어(precursor language)"라고 하고, 내포된 단어나 구를 "기생 언어(guest language)"라고 한다. – 역자주.

은 문장내 부호 전환 예들을 가지고 스페인어와 영어의 /p, t, k/가 가지는 VOT 값들을 조사했는데, 좀 더 균형잡힌 이중언어 구사자들과 L1 (스페인어) 우세 이중언어 구사자들을 대상으로 단일언어구사 모드와 이중언어구사 모드일 때 모두를 대상으로 조사했으며, 그 결과는 두 집단 모두 언어구사 모드와는 상관없이 스페인어 대 영어에 대한 상당히 변별적인 범주들을 유지한다는 사실을 발견했다. Yavaş & Byers (2015)는 초기 (영어-우세) 이중언어구사들을 대상으로 동일한 연구를 했는데, (두 언어에서의 변별적 범주들을 유지한다는) 유사한 결과를 얻었다. 이 이중언어 구사자들이 그들의 두 언어에 걸쳐 별개의 범주들을 유지한다는 사실에도 불구하고, 두 연구는 부호 전환 문장에서 음성적 변경(phonetic shift)이 있었다는 것 또한 보고하고 있다. 하지만 이 두 연구의 유사성은 여기서 끝난다. Bullock *et al.* (2006)은 두 참가자 집단에서 발화에서의 부호 전환의 효과는 영어 발화에서만 관찰되었다고 진술한다; 스페인어의 VOT 값은 일관되게 유지되었던 반면, 영어 VOT 값들은 스페인어쪽으로 변경되었다. 영어에 대한 스페인어의 영향은 변경의 방향과는 무관하게 관찰되었지만 (토대 언어 효과 없음), 영어에서 스페인어로 변경되기 전에 가장 두드러졌다. 반면 Yavaş & Byers (2015)는 정반대의 경향을 보고한다. 첫째, 그들은 단지 영어에서 스페인어로의 전환에서만 VOT 값의 상당한 변화를 발견했다(토대언어 효과). 둘째, 스페인어 VOT 값에서 전반적으로 관찰된 것은 VOT 값의 변화가 영어의 값을 향해 이동한다는 점이었다.

매우 유창한 초기 L2 우세 이중언어 구사자들(early L2 dominant bilinguals)이 언어를 바꿀 때 음성학적 영향이 심지어 그들의 음성에서도 나타난다는 일반적으로 여겨지는 견해는 스페인어(L1)가 영어(L2)에 의해 영향을 받았다는 Yavaş & Byers (2015)의 연구 결과에서 뒷받침되었다. 이와 관련하여 L1 혹은 L2의 민감성은 언어 우세성(language dominance)에 달려있는 것처럼 보인다. 따라서 심지어 L2가 우세한 이중언어 구사자에게조차도 L1이 L2보다 음성 간섭(phonetic interference)에 덜 민감하다는 주장 (Antoniou *et al.* 2011)은 논란의 여지가 있다.

8.9 차용어 음운론(loanword phonology)

단어들이 한 언어에서 다른 언어로 차용될 때, 그 단어들은 토착화(nativization) 과정 - 차용되는 언어(L2)에서 온 외래 단어가 차용하는 언어(L1)의 유형에 따라 적용되는 과정 – 을 거친다. 논의할 말한 주요 질문은 차용어 음운론의 모형들이다; 다시 말해, 유입되는 단어가 적응을 위해 거치는 과정에 대한 설명들 말이다. 이와 관련해 두 학파가 있다: (a) 음운론적 모델 ("발화를 통한 토착화" 혹은 "음운론적 입장"이라고도 알려져 있음); (b) 음성학적 접근성 모델("지각을 통한 토착화" 혹은 "지각적 입장"라고도 알려져 있음). 전자는 (Danesi 1985; LaCharite & Paradis 2005; Paradis & Prunet 2000; Paradis & Tremblay 2009; Jacobs & Gussenhoven 2000에 의해 지지를 받고 있는데) 적응자가(즉 차용에 책임을 진 행위자가) 이중언어 구사자이며 따라서 L2 범주를 이용할 수 있다고 가정한다. 따라서, 차용된 단어들의 기저 구조는 L2를 위한 화자의 심적 저장장치에서 검색된다. 그리고 표면 구조는 L1의 음운 체계를 통해 생성된다. 다시 말해, 적응과 토착화는 L1 발화를 관장하는 체계를 통해 행해진다. 후자의 모델은 (Hsieh, Kenstowicz, & Mou 2009; Silverman 1992; Yip 1993; Kenstowicz 2003; Peperkamp & Dupoux 2003에 의해 지지되는데) 화자가 L2 범주들을 이용하거나 접근하지 못한다고 가정한다. 차용어에서 관찰되는 적응은 L2 출력형의 음성학적인 근접에 근본을 둔 지각을 통해서이다. 다시 말해, 음운론적 입장은 추상적인 기저형이 적응을 위한 입력형이 된다는 것이고, 음성학적 근접성 모형은 유입되는 단어의 표면적 음성적 형태에 의해 만들어진 음향 신호가 입력형을 제공한다고 가정한다. 이 두 대안은 서로 다른 예측을 할 수 있는데, 스페인어에서 보여지는 영어 연음 폐쇄음 /b, d, g/에서 그 예를 찾아볼 수 있다.

영어 /b, d, g/의 VOT는 스페인어의 /b, d, g/보다 오히려 /p, t, k/의 VOT와 더 중복된다. 따라서, 음성학적으로 영어의 /b/는 일반적으로 성대진동선행(voice lead)이 거의 없거나 아예 없는데, 이 소리는 완전히 유성인 스페인어의 /b/보다는 스페인어의 /p/에 견줄만하다. 위에서 언급한 차용의 두 모델에서 그려지는 결론적인 그림은 서로 다른 예측을 가진 것이다: 음운론적인 모델은 영어 /b/가 스페인어의 /b/로 범주화될 것이라고 예측하는 반면, 음성적 근접 모델은 영어 /b/의 VOT가 음성적으로 스페인어의 /p/와 연관되기 때문에, 스페인어의 /p/로 범주화될 것이라고 예측하는 것이다. 영어의 /b, d, g/가 스페인어의 /b, d, g/로 범주화된다는 사실은 토착화(nativization)라는 음운론적 모델을 지지하고 있다.

Paradis & Tremblay (2009)는 음운론적인 견해를 지지하는 또 다른 예를 제시하고 있다. 이는 영어에서 북경 중국어로 차용되는 폐쇄음의 처리를 통해서이다. 북경 중국어는 무성 기식 폐쇄음과 무성 무기식 폐쇄음의 대립을 보인다. 하지만, 이 언어는 영어의 두 폐쇄음 유형(예, pit [pʰɪt] – spit [spɪt], tick [tʰɪk] – stick [stɪk], kin [kʰɪn] – skin [skɪn])을 모두 기식음으로 채택하고 영어의 /b, d, g/를 무기식으로 채택하고 있다; 음성적 기식 혹은 그 부재는 북경 중국어에 의한 범주화에 대해서는 중요하지 않다. 다시 말해, 비록 L1은 기식과 무기식 폐쇄음을 구분하지만, 토착화 과정은 음운론적이며 유입되는 단어의 기식 혹은 그것의 부재에 의존하는 것처럼 보이지는 않는다. 이와 유사하게, 영어 무성 폐쇄음은 한국어에서는 일관되게 기식음으로 적응한다, 심지어 영어 입력형이 무기식인 환경에서 조차 말이다(예, toy story [thoi sɨthori]) (Kang 2011).

하지만 음성적 근접 모델을 지지하는 여러 예들 또한 문헌에 있다. Hsieh, Kenstowicz, & Mou (2009)는 영어 VN 리듬의 북경 중국어로의 적응을 조사하였는데, 이 연구가 하나의 증거를 제시한다. 영어 모음의 전설/후설성은 각각 [n]으로 대체될 지, [ŋ]로 대체될 지를 결정한다. (중설 모음은 모음의 조음 위치에 영향을 미치지 않는다.) 여기서 중요한 점은 북경 중국어에서 모음 차이는 이음적이고, 비음 차이는 음소적이라는 사실에도 불구하고 모음이 토착화의 방향을 결정한다는 것이다.

Nevins & Braun (2009)은 또 다른 흥미로운 사례를 제공하는데, 이 연구는 브라질 포르투갈어에 나타나는 "가짜 파찰음화(spurious affrication)"이라고 칭한 현상 관련한 것이다. /t/와 /d/는 파찰음화된다(즉, [i]앞에서 각각 [tʃ]와 [dʒ]가 된다); 이 규칙은 다른 고위 모음 [u]앞에서는 적용되지 않는다. 하지만 영어에서 온 two, student 등과 같은 단어들은 영어의 설정 폐쇄음(coronal stops)이 [u] 앞에서 [tʃu]와 [stʃudənt]와 같이 파찰음화 되는 것을 보여준다. 유입하는 [u]를 모국어의 [u]로 범주화하는 음운론적 모형은 이러한 차용을 설명할 수 없을 것이다. 오히려 Nevins & Braun은 /u/가 (포르투갈에서는 아니지만) 영어에서는 설정(coronals) 뒤에서 전설되며, 이 전설된 모음이 이중모음 [iu]가 된다고 주장한다. 이 이중 모음은 고위 전설 모음성(high front vocalic quality)을 가지고 L1 음운과 양립할 수 있는 파찰음화(affrication)를 유도한다. 그렇다면 이를 가능하게 하는 것은 영어의 [u]을 포르투갈의 /u/로 할당하는 음운론적인 설명이 아니라 음성적 입력에서의 유사성에 있다고 할 수 있다.

마지막으로 태국어의 영어 무성 폐쇄음의 토착화 경우를 살펴보고자 한다; 태국어에 유입되는 영어 폐쇄음은 어두 위치에서는 기식음으로 채택되지만, /s/ 다음에는 무기식으로 채택된다(Kenstowicz & Suchato 2006). 위에서 주어진 북경 중국어의 예들은 차용의 음운론적 모형을 지지하는데, 이 예들과는 반대로 태국어의 예는 음성학적 근접 모델을 지지하는 증거를 제공하고 있다.

지난 몇 년간 연구결과로 나온 문헌들은 (음운 및 음성) 두 유형의 적응이 충분히 관찰되었으며, 토착화 과정은 음운론적 및 음성학적인 세부 사항을 지시할 수 있는 것으로 결론지어야 한다는 것을 보여준다. Hefferman (2007)에 의해 지적되었듯이, 이들은 채택하는 언어사용자들의 이중언어구사력의 수준에 매우 많이 달려있을 것이다. 마지막으로, 차용의 통로 (즉, 구어 혹은 문어)와 철자의 영향 또한 토착화 유형에 영향을 미칠 수도 있을 것이라는 것을 지적하고 논의를 끝맺고자 한다(Vendelin & Peperkamp 2006, Detey & Nespoulous 2008).

요약

이 장에서 우리는 L2 학습자들의 음운 발화를 형성하는데 영향을 미치는 여러 중요한 변수들을 살펴보았다. 우리는 대립적인 음운 정보(contrastive phonological information)가 특정 언어들의 학습자들이 당면하게 되는 여러 난점들을 정확하게 지적할 수 있다는 것을 보았다. 하지만 단순한 대립 유형을 넘어서, 음소 대립과 관련한 어려움에 대한 정도 차이를 설명할 수 있는 보다 깊은 원리가 있다. 목표 대립들은 점진적으로 중간언어 음운론에 통합된다; 학습자들은 기본 (동일형태소) 환경에서가 도출 (서로 다른 형태소) 환경에서보다 목표 언어의 음소 대립(phonemic contrast)을 만들어 내는데 훨씬 더 용이한 것처럼 보인다. 또한 관찰되는 것은 중복되는 중간 언어의 대체음들이 있을 때, 이 대체음들 중 하나는 체계적으로 금지되어 있어서 굴절된 대립(deflected contrast)을 보인다는 것 또한 관찰되었고, 또 다른 하나는 과대 대립(hypercontrasts)을 보이는데, 이는 과일반화(overgenalization)의 결과라는 것으로 해석하였다.

목표 언어의 유형과 충돌하는 모국어의 유형들만으로는 화자들의 음운 습득상의 어려운 점을 모두 설명하기에 충분하지 않다; L2 구조의 유표성 또한 중간 언어 음운을 형성하는데 중요한 역할을 한다. Major의 개체발생-계통발생 모델은 중간 언어 음운론의 세 요소 - L1, L2, 그리고 보편 원리들 - 를 다루는데, 서로 다른 현상들의 습득에 있어서 이 요소들의 상대적 중요성에 대한 예측을 다르게 한다. 유사 현상(Similar phenomena)과 유표 현상(marked phenomena)은 보통 현상(normal phenomena)보다 더 느리다. 습득의 초기 단계에서, 유형들은 기본적으로 모든 현상에서 L1의 영향에 의해 지배를 받으며, 보편 원리들의 영향이 최소이며, L1 영향의 점진적인 감소는 유사현상에서가 다른 현상들에서보다 더 느리다. 습득의 후기 단계에서는, L1과 보편 원리들의 영향이 유사 환경 및 유표 환경에서가 보통 환경에서보다 더 느리다.

우리는 또한 최적성 이론(Optimality Theory)도 살펴보았다. 이 최적성 이론은 유표성의 역할과 언어 전이 효과 그리고 이들의 상호작용을 다루는 모델이다. OT는 새로운 입력형을 포용하는 과정에 있는 자연적이고 역동적인 중간언어 문법 시스템이라는 것과 L1의 영향과 유표성 효과는 단지 시스템 디자인의 결과라는 것을 가정한다.

습득에 대한 이러한 음운론적인 접근에 더하여, 우리는 발화에서 지각의 역할을 고려하고, 지각 모델들(perceptual models)을 살펴보았다. 이 모델들은 음성학적인 근접성(phonetic approximation)과 지각적 판단에 근거한 간섭에 좀 더 초점을 맞추고 있다.

이중언어 음운론(bilingual phonology)에서, 우리는 두 언어의 상호작용에 대해 살펴봤는데, 이는 어떻게 이중언어 화자의 소리에서 음성학적인 세부사항에 영향을 미치는 가에 관하여 뒤얽힌 결과를 보여 주었다. 우리는 또한 코드-스위칭 모드에서 두 언어의 상호 작용과 관련한 서로 갈라지는 설명을 살펴보았다. 마지막으로, 우리는 차용어 음운론에 대해 서로 경합하는 두 설명을 살펴보았다.

부록 A

영어와 다른 언어들 (터키어, 그리스어, 아랍어, 한국어, 및 포르투갈어) 사이의 대립 유형의 예들

터키어–영어

모국어 자음 체계를 목표어인 영어 목록에 덮어 씌우면 다음과 같은 결과가 생긴다:

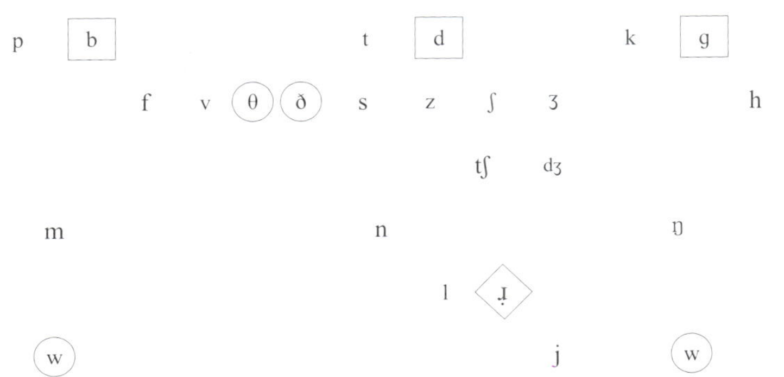

thin → [tin], they → [de]에서 문제가 생길 것이라는 것을 쉽게 알 수 있다. 이는 터키어의 자음 목록에는 /ŋ/도 없지만, 터키어에서 /ŋ/은 Ankara [aŋkara], banka "bank" [baŋka]에서처럼 연구개 폐쇄음 앞에서 음성적으로 존재한다. 또한 [v]가 터키어에는 없는 목표음 /w/를 대신해 이용되지만 (예, well → [vɛl]), 이 문제점은 모음 간에는 존재하지 않는데, 이는 /v/가 이 위치에서는 [w]이음을 가지고 있기 때문이다.

비지속 장애음(예, 폐쇄음과 파찰음)은 어두와 어중에서 유성 대립을 가진다; 하지만 어말 위치에서 무성음만이 나타난다. 이것이 예를 들어 bag → [bɛk], bid

→ [bit]에서 볼 수 있는 교체의 원인이다. 진행형의 어미 –ing [ɪŋ]은 문제를 야기하는데, 이는 두 단계로 설명될 수 있다. 터키어에서 [ŋ]은 다음에 연구개 폐쇄음이 나오는 것을 필요로 하고, 연구개 폐쇄음은 어말에서 무성으로만 실현되기 때문에, -ing [ɪŋ]은 going [goɪŋk]에서와 같이 [ɪŋk]로 실현된다.

상당한 음성적 차이가 유음, 특히 비측음 목표 전이 근접음과 관련이 있다. 터키어의 r-소리는 치경 단타음(alveolar tap) /ɾ/이다. 이에 더하여, 이 음은 어말 위치에서 무성으로 (그리고 마찰을 가지고) 발음된다(예, [kaɾ̥] "snow"). 치경 설측음은 "밝은" 변이음과 "어두운" 변이음을 모두 가지고 있다. 비록 이 설측음들의 분포가 영어의 분포와는 달라 불일치를 야기하지만 말이다. 어두의 모든 설측음과 전설 모음 뒤에 나타나는 모든 종성들은 "밝은" 설측음이다(law와 sell에서 영어는 "어두운" 설측음으로 실현됨을 참조바람).

모음에서의 상충은 대립되는 영어의 모음쌍 /i/ – /ɪ/ (예, peach – pitch), /ɛ/ – /æ/ (예, mess – mass), /ʌ/ – /ɑ/ (예, buddy – body), /u/ – /ʊ/ (예, fool – full) 등이 충분치 않게 분리되는 것과 관련이 있는데, 이는 다음의 차트에 요약되어 있다.

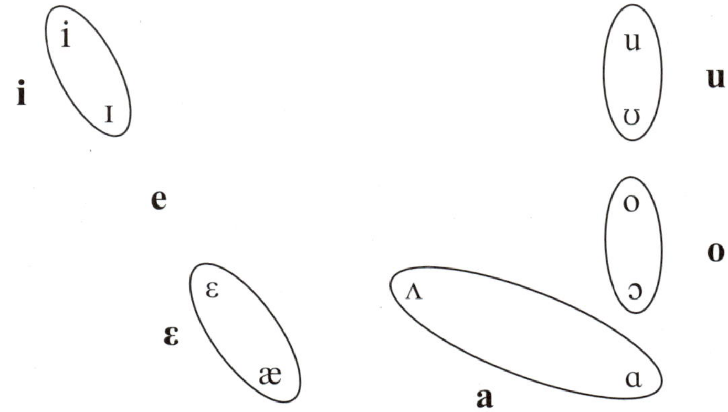

불일치와 관련이 없는 터키어의 다른 모음들은 /y, ø (전설-원순), ɯ (고위-후설 비원순)/.

터키어의 음절구조는 (C) V (C) (C)로 기술될 수 있다. 음절 초는 무리(clusters)를 이루지 않는다. 이 언어는 특정 이중종성을 허용하는데, 이는 "C_1 = 공명음 그리고 C_2 = 장애음, 또는 C_1 = 마찰음 그리고 C_2 = 폐쇄음"으로 기술될 수 있다. 터키어 음절의 무리과 영어 음절의 무리 사이의 커다란 차이때문에, 모든 목표가 되는 초성무리들, 모든 세자음으로 구성된 종성은 우리가 예측할 수 있듯이 문제를 야기한다.

음절-박자 언어인 터키어 화자들은 영어 모음 축약과 리듬에 어려움을 겪을 것이라고 예상된다. 이에 더하여 이 두 언어의 강세 유형은 상당히 다르고 어려움의 근원으로 밝혀지고 있다. 다음은 주요 문제점들이 요약되어 있다:

- 터키어에는 없는 목표음의 음소들: /θ/ → [t], /ð/ → [d], /w/ → [v] (V_V에서는 예외), /ŋ/→ [n] (연구개 폐쇄음 앞에서는 예외);
- 비지속 장애음 /b, d, g, dʒ/의 어말 무성음화
- 상당한 음성 차이: 유음, 특히 비설측 유음;
- 특정 모음 대립의 불충분한 구분(under-differentiation);
- 초성 무리와 종성 무리;
- 강세;
- 리듬

그리스어-영어

L1 자음들을 영어 목표 자음 위로 덮어 씌운 결과가 다음의 그림에 있다:

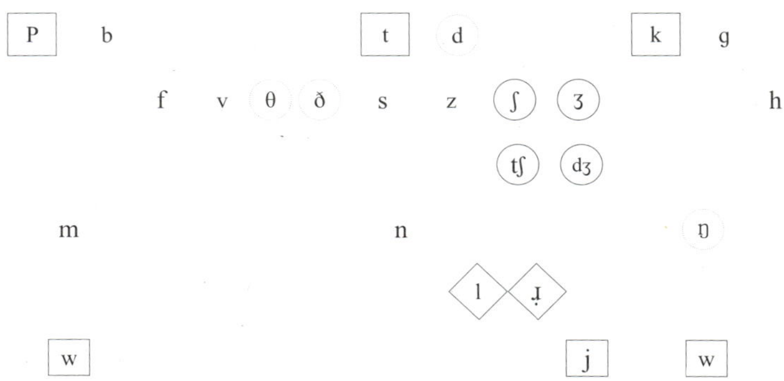

불일치와 관련이 없는 그리스어의 다른 음소들은 /x, ɣ/이다.

L1 목록에서 빠진 목표음부터 시작하면, 우리는 구개-치경 마찰음 /ʃ/와 /ʒ/가 결여되어 있다는 것을 알 수 있다; 이 마찰음들은 치경 마찰음이 [j]와 결합하여 각각 [sj] 및 [zj]와 같이 대체되는 경향이 있다. 또한 그리스어에서 결핍되는 것은 구개-치경 파찰음 /tʃ/과 /dʒ/인데, 이들은 가장 가까운 모국어의 치경음 /ts/와 /dz/로 각각 교체된다.

비록 터키어에는 없는 목표음의 음소로 동그라미 처져 있지만, /ŋ/은 다른 음소들과는 약간 다른데, 그 이유는 [ŋ]이 그리스어에서는 연구개 장애음 앞에서 나타나는 이음이기 때문이다. 따라서, 이 소리가 영어에서 인접한 연구개 폐쇄음이 없이 나타날 때만 문제가 생길 것으로 예상된다.

그리스어의 무성 폐쇄음은 항상 무기식으로 발음된다. 따라서 강세 음절에서 영어의 목표음이 나타나면 문제가 생길 것으로 예상된다.

두드러진 음성 차이와 관련하여, 우리는 유음에 주목할 필요가 있다. 그리스어의 치경 설측음은 언제나 "맑으며" 두드러진 음성적 차이를 예시하고 있다; 그리스어의 r-소리는 또한 괄목할 정도로 다른데, 그 이유는 이 소리가 치경 설탄음

(flap) 혹은 전동음(trill)이기 때문이다. 두 언어에서 /t/와 /d/ 음소들 사이에서 사소한 차이를 들 수 있다; 영어에서는 이 두 소리가 치경음인 반면, 그리스어에서는 이 소리들이 치음(dental)이다.

위치적/분포적 제약들 또한 어려움의 원인이 된다. 모든 그리스어 자음들은 어두와 어중에서 나타날 수 있고, (관련된 자음 중) /d, θ, ð/를 제외한 모든 자음들은 어말에 나타날 수 있다. 따라서 어말에서 위의 셋을 가진 영어 목표음은 문제를 야기시킬 지도 모른다.

활음 /w, j/는 두 언어 사이에서 문제를 일으킬 수 있는데, 이는 그리스 영어 학습자가 이 활음들을 각각 고위 모음 /u/와 /i/로 듣고 발음하는 경향이 있기 때문이다. 활음과 대응하는 고위 모음 사이에는 충분한 음성적 유사성이 있지만, 이 활음들을 모음으로 발음하는 것은 영어 모국어 화자들에게 별개의 음절이 있다는 인상을 줄 것이다.

모음 불일치는 목표음 구분에 대해 다음과 같은 충분치 않은 분리를 만들어 낸다:

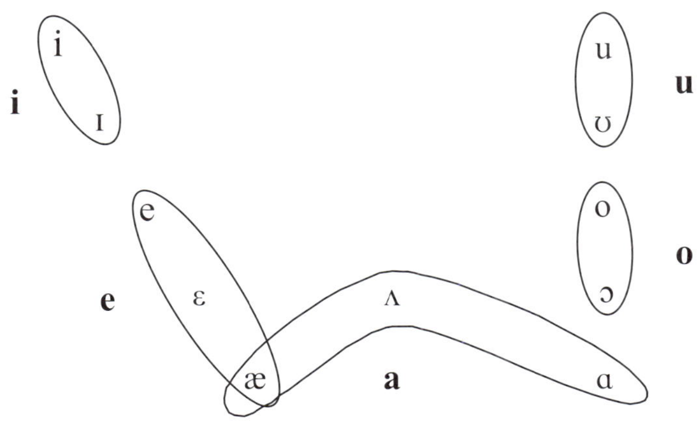

그리스어는 이중모음을 가지고 있지 않지만, 두 모음 소리들이 연쇄로 나타날 수 있고, 따라서 화자들은 목표어인 영어의 이중모음을 다룰 수 있다.

음소배열 제약과 관련된 주요 문제점들은 음절말의 무리들과 연관된어 있는데, 음절 말의 무리들이 그리스어에서는 존재하지 않는다. 따라서 앞서 지적한 단순한 종성에 더해, 그리스어 화자들은 영어의 모든 복잡한 종성에 대해 어려움을 가진다.

그리스어는 또 다른 음절-박자 언어이고, 예상하는 바와 같이 모음 축약을 가지고 있지 않다. 이는 영어의 리듬을 학습하는데 상당한 어려움을 일으킨다. 이에 더해, 이 두 언어에서 서로 다른 어휘 강세들은 문제의 원인이 된다.

다음은 주요 문제 거리를 요약하고 있다:

- 목표음소 중 없는 음소: /ʃ, ʒ, tʃ, dʒ/;
- 기식;
- 분포 제약: /θ, ð, d/;
- 두드러진 음성 차이: 근접음들;
- 목표 모음의 불충분한 분리;
- 강세
- 리듬

아랍어-영어

아랍어의 자음 음소들을 영어 목표 자음 위로 덮어 씌운 결과는 다음과 같이 드러난다:

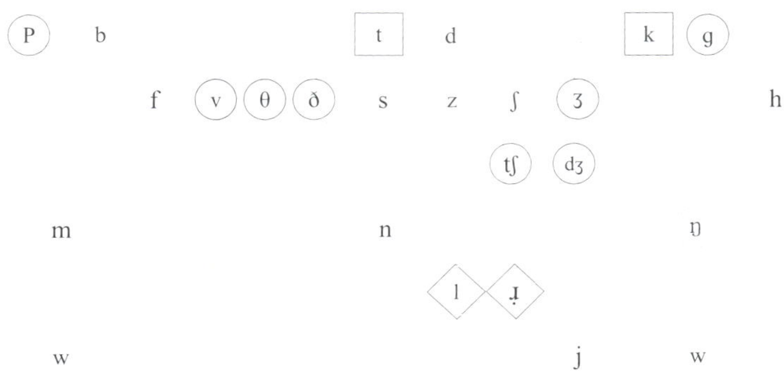

아랍어의 다른 자음들은 /x, ɣ, ħ, ʕ/이고, 인두음화된(pharyngealized) (강조된) 자음들은 /tˤ, dˤ, sˤ, lˤ, ʕˤ/이다.

아랍어에서는 결여된 목표음의 음소들 /p, g, v, θ, ð, ʒ, tʃ, (dʒ)/는 다음의 음소 충돌에 대한 책임이 있다:

/p/ → [b] pan – [ban]

/f/ → [v] fan – [van]

/θ/ → [s]/[t] thin – [sin] [tin]

/ð/ → [z]/[d] breathe – [breeze] [breed]

/tʃ/ → [ʃ] chin – [shin]

/θ/와 /ð/가 고대 아랍어에 나타나는 것은 문제를 복잡하게 만드는데, 이는 학습자가 영어에 있는 이러한 목표음들로 인해 어려움을 겪어서는 안된다는 인상을 준다. 왜냐하면 학습자들은 아랍어를 학습할 때 이러한 소리들에 노출되어왔기 때

문이다. 하지만, 이러한 상황이 현실 세계에서는 나타나지 않으며, 학습자들은 영어의 치간음과 관련하여 상당한 문제를 가진다.

소리 /dʒ/는 비록 아랍어의 몇몇 방언에 있긴 하지만, 이집트 아랍어에서는 소실되었다; 또한 주목할 만 한 것은 /ʒ/의 의심스러운 상태이다.

/ŋ/의 경우는 터키어와 그리스어의 경우와 유사한데, 이는 이 소리가 연구개 폐쇄음 앞에서 /n/의 이음으로 나타나지만, 혼자서는 나타날 수 없다는 점에서 그렇다. 따라서 finger [fɪŋgɚ]는 [ŋ] 다음에 연구개 폐쇄음이 따라 나오니 문제가 되지 않을지 모르지만, sing [sɪŋ]과 singer [sɪŋɚ]는 문제가 될 것이다(다시 말해, 예상되는 발음은 [sɪŋg]와 [sɪŋgɚ]이다).

아랍어 /t, k/의 두 무성 폐쇄음은 무기식이며, 문제가 될 것으로 예상된다.

두드러진 음성적 차이는 다시 한번 유음과 관련이 있다. 아랍어 설측음은 "밝은" 음이며, r-소리는 치경 설첨 전동음(alveolar apical trill)이다. 게다가 아랍어의 두 유음은 모두 무성 장애음 뒤와 휴지 앞에서(pre-pausally) 무성 이음(voiceless allophones)을 가지고 있다. 이 모든 것은 명백히 그들이 영어 발음을 할 때 외국어 말투를 야기시킨다. 사소한 음성적 차이는 /t, d/에서도 관찰되는데, 이는 이들이 아랍어에서는 치음(dental)이기 때문이다.

불일치와 그로 인한 영어 모음 대립의 불충분한 사상은 다음에 도시화되어 있다.

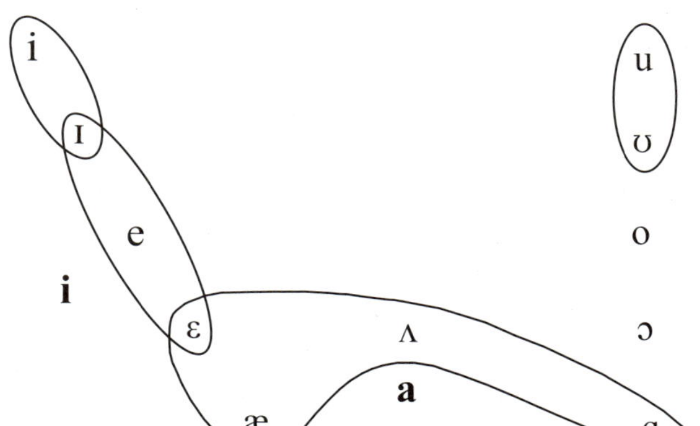

아랍어의 음절 구조는 (C) V (C) (C)인데, 이 구조는 영어의 구조와 상당한 충돌을 일으킨다. 두음군이 없고 오직 매우 제한된 이중 종성만을 허용하는 것은 삽입 모음(epenthetic vowel)이 복잡한 영어의 목표음들을 쪼개는 결과를 야기한다.

비록 아랍어는 강세-기반 언어이지만, 모음 축약은 영어의 유형을 따르지 않고, 이는 리듬에서 약간의 차이를 가져온다.

단어 강세는 아랍어에서 매우 규칙적이다; 단어 강세는 형태소의 마지막의 무거운 음절(heavy syllable; 긴 모음을 가지고 있거나 VCC 라임을 가진 음절)에 떨어진다. 이것은 diffi<u>cult</u>, ex<u>pert</u>, narro<u>west</u>, insti<u>tute</u> 등과 같은 단어에서 일반적으로 관찰되는 오류(즉 영어 모국어 화자들의 음절 초 강세 유형과는 반대로 음절 말에 강세를 두는 오류)에 대한 이유인데, 이 중 첫 세 단어들은 VCC 라임을 가지고있으며, 마지막 단어는 마지막 음절에 긴 모음을 가지고 있다.

다음은 주요 문제점들의 요약이다.

- 아랍어에는 없는 목표음의 음소들: /p, g, v, θ, ð, ʒ, tʃ, (dʒ), (ŋ)/;
- 기식;
- 두드러진 음성 차이: 유음들;
- 여러 목표 모음 대립의 불충분한 분리;
- 음절 두음군과 종성군;
- 강세;
- 리듬.

한국어–영어(Korean-English)

L1 자음 음소를 목표어인 영어의 목록에 중복(overlay)해 얻은 결과는 다음과 같다:

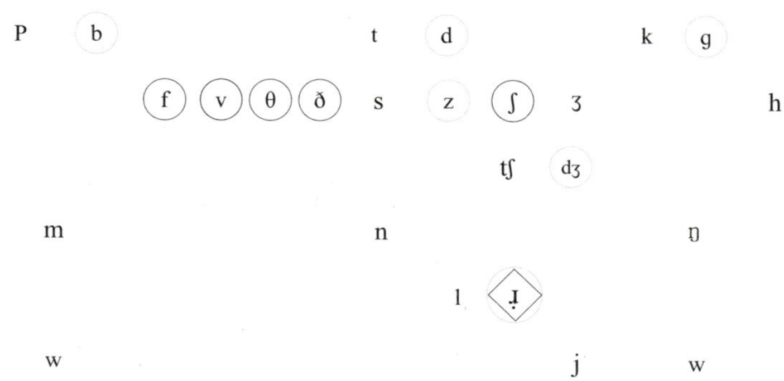

한국어의 다른 음소들은 /pʰ, p', tʰ, t', kʰ, k', tʃʰ, tʃ', s'/가 있다.

L1에서는 완전히 결여된 목표어의 음소들은 /f, v, θ, ð, dʒ/이다. 이들은 목표어의 영어 단어에서 각각 [p, b, t, d, tʃ]로 발음된다. 비록 한국어의 음소 목록에 /b, d, g/가 없지만, [b, d, g]는 두 유성음 사이에서 /p, t, k/의 이음으로 존재한다. 결과적으로, 우리는 영어 /b, d, g/ 목표음들이 두 유성음 사이에서 나타나지 않을 때는, 이 음들이 한국인 학습자들에게 어려움을 줄 것이라고 예상할 수 있다. (예를 들어, book, cab, dog). 똑같이 문제가 되는 것은 두 유성음 사이에서 /p, t, k/가 나타날 때이다. 이는 다음과 같은 잘못된 발음으로 예시된다: apart [əbɑɹ̣t], attack [ədæk], mocha [mogə].

제2장에서 언급했듯이, [z]와 [ʃ]는 한국어어에서 /s/의 이음으로 존재한다. 편의를 위해, 분포상의 요구(distributional requirements)를 아래에 반복한다.

/s/ — [ʃ] before [i]
— [z] after nasal
— [s] elsewhere

결과적으로, 우리는 <u>sea shells</u> [si ʃɛlz]와 같은 목표 단어들이 [ʃi sɛls]와 같이 발음되리라고 예상한다.

유음들은 음소 및 음성상의 문제를 모두 제공한다. 한국어의 r-소리는 설탄음(flap)이고 설측음(lateral)과 상보적 분포를 이룬다. [ɾ]은 모음 사이에서(intervocalically) 나타나며, [l]은 그 외의 환경에서 나타난다. 따라서, <u>feeling</u> - <u>fearing</u>, <u>soul</u> - <u>sore</u>과 같은 목표어의 단어쌍들을 구별하지 못하게 된다.

L1과 L2의 모음 체계사이의 불일치는 다음의 불충분한 구분(under-differentiation)을 야기시킨다.

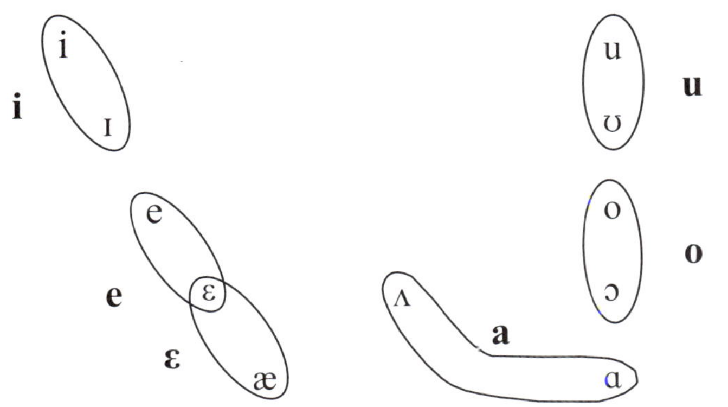

그 외의 한국어 모음들은 /y, ø, ɯ/가 있다.

한국어의 음절구조는 (C)V(C)(C)로 기술되는데, 영어의 음절구조보다 훨씬 간단하다. 비록 위의 형식화가 이중 종성(double coda)을 허용하지만, 실제 조합은 매우 한정되어 있다. 그 결과, 목표어인 영어의 단어에 있는 다양한 이중 및 삼중 초성 및 종성(double and triple onsets and codas)은 모음 삽입(vowel insertions)으로 갈라진다.

한국어의 강세 유형(stress patterns)은 영어의 강세유형과 많이 다르다. 이는 단어 혹은 구의 첫 음절에 피치가 상승하는 것에서 주로 확인할 수 있다. 강세에서의 불일치에 덧붙여, 한국어는 전형적인 음절-박자 언어(typical syllable-timed language)여서, 모음 축약(vowel reductions)이 없다. 이는 명백히 다른 리듬을 야기시킨다.

다음은 주요 문제점들을 요약한 것이다.

- 결핍된 목표어의 음소들: /f, v, θ, ð, dʒ/
- 이음으로서 존재하는 단어들
- 두드러진 음성학적 차이점들
- 목표 모음 대립의 불충분한 구별
- 초성 및 종성 무리들
- 강세
- 리듬

포르투갈어-영어

L1 자음 음소들을 목표어인 영어의 자음 목록에 겹쳐놓으면, 다음과 같은 결과가 된다.

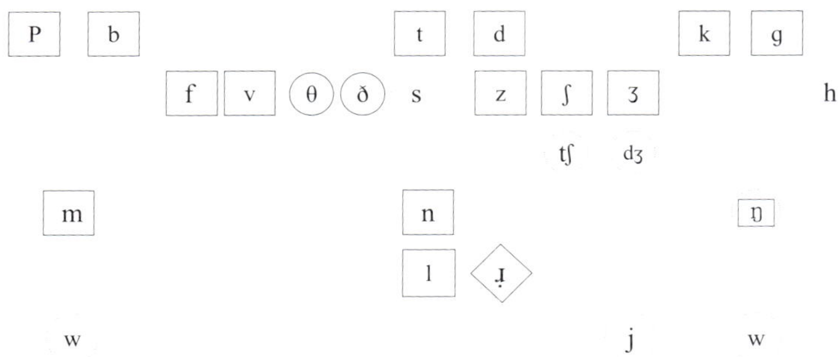

포르투갈어의 다른 음소들은 /ʎ, ɲ/이다.

L1에서는 결여된 목표어의 음소들은 /θ, ð, tʃ, dʒ, ŋ/를 포함한다. 이 중 처음의 두 음소는 각각 [t, d]로 대체된다. [tʃ]와 [dʒ] 소리들은 포르투갈어에서 /i/ 앞에서 각각 /t/와 /d/의 이음으로서 존재한다. 따라서 teacher, difficult에서와 같이 목표음 /t/와 /d/가 /i/앞에서 나타날 때 문제가 생길 것이라고 예상할 수 있는데, 이 환경에서는 [tʃ]와 [dʒ]가 각각 흔히 나타나는 음이기 때문이다. [ŋ] 소리는 연구개 폐쇄음 앞에서 음성적으로 존재한다.

다른 로맨스 언어에서와 같이, 포르투갈어의 무성 폐쇄음은 무기식이며 영어 기식 목표음을 다룰 때 학습자들이 문제를 일으킨다. 게다가 포르투갈어에서는 /s/를 제외하고 어떤 장애음도 음절 말 혹은 어말 위치에 나타날 수 없다. 결과적으로 그러한 요구를 하는 영어 단어는 삽입모음을 받게 된다.

비음(nasals)도 음절 혹은 단어의 마지막 위치에 나타나지 않는다. 그 결과는 영어 목표음에서 선행하는 모음의 비음화이다(예, from [frã]).

유음은 음성 및 분포상의 어려움을 모두 제시한다. 설측음 /l/은 음성적으로 영어와 그다지 다르지 않다(즉, “어두운” 설측음이다); 하지만 음절말 위치에서 이 소리는 모음화(vocalized)되어 [w]로 된다(예, Brazil [braziw]). 진통제 Advil의 브랜드명에서 온 목표어의 단어는 L1과 L2사이에 세 가지 유형의 충돌을 가지고 있다. 이 단어의 전형적인 발화는 [adʒiviw]인데, 이는 쉽게 설명될 수 있다: /d/가 음절 말 위치에서 허용되지 않으니, 삽입 모음 [i]가 삽입된다; 이제 /d/ 다음에 [i]가 나오닌, 이는 다시 적절한 이음 [dʒ]로 바뀐다; 마지막 [w]는 위에 언급한 설측음의 이음 규칙으로 설명된다.

포르투갈어의 두 r-소리는 치경 단타음 [ɾ]과 연구개/구개수 마찰음 [x/χ]인데, 이 소리들은 음성적으로 영어의 /ɹ/과는 아주 다르다. 영어 목표음의 대치는 L1에 의해 제시된 단어 위치에 따라 변한다(다시 말해, [x/χ]은 어두 위치, [ɾ]은 그 외(otherwise)).

활음 /w, j/은 우리가 그리스어-영어 불일치에서 관찰한 문제들과 유사한 문제를 가지고 있다; 이 활음들은 고위 모음 /u/와 /i/로 각각 발음되고, 개별 음절이라는 인상을 준다.

두 언어 사이의 모음 불일치는 아래에서 볼 수 있다:

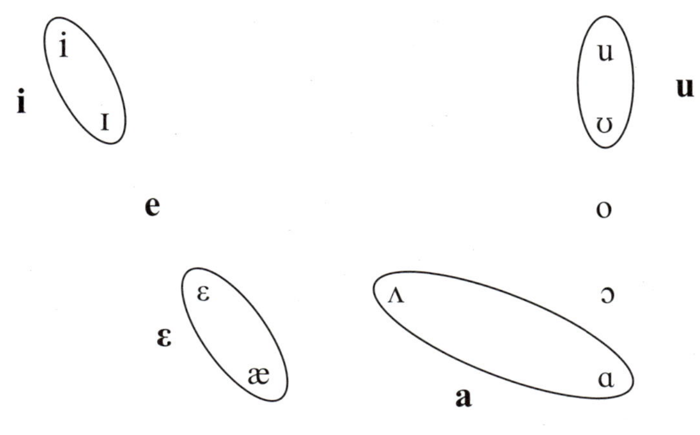

포르투갈어의 음절구조는 (C) (C) V (C)로 기술될 수 있는데, 제한된 방식으로 영어의 요구를 수용할 수 있다. 음절 말의 단일 종성은 단지 그 자음이 /s/이거나 유음일 때만 가능하다. 또한 이중 두음은 단지 다음의 구조만을 가질 수 있다: C_1 = 폐쇄음 혹은 /f/, C_2 = 유음. 영어의 다른 목표 초성은 예상컨데 수정을 겪을 필요가 있다.

포르투갈어의 강세는 단어의 끝에서 두 번째 음절(penult)에 오는 경향이 있다; 따라서 영어에 의해 요구되지만 이 언어에서는 다른 강세 유형을 보이는 단어들은 학습자에게 어려움을 가할 것이다.

포르투갈어가 “강세-기반” 유형으로 좀 더 기울어져 있지만(브라질 포르투갈어는 유럽 대륙의 포르투갈어보다 덜 그렇다), 이 언어는 영어와 같은 모음 축약을 가지고 있지 않다. 이는 서로 다른 어휘 강세와 함께 목표어의 리듬 유형에 어려움을 드러내는 결과를 가져 왔다.

다음은 주요 문제점들을 요약한다.

- 결여된 목표어의 음소들 /θ, ð, tʃ, dʒ, ŋ/;
- 다른 이음/분포 제약;
- 기식;
- 두드러진 음성 차이;
- 비설측 유음;
- 목표어 모음 대립의 불충분한 구별;
- 초성군/종성군;
- 강세;
- 리듬.

위의 모든 것들은 L2 음운의 학습이 매우 구조화된 과정이며, 따라서 치료에 대한 시도들은 이러한 요소들을 가능한 한 많이 고려해야 한다는 사실을 나타내고 있다. 치료자(언어 교사, 언어 치료사)의 능력과 실행은 이들이 훈련을 받을 때 언어학에 기반을 둔 과목들을 많이 포함함으로써 확실히 증대될 수 있을 것이다.

부록B

영어와 다른 여러 언어 사이의 주요 음소적 및 음성학적 충돌 사례

	Arabic	French	German	Greek	Hindi	Italian	Japanese	Korean	Mandarin	Persian	Russian	Portuguese	Spanish	Turkish	Vietnamese
θ ð →t d / s z	✓	✓	✓		✓	✓	✓	✓	✓	✓	✓	✓	✓	✓	✓
v → b					✓	✓	✓						✓		
w vs. v			✓		✓				✓	✓	✓			✓	
Onset/coda CC	✓			✓	✓	✓	✓	✓	✓	✓		✓	✓	✓	✓
Fin. C. devoice.			✓	✓				✓	✓		✓			✓	✓
i vs. ɪ	✓	✓		✓		✓	✓	✓	✓	✓	✓	✓	✓	✓	✓
u vs. ʊ	✓	✓		✓		✓	✓	✓	✓	✓	✓	✓	✓	✓	✓
ɛ vs. æ	✓	✓	✓		✓	✓	✓	✓	✓	✓	✓	✓	✓	✓	✓
ʌ vs. ɑ	✓	✓	✓	✓	✓	✓	✓	✓	✓	✓	✓	✓	✓	✓	✓
Aspiration	✓	✓		✓		✓					✓	✓	✓		
ɹ̣	✓	✓	✓	✓	✓	✓	✓	✓	✓	✓	✓	✓	✓	✓	✓
Stress	✓	✓	✓	✓	✓	✓	✓	✓	✓	✓	✓	✓	✓	✓	✓
Rhythm	✓	✓		✓	✓	✓	✓	✓	✓	✓	✓	✓	✓	✓	✓

연습문제

1. 우선, 다음의 단어 쌍들을 전사하시오. 그리고 나서 이 장과 부록 A(Appendix A)에서 얻은 대립 정보(contrastive information)를 사용하여, 영어의 이러한 목표음의 단어 쌍과 관련하여 어떤 언어의 모국어 화자들이 어려움을 겪을 것인지 파악해 보시오.

cheap – chip
age – edge
bend – band
band – bond
fool – full
backs – box
look – Luke
feast – fist
wait – wet
slept – slapped

2. 이제, 다음의 대립된 단어 쌍들에 대해서 위의 1에서 했던 것과 같이 해보시오.

glass – grass
peach – beach
pour – four
went – vent
feel – veal
vowel – bowel
dense – dens
three – tree
thick – sick
those – doze
leaf – leave
rope – robe
stow – stove
curved – curbed
math – mat

forth – force
soothe – sued
clothed – closed
sin – sing
cart – card
thin – chin
lamp – ramp
sift – shift
sink – zinc
cheer – sheer
surge – search
dug – duck

3. 이제는 다음의 세 개가 한 무리를 이루는 단어에 대해 위의 문제들과 같은 방식으로 풀어보시오.

huck – hock – hawk
panned – punned – pond
bag – bug – bog
bid – bead – bed
stack – stuck – stock

4. 비록 대립 음운 정보(contrastive phonological information)는 화자의 어려움을 예측하는데 필요불가분의 요소이지만, 많은 경우 이 정보만으로는 충분치 않다. 왜냐하면, 특정한 현상에 대해서는 보편적 유표성(universal markedness)에 기반한 제약들이 목표음의 난이도를 설명하는데 중요한 역할을 한다는 것을 보아왔기 때문이다. 다음의 목표어들을 난이도 순서대로 (가장 어려운것에서 가장 덜 어려운 순) 열거하고, 그 이유를 기술하시오.

(a) single-coda consonants:
deal, deer, deem, beat, beach
(b) liquids:
/l/ full, elect, lamp, fly, belt
/ɹ/ green, boring, tire, room, card
(c) /s/+ C onsets:

slow, sticker, swing, small

(d) aspiration:

pig, keep, park, course, torn, tease

(e) final voiced stops:

lab, bid, rod, rag, rib, wig

5. 일본어 화자들은 영어의 목표음 /θ/가 결여되어 있고, 학습자들은 이를 [s]로 대체한다(e.g. thank [sæŋk]). 또한 [ʃ]는 일본어에서 /i/앞에서 나타나는 /s/의 이음이다. 이는 sip [ʃɪp]과 같은 발음이 나타나는 결과를 초래한다. 두 가지의 유형(/i/앞의 [ʃ]로서의 /s/, [s]로서의 /θ/)이 있지만, 일본화자들의 영어 think 발음은 [sɪŋk]이지 [ʃɪŋk]가 아니다. 이러한 사실은 8.3.2에서 다룬 굴절된 대립(deflected contrast)에 대해 든 사례에 대한 증거가 될 수 있는가 아니면 반대되는 증거인가? 대답에 대한 여러분의 생각을 논리적으로 기술하시오.

6. 다음을 전사하고, 음절성 자음, 연구개음, 파찰음의 수를 적으시오.

(a) Life can only be understood backwards, but it must be lived forwards.

(Soren Kierkegaard)

(b) It's not that I'm so smart, it's just that I stay with problems longer.

(Albert Einstein)

7. T. McArthur, *The English Languages* (Cambridge: Cambridge University Press, 1998, pp. 220–7)의 ("미국영어"에 관한) 다음의 발췌를 전사하시오.

(a) The American I have heard up to the present is a tongue as distinct from English as Patagonian.

(Rudyard Kipling, 1889)

....

....

(b) The rich have always liked to assume the costumes of the poor. Take the American language. It is more than a million words wide, and new terms are constantly added to its infinite variety. Yet, as the decade starts, the US vocabulary seems to have shrunk to child size.

(Stefan Kanfer, 1980)

....

....

....

....

(c) I mean that almost everyone who touches upon American speech assumes that it is inferior to British speech. Just as the Englishman, having endured for a time the society of his equals, goes on to bask in the sunshine of aristocracy, so the American, when he has used the American language for business or for familiar intercourse, may then, for higher or more serious purposes, go on to the aristocratic or royal language of Great Britain.

(Fred Newton Scott, 1917)

....

....

....

....

....

....

제 9 장
철자와 발음

9.1 영어 철자법의 불규칙성

제2장에서, 우리는 이상적인 알파벳 시스템은 언어의 문자소와 음소사이에 일대일의 관계를 가져야 한다는 것을 살펴보았다. 다시 말해, 이상적인 문자 체계는 문자 표시가 음소이여야 한다. 하지만 제1장에서 지적했듯이, 이 이상적인 일대일 관계는 영어에서 빈번히 파괴된다. 동일한 음소가 다른 글자에 의해 표시될 수도 있다(예, /i/ **ea**ch, **e**ither, sc**e**ne); 동일한 글자가 다른 음소를 나타낼 수도 있다(예, a in g**a**te, **a**ny, f**a**ther, **a**bove), 그리고 음소들이 글자들의 합성에 의해 표시될 수도 있다 (예를 들어, thin과 this에서처럼 th가 각각 /θ/ 또는 /ð/를, enough에서처럼 gh가 /f/를 표기된 예).

이러한 불일치에 대한 이유는 영어의 역사에서 찾을 수 있는데, 여러 가지를 들 수 있다. 우선, 기독교 선교사들이 고대 영어(Old English)의 23 글자로 된 알파벳을 사용하여, 35가지 정도되는 음소를 나타내었는데. 이로 인해 일대일의 원리를 어쩔 수 없이 어기게 되었다.

11세기에 영국에 대한 노르만 정복(Norman Conquest)이후, 프랑스 사본 필사자들(scribes)은 여러 새로운 철자 규약을 도입했다. 이에 따라, 다음의 변화들이 일어났다: 고대 영어 cw가 qu로 대체되었고 (예, quick), h가 gh로 대체되었고 (예,

might), c가 ch로 대체되었고 (예, church), u가 ou에 의해 대체되었다(예, house). 따라서 15세기 초에는 영어의 철자가 고대 영어와 프랑스 사본 필사자들에 의해 만들어진 변화들이 뒤섞이게 되었다.

일부 불일치한 경우는 철자 체계가 정립된 후 발생한 발음상의 변화때문이다. 예를 들어, would, could 및 should와 같은 "서법조동사(modal verbs)"에 있는 /d/앞의 /l/은 원래 발음되던 것들이었지만, 후에 발음되지 않게 되었다. 한편 다른 단어들에서는 여전히 발음되고 있다(예, cold, hold). 연구개 폐쇄음 /k, g/는 음절 초에 위치해 있는 비음들 앞에서 발음이 사라졌다(예, knee, knife, gnat, gnaw); 하지만 이 두 소리가 서로 다른 음절에 속해 있으면 연구개 폐쇄음은 발음이 된다(예, acne [æk.ni], agnostic [æg.nɑ.stɪk]). /l/이 /f/, /k/, /m/앞에서 그리고 동시에 저위 모음 /æ, ɑ, ɔ/ 다음에 나타날 때 발음이 안된다는 점 또한 주목할 만 하다: a __ /f/ (예, calf, half, 하지만 self에서는 아님); a __ /k/ (예, walk, talk, 하지만 silk와 elk에서는 아님), a __ /m/ (예, calm, almond, 하지만 film, helm에서는 아님). 또한 고대 영어(OE)에서 중세 영어(ME)로 넘어올 때 어말의 [ə] 생략으로 nose, name 등에서 처럼 소위 "묵음 e(silent e)"가 생겨나게 되었다.

마찰음 체계는 상당한 변화를 겪었다; OE는 단지 무성 마찰음 음소 /f, θ, s/ (그리고 OE에서 ME로 넘어 오면서 소멸된 /x/)만을 가지고 있었다. [v, ð, z] 음들은 무성 마찰음의 이음으로 나타났는데, ME에서 음소가 되었다. /ʒ/음은 /zj/ 무리의 구개음화(palatalization)으로 인해 17세기에 나타났다(예, vision [vɪzjən] → [vɪʒən]). [ŋ]에 대해서도 언급을 해야 하겠는데, 이 소리는 연구개음 앞에서 실현되는 /n/의 이음이었다. 후에 16세기가 되었을 때, /g/는 특정 위치에서 [ŋ] 다음에 생략되었고, /n/과 /ŋ/사이의 음소 대립을 만들어 냈다(e.g. sin [sɪn] – sing [sɪŋ]).

대모음 추이(The Great Vowel Shift)는 중세 영어에서 발생해 18세기까지 진행되었는데, 일련의 수정에 의해 모음 체계에 아주 상당한 재조직을 가져왔다. 간단히 말하면, 초기의 장모음들은 상승되었고 (예, geese [gɛːs] → [gis]), 이미 혀가 높은 위치에서 발음되던 모음들은 이중모음이 되었다(예, tide [tid] → [taɪd], loud [lud] → [laʊd]). 이러한 변화들이 인쇄술의 도입 후에 일어났기 때문에, 이에 상응하는 철자 상의 변화는 없었다. 또한 많은 인쇄공들이 유럽대륙 출신이라는 사실(예를 들어, 네덜란드 인쇄공들은 어두음 /g/에 ghost에서처럼 gh라는 철자를 도입했음)과 표준화가 결여되어 있었다(철자 담당 기관이 없었음)는 것이 불규칙성의 문제를 만드는데 일조하였다.

프랑스어에서의 차용(예, bizzare, bouquet, beige, debris), 이탈라아어에서의 차용(예, motto, mezzanine, stucco, grotto), 스페인어에서의 차용(예, junta, galleon, marijuana), 독일어에서의 차용(예, schnapps, gestalt, poltergeist), 포르투갈어에서의 차용 (예, macaque, verandah), 러시아어에서의 차용(예, czar, intelligentsia), 그리고 헝가리아어에서의 차용(예, goulash, czardas)은 원래의 철자를 유지하였고, 이는 더 많은 불규칙을 가져왔다. 하지만, 모든 차용된 항목들이 원래의 철자로 들어온 것은 아니다. 어떤 경우에는 차용된 단어들이 "자역(transliteration)"되어 도입되었다(예를 들어, 그리스어에서 차용된 항목들이 pneumonia와 mnemonic으로 도입). 이렇게 자역되어 온 항목들은 영어의 음소연쇄 규칙을 어기기 때문에, 첫 자음은 발음되지 않는다.

어떤 경우에는 일부 학자들이 철자를 라틴어와 그리스어의 어원을 반영하려고 하는 열정때문에 문제가 나타났다. 예를 들어, debt와 doubt라는 단어는 각각 프랑스어의 dette와 doute에서 b가 없이 영어로 들어왔다. 소위 "묵음 b(silent b)"는 이 단어들을 원래의 라틴어의 debitum과 dubitare에 각각 닮도록 만들기 위해 삽입되었다.

마지막으로 어떤 단어들은 혼란이 단순한 부주의 때문에 생긴 경우도 있다. 예를 들어, 영어 colonel이 유래하게 된 단어인 프랑스어 coronelle은 이탈리아어 colonello에서 생긴 단어이다. 이 단어가 16세기에 영어 어휘에 등재되었을 때, 이 단어는 철자 r이 쓰였다. 이 후 이탈리아어 철자와 프랑스어 발음을 섞어 놓음으로써 이러한 혼란이 해결되었다.

9.2 영어의 음소-문자소 대응

본 절에서는 문자소와 음소 사이의 대응 관계를 다루는데, 이 경우 우리는 음소들의 목록과, 이러한 음소들을 표시하기 위한 문자소로 시작하기로 한다.

9.2.1 자음들

Phoneme	Grapheme	Examples
/p/	p	pull, leap
	pp	supper, apply
	gh	hiccough
	pe	tape
/b/	b	bed, lab
	bb	rubber, lobby
	bh	Bhutan
/t/	t	table, bet
	tt	attack, attend
	th	thyme, Thames
	ed	talked, walked
/d/	d	day, bed
	dd	ladder, addict
	ed	robbed, pulled
/k/	c	care, car
	cc	accord, acclaim
	ck	sack, back
	ch	character, chorus

	cq	acquire, acquaint
	k	keep, broker
	qu	liquor
	q	Iraq
	que	mosque
/g/	g	give, bag
	gg	mugged, egg
	gh	ghost, ghetto
	gu	guard
/f/	f	fence, thief
	ff	offer
	gh	rough
	ph	phoneme
	pph	sapphire
/v/	v	vowel
	vv	flivver
	f	of
	ph	Stephen
/θ/	th	thin
	tth	Matthew
/ð/	th	they
/s/	s	sell
	ss	boss
	sc	scene
	c	cell
	se	horse
	ce	juice
	st	listen

	ps	psychic
	cc	flaccid
/z/	z	zero
	zz	puzzle
	s	is
	ss	scissors
	x	xerox
/ʃ/	sh	share
	ce	ocean
	ch	Chicago
	ci	special
	s	sure
	sci	conscience
	sch	schnapps
	sc	crescendo
	se	nauseous
	si	tension
	ss	tissue
	ti	nation
/ʒ/	g	massage
	s	measure
	si	vision
	z	azure
/tʃ/	ch	chip
	tch	watch
	c	cello
	cz	Czech
	t	nature

	ti	question
/dʒ/	j	jail
	d	gradual
	dg	ridge
	g	magic
	gg	exaggerate
/l/	l	lake
	ll	sell
/ɹ̣/	r	rain
	rr	borrow
	wr	wrong
	rh	Rhode Island
/m/	m	mark
	mm	summer
	mb	climb
	mn	hymn
/n/	n	name
	kn	knee
	gn	gnaw
	pn	pnemonia
	mn	mnemonic
	nn	tanner
/ŋ/	ng	king
	n	sink
	ngue	tongue
/w/	w	week
	u	queen
/j/	y	year

	ll	tortilla
	i	union
/h/	h	house
	j	fajita
	wh	who

만약 우리가 반대 방향으로, 다시 말해 문자소에서 음소로의 대응관계를 살펴본다면, 이 관계는 덜 다양하다. 우선 다음 목록에 있는 여러 문자들이 예외가 없는 것은 아니지만 규칙적인 음소 대응을 가진다. 굵은 표시로 된 글자들 또한 이중 글자로 규칙적인 대응을 가지고 있다.

Letter	**Phoneme**	**Example**
b/bb	/b/	bay, rubber
d/dd	/d/	day, ladder
f/ff	/f/	fame, sufficient
j	/dʒ/	joy, jail (스페인어에서의 차용어는 예외임. 예, junta[21])
m/mm	/m/	moon, summer
n/nn	/n/	noon, innocent
p/pp	/p/	pay, appear
r/rr	/ɹ̣/	rain, carrot
t/tt	/t/	table, attack
v	/v/	vote, avid
y	/j/	yes, beyond
z/zz	/z/	zero, buzz

21 [hʊntə] – 역자주.

두 글자 c와 g는 상응하는 음소를 각각 두 개 가지고 있다.

c	/k/	cat, cool
	/s/	cell, ceiling

(또한 일부 차용어에서는 /tʃ/로, 예, cello)

g	/g/	get, bag
	/dʒ/	gem, rage

(또한 프랑스어 차용어에서는 /ʒ/로, 예, prestige)

글자 s는 가장 결실이 많은 생산적인 자음으로, 다음의 대응을 가진다.

s/ss	/s/	sip, assist
	/ʃ/	tension, pressure

글자 s는 단일 철자로서 다음에 나타나는 대응을 가지고도 있다:

s	/z/	raise
	/ʒ/	vision

글자 x는 일련의 두 음소를 나타내는 유일한 자음이다; 이 글자는 뒤따르는 모음이 강세 음절(tonic syllable)에 있는 경우 /gz/를 나타낸다(예, exact, exaggerate). 만약 강세가 x앞의 모음에 떨어지면, 이 글자는 /ks/에 대응한다(예, sex, excellent, execute; exit과 exile 등의 단어는 /ks/ 혹은 /gz/ 모두에 대응함).

gg와 cc의 두 중복된 글자는 각각 두 개의 대응하는 음가를 가진다.

gg	/g/	egg
	/dʒ/	exaggerate
cc	/k/	account
	/ks/	accent

다음 다섯 개의 단일 철자는 묵음(silent)뿐만 아니라 규칙적인 음소 대응도 가지고 있다:

b	/b/	book, rub
	묵음	lamb, bomb
h	/h/	he, home
	묵음	hour, honest (로만스 어원의 단어들)
k	/k/	kitchen, cake
	묵음	knife, know
l	/l/	lake, ball
	묵음	would, should
w	/w/	we, wake
	묵음	answer, wrong

마지막으로, 몇 가지 서로 연관이 없는 개별적인 불규칙이 있다는 것을 언급해야하는데, mnemonic에서 m이 묵음이고, (autumnal에서는 n이 발음되지만) autumn에서 n이 묵음이고, handsome과 sandwich에서 d가 묵음인 것이 그 예들이다.

한 글자가 중복되어 나타나는 것 외에, 영어 철자 중 자음 글자를 몇 가지로 조합해서 사용하여 다음의 음소 대응관계를 가지는 경우가 있다:

ck	/k/	sick
tch	/tʃ/	watch
ph	/f/	phoneme (비고: 연속 음절에서 /p/ + /h/, 예, uphill)
sh	/ʃ/	shirt

다음의 두-자음 글자 조합은 두 개의 다른 값을 가진다:

ch	/tʃ/	change
	/k/	character

프랑스 어원의 단어와 장소명에서, ch는 /ʃ/를 나타낸다(예, chef, Chicago)

gh	/f/	enough
	묵음	daughter

일부 단어에서, gh는 ghost, ghetto에서와 같이 /g/를 나타낸다

ght	/t/	right
ng	/ŋ/	sing
	/ŋg/	finger
th	/θ/	thin
	/ð/	this

일부 단어에서, th는 /t/를 나타낸다(예, Thomas, thyme).

9.2.2 모음

모음의 음소-대-음소 대응은 다음과 같다:

음소	문자소	예
/i/	e	be
	ea	meat
	ee	free
	ae	Caesar
	a	karaoke
	ay	quay
	y	silly
	ie	niece
	ue	Portuguese
	ei	deceive
	i	machine
	eo	people
	ey	key
	oe	amoeba
/ɪ/	i	miss
	y	mystic
	u	busy
	e	exam
	o	women
	ee	been
	ei	counterfeit
	ie	sieve
	ui	build

/e/	ay	say
	ai	wait
	a	name
	ei	weigh
	ea	great
	ey	they
	ee	matinee
	et	ballet
	ie	lingerie
	au	gauge
/ɛ/	e	set
	ea	heavy
	a	many
	ai	said
	ie	friend
	ue	guess
	ae	aesthetic
	ay	says
	eo	leopard
	u	bury
/æ/	a	sat
	i	meringue
	al	salmon
	au	laugh
/ʌ/	u	bus
	o	son
	ou	couple
	oo	blood

	oe	does
	a	about
/ɑ/	ea	heart
	o	hot
	a	father
	ach	yacht
	ow	knowledge
	e	sergeant
/ɔ/	a	talk
	o	order
	aw	saw
	au	cause
	al	walk
	oa	broad
	oo	door
	ou	ought
/o/	ew	sew
	o	no
	oa	soak
	oe	foe
	ou	though
	oo	brooch
	eau	plateau
	ow	blow
	ough	furlough
	eo	yeoman
/ʊ/	oo	good
	u	put

	ou	should
	o	woman
/u/	ui	fruit
	ue	true
	wo	two
	oo	mood
	ou	soup
	o	who
	oe	shoe
	eu	neutral
	au	beautiful
	ew	grew
	ieu	lieutenant
	ioux	Sioux
/aɪ/	y	sky
	i	site
	is	isle
	ie	died
	uy	buy
	ui	guide
	e	eye
	ai	aisle
	ay	kayak
	ei	height
/aʊ/	ow	vowel
	ou	about
/ɔɪ/	oy	boy
	oi	avoid

eu	Freud
uoy	buoy

자음에서의 경우와 같이, 모음의 문자소 대 음소 관계를 살펴보면, 우리는 보다 규칙적인 관계를 발견할 수 있다. 단음절 단어에서 다섯 개의 모음 글자와 이들의 음가(sound values)는 다음에 주어져 있다:

글자	음소	예
a	(1) /e/	sale
	(2) /æ/	bad
e	(1) /i/	cede
	(2) /ɛ/	bet
i	(1) /aɪ/	dine
	(2) /ɪ/	sit
o	(1) /o/	nose
	(2) /ɑ/	dot
u	(1) /ju/	mute
	(2) /ʌ/	but

만약 단음절 단어에서 "모음 글자"(vowel letter) 다음에 자음이 따라 나오고, 이 자음 다음에 다시 글자 e가 단어의 끝에서 나타나는 경우의 (즉, 학교에서 배운 그 유명한 "묵음 e" 규칙이 적용된 경우의), 모음 글자에 대한 음가가 (1)에 주어져 있다. 그렇지 않은 경우의 음가는 (2)에 주어져 있다.

다음절 단어(polysyllabic words)에서는 상황이 다소 복잡하다. 예를 들어, mutation에서 a와 reduction에서 u의 음가를 우리가 어떻게 알고 있을까? [mjuteʃən]과 [ɹədʌkʃən] 모두에서 강세는 접미사 앞의 음절에 있다. 규칙은 우선 어말의 –ion을 무시하는 것이고, 그 다음은 모음 글자 다음에 나타나는 자음의 수를 세는 것이다. Mutation에서 모음 글자 a 다음에 자음이 하나 따라 나오니, 음가는 (1)에 주어진 것, 다시 말해 [mjuteʃən]에서처럼 /e/이다. 단어 reduction에서는 모음 u 다음에 두 개의 자음이 따라 나오며, 따라서 음가는 (2)에 주어진 것이다. 다시 말해 [ɹədʌkʃən]에서 /ʌ/의 음가를 가진다. 비록 이 규칙이 꽤 잘 적용되지만, 그리고 실제 문자 i다음에 모음이 따라나오고, 그 다음에 아무 것이나 따라 나오는 형태를 지닌 접미사(예, –ial, -ious, -iary)를 가진 단어에서는 꽤 유효하지만, 이 규칙에 문제가 없는 것은 아니다. 구체적으로 말해, 어근에서 나타나는 문자 i에 문제가 있다. submission과 addiction에서 접미사가 아닌 i다음에 자음 글자가 두 개 따라 나오니 예측되는 (2)와 같은 음가, 즉 /ɪ/가 나온다. Revision과 provision에서, i 다음에 자음 글자가 하나만 따라 나오지만, (1)의 예측된 음가인 /aɪ/가 나타나지 않고, 발음이 [ɹəvɪʒən]와 [pɹəvɪʒən]으로 된다. 여기서 논의한 예들과 달리, 우리가 앞서 살펴 본 예들 중에서, 모음 글자가 두 가능한 소리들(즉 장모음과 단모음)을 나타내지만, 이는 뒤이어 나오는 자음들의 숫자에 의해서 설명될 수는 없는 예들을 보았다. 예를 들어, gr**a**teful /e/ – gratitude /æ/, m**i**ne /aɪ/ – mineral /ɪ/과 같은 단어들의 쌍에서, 첫 번째 단어들은 굵게 표시된 초점이 되는 모음 글자가 장모음/이중모음을 나타내는데, 이는 모음 글자 다음에 자음이 하나 따라 나오기 때문에 우리가 예상한 것과 일치한다. 하지만, 위의 쌍 중 두 번째 단어들은 다음에 역시 자음이 하나만 따라 나오니 역시 장음이 만들어져야 함에도 불구하고, 단모음이 사용되고 있다.

단모음 글자 외에, 영어는 특정 소리 대응에 대해 여러 모음-글자 조합을 이용한다. 알파벳은 로마자에서 빌려온 것인데, 라틴어에서는 충분했던 다섯 가지의 모음 글자 i, e, a, o, u가 있었다. 하지만, 영어는 더 많은 모음을 가지고 있어서 "이중자(digraphs)"라고 불리는 여러 모음-글자 조합을 활용하여 특정한 소리의 대응에 적용시켰다. 모음-글자 조합에서 음가는 강세/비강세 음절에서 변하지는 않았다(가장 공통된 음가가 우선 주어진 후, 부가적인 음가가 그 다음에 따라 나왔다.):

철자 조합	음소
au (어말에서는 거의 나타나지 않음)	/ɔ/ cause; 또한 /æ/ laugh
ea (어말에서는 거의 나타나지 않음)	/i/ meat; 또한 /e/ great 그리고 /ɛ/ heavy
eu	/ju/ 혹은 /u/ neutral
ie (어두에서는 거의 나타나지 않음)	/aɪ/ died 혹은 /i/ niece; 또한 /ɛ/ friend
oa (어두에서는 거의 나타나지 않음)	/o/ soak; 또한 /ɔ/ broad
oi	/ɔɪ/ avoid
oo	/u/ mood; 또한 /ʌ/ blood 그리고 /ʊ/ good
ui	/ju/ 혹은 /u/ suit, fruit; 또한 /ɪ/ build
ou	/aʊ/ about; 또한 /ʌ/ couple, /ɔ/ ought, /o/ though 그리고 /u/ soup

글자 y와 w에 대해서도 언급할 필요가 있는데, 이 글자들은 자음 및 모음과 관련된 소리 대응을 가지고 있다. 음절 초성(예, yesterday와 week)에서, 이 두 소리는 각각 활음 /j/와 /w/를 나타낸다는 것을 앞서 보았다. 글자 y는 ay, ey, uy, oy에서와 같이 모음 글자 다음에서 나타나 /e/ (예, day), /i/ (예, key), /aɪ/ (예, buy), /ɔɪ/ (예, boy)를 나타낸다. 글자 w는 동일한 위치에서 /ɔ/ (예, saw), /o/ (예, sew), 그리고 /aʊ/ (예, vowel)를 나타낸다. 글자 y가 어말위치에서 자음 다음에 나타나면 /i/ (예, happy, baby) 혹은 /aɪ/ (예, fly, sky)를 표시한다. 그리고 일반적으로 접미사가 붙으면 i로 바뀐다(예, defy – defiant; duty – dutiful; happy – happiness; lively – livelihood). i로 시작하는 접미사에는 이렇게 변화하는 것이 해당하지는 않는다(i가 두 번 나오는 것을 피하기 위해서이며 예를 들어 baby – babyish, lobby – lobbyist, defy – defying). 마지막으로 –s 접미사가 붙으면, y는 –ie로 바뀐다(예, deny –

denies; fly – flies). 이 규칙은 다음의 두 예외가 있다: (a) oy, ay, ey 조합의 일부로서의 y(예, employ – employs; obey – obeys), 그리고 (b) 소유격 접미사로서의 -s (예, Tommy's, anybody's).

9.3 영어 철자의 형태론적 토대

음소-문자소간의 일대일 대응관계를 어기는 모든 명백한 변이와 불일치에도 불구하고, 영어의 철자는 몇 가지 유용한 어휘 및 형태음소적인(morphophonemic) 정보를 드러낸다. 예를 들어, 비록 접두사 및 접미사들이 음운적 환경에 따라 한 단어에서 다른 단어로 바뀔 때 (즉 이형태(allmorphy)가 될 때) 발음이 종종 바뀌긴 하지만, 철자는 일반적으로 바뀌지 않고 그대로 있다. 예를 들어, 과거시제 –ed는 tempted [tɛm(p)təd], sipped [sɪpt], 그리고 jogged [dʒɑgd]에서처럼 발음이 다르다. 하지만, 주어진 형태소 (즉 "과거")는 서로 다른 환경에서 서로 다르게 발음된다는 사실에도 불구하고, 변하지 않은 채 하나의 철자로 나타나고 있다. 단지 하나의 철자만 가지고 있어도, 발음상의 변이들은 몇 가지 음운 규칙에 의해 예측될 수 있기 때문에 별 문제가 되지 않는다.

때때로 철자 표시는 형태음소적인 표시와 표면적 음성 표시 사이의 중간 정도에 위치하는 표시법이다. 그 예로 규칙적인 복수 형태소의 철자를 사례로 들 수 있다. 철자 s는 환경에 따라 [s] (예, cats) 혹은 [z] (예, dogs)로 발음되는 반면, es는 [əz/ɪz] (예, boxes)로 발음된다. 따라서, 동일한 형태소에 대해 두 가지 다른 철자 가지고 있다고 말할 수 있다.

어근과 어간 또한 다음의 예에서 보듯이, 비록 강세와 상관관계를 가지는 온모음(full vowel) 혹은 축약 모음(reduced vowel) 교체때문에 발음에 차이를 가지고 있다고 하더라도, 한 단어에서 또 다른 단어로 바뀔 때 철자를 바꾸지는 않는다.

telegraph [tɛləgɹ̣æf] – telegraphy [təlɛgɹ̣əfi]

agile [ædʒəl] – agility [ədʒɪləti]

senile [sinaɪl] – senility [sənɪləti]

plural [plʊɹ̣əl] – plurality [pləɹ̣æləti]

그리고 형태론적으로 관련이 있는 단어 쌍에서 강세 음절에서 모음이 교체를 하는 단어에서도 그렇다. 여기서 장모음/이중모음은 단어의 끝에서 세 번째 위치할 때 짧아진다:

e – æ sane [sen] sanity [sænəti]

i – ɛ meter [miɾɚ] metrical [mɛtɹ̣əkəl]

aɪ – ɪ mine [maɪn] mineral [mɪnəɹ̣əl]

o – ɑ verbose [vɚbos] verbosity [vɚbɑsəti]

u – ʌ consume [kənsum] consumption [kənsʌmpʃən]

aʊ – ʌ pronounce [pɹ̣ənaʊns] pronunciation [pɹ̣ənʌnsieʃən]

라틴어에서 차용된 접두사는 이 접두사들의 마지막 자음이 어간의 첫 자음에 동화를 보인다는 점에서 다른 접두사들과 다른 양상을 보인다. 예를 들어, 부정을 나타내는 형용접두사 in-은 im-balanced, im-possible, im-mature에서처럼 p, b, m (양순 자음 /p, b, m/을 나타내는 자음 글자)앞에서 im-으로 바뀌고, 다른 경우에는 in-으로 남아 있다. 교과서들에 다른 예들도 주어져 있다. 예를 들어, ad- "향하여(toward)"는 ab-breviate, af-fect, al-lege, ap-point, ar-rive에서처럼 동화되는 것으로 특징지어 진다; 접두사 con- "함께"는 com-bat, col-lect, cor-rect에서 동화되는 것으로 보여진다; 그리고 접두사 sub- "아래(under)" (예, sub-merge)는 suf-fer, sug-gest, sup-port 등에서 동화되는 것으로 여겨진다. 이런 식으로 단어들을 살펴보는 것은 역사적으로는 정확하다. 하지만, 저자는 현대적 용법에서 단어의 내적 구조들은 투명성을 가지고 있어야 한다는 신념을 가지고 있으며, 위와 같은 단어들을 가시적이지 않은(invisible) 것이어서 굳이 분석되어야 할 대상이라고 생각하지는 않는다.

영어 철자법의 형태론적 토대는 특정 자음 글자의 교체(묵음이던 발음이 되던 간에)에서도 표면화된다. 예를 들어, 모음 다음에 나타나는 g는 어말 비음 /n/과 /m/ 앞에서는 sign과 paradigm ([saɪn], [pæɹədaɪm])에서처럼 묵음이지만, signature 과 paradigmatic처럼 이러한 단어들의 파생형에서는 발음이 된다. 이와 유사하게, 어말의 b는 m뒤에서 bomb과 limb에서처럼 발음이 되지 않지만, 관련된 bombardment와 limbic에서는 발음이 된다. 마지막으로 어말의 n은 뒤에서 damn과 autumn에서처럼 발음이 되지 않지만, 형태론적으로 관련된 damnation과 autumnal에서는 발음된다.

형태론-철자법 대응관계는 때로는 "같은 발음 다른 철자(same pronunciation but different spelling)"의 형태를 취한다. 접두사 형태소 [əbl]은 어근을 형용사로 만드는데, 철자상으로는 -able 또는 –ible로 표시된다. 철자상의 표시는 접두사 앞의 (즉, 어근-마지막의) 자음 글자 c와 g의 음가를 토대로 대체로 예측가능하다; 만약 이 글자들이 각각 /k/와 /g/로 발음되면, 어근 말의 발음은 항상 –able (예, applicable, eradicable, navigable)이다; 반면 이 글자들이 각각 /s/와 /d /로 발음되면, 이 접두사의 철자는 항상 그런 것은 아니지만 보통 eligible, invincible, reducible에서 처럼 –ible로 실현된다. c와 접미사 사이에 "묵음 e (silent e)"가 있는 경우에는 이 규칙이 적용되지 않는다; 대신 접두사의 철자가 serviceable와 changeable에서와 같이 –able이다.

어근이 접미사 -ation을 취하는 지 아니면 -icn, -ition, -ive를 취하는 지에 기반하여 [-əbl]의 철자를 예측할 수도 있다. 만약 전자가 그 경우라면, [-əbl]의 철자는 –able이다(예, consider – consideration; apply – application; irritate – irritation). 반면 후자의 경우라면, [əbl]의 철자는 대부분 depressible, defensible 및 digestible에서와 같이 –ible이다(예, depress – depression, defense – defensive, digest – digestion – digestive). (이 원리에 대한 예외를 찾아볼 수도 있다. 예를 들어, support – supportive가 supportable이 되지 *supportible이 아니며, adopt – adoption – adoptable이지 *adoptible은 아니다.)

9.4 미국 영어 대 영국 영어

미국 영어와 영국 영어 사이에 사용되는 철자법 규약에 여러 차이가 있다. 다음은 보다 두드러진 차이점들을 예시한다:

(a) AmE에서 or로 끝나는 명사가 BE에서는 철자가 our로 쓰인다(예, armor, behavior, color, tumor, humor, favor, harbor, honor, labor, parlor, vapor, odor, rigor, rumor, splendor, vigor). 하지만, 다음의 명사는 두 영어에서 철자가 동일하다: error, collector, glamour, terror.

(b) 여러 단어에서, 두 영어 사이에 r과 e의 자리바꿈이 있다. (AmE에서는 어말이 –er이고 BE에서는 –re)

AmE	**BE**
center	centre
fiber	fibre
somber	sombre
goiter	goitre
theater	theatre
meter	metre (길이의 단위), meter (도구)

(c) AmE에서 –ize만으로 쓰여지는 여러 단어들이 BE에서는 –ise로 쓰여질 수도 있다:

AmE	**BE**
capitalize	capitalise
dramatize	dramatise
naturalize	naturalise
realize	realise
organize	organise

(d) 때로 AmE의 비강세 접두사 in- (예, inquire, insure)은 BE에서는 en- (예, enquire, ensure)에 상응한다. 이 관계가 모든 단어에서 관찰되는 것은 아니다: 예를 들어 두 영어에서 encamp, enchant, endorse, enclose, enable, endanger, enliven, enlist의 철자는 동일하다(BE에서 inquire와 insure라는 단어 또한 존재하지만, enquire와 ensure와는 다른 의미를 가지고 있다).

(e) 여러 단어들이 s(AmE)에서 c(BE)로의 변화를 가진다; 따라서 defense, license, offense와 같은 단어들의 –ense는 BE데서 –ence로 실현된다.

(f) 여러 단어에서 단순히 한 글자로 표현되는 것이 BE에서는 이중글자(digraph; 두 글자의 조합)에 해당한다.

AmE	**BE**
anemia	anaemia
anesthetic	anaesthetic
archeology	archaeology
cesarian	caesarian
encyclopedia	encyclopaedia
ether	aether
leukemia	leukaemia
medieval	mediaeval
pediatrics	paediatrics
diarrhea	diarrhoea
maneuver	manoeuvre
fetus	foetus
estrogen	oestrogen

(g) AmE에서 –og로 끝나는 단어는 BE에서는 –ogue로 끝난다.

AmE	**BE**
analog	analogue

catalog	catalogue
dialog	dialogue
epilog	epilogue
monolog	monologue
travelog	travelogue

(h) AmE에서는 appall, enthrall, instill, fulfill과 같은 동사들의 끝에서 자음 중복(consonant doubling)을 관찰할 수 있지만, 비강세 음절에서는 그 반대로 AmE에서는 자음 하나만 쓰이고 BE에서는 자음이 중복되는 관계에 있다. (다시 말해, AmE에서는 잉여 자음(redundant consonant)의 탈락이 있다)

AmE	**BE**
counselor	counsellor
kidnaper	kidnapper
traveler	traveller
worshiping	worshipping
panelist	panellist

(i) 두 종류의 영어에서 다르게 철자되는 단어들의 유형이 여러 개 있다.

AmE	**BE**
airplane	aeroplane
check	cheque
draft	draught
curb	kerb
story	storey
mask	masque
mustache	moustache
plow	plough

skeptical	sceptical
sulfur	sulphur
tidbit	titbit
tireax	tyreaxe
pajamas	pyjamas

(j) 다음의 창조적인 철자법은 미국영어(AmE)에 실린 신문 제목과 광고에서 특히 두드러진다.

Xmas	=	Christmas
kool	=	cool
Xing	=	crossing
donut	=	doughnut
hi	=	high
lo	=	low
nite	=	night
kwik	=	quick
rite	=	right
u	=	you
thru	=	through

요약

이 장에서 우리는 영어 철자법을 살펴보았고, 철자법이 음운 유형과 가지는 관계를 살펴보았다. 여러 역사적 요인들 때문에, 이상적인 (즉 한 문자소는 한 음소로 표시하는) 알파벳 철자 체계를 사용하여 측정하였을 때, 현재의 영어 철자는 일치하지 않는 점을 많이 가지고 있다. 의심할 여지도 없이 이는 사람들이 철자를 적을 때 어려움을 준다. 하지만, 철자체계가 아주 결함이 많다고 판단해서도 안되는데, 그 이유는 철자가 가지는 추상적인 어휘 및 형태론적 상태로 인해 독자들은 철자를 어휘 및 형태론적 상태와 연결을 맺는데 유용하게 이용될 수 있기 때문이다.

연습문제

1. 다음에 짝을 이루고 있는 단어들은 철자가 다르다; 어떤 짝들은 동일하게 발음되고 (즉, 동음이의어(homophonous)이고), 다른 짝들은 그렇지 않다. 각각의 짝들이 발음이 동일한지(S) 다른지(D)를 파악하고, 음성 전사(phonetic transcription)를 하시오.

   예, plain – plane (S) [plen]
   price – prize(D) [pɹaɪs] – [pɹaɪz]

   (a) key – quay
   (b) gorilla – guerrilla
   (c) person – parson
   (d) profit – prophet
   (e) rout – route
   (f) draught – draft
   (g) genes – jeans
   (h) colonel – kernel
   (i) raiser – razor
   (j) patron – pattern
   (k) temper – tamper
   (l) cymbal – symbol
   (m) local – locale
   (n) discreet – discrete
   (o) review – revue
   (p) critic – critique

2. 다음의 형태론적으로 연관된 단어에서 강세 음절에서의 모음(동일한 철자로 표시되어 있음)의 변화를 파악하시오.

   예, gradient – gradual letter a [e] / [æ]

   derive – derivative
   provoke – provocative
   punitive – punishment
   harmonious – harmonic

deduce – deduction
satire – satiric
serene – serenity
major – majesty
wild – wilderness

3. (동일한 철자상의 글자로 표시된) 유사한 모음 변화에 대해 형태론적으로 관련된 적절한 단어를 찾으시오.

예, 글자 e [i] / [ɛ] austere – austerity

(a) letter a [e] / [æ]

profane – ____________ ____________ – gratitude

collate – ____________ ____________ – sanity

(b) letter e [i] / [ɛ]

meter – ____________ ____________ – supremacy

succeed – ____________ ____________ – discretion

(c) letter i [aɪ] / [ɪ]

decide – ____________ ____________ – titular

divine – ____________ ____________ – linear

(d) letter o [o] / [ɔ/ɑ]

cone – ____________ ____________ – codify

protest – ____________ ____________ – vocative

(e) letter u [u] / [ʌ]

duke – ____________ ____________ – consumption

resume – ____________ ____________ – assumption

4. 다음을 전사하고, 치경, 후설 모음, 그리고 치찰음의 수를 적으시오.

(a) Whenever you find yourself on the side of the majority, it is time to pause and reflect.

(Mark Twain)

(b) You have to learn the rules of the game. And then you have to play better than anyone else.

(Albert Einstein)

5. T. McArthur, *The English Languages* (Cambridge: Cambridge University Press, 1998, pp. 220–7).에서 발췌한 다음의 ("미국 영어"에 관한) 인용구들을 전사하시오.

(a) The foreign language which has most affected English in our own time is contemporary American ... The colloquial speech of the American is becoming, largely as a result of the foreign ingredients in the melting-pot, more and more remote from the spoken English of the educated Englishman, but, at the same time, the more slangy element in our language is being constantly reinforced by words and phrases taken from American, especially the type of American which is printed in the cinema caption.

(Ernest Weekley, UK, 1928)

....

....

....

....

....

....

(b) It was the British empire, on which the sun never set, that origi- nally spread English around the world, along with the tea breaks, cuffed trousers and the stiff upper lip. But when the imperial sun finally did set after World War II, the American language followed American power into the vacuum.

(Otto Friedrich *et al.*, USA, 1986)

....

....

....

....

....

....

(c) Whose English language is it, anyway? From the tone of the new "BBC News and Current Affairs Stylebook and Editorial Guide," you'd think the Brits invented it. With unmistakable disdain, the broadcastocrats in London call what we speak "American." As a user of Murkin English, I rise to the defense.

(William Safire, USA, 1993)

....

....

....

....

추천 도서

이 책에서 다룬 주제들은 다양한 이론과 다양한 깊이로 다루었는데 여러 책과 매뉴얼에서 다루어 진 것들이다. 독자들이 여기서 논의된 문제들을 더 깊이 이해하는데 도움이 되었으면 하는 의도로 다음의 추천 목록을 작성하였다.

제1장 음성학

Clark and Yallop (1995), chapter 2

Wolfram and Johnson (1982), chapter 1

Zsiga (2013), chapters 1–4

제2장 음운론

Burquest (2006), chapter 2

Carr (1999), chapter 5

McMahon (2002), chapter 5

Wolfram and Johnson (1982), chapter 2

Zsiga (2013), chapter 10

제3장 영어의 자음

Bowen (1975), chapters 3, 6, and 8

Celce-Murcia *et al.* (1996), chapter 3

Kreidler (2004), chapter 3

Pennington (1996), chapter 2

Roach (1991), chapters 4, 6, and 7

Shriberg and Kent (2003), chapter 5

제4장 영어의 모음

Bowen (1975), chapters 2, 4, and 8

Celce-Murcia *et al.* (1996), chapter 4

Davenport and Hannahs (1998), chapter 4

Kreidler (2004), chapter 4

Pennington (1996), chapter 3

Shriberg and Kent (2003), chapter 4

제5장 모음과 자음의 음향학

Baart (2009), chapters 2–4

Kent (2001), chapters 3–5

Ladefoged (2003), chapters 4–6

Ladefoged and Disner (2012), chapters 4–7

Olive, Greenwood, and Coleman (1993)

제6장 음절

Carr (1999), chapter 7

Giegerich (1992), chapter 6

Hammond (1999), chapters 3 and 4

Kreidler (2004), chapter 6

Yavaș (1998), chapter 9

제7장 강세와 억양

Carr (1999), chapter 8

Celce-Murcia *et al.* (1996), chapter 5

Hammond (1999), chapters 6 and 7

Kreidler (2004), chapters 9–11

Teschner and Whitley (2004), chapter 2

제8장 제2언어 음운론의 구조적 요인들

Avery and Ehrlich (1992), chapters 7 and 8

Bohn and Munro (2007), chapters 2 and 3

Gass and Mackey (2012), chapters 6 and 20

Hansen Edwards and Zampini (2008), chapters 3, 4, 5, and 8

Kenworthy (1987), part II

Major (2001), chapters 2–4

제9장 철자와 발음

Carney (1997)

Celce-Murcia *et al.* (1996), chapter 9

Pennington (1996), chapter 5

Teschner and Whitley (2004), chapter 4

Wolfram and Johnson (1982), chapter 13

부록: 소리 파일 목록

Sound File 1

Chapter 1, exercise 15

Sound File 2

Chapter 2, exercise 13

Sound File 3

Chapter 3, sentences with items of exercise 1

(a) What do you have on **tap** today? Don't forget to **tab** your books.How would you **rate** this movie?I heard there was a police **raid** on that building.

(b) Sculpting requires many different **tools**.What was your favorite **candy** when you were a kid?

(c) Have you ever tried curried **crab**?I prefer a **big dog** over a small one any day.

(d) Can't you tell he's somewhat of a **glutton**? All of a **sudden**, it started raining.

(e) They've been having a lot of **bad thunder** over there. The **wet thatch** needs to be replaced soon.

(f) We need **better** lighting in here.This program is not **compatible** with your computer.

(g) Though this watch is old, it carries great **sentimental** value. There was a **gentle** wind out by the pier last night.

(h) Have you seen the new **Batman** movie?For this one, make sure that you use **hot** water.

(i) Fish use their **gills** to breathe. It was **all** gone. I'm not too **keen** on the idea.Who doesn't like to have a new **car**?

(j) **Keep** this bottle in a **cool** place.We are going to the **cove** for the weekend. **Cave** diving is a unique way to explore nature.

(k) I hope Nadal **wins** the game.I saw him **wince** at the sight of her special meatloaf. For the other two **bags**, you have to pay extra.He **saves** one-third of his salary every month.

(l) **Miss Sue** is in Miami on vacation. These **big gloves** belong to my dad. He cited **ten names**.

(m) The **best things** in life really are free.You need a lot of stealth to work **in this** organization.

(n) Their shooting-guard is **on fire** tonight. It is very **comforting** to hear that.

(o) He was absolutely **smitten** with her. I don't like this **sudden** change.

(p) I would like to **play** the piano.His **twin** brother is coming tomorrow. I always buy this brand of **cream**.

(q) Kids like to **tickle** each other.Everyone knows things are **bigger** in Texas.

Sound File 4

Chapter 3, sentences with items of exercise 5

It's going to take a lot to keep him here.Whoever said looking good meant spending a lot.I can go to the store for you if you like.Lamb meat is very prevalent in the cuisines of the Mediterranean. She seems to have inherited her mom's green thumb. *Citizen Kane* is considered to be one of the greatest films of all time. Did you know that prison inmates sometimes marry their pen-pals? After the students finish their finals, they'll be home free.The floor is wet, so don't run there.Don't blame me that you can't find your keys.I heard he's staying in Greece until the rumors die out.

Sound File 5

Chapter 3, exercise 8

Sound File 6

Chapter 4, sentences with the weak forms in Section 4.10

The boy bought a book.You said that you liked it.It's good but late.The boys and girls played together nicely. You did it that time better than ever.

Put his name on the list.

Put her name on the list. Put your name on the list. Will he read?I told him to come.

Do you eat this? Leave them alone. Leave us alone.I want an iPod.

Is it this way or that way? He's just arrived.I'm at home.This is for me.

He went to school.I'm back from work.Can I have a cup of coffee?Sure, you can have some coffee.Do you think the first comedian was as funny as the last? Do you eat this?We had done that.John has gone home.I can do it.I will be there.He would like to come.I should go.I must go right away.He could do it.The kids have done it.I'm going.The students are going.He was there.They were just leaving.

Sound File 7

Chapter 4, words in exercises 4, 5, and 6

Sound File 8

Chapter 4, exercise 8

Sound File 9

Chapter 5, exercise 3

Sound File 10

Chapter 6, Section 6.5.6, sentences with deletions in final clusters

1 (a) Some of the best gifts are **handmade**.

(b) Please consult your **hand-out** for the updated schedule.

2 (a) Some people like to **spend money** like drunken sailors.

(b) Maybe they should **spend it** on a reality check.

3 (a) I will be happy to answer any questions at the beginning of **next class**.

(b) The **next hour** we will be focusing on stress in tone languages.

4 (a) Did somebody come in **just now**?

(b) I think she's **just as** likely to go for the pink bicycle.

5 (a) Our hotel was on **Left Street**.

(b) Is your **left arm** stronger than your right?

Sound File 11

Chapter 6, exercise 7

Sound File 12

Chapter 7, examples with items of sections 7.5.1 and 7.5.3

Sound File 13

Chapter 7, sentences 1–22 in Section 7.8

Sound File 14

Chapter 7, words in exercise 2

Sound File 15

Chapter 7, sentences in exercise 4

Sound File 16

Chapter 7, exercise 5

Sound File 17

Chapter 8, sample words and sentences related to the contrasts given in Appendix B.

/ɛ/ **vs.** /æ/

dead – dad, wreck – rack, leather – lather, pest – past, flesh – flash

The **gem** fell in the **jam**.

I cannot **bend** this steel **band**.

/ʌ/ **vs.** /ɑ/

come – calm, none – non, cup – cop, bucks – box, shut – shot

Give this **cup** to the **cop**.

I hope that's **not** a **nut**.

/u/ **vs.** /ʊ/

shoed – should, who'd – hood, fool – full, pool – pull

Did he **pull** you into the **pool**?

Please take a **look** at **Luke**.

/i/ **vs.** /ɪ/

each – itch, peak – pick, green – grin, bean – bin, least – list

These shoes should **fit** your **feet**.

Does he **still steal**?

He dropped the whole **ream/rim**?

Who **beat/bit** James?

/w/ **vs.** /v/

wail – veil, went – vent, rowing – roving, row – rove, grow – grove

It would be **wiser** to clean the **visor**.

Roses **grow** in that **grove**.

You will find it in the **west** / **vest**.

/θ/ **vs.** /t/

thank – tank, thick – tick, myths – mitts, bath – bat, heath – heat

He **taught** what he **thought**.

My **team/theme** won the first place.

/θ/ **vs.** /s/

think – sink, thaw – saw, faithless – faceless, bath – bass, forth – force

I don't **think** it will **sink**.

We'll have to **saw/thaw** this ice.

Sound File 18

Chapter 8, exercise 6

Sound File 19

Chapter 9, exercise 4

용어

affix A morphological unit attached to a base. *Prefixes* precede the base and *suffixes* follow the base (e.g. *un*happi*ness*).

affricate A consonant that is articulated via a complete oral closure followed by a slow release with a friction noise, as in the first and the last sounds of church.

alliteration The repeated use of the same initial consonant sound in a string of words.

allomorph Any of the forms that are the members of the same morpheme (with the same meaning). The forms [s], [z], and [əz] are the allomorphs of the plural morpheme (e.g. cats [kæts], dogs [dɔgz], and bushes [bʊʃəz]).

allophone Any of the phonetically similar sounds that are the realization of a single phoneme in varying contexts. For example, [pʰ] and [p] are the allophones of the phoneme /p/; the former occurs at the beginning of a stressed syllable (e.g. pay [pʰe]) and the other elsewhere (e.g. sport [spɔɹ̩t]).

alveolar assimilation Phonological process when a non-alveolar consonant is produced with an alveolar place of articulation due to the presence of a nearby alveolar sound.

alveolar A consonant articulated in the region behind the upper front teeth (e.g. /t, s, n/).

ambisyllabic A consonant belonging to two syllables: /n/ in phoneme [fonim].

amplitude A measure of the up-and-down extent of a waveform. For a sound wave, the extent of pressure variation above or below atmospheric pressure.

antepenult The third syllable from the end of the word (e.g. an.**te**.pe.nult).

aperiodic Of a waveform, one that does not have a regular repeating pattern.

apex The tip of the tongue.

apical An articulation involving the tip of the tongue.

approximant An articulation in which one articulator is close to another but not so close as to create a turbulent airstream (friction). In English, liquids, /l, ɹ/, and glides, /j, w/, are approximants.

articulatory phonetics That branch of phonetics which deals with the way human speech sounds are articulated.

arytenoid cartilages Paired cartilages of the larynx that attach to the superior portion of the *cricoid cartilage*.

aspiration A puff of air following the release of a voiceless stop at the beginning of a stressed syllable (e.g. pet [p^hɛt]).

assimilation A process whereby a speech sound is influenced by the surrounding sound(s) to make them more similar (e.g. voicing assimilation of the plural: cats [kæts], but dogs [dɔgz]).

Bernoulli effect A drop in air pressure, created by an increase in airflow through a constriction.

bilabial A sound produced with both lips (e.g. /p, b, m/).

bisyllabic Containing two syllables. The term *disyllabic* is a synonym.

blade The part of the tongue located just posterior to the tip.

body of the tongue The portion of the tongue posterior to the blade.

branching onset An onset which contains more than one consonant, as in blue [blu].

***breathy voice (also** *murmur)* A phonation type in which the vocal cords are only slightly apart.

broad transcription A transcription that does not show a great deal of phonetic detail; often a simple phonemic transcription.

burst Noise created during the release of a stop consonant.

cardinal vowels A system of conventional, arbitrarily chosen vowel qualities in terms of which actually occurring vowels may be identified.

citation form The form of a word when pronounced in isolation.

click A stop sound produced with a velaric ingressive airstream mechanism.

closed syllable A syllable that ends in one or more consonant sounds (i.e. a syllable with a coda (e.g. the first syllable of Atlanta, and the last syllable of geminate).

co-articulation The overlap of the attributes of successive speech units in articulatory or acoustic patterns.

coda Whatever comes after the nucleus of the syllable (e.g. /t/ in cat).

code-switching A phenomenon in which the bilingual speaker switches from one language to another during a single utterance.

complementary distribution The allophones of a phoneme are in complementary distribution in that different allophones occur in different, nonoverlapping, predicta- ble phonological contexts. For example, [p] and [p^h] are allophones of the phoneme /p/; the aspirated allophone occurs at the beginning of a stressed syllable and the unaspirated one occurs elsewhere.

CON A component of Optimality Theory that provides the criteria (i.e. violable constraints) used to decide between candidates.

consonant cluster Two or more adjacent tautosyllabic (in the same syllable) consonants (e.g. sprints has one three-consonant cluster at the beginning and one at the end).

content word A word that contributes to the lexical meaning of an utterance; usually stressed (lexical morphemes such as nouns, verbs, adjectives, adverbs of time, manner, and place).

continuant Segment realized without complete closure of the passage of airflow through the oral cavity. Vowels, glides, approximant consonants, and fricatives are continuants.

contraction Deletion of the vocalic portion of auxiliary verbs and negations that creates the shortened forms (e.g. I will → I'll, will not → won't).

contrastive Of a relation between two segments that can occur in the same environ- ment to produce different meanings. From pig and big, we conclude that their initial sounds are contrastive.

coronal Consonants which are produced using the blade of the tongue, such as *dental*, *alveolar*, and *palato-alveolar* consonants.

***creaky voice (also** *laryngealization)* A type of phonation in which the arytenoid carti- lages hold the posterior end of the vocal cords together so that they can vibrate only at the other end.

cricoid cartilage The posterior cartilage of the larynx, shaped like a signet ring.

CV syllable A syllable consisting of a single consonant in the onset and a single vowel in the nucleus. (e.g. sofa [so.fə]).

devoiced A normally voiced sound produced without vocal cord vibration for part of its duration.

diacritic A small mark placed to a phonetic symbol which is used to modify the usual meaning of the symbol or supply further phonetic detail. For example, the small raised [ʰ] in [pʰ] indicates aspiration . Without it, [p], the sound will be unaspirated.

diphthong A complex vowel sound in which the tongue moves from one position to another in the mouth (e.g. /aɪ/ in buy).

distribution The environments in which a speech sound may occur in a given language.

disyllabic A synonym for *bisyllabic*.

dorsal A term used to describe sounds in which the body of the tongue features (i.e. *velar* and *uvular* sounds).

ejective A stop sound produced with an egressive glottalic airstream.

elision A process in which a consonant is left out in order to make the articulation easier (e.g. fifth is pronounced [fɪθ] instead of [fɪfθ]).

epenthesis The insertion of one or more sounds in the middle of a word (e.g. prince is pronounced with an epenthetic [t], [pɹɪnts]).

epiglottis A cartilaginous structure that protects the larynx from food and drink during swallowing.

EVAL A component of Optimality Theory that chooses the optimal candidate based on the constraints.

flapping A process in which a [t] or [d] is produced as a flap. (e.g. writer and rider are produced homophonously as [ɹaɪɾɚ].

formant A concentration of acoustic energy within a particular frequency band, visible in a spectrogram as a dark horizontal band.

fortis Produced with increased muscular tension. Fortis sounds are usually voiceless.

free variation Allophone production that is not tied to a particular phonetic environment.

frequency The quantity representing the number of complete cycles performed by a given sound wave per unit time, commonly expressed in hertz (Hz).

fricative A consonant produced with a partial obstruction of the airstream in which the air is pushed through a narrow constriction, resulting in a friction noise (e.g. /f, s, θ/).

function word A word that contributes little to the lexical meaning of an utterance; usually unstressed in a sentence (e.g. grammatical morphemes, such as prepositions, determiners, auxiliary verbs, and so on).

fundamental frequency The basic rate of vocal cord vibration.

geminate A sequence of two identical segments (e.g. geminate /n/ in Italian nonno). In English, it can occur only at morpheme boundaries (e.g. unknown).

GEN A component of Optimality Theory that generates the list of possible outputs or candidates.

glide (or *semi-vowel)* A vowel-like speech sound that functions as a consonant (e.g. English /j, w/).

glottal stop The sound produced by closing the vocal cords tightly, blocking the airstream from the lungs.

glottalic airstream mechanism Upward/downward movement of pharynx air by the action of the glottis; stops produced this way are called *ejectives* (upward) and *implosives* (downward).

glottis The space between the vocal cords.

grapheme A unit in the spelling system of a language. Graphemes are usually distinguished from letters, as they can contain more than one letter but still act as a single unit in the system. (e.g. <sh> grapheme is used for /ʃ/ in English spelling.

heavy syllable A syllable that contains a long vowel or diphthong, or a short vowel followed by a consonant.

heterosyllabic Belonging to separate syllables (e.g. /b/ and /m/ are heterosyllabic in submarine [sʌb.mə.rin]).

homophones Words that sound the same but are spelled differently (e.g. right – write, scene – seen).

homorganic Of sounds, having the same place of articulation (e.g. the last two sounds of limp and tent).

implosive A stop made with an ingressive glottalic airstream.

intervocalic Between vowels (e.g. abbey [æbi]).

intonation The pattern of pitch changes in a phrase or a sentence.

intraoral pressure The air pressure within the oral cavity, created by a constriction of the articulators during production of stop sounds.

IPA International Phonetics Association; also stands for the International Phonetic Alphabet.

jargon aphasia A type of fluent aphasia in which an individual's speech is incomprehensible but appears to make sense to the individual.

labial A sound produced with the involvement of one or two lips, such as *labiodentals* and *bilabials*.

labialization The presence of some degree of lip rounding (e.g. English /ʃ,ʒ/).

labio-dental An articulation involving the lower lip and the upper front teeth (e.g. /f, v/).

labio-velar An articulation with the two lips approaching one another, and the back of the tongue raised toward the velum (e.g. /w/).

laminal An articulation made with the blade of the tongue.

larynx The voicebox: a structure made of cartilage, located in the windpipe, containing vocal cords.

lateral plosion The release of a stop by lowering the sides of the tongue, as at the end of ladle.

lateral An articulation in which there is an obstruction in the midline but the airstream flows over the sides of the tongue (e.g. /l/).

lenis Produced with reduced muscular tension. Lenis sounds are usually voiced.

liquids Laterals and various kinds of r-sounds.

loanword (adaptation) A word from one language which is introduced into another, such as the English words *girl-friend* and *sky-scraper*, which have been borrowed by Japanese. Very often, loanwords are forced into the phonotactic patterns of the host language, as in [gurufurendu] and [sukaisukurepa] for the two words given above.

locus The apparent point of origin of the formants for each place of articulation.

loudness The subjective impression of the magnitude of a sound; it is connected with the amplitude of the waveform of the sound.

manner of articulation The way in which the airstream is modified as it passes through the vocal tract in the production of consonants.

maximal onset principle A principle which states that a consonant which is equally well formed in a coda of a syllable and an onset for the following syllable is syllabified as an onset. For example, the syllabification of the word approve is [ə.pɹ̩uv] rather than [əp.ɹ̩uv], despite the fact that the latter can also satisfy the phonotactic constraints of English, since a coda containing only a /p/ is allowed (e.g. cap [kæp]).

minimal pair A set of two words that differ in one phoneme (e.g. chip – tip [tʃɪp] – [tɪp]).

monomorphemic words Words that consist of a single morpheme, such as cat.

monophthong A vowel consisting of one distinct articulatory element (cf. *diphthong*).

morpheme The smallest meaningful unit in language. Cat has one morpheme, cats has two, unfaithful has three, and unfaithfulness has four morphemes.

murmur See *breathy voice*.

narrow phonetic transcription Transcription of speech where many noncontrastive (redundant/predictable) phonetic details are included.

nasal plosion The release of a stop by lowering the velum, so that the air escapes through the nose (e.g. the end of sudden).

nasal A sound produced with a lowered velum so that, when the closure in the mouth is released, the air rushes out through the nose as well as through the mouth (e.g. the initial and final sounds of moon).

nasalized vowel A vowel that is produced with lowered velum so that air escapes simultaneously through the oral cavity and the nasal cavity.

neutralization A phonological contrast is said to be neutralized in a specific context if the contrast is not attested in that context. For example English /t/ and /d/ contrast in many environments. (tip – dip, bet – bed). In intervocalic position in an unstressed syllable, the contrast is not attested, and thus betting and bedding are both pronounced as [bɛɾɪŋ].

Northern Cities Shift A change shift in the sound of some vowels in the dialect region of American English known as the inland North.

nucleus The most prominent part (peak) of a syllable; most often a vowel or a diphthong.

obstruent A sound that is articulated with an obstruction in the vocal tract, which is enough to produce friction noise (e.g. *stops*, *fricatives*, and *affricates*).

onset The components of a syllable preceding the rhyme (e.g. /bl/ of blue).

open syllable A syllable with no consonant sound at the end (e.g. bee).

Optimality Theory (OT) A linguistic model proposing that the observed forms of language arise from the interaction between conflicting constraints.

oral Sounds produced with a closed velopharyngeal passage by raising the velum.

palatalization A secondary articulation involving the raising of the front of the tongue toward the palate.

palato-alveolar An articulation between the tongue blade and the back of the alveolar ridge (e.g. /ʃ,ʒ/).

paraphasia A type of language output error commonly associated with aphasia, and characterized by the production of unintended syllables, words, or phrases during the effort to speak.

penult The next-to-last syllable in a word (e.g. pho.no.**lo**.gy).

pharyngealization A secondary articulation in which the root of the tongue is retracted into the pharynx.

pharynx The part of the vocal tract immediately above the larynx.

phonetics The study of speech sounds.

phonology The description of patterns of sounds in a language.

phonotactics A set of constraints of the possible sequences of phonemes within a syllable or a word.

pitch The perceptual correlate of the frequency of a sound. The higher the frequency of vocal cord vibration is, the higher the pitch.

place of articulation Location of the constriction in the vocal tract in production of a consonant.

polymorphemic words Words that consist of more than one morpheme, such as cat.s.

polysyllabic Containing more than two syllables (e.g. probability).

Postvocalic A consonant following a vowel.

Prevoicing The onset of voicing before the appearance of a supraglottal articulatory event. Also called voicing lead.

prosody See *suprasegmentals*.

pulmonic airstream mechanism The movement of lung air by the respiratory muscles.

reduced vowel A vowel that is pronounced with a centralized schwa ([ə]) quality (e.g. the first vowel of photography and the second vowel of photograph).

resonance The way in which the body of air in the vocal tract will vibrate when set in motion.

retracted Produced slightly further back in the vocal tract. For example, the vowel in feel is slightly more retracted than the vowel in feet.

retroflex An articulation involving the tip of the tongue and the back of the alveolar ridge.

rhotic Referring to a dialect in which /r/ is pronounced in any position of occurrence.

rhyme The part of a syllable that follows the onset (e.g. /ɪnt/ in print).

Romance language Language historically derived from the evolution of Latin in a given geographical area. Spanish, Italian, French, Portuguese, Catalan, and Romanian are among the most important Romance languages.

secondary articulation Any articulation that accompanies another (primary) articulation and that involves a less radical constriction than the primary articulation, such as *palatalization* or *labialization*.

segment An individual sound, consonant, or vowel.

semi-vowel See *glide*.

sibilant A fricative or an affricate that is produced with a high-frequency energy, usually by means of a groove in the tongue (e.g. /s, z, ʃ, ʒ, tʃ, dʒ/).

sociophonetics Phonetic realizations that vary as a function of a range of social factors, such as age, gender, ethnicity, class, and individual identity.

sonorant A sound that is not an obstruent (nasals, liquids, glides, vowels).

sonority hierarchy A hierarchy of classes of speech sounds organized according to their degree of sonority in relation to their degree of opening and voicing. Accordingly, vowels are at the top, obstruents are at the bottom, and sonorant consonants are in the middle of the scale.

Sonority Sequencing Principle The idea that the nucleus of a syllable is preceded and followed by segments with progressively decreasing sonority in the onset and the coda, respectively.

Southern Shift A change shift in the sounds of some vowels throughout the Southern states, the mid-Atlantic states, and the Southern mountain states of the USA.

spectrogram A picture of a sound showing how the component frequencies change with time.

spectrum A visual display of the relative amplitudes of the different frequency compo- nents of a sound such as a vowel.

spoonerism A kind of speech error involving the transposition of segments, syllables, or words (after the Reverend A. W. Spooner). For example "You have hissed my mystery lecture" instead of "You have missed my history lecture."

stop A consonant sound that is produced with a complete closure in some part of the vocal tract, followed by an abrupt release (e.g. /p, d, k/).

stress Emphasis on a particular syllable established by loudness, greater duration, and higher pitch.

stress-timing The rhythm in which stressed syllables occur at approximately equal intervals.

subglottal pressure The air pressure from the lungs necessary to blow the vocal cords apart.

suprasegmentals Phonetic features that apply to units greater than segments (i.e. syllables, phrases, sentences), such as stress, length, tone, and intonation.

syllabic consonant A consonant that, in a particular case, functions as a syllabic nucleus (e.g. /n/ in button).

syllable-timing The rhythm in which each syllable has approximately equal weight and duration.

tautosyllabic Refers to segments that belong to the same syllable. For example, /mp/ in temptation is tautosyllabic, but is not in complain.

thyroid cartilage The most anterior cartilage of the larynx to which the vocal cords attach.

tone language A language in which pitch differences function to differentiate words.

tone A particular pitch that affects the meaning of a word.

tongue height Refers to the height of the tongue to classify vowel production along the high–low dimension in the oral cavity.

tonic accent The emphasis given to the tonic syllable in any tone group.

tonic syllable The syllable that carries the major pitch change.

trill A consonant sound where the active articulator vibrates rapidly striking the passive articulator repeatedly. (e.g. Spanish perro [pero]).

trisyllabic Containing three syllables (e.g. elephant).

ult The last syllable in a word (e.g. ra.di.**o**).

uvular An articulation involving the back of the tongue and the uvula.

velar An articulation involving the back of the tongue and the velum (e.g. /k, g/).

velaric airstream mechanism Movement of the mouth air by action of the tongue, as in clicks.

velarization Raising the back of the tongue toward the velum, as in the dark /l/

(e.g. full).

vocal tract The three resonance chambers taken together: the *oral cavity*, the *nasal cavity* and the *pharynx*.

vocoid A sound produced without stoppage or obstruction of the flow of air in the vocal tract; vowel-like.

voice bar A dark area near the baseline in a spectrogram, indicating voicing in a consonant.

voice onset time The interval between the release of a stop and the start of voicing for the following segment.

voiced Refers to sounds made with the vocal cords vibrating (e.g. /b, d, m, w, z/).

voiceless Refers to sounds made without vocal cord vibration (e.g. /p, s, k, ʃ, θ/).

vowel quadrilateral A two-dimensional figure that displays the relative position of the tongue (height, and advancement) during vowel production.

vowel reduction A process whereby the full form of a vowel is produced shorter and more centrally (schwa or schwa-like).

waveform A graph of changes in amplitude (air pressure) over time.

weak form The common, unstressed form of a function word (e.g. [ðət] for that).

참고문헌

Antoniou, M., Best, C. T., Tyler, M. D., and Kroos, C. (2011). Inter-language interference in VOT production by L2-dominant bilinguals: Asymmetries in phonetic code-switching. *Journal of Phonetics* 39(4): 558–70.

Aoyama, K., Flege, J. E., Guion, S. G., Akahane-Yamada, R., and Yamada, T. (2004). Perceived phonetic dissimilarity and L2 speech learning: The case of Japanese /r/ and English /l/ and /r/. *Journal of Phonetics* 32: 233–50.

Archangeli, D. (1999). Introducing Optimality Theory. *Annual Review of Anthropology* 28: 531–52.

Asher, J. and Garcia, R. (1969). The optimal age to learn a foreign language. *Modern Language Journal* 53: 1219–27.

Avery, P. and Ehrlich, S. (1992). *Teaching American English Pronunciation*. Oxford: Oxford University Press.

Baart, J. (2009). *A Field Manual of Acoustic Phonetics*. Dallas, TX: SIL International.

Bailey, C.-J. N. (1983). A concise but comprehensive approach to intonation for learners of English. *Arbeiten aus Anglistik und Amerikanistik* 8(3): 3–27.

Ball, M. and Lowry, O. (2001). *Methods in Clinical Phonetics*. London: Whurr.

Baptista, B. and DaSilva Filho, J. (1997). The influence of markedness and syllable contact on the production of English final consonants by EFL learners. In J. Leather and A. James (eds.), *New Sounds 97: Proceedings of the Third International Symposium on the Acquisition of Second Language Speech* (pp. 26–34). Klagenfurt: University of Klagenfurt.

Beland, R., Caplan, D., and Nespoulous, J. L. (1990). The role of abstract phonological representation in word production: evidence from phonemic paraphasias. *Journal of Neurolinguistics* 5: 125–64.

Best, C. T. (1995). A direct realist perspective on cross-language speech perception. In W. Strange (ed.), *Speech Perception and Linguistic Experience: Theoretical and Methodological Issues in Cross-Language Speech Research* (pp. 167–200). Timonium, MD: York Press.

Best, C. T. and Strange, W. (1992). Effects of phonological and phonetic factors on cross-language perception on approximants. *Journal of Phonetics* 20: 305–30.

Blumstein, S. (1978). Segment structure and the syllable in aphasia. In A. Bell and J. B. Hooper (eds.), *Syllables and Segments* (pp. 189–200). Amsterdam: North-Holland.

Bohn, O. S. and Flege, J. E. (1990). Perception and production of a new vowel category by adult second language learners. In J. Leather and A. James (eds.), *New Sounds 90: Proceedings of the Amsterdam Symposium on the*

Acquisition of Second Language Speech (pp. 37–56). Amsterdam: University of Amsterdam.

Bohn, O. S. and Munro, M. J. (2007), *Language Experience in Second Language Speech Learning*. Amsterdam: John Benjamins.

Bolinger, D. (1989). *Intonation and Its Uses*. Stanford, CA: Stanford University Press.

Bolinger, D. (1998). Intonation in American English. In D. Hirst and A. DiCristo (eds.), *Intonation Systems* (pp. 45–55). Cambridge: Cambridge University Press.

Bowen, J. D. (1975). *Patterns of English Pronunciation*. Rowley, MA: Newbury House.

Broselow, E. (1993). Transfer and universals in second language epenthesis. In S. Gass and L. Selinker (eds.), *Language Transfer in Language Learning* (pp. 71–86). Amsterdam: John Benjamins.

Broselow, E. and Finer, D. (1991). Parameter setting in second language phonology and syntax. *Second Language Research* 7: 35–59.

Broselow, E., Chen, S., and Wang, C. (1998). The emergence of the unmarked. *Studies in Second Language Acquisition* 20(2): 261–80.

Browman, C. P. and Goldstein, L. (1986). Towards an articulatory phonology. *Phonology Yearbook* 3: 219–52.

Browman, C. P. and Goldstein, L. (1989). Articulatory gestures as phonological units. *Phonology* 6: 151–206.

Browman, C. P. and Goldstein, L. (1992). Articulatory phonology: An overview. *Phonetica* 49: 155–80.

Bucholtz, M. B. (1998). Geek the Girl: Language, femininity, and female nerds. In N. Warner, J. Ahlers, L. Bilmes, M. Oliver, S. Wertheim, and M. Chen (eds.), *Gender and Belief Systems: Proceedings of the Fourth Berkeley Women and Language Conference* (pp. 119–31). Berkeley: Berkeley Women and Language Group.

Bucholtz, M. B. (1999). Why be normal? Language and identity practices in a community of nerd girls. *Language in Society* 28(2): 203–23.

Bullock, B. E., Toribio, A. J., Gonzalez, V., and Dalola, A. (2006). Language dominance and performance outcomes in bilingual pronunciation. In M. G. O'Brien, C. Shea, and J. Archibald (eds.), *Proceedings of the 8th Generative Approaches to Second-Language Acquisition Conference (GALA 2006)* (pp. 9–16). Somerville, MA: Cascadilla Press.

Burquest, D. A. (2006). *Phonological Analysis: A Functional Approach*. 3rd edn. Dallas, TX: SIL International.

Camarata, S. and Gandour, J. (1984). On describing idiosyncratic phonologic systems. *Journal of Speech and Hearing Disorders* 49: 262–6.

Caramazza, A., Yeni-Komshian, G., Zurif, E. B., and Carbone, E. (1973). The acquisition of a new phonological contrast: The case of stop consonants in French–English bilinguals. *Journal of the Acoustical Society of America* 54:

421–8.

Cardoso, W. (2008). The development of sC onset clusters in interlanguage: Markedness versus frequency effects. In R. Slabakova, J. Rothman, P. Kempchinsky, and E. Gavruseva (eds.), *Proceedings of the 9th Generative Approaches to Second Language Acquisition Conference (GASLA) 2007* (pp. 15–29). Somerville, MA: Cascadilla Proceedings Project.

Cardoso, W. and Liakin, D. (2009). When input frequency patterns fail to drive learning: The acquisition of sC onset clusters. In M. A. Watkins, A. S. Rauber, and B. O. Baptista (eds.), *Recent Research in Second Language Phonetics/Phonology: Perception and Production* (pp. 174–202). Newcastle-upon-Tyne, UK: Cambridge Scholars Publishing.

Carlisle, R. (1991). The influence of environment on vowel epenthesis in Spanish/English interlanguage phonology. *Applied Linguistics* 12(1): 76–95.

Carlisle, R. (1992). Environment and markedness as interacting constraints on vowel epenthesis. In J. Leather and A. James (eds.) *New Sounds '92* (pp. 64–75). Amsterdam: University of Amsterdam Press.

Carlisle, R. (1997). The modification of onsets in a markedness relationship: Testing the interlanguage we structural conformity hypothesis. *Language Learning* 47(2): 327–61.

Carlisle, R. (2006). The sonority cycle and the acquisition of complex onsets. In B. Baptista and M. Watkins (eds.), *English with a Latin Beat: Studies in Portuguese/Spanish English Interphonology* (pp. 105–38). Amsterdam: John Benjamins.

Carlisle, R. and Cutillas-Espinosa, A. (2015). The production of */sC/* onsets in a markedness relationship: Investigating the Ontogeny and Phylogeny model with longitudinal data. In M. Yavaş (ed.), *Unusual Productions in Phonology: Universals and Language-specific Consideration* (pp. 183–205). New York and London: Psychology Press.

Carney, E. (1997). *English Spelling*. London: Routledge.

Carr, P. (1999). *English Phonetics and Phonology*. Oxford: Blackwell.

Catford, J. C. (1977). *Fundamental Problems in Phonetics*. Edinburgh: Edinburgh University Press.

Celce-Murcia, M., Brinton, D. M., and Goodwin, J. M. (1996). *Teaching Pronunciation*. Cambridge: Cambridge University Press.

Chin, S. (1996). The role of sonority hierarchy in delayed phonological systems. In T. W. Powell (ed.), *Pathologies of Speech and Language: Contributions of Clinical Phonetics and Linguistics* (pp. 109–17). New Orleans: International Clinical Phonetics and Linguistics Association.

Christman, S. S. (1992). Uncovering phonological regularity in neologisms: Contributions of sonority theory. *Clinical Linguistics and Phonetics* 6: 219–47.

Clark, J. and Yallop, C. (1995). *An Introduction to Phonetics and Phonology*. Oxford: Blackwell.

Code, C. and Ball, M. J. (1982). Fricative production in Broca's aphasia: A spectrographic analysis. *Journal of Phonetics* 10: 325–31.

Crystal, D. (1995). *The Cambridge Encyclopedia of the English Language*. Cambridge: Cambridge University Press.

Crystal, T. H. and House, A. S. (1982). Segmental durations in connected speech signals: Preliminary results. *Journal of the Acoustical Society of America* 72: 705–16.

Danesi, M. (1985). *Loanwords and Phonological Methodology*.Villa LaSalle, Quebec: Didier.

Dauer, R. M. (1983). Stress-timing and syllable-timing re-analyzed. *Journal of Phonetics* 11: 51–62.

Davenport, M. and Hannahs, S. J. (1998). *Introducing Phonetics and Phonology*. London: Hodder Arnold.

Davis, S. (1988). *Topics in Syllable Geometry*. New York: Garland.

de Jonge, C. E. (1996). Interlanguage phonology: Perception and production. Unpublished doctoral dissertation. Dissertation Abstracts International. Publications number/order number: AAI9539993.

Detey, S. and Nespoulous, J.-L. (2008). Can orthography influence second-language syllabic segmentation? Japanese epenthetic vowels and French consonantal clusters. *Lingua* 118: 66–81.

Dubois, S. and Horvath, B. (1998). Let's tink about dat: Interdental fricatives in Cajun English. *Language Variation and Change* 10: 245–61.

Dubois, S. and Horvath, B. (1999). When the music changes, you can change too: Gender and language change in Cajun English. *Language Variation and Change* 11: 287–313.

Eckman, F. (1977). Markedness and the contrastive analysis hypothesis. *Language Learning* 27: 315–30.

Eckman, F. (1985). Some theoretical and pedagogical implications of the markedness differential hypothesis. *Studies in Second Language Acquisition* 13: 23–41.

Eckman, F. and Iverson, G. (1994). Pronunciation difficulties in ESL: Coda consonants in English interlanguage. In M. Yavaş (ed.), *First and Second Language Phonology* (pp. 251– 65). San Diego, CA: Singular Publishing.

Eckman, F. and Iverson, G. (2013). The role of native language phonology in the production of L2 contrasts. *Studies in Second Language Acquisition* 35: 67–92.

Eckman, F., Elreyes, A., and Iverson, G. (2003). Some principles of second language phonology. *Second Language Research* 19(3): 169–208.

Edwards, J. H. (2015). The role of input frequency, universals, and L1 transfer in the acquisition of English L2 onsets by native speakers of Cantonese, Mandarin

Chinese, and Vietnamese. In M. Yavaş (ed.), *Unusual Productions in Phonology: Universals and Language-specific Considerations* (pp. 206–25). New York and London: Psychology Press.

Elman, J. L., Diehl, R. E., and Buchwald, S. E. (1977). Perceptual switching in bilinguals. *Journal of the Acoustical Society of America* 62: 971–4.

Enochson, K. (2014). The effect of continuance on the L2 production of onset clusters. In U. Minai, A. Tremblay, C. Coughlin, C.-Y. Chu, and B. Lopez (eds.), *Selected Proceedings of the 5th Conference on Generative Approaches to Language Acquisition – North America* (pp. 1–9). Somerville, MA: Cascadilla Press.

Ertmer, D. J. (2004). How well can children recognize speech features in spectrograms? Comparisons by age and hearing status. *Journal of Speech, Language and Hearing Research* 47: 484–95.

Ertmer, D. J. and Stark, R. E. (1995). Eliciting prespeech vocalization in a young child with profound hearing impairment: Usefulness of real-time spectrographic displays. *American Journal of Speech-Language Pathology* 4: 22–38.

Ertmer, D. J., Stark, R. E., and Karlan, G. R. (1996). Real-time spectrographic displays in vowel production training with children who have profound hearing loss. *American Journal of Speech-Language Pathology* 5: 4–16.

Flege, J. E. (1987). The production of "new" and "similar" phones in a foreign language: Evidence for the effect of equivalence classification. *Journal of Phonetics* 15: 47–65.

Flege, J. E. (1990). English vowel production by Dutch talkers: More evidence for the "similar" vs. "new" distinction. In J. Leather and A. James (eds.), *New Sounds 90: Proceedings of the Amsterdam Symposium on the Acquisition of Second Language Speech* (pp. 255–93). Amsterdam: University of Amsterdam.

Flege, J. E. (1991). Age of learning affects the authenticity of voice-onset time (VOT) in stop consonants produced in second language learning. *Journal of the Acoustical Society of America* 89: 395–411.

Flege, J. E. (1995). Second language speech learning: theory, findings, and problems. In W. Strange (ed.), *Speech Perception and Linguistic Experience: Issues in Cross-Linguistic Research* (pp. 233–77). Timonium, MD: York Press.

Flege, J. E. and Eefting, W. (1987). Production and perception of English stops by native Spanish speakers. *Journal of Phonetics* 15: 67–83.

Flege, J. E. and Fletcher, K. (1992). Talker and listener effects on degree of perceived for- eign accent. *Journal of the Acoustical Society of America* 91: 370–89.

Flege, J. E. and Liu, S. (2001). The effect of experience on adults' acquisition of a second language. *Studies in Second Language Acquisition* 23: 527–52.

Flege, J. E. and MacKay, I. (2004). Perceiving vowels in a second language. *Studies in Second Language Acquisition* 26: 1–34.

Flege, J. E., Bohn, O. S., and Jang, S. (1997). Effects of experience on non-native speakers' production and perception of English vowels. *Journal of Phonetics* 25: 437–70.

Flege, J. E., MacKay, I., and Piske, T. (2002). Assessing bilingual dominance. *Applied Psycholinguistics* 23: 567–98.

Flege, J. E., Munro, M. J., and Fox, R. A. (1994). Auditory and categorical effects on cross language vowel perception. *Journal of the Acoustical Society of America* 95: 3623–41.

Flege, J. E., Munro, M. J., and MacKay, I. R. A. (1995). Factors affecting strength of perceived foreign accent in a second language. *Journal of the Acoustical Society of America* 97: 3125–34.

Flege, J. E., Yeni-Komshian, G., and Liu, S. (1999). Age constraints on second language acquisition. *Journal of Phonetics* 25: 169–86.

Fox, R. A., Flege, J. E., and Munro, M. J. (1995). The perception of English and Spanish vowels by native English and Spanish listeners: A multidimensional scaling analysis. *Journal of the Acoustical Society of America* 97: 2540–51.

Frieda, E. M., Walley, A. C., Flege, J. E., and Sloane, M. E. (1999). Adults' perception of native and nonnative vowels: Implications for the perceptual magnet effect. *Perceptual Psychophysics* 61: 561–77.

Fromkin, V. A. (1973). *Speech Errors as Linguistic Evidence*. Berlin: Walter de Gruyter.

Fry, D. B. (1955). Duration and intensity as physical correlates of linguistic stress. *Journal of the Acoustical Society of America* 27: 765–8.

Fry, D. B. (1979). *The Physics of Speech*. Cambridge: Cambridge University Press.

Gass, S. and Mackey, A. (eds.) (2012). *The Routledge Handbook of Second Language Acquisition*. London: Routledge.

Giegerich, H. (1992). *English Phonology*. Cambridge and New York: Cambridge University Press.

Grosjean, F. (1982). *Life with Two Languages: An Introduction to Bilingualism*. Cambridge, MA: Harvard University Press.

Grosjean, F. (1988). Exploring the recognition of guest words in bilingual speech. *Language and Cognitive Processes* 3(3): 233–74.

Grosjean, F. and Miller, J. (1994). Going in and out of languages: An example of bilingual flexibility. *Psychological Science* 5(4): 201–6.

Grosjean, F. and Soares, C. (1986). Processing mixed language: Some preliminary findings. In J. Vaid (ed.), *Language Processing in Bilinguals: Psycholinguistic and Neuropsychological Perspectives* (pp. 145–79). Hillsdale, NJ: Lawrence Erlbaum Associates.

Guion, S., Flege, J. E., and Loftin, J. (2000). The effect of L1 use on pronunciation of Quechua–Spanish bilinguals. *Journal of Phonetics* 28: 27–42.

Hammond, M. (1999). *The Phonology of English*. Oxford: Oxford University Press.

Hansen, J. (2001). Linguistic constraints on the acquisition of English syllable codas by native speakers of Mandarin Chinese. *Applied Linguistics* 22: 338–65.

Hansen Edwards, J. G. and Zampini, M. L. (eds.) (2008). *Phonology and Second Language Acquisition*. Amsterdam and Philadelphia; John Benjamins.

Hefferman, K. (2007). The role of phonemic contrast in the formation of Sino-Japanese. *Journal of East Asian Linguistics* 16: 61–86.

Hogg, R. and McCully, C. (1987). *Metrical Phonology: A Coursebook*. Cambridge: Cambridge University Press.

Hsieh, F., Kenstowicz, M., and Mou, X. (2009). Mandarin adaptations of coda nasals in English loanwords. In A. Calabrese and L. Wetzels (eds.), *Loan Phonology* (pp. 131–54). Amsterdam and Philadelphia: John Benjamins.

Hualde, J. I. (2005). *The Sounds of Spanish*. Cambridge University Press.

Ioup, G. (2008). Exploring the role of age in the acquisition of a second language phonology. In J. H. Edwards and M. Zampini (eds.), *Phonology and Second Language Acquisition* (pp. 41–62). Amsterdam and Philadelphia: John Benjamins.

Jacobs, H. and Gussenhoven, C. (2000). Loan phonology: Perception, salience, the lexicon and OT. In J. Dekkers, F. van der Leeuw, and J. van der Weijer (eds.), *Optimality Theory: Phonology, Syntax, and Acquisition* (pp. 193–210). Oxford: Oxford University Press.

Jaeger, J. J. (1978). Speech aerodynamics and phonological universals. *Proceedings of the Berkeley Linguistics Society* 4: 311–29.

Jenkins, J. (2002). *World Englishes*. London: Routledge.

Kager, R. (1999). *Optimality Theory*. Cambridge: Cambridge University Press.

Kang, Y. (2011). Loanword phonology. In M. van Oostendorp, C. Ewen, E. Hume, and K. Rice (eds.), *The Blackwell Companion to Phonology* (pp. 2258–82). Oxford: Wiley-Blackwell.

Kenstowicz, M. (2003). The role of perception in loanword phonology: A review of *Les emprunts linguistiques d'origine européenne en Fon*. *Studies in African Linguistics* 32: 95–112.

Kenstowicz, M. and Suchato, A. (2006). Issues in loanword adaptation: A case study from Thai. *Lingua* 116: 921–49.

Kent, R. D. (2001). *Acoustic Analysis of Speech*. 2nd edn. Clifton Park, NY: Cengage Learning.

Kenworthy, J. (1987). *Teaching English Pronunciation*. London: Longman.

Kingston, J. (2003). Learning foreign vowels. *Language and Speech* 46(2–3): 295–349.

Klatt, D. (1975). Voice onset time, frication and aspiration in word-initial consonant clusters. *Journal of Speech and Hearing Research* 18: 686–706.

Kreidler, C. (2004). *The Pronunciation of English*. 2nd edn. Oxford: Blackwell.

Kuhl, P. K. (1991). Human adults and human infants show a "perceptual magnet effect" for the prototypes of speech categories, monkeys do not. *Perception and Psychophysics* 50(2): 93–107.

Kuhl, P. K. (1993). Early linguistic experience and phonetic perception: Implications for theories of developmental speech perception. *Journal of Phonetics* 21: 125–39.

Kuhl, P. K. (2000). Language, mind, and brain: Experience alters perception. In M. S. Gazzaniga (ed.), *The New Cognitive Neurosciences*. 2nd edn (pp. 99–115). Cambridge, MA: MIT Press.

Kuhl, P. K., Williams, K. A., Lacerda, F., Stevens, K. N., and Lindblom, B. (1992). Linguistic experience alters phonetic perception in infants by 6 months of age. *Science* 255: 606–8.

Labov, W. (1972). *Language in the Inner City: Studies in the Black English Vernacular*. Philadelphia: University of Pennsylvania Press.

LaCharite, D. and Paradis, C. (2005). Category preservation versus phonetic approximation in loanword adaptation. *Linguistic Inquiry* 36(2): 223–58.

Ladefoged, P. (2001). *A Course in Phonetics*. 4th edn. Boston, MA: Heinle and Heinle.

Ladefoged, P. (2003). *Phonetic Data Analysis: An Introduction to Fieldwork and Instrumental Techniques*. Oxford: Blackwell.

Ladefoged, P. and Disner, S. (2012). *Vowels and Consonants*. 3rd edn. Oxford: Blackwell.

Laeufer, C. (1996). The acquisition of complex phonological contrast: Voice timing patterns of English initial stops by French native speakers. *Phonetica* 53: 86–110.

Levy, E. (2004). Effects of language experience and consonantal context on perception of French front rounded vowels by adult American English learners of French. Unpublished doctoral dissertation. City University of New York Graduate School and University Center.

Lively, S. E., Logan, J. S., and Pisoni, D. B. (1993). Training Japanese listeners to identify English /r/ and /l/. II: The role of phonetic environment and talker variability in learning new perceptual categories. *Journal of the Acoustical Society of America* 94: 1242–55.

Logan, J. S., Lively, S. E., and Pisoni, D. B. (1991). Training Japanese listeners to identify English /r/ and /l/: A first report. *Journal of the Acoustical Society of America* 89: 874–86.

Lombardi, L. (2003). Second language data and constraints on manner: Explaining sub- stitutions for the English interdentals. *Second Language Research* 19(3): 225–50.

Mack, M. (2003). The phonetic systems of bilinguals. In M. T. Banich and M. Mack (eds.), *Mind, Brain, and Language: Multidisciplinary Perspectives* (pp. 309–50). Mahwah, NJ: Lawrence Erlbaum.

MacLeod, A., and Stoel-Gammon, C. (2009). The use of voice onset time by early bilinguals to distinguish homorganic stops in Canadian English and Canadian French. *Applied Psycholinguistics* 30(1): 53–77.

Maddieson, I. (1984). *Patterns of Sounds*. Cambridge: Cambridge University Press.

Magliore, J. and Green, K. (1999). A cross-language comparison of speaking rate effects on the production of voice onset time in English and Spanish. *Phonetica* 56: 158–85.

Major, R. C. (1987). English voiceless stop production by speakers of Brazilian Portuguese. *Journal of Phonetics* 15: 197–202.

Major, R. C. (2001). *Foreign Accent: The Ontogeny and Phylogeny of Second Language Phonology*. Mahwah, NJ: Lawrence Erlbaum.

Major, R. C. and Kim, E. (1999). The similarity differential rate hypothesis. *Language Learning* 46: 465–96.

Maki, J. E. (1980). Visual feedback as an aid to speech therapy. In J. Subtelney (ed.), *Speech Assessment and Speech Improvement for the Hearing-Impaired* (pp. 167–76). Washington, DC: A. G. Bell Associates.

Maki, J. E. (1983). Application of the speech spectrographic display in developing articulatory skills in hearing-impaired adults. In I. Hochberg, H. Levitt, and M. J. Osberger (eds.), *Speech of the Hearing-Impaired: Research, Training, and Personnel Preparation* (pp. 297–312). Baltimore, MD: University Park Press.

Maki, J. E., Streff-Gustafson, M. S., Conklin, J. M., and Humphrey-Whitehead, B. K. (1981). The speech spectrographic display: Interpretation of visual patterns by hearing-impaired adults. *Journal of Speech and Hearing Disorders* 46: 379–87.

McArthur, T. (1998). *The English Languages*. Cambridge: Cambridge University Press.

McMahon, A. (2002). *An Introduction to English Phonology*. Oxford: Oxford University Press.

Mendoza-Denton, N. (1996). Language ideology and gang affiliation among California Latina girls. In M. Bucholtz, A. C. Liang, L. A. Sutton, and C. Hines (eds.), *Cultural Performances: Proceedings of the Third Berkeley Women and Language Conference* (pp. 478– 86). Berkeley: University of California Press.

Moyer, A. (2004). *Age, Accent and Experience in Second Language Acquisition*. Buffalo, NY: Multilingual Matters.

Munson, B., McDonald, E. C., Deboe, N. L., and White, A. R. (2006). The acoustic and perceptual bases of judgements of women and men's sexual orientation from read speech. *Journal of Phonetics* 34: 202–40.

Nespor, M., Shukla, M., and Mehler, J. (2011). Stress-time vs. syllable-time languages. In M. Van Oostendorp, C. J. Ewen, E. Hume, and K. Rice (eds.), *The Blackwell Companion to Phonology* (pp. 1147–59). Oxford: Wiley-

Blackwell.

Nevins, A. and D. Braun (2009). The role of underlying representations in L2 Brazilian English. In A. Calabrese and L. Wetzels (eds.), *Loan Phonology* (pp. 181–91). Amsterdam and Philadephia: John Benjamins.

Ohala, D. K. (1999). The influence of sonority on children's cluster reductions. *Journal of Communication Disorders* 32: 397–422.

Ohala, J. (2009). Languages sound inventories: the devil in the details. In F. Pellegrino, E. Marisco, I. Chitoran, and C. Coupe (eds.), *Approaches to Phonological Complexity* (pp. 47–58). New York: Mouton de Gruyter.

Olive, J. P., Greenwood, A., and Coleman, J. (1993). *Acoustics of American English Speech: A Dynamic Approach*. New York; Springer Verlag.

Oller, J. W. and Ziahosseyni, S. M. (1970). The contrastive analysis hypothesis and spelling errors. *Language Learning* 20: 183–9.

Olson, D. (2013). Bilingual language switching and selection at the phonetic level: Asymmetrical transfer in VOT production. *Journal of Phonetics* 41: 407–20.

Oyama, S. (1976). A sensitive period of the acquisition of a nonnative phonological system. *Journal of Psycholinguistic Research* 5: 261–83.

Pallier, C., Colome, A., and Sebastián-Gallés, N. (2001). The influence of native-language phonology on lexical access: Exemplar-based versus abstract lexical entries. *Psychological Science* 12: 445–449.

Paolillo, J. (1995). Markedness in the acquisition of English /r/ and /l/. In F. Eckman, D. Highland, P. Lee, J. Mileham, and R. Weber (eds.), *Second Language Acquisition Theory and Pedagogy* (pp. 275–91). Mahwah, NJ: Lawrence Erlbaum.

Paradis, C. and Prunet, J.-F. (2000). Nasal vowels as two segments: Evidence from borrowings. *Language* 76: 324–57.

Paradis, C. and Tremblay, A. (2009). Nondistinctive features in loanword adaptation: The unimportance of English aspiration in Mandarin Chinese phoneme categorization. In A. Calabrese and L. Wetzels (eds), *Loan Phonology* (pp. 211–24). Amsterdam and Philadelphia: John Benjamins.

Patkowski, M. (1990). Age and accent in a second language. A reply to James Emil Flege. *Applied Linguistics* 11: 73–89.

Pennington, M. C. (1996). *Phonology in English Language Teaching*. London: Longman.

Peperkamp, S. and Dupoux, E. (2003). Reinterpreting loanword adaptations: The role of perception. In M. J. Sole, D. Recasens, and J. Romero (eds.), *Proceedings of the 15th International Congress of Phonetic Sciences* (pp. 367–70). Barcelona: Causal Productions.

Peterson, G. E. and Barney, H. E. (1952). Control methods used in a study of vowels. *Journal of the Acoustical Society of America* 24: 175–84.

Pierrehumbert, J. B., Bent, T., Munson, B., Bradlow, A. R., and Bailey, J. M. (2004).

The influence of sexual orientation on vowel production. *Journal of the Acoustical Society of America* 116: 1905–8.

Piske, T., MacKay, I., and Flege, J. E. (2001). Factors affecting degree of foreign accent in an L2: A review. *Journal of Phonetics* 29: 191–215.

Pisoni, D. B., Aslin, R. N., Perey, A. J., and Hennessy, B. L. (1982). Some effects of laboratory training on identification and discrimination of voicing contrasts in stop consonants. *Journal of Experimental Psychology* 8: 297–314.

Polka, L. (1991). Cross-language speech perception in adults: Phonemic, phonetic and acoustic contributions. *Journal of the Acoustical Society of America* 89: 2961–77.

Port, R. F. and Rotunno, R. (1978). The relation between voice-onset time and vowel duration. *Journal of the Acoustical Society of America* 66: 654–62.

Rebello, J. T. and Baptista, B. O. (2006). The influence of voicing on the production of initial /*s*/-clusters by Brazilian learners. In B. Baptista and M. Watkins (eds.), *English with a Latin Beat: Studies in Portuguese/Spanish English Interphonology* (pp. 139–67). Amsterdam: John Benjamins.

Roach, P. (1991). *English Phonetics and Phonology*. Cambridge: Cambridge University Press.

Rochet, B. (1995). Perception and production of second language speech sounds by adults. In W. Strange (ed.), *Speech Perception and Linguistic Experience: Theoretical and Methodological Issues* (pp. 379–410). Timonium, MD: York Press.

Romani, C. and Calabrese, A. (1998). Syllabic constraints in the phonological errors of an aphasic patient. *Brain and Language* 64: 83–121.

Scovel, T. (1988). *A Time to Speak: A Psycholinguistic Inquiry into the Critical Period for Human Speech*. New York: Harper & Row.

Sebastián-Gallés, N. and Soto-Faraco, S. (1999). Online processing of native and non-native phonemic contrasts in early bilinguals. *Cognition* 72: 111–23.

Selkirk, E. (1984). On major class features and syllable theory. In M. Aranoff and R. T. Oehrle (eds.), *Language and Sound Structure: Studies in Phonology Presented to Morris Halle by His Teacher and Students* (pp. 107–36). Cambridge, MA: MIT Press.

Sheldon, A. and Strange, W. (1982). The acquisition of /*r*/ and /*l*/ by Japanese learners of English: Evidence that speech production can precede perception. *Applied Psycholinguistics* 3: 243–61.

Shriberg, L. D. and Kent, R. D. (2003). *Clinical Phonetics*. 3rd edn. Boston, MA: Allen and Bacon.

Silverman, D. (1992). Multiple scansions in loanword phonology: Evidence from Cantonese. *Phonology* 9: 289–328.

Soares, C. and Grosjean, F. (1984). Bilinguals in a monolingual and a bilingual speech mode: The effect on lexical access. *Memory and Cognition* 12(4): 380–6.

Strand, E. A. and Johnson, K. (1996). Gradient and visual speaker normalization in the perception of fricatives. In D. Gibbon (ed.), *Natural Language Processing and Speech Technology* (pp. 14–26). Berlin: Mouton.

Strange, W., Bohn, O. S., Nishi, K., and Trent, S. A. (2005). Contextual variation in the acoustic and perceptual similarity of North German and American English vowels. *Journal of the Acoustical Society of America* 118: 1751–62.

Strange, W., Bohn, O. S., Trent, S. A., and Nishi, K. (2004). Acoustic and perceptual similarity of North German and American English vowels. *Journal of the Acoustical Society of America* 115: 1791–807.

Sundara, M., Polka, L., and Baum, S. (2006). Production of coronal stops by simultaneous bilingual adults. *Bilingualism: Language and Cognition* 9(1): 97–114.

Teschner, R. V. and Whitley, M. S. (2004). *Pronouncing English: A Stress-based Approach*. Washington, DC: Georgetown University Press.

Thompson, I. (1991). Foreign accents revisited: The English pronunciation of Russian immigrants. *Language Learning* 41: 177–204.

Thurnburg, D. and Ryalls, J. (1998). Voice onset time in Spanish–English bilinguals: Early versus late learners of English. *Journal of Communication Disorders* 31: 215–29.

Trudgill, P. and Hannah, J. (2002). *International English*. 4th edn. London: Edward Arnold.

Vendelin, I. and Peperkamp, S. (2006). The influence of orthography on loanword adaptation. *Lingua* 116: 996–1007.

Weismer, G. (1979). Sensitivity of voice-onset time (VOT) to certain segmental features in speech production. *Journal of Phonetics* 7: 197–204.

Wells, J. C. (1982). *Accents of English*. Cambridge: Cambridge University Press.

Werker, J. F. and Tees, R. C. (1984). Cross-language speech perception: Evidence for perceptual reorgnization during the first year of life. *Infant Behaviour and Development* 7: 49–63.

Werker, J. F., Gilbert, J. H., Humphrey, K., and Tees, R. C. (1981). Developmental aspects of cross-language speech perception. *Child Development* 52: 349–55.

Williams, L. (1977). The perception of stop consonant voicing by Spanish–English bilinguals. *Perception and Psychophysics* 21: 289–97.

Wolfram, W. and Johnson, R. (1982). *Phonological Analysis: Focus on American English*. Englewood Cliffs, NJ: Prentice Hall.

Yavaş, M. (1996). Differences in voice onset time in early and later Spanish–English bilinguals. In J. Jensen and A. Roca (eds.), *Spanish in Contact: Issues in Bilingualism* (pp. 151–61). Somerville, MA: Cascadilla Press.

Yavaş, M. (1997). The effects of vowel height and place of articulation in interlanguage final stop devoicing. *International Review of Applied Linguistics* 35: 115–25.

Yavaş, M. (1998). *Phonology: Development and Disorders*. San Diego, CA: Singular Publishing.

Yavaş, M. (2002). Voice onset time in bilingual phonological development. In F. Windsor, M. L. Kelly, and N. Hewlett (eds.), *Investigations in Clinical Phonetics and Linguistics* (pp. 341–50). Mahwah, NJ: Lawrence Erlbaum.

Yavaş, M. (2009). Factors influencing the VOT of English long lag stops in interlanguage phonology. In M. Watkins, A. Reuber, and B. Baptista (eds.), *Recent Research in Second Language Phonetics/Phonology: Perception and Production* (pp. 244–55). Newcastle-upon-Tyne, UK: Cambridge Scholars Publishing.

Yavaş, M. and Barlow, J. (2006). Acquisition of #sC-clusters in Spanish–English bilingual children. *Journal of Multilingual Communication Disorders* 4(3): 182–93.

Yavaş, M. and Beaubrun, C. (2006). Acquisition of #sC clusters in Haitian Creole–English bilingual children. *Journal of Multilingual Communication Disorders* 4(3): 194–204.

Yavaş, M. and Byers, E. (2015). Production of voiceless stops in early sequential Spanish–English bilinguals. In M. Yavaş (ed.), *Unusual Productions in Phonology: Universals and Language-specific Considerations* (pp. 242–63). New York and London: Psychology Press.

Yavaş, M. and Core, C. (2006). Acquisition of #sC clusters in English-speaking children. *Journal of Multilingual Communication Disorders* 4(3): 169–81.

Yavaş, M. and McLeod, S. (2010). Acquisition of /s/ clusters in English-speaking children with phonological disorders. *Clinical Linguistics and Phonetics*, 24(3): 177–87.

Yavaş, M. and Someillan, M. (2005). Patterns of acquisition of /s/-clusters in Spanish–English bilinguals. *Journal of Multilingual Communication Disorders* 3: 50–5.

Yavaş, M., Ben-David, A., Gerrits, E., Kristoffersen, K. E., and Simonsen, H. G. (2008). Sonority and cross-linguistic acquisition of initial s-clusters. *Clinical Linguistics and Phonetics* 22(6): 421–41.

Yip, M. (1993). Cantonese loanword phonology and Optimality Theory. *Journal of East Asian Linguistics* 2: 261–91.

Zampini, M. L. (1998). The relationship between the production and perception of L2 Spanish stops. *Texas Papers in Foreign Language Education* 3: 85–100.

Zampini, M. L. and Green, K. P. (2001). The voicing contrast in English and Spanish: The relationship between production and perception. In J. Nicol (ed.), *Two Languages, One Mind: Language Processing in the Bilingual* (pp. 23–48). Oxford: Blackwell.

Zsiga, E. C. (2013). *The Sounds of Language*. Oxford: Wiley-Blackwell.

색인

색인은 책에서 사용된 전문적 용어 및 이론을 도입 혹은 논의하고 있는 절의 번호와 함께 열거하고 있다.

윤태진

서울시립대학교 영어영문학 (학사, 석사)
University of Illinois at Urbana-Champaign 언어학과 (박사)
University of Victoria (전임강사)
McMaster University (교수)
청주대학교 영어영문학과 (교수)
성신여자대학교 교수 (현재)

저서
현대 영어학의 이해 (공저; 신아사)

응용영어음운론

Applied English Phonology

Third Edition

초판 1쇄 발행 _ 2017년 7월 25일
1판 2쇄 발행 _ 2021년 8월 30일

저　　자 · Mehmet Yavaş
역　　자 · 윤 태 진
발 행 인 · 정 현 걸
발　　행 · 신 아 사
인　　쇄 · 토탈프로세스
주　　소 · 서울특별시 은평구 통일로 59길 4 (2층)
전　　화 · (02) 382-6411　팩스 · (02) 382-6401
홈페이지 · www.shinasa.co.kr
E-mail · shinasa@daum.net
출판등록 · 1956년 1월 5일 (제 9-52호)

ISBN : 978-89-8396-998-9 (93740)

정가 25,000원